中華民國課程與教學學會2014年度專書

中小學教學改革

中華民國課程與教學學會　策劃

張新仁　主編

歐用生　楊智穎　張芬芬　陳美玲
黃永和　薛雅慈　高博銓　王金國
許中頤　呂億如　田耐青　黃繼仁
廖佩莉　謝文英　賴瑩蓉　李佩穎
劉唯玉　張宇樑　劉淑雯　林微珊
周玉秀　胡淑華　董秀蘭　合著

（本書各篇文章均經匿名雙審通過）

五南圖書出版公司 印行

理事長序

本會自1986年創會以來，積極從事課程教學的理論與實務探究，並致力於課程教學的改革與發展，其主要管道是進行專題研究，辦理學術研討會，出版期刊和專書，推動課程教學及教科書評鑑，拓展國際學術交流。其中的專書，每年出版一冊，經由理監事會決定專書主題和主編，由主編邀請學者專家撰稿。

本學會2014年的專書以「中小學教學改革」爲題，由張新仁教授主編。新仁主編在國立臺北教育大學校務繁忙的時刻，挑起這項重責大任，完成本書之構想及稿件徵求、審查和編排，居功甚偉，特此致謝。

時值十二年國教開始推動，有識者以教學改革爲國教成敗之所繫，而著眼於學習者中心及學習成效的改革方向，相關教學理論和方法，諸如合作學習、差異化教學、翻轉教室、學習共同體、對話教學等等，均受到重視，由理論推向實務。本書各文作者參與其中，寫出改革思維與實踐，有助於此波教學改革的反省和深化。各文作者和審稿人的辛勞，至爲感謝。

本書之出版，再次要感謝本會長期合作夥伴五南圖書出版公司的合作協力，謝謝編輯出版團隊的投入。本會理監事熱心參與會務，對本書提供寶貴建言，祕書處同仁在張芬芬祕書長和方志華組長領導下，關照及執行本書的編輯出版相關事宜，亦致上謝忱。

中華民國課程與教學學會理事長
靜宜大學教育研究所講座教授
黃政傑

主編序

近來，國內的中小學教學革新呈現百花齊放的多元風貌。首先，教育部自101學年度開始大力推動爲期四年的分組合作學習計畫，全國九百多所公私立國民中學，約有八百多所曾參加分組合作學習計畫，每校至少一個學習領域實施「分組合作學習」。在此同時，日本佐藤學教授的「學習共同體」風潮也吹入臺灣中小學教室，國內也有數個縣市政府教育局積極推動學習共同體約70多所。接著，來自美國的「翻轉教室」也開始快速蔓延開來，有不少教師自發性組成網路社群，甚至「揪團研習」。這些教學革新取向的理念與作法雖有些許差異，但其共通點都是基於「學習者中心」的理念，聚焦於學生學習成效的提升，並側重學習者高參與與高互動的教學型態，重視學生學習主動性及續航力的養成。這樣的多元學習成效是構成終身學習力的重要基礎，也是培養學生具備二十一世紀的關鍵能力。

本人從事教學研究與革新實踐數十年，欣然樂見當前教室活化教學百花齊放的多元風貌，顯現教室教學春天的到來，有鑑於此，本專書乃訂以《中小學教學改革》爲主題，採徵稿與邀稿並行方式，共收錄16篇符合「學習者爲中心」理念的中小學教學改革文章，並分爲「教學改革理論與實踐」與「學科領域教學革新」兩大部分。各篇文稿均經雙盲審查後再送交作者完成修訂，具備高品質學術內涵，對有志於教學改革教師提供極佳之參考價值，冀望能改變華人社會長期以來偏重教師單向講述，學生被動聽講的傳統教學型態，進而提升學習成效。

感謝本專書所有作者的撰稿，以及臺北市立大學方志華教授、曹瀞方助理二人大力協助繁瑣的徵稿、審查、編輯等程序，誌此申謝。

國立臺北教育大學校長

張新仁

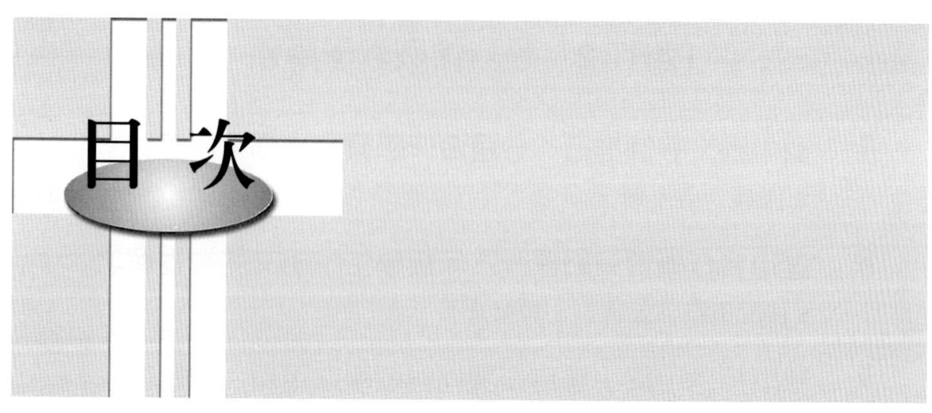
目次

PART 2　學科領域教學革新

PART I

教學改革理論與實踐

讓「身體」與「學習」相遇——教師身體在分組學習上的應用

歐用生
國立臺北教育大學名譽教授

一 前言

爲因應十二年國民基本教育的實施，中小學現場進行各式各樣的教學改革，例如，許多縣市政府或學校大力推展合作學習或學習共同體，這是非常好的現象，然實施效果仍未臻理想。合作學習或學習共同體的最大特色是分組學習，但大部分的教師擔憂，分組以後秩序無法控制，教學更無法進行，因此只好死守著大班教學，對分組學習仍裹足不前。

一位國中校長這樣來解析這種現象：在大班教學的情況下，學生排排坐，眼睛被迫盯著教師看，教師用凌厲的眼神、堅定的手勢控制著學生，以防止他們講話、滑手機或嬉鬧。藉著這種嚴厲的控制，至少這節課可以完成預定的教學進度。教師們認爲，這是最安全的方法，至於學生學習了沒有，就不是他們關心的事了。

這種解釋可從幾個觀點來分析。首先，Kliebard（1992）從課程改革的歷史中發現，在學校教育的結構下，教師被賦予兩個看似矛盾的工作，即維持秩序的功能和教學的功能，而且維持秩序的功能遠遠重於教學的功能，任何改革如果影響到教室的秩序，威脅了教師控制的權威，往往被束之高閣。教師多認為分組學習影響秩序，讓教學無法進行，因此不敢貿然採用。

其次，教學是身體化（embodied），是與身體有關的，所以教師認為，控制學生的身體，就能控制教學。事實上，教師沒有意識到自己的身體也是一種教學，教學不僅只靠口說，教師的手勢、眼神、表情，身體的移動，甚至一舉一動、一顰一蹙，幾乎都影響學生。所以說，知識是身體化的，教師主體也是身體化的，教師身體在教學上扮演非常重要的角色（Alsup, 2006; Elbaz-Luwisch, 2005），日本學習共同體成功的要素之一，就是教師能善用身體與感官，與學生一起學習。

第三，對這種身體的控制觀，Foucault（1977）曾加以分析，他認為，十九世紀的學校是依據現代監獄「全景敞視」（panopticon）的原理設計的。監獄四周是環形建築，中心是一座瞭望塔樓，環形建築被分成許多囚室，每個囚室的窗戶都正對著中心瞭望塔，是一種縱向的可見性，但囚室之間銅牆鐵壁，是橫向的不可見性。縱向的可見性，讓囚犯不斷的、無規律地被觀察著，而橫向的不可見性讓他們無法陰謀串通，無法形成新的犯罪計畫。全景敞視的設計，就是先控制囚犯的身體，然後慢慢地控制他的心靈，以符應制度的要求。現代監獄的這種原理，成為十九世紀學校設計的原型，在個別的教室內，學生坐在固定的位置上，每個人的臉都往前看，讓教師可以不斷的監視著學生，並加以控制。這種結構將班級團體形塑為更凝聚的整體，增強了個別教師的地位和私密性，學生卻被愈嚴厲的控制，愈趨向同質性（Paechter, 2001）。

由於上述的歷史、政治和文化背景，大班教學近150年來從來沒有接受挑戰。1960年代以後，另類學校興起，企圖改變學校的教室和教學，但終究沒有撼動大班教學的地位。這種潮流也影響到臺灣，一時之間，開放教育、田園教學等蔚為風潮，但除了少數理念學校實施分組教學外，大部分的學校仍採大班教學，教室風景至今仍沒有明顯的改變。

由以上的敘述可知，只告訴教師「將座位改為ㄇ字形」、「四人一組進行討論」，無法讓教師改變。如何提出更多的論述和配套，以協助教師將大班教學轉變爲分組學習，誠爲當務之急。而依據日本學習共同體實施的經驗，教師身體是分組學習成功的主要因素。如果教師放棄傳統的控制觀，善用身體和五官，與學生構成平等、溫暖、互學的關係，師生之間充滿信賴和關懷，這時分組學習就容易成立了。在此，控制是存在的，但不是強加的，是在現場的交互作用中產生的，控制存在於情境的特性中，是自主產生的，成爲自組織（self-organization）的一部分（Doll, Alcazar, 1998）。

本文主要在探討教師身體和感官在學習上的重要性，並呼籲讓「身體」與「學習」相遇，讓「身體」擁抱「學習」。先分析日本學習共同體中的身體論述和實施經驗，然後闡述教師身體在分組學習上的應用，以供教師參考。

二　學習共同體中的身體論述和實踐

人的「身體」本來就是「課程」的一部分，但理性主義嚴格劃分身和心，身體被視爲次等的，結果，身體被迫從課程中出走，從知識中流亡。最近受到典範轉移、語言學轉向等潮流的影響，身體重新回到學術的舞臺，後學、女性主義、文化研究和美學理論等將身體視爲人的行動的一部分，教學、學習、求知和存有的一部分，提供了有力的身體研究的形式，漸漸爲「身體課程」復權（歐用生，2010；2014）。例如，Eisner（1991）從視覺藝術的觀點，強調「智慧之眼」（enlightened eye），提出教育鑑賞（connoisseurship）和教育批判（educational criticism）的概念，將過去偏重語言和數字的探究方式，轉向感官和身體，對課程和教學研究極爲重要。但如Morris（2008; 2009）說的，這是西方文化的一種特徵，西方人是視覺導向的，西方文化偏重視覺文化，研究者比較依賴視覺觀察的資料，來建構知識。雖然許多哲學家也都強調「聆聽」的重要意義，如Berendt（1988）強調「第三耳」，「如果只從眼睛來理解，只看到世界的一半」（Aoki, 2005）；Derrida（1998）強調耳朵和聆聽的重要，除了傾聽「他人的耳朵」外，沒有其他的教學方法（Morris, 2009），但課程領域的研究仍大都以視覺藝術爲主。

直到最近，Aoki（2005）呼籲「聽覺轉向」（auditory turn），Springgay、Freedman（2007）強調觸覺優先性，此後，視覺以外的其他感官才漸漸受到重視。如Aoki（2005）強調讓聽覺的世界合法化，我們要「比過去更成爲聲音的存有」，Bresler（2008）提出「智慧之耳」（enlightened ear），呼籲學習「音樂」的教訓，強調「聆聽」是知覺世界上的主要方式。Pinar（2005）說，在「語言學轉向」之後興起的「感官轉向」，讓課程與教學研究朝向新的境界。

學習共同體的建構深受這種身體或五感論述的影響，將傳統偏重「視覺」和「說話」的教學方式，轉向重視「聽覺」和「聆聽」的學習方式，尤其是強調教師身體在教、學上的重要性，可說是一種革命性的轉變。佐藤學一再強調，學習共同體的主要精神就是「互相聆聽」、「相互學習」，「聆聽」是溝通的主要方式，教學的主要方式，更是學校經營的主要手段。1998年，他參與神奈川縣茅崎市濱之鄉小學（hamanogo school）的籌設，就以這些觀點作爲創校的主要理念。他們不是在追求「生氣活潑的學校」，「精力充沛的學校」，而是要建立一所師生都能以自然的身體，穩靜的、安心的「相互學習的學校」，人人都能安心學習的「安靜的課堂」。

因此，第一件重要的工作就是構築「互相聆聽」的關係，而且從一年級就要開始培養。首先，拆除教室的講桌，改變座位爲爲ㄇ字形或扇形的錯雜座，讓教師能看到每一位兒童，以建立與每一兒童溝通的放射線班的穩定的關係。對教師而言，唯有與兒童建立這種穩定的關係，才有可能發展兒童互聽、互學的能力和態度。這種座位安排也讓兒童看見彼此的面孔、注視彼此的眼睛，更利於兒童間前後左右的交流和對話。兒童唯有得到來自教師的穩定的個人關聯，才會產生與同伴溝通的意識，慢慢發展到對夥伴學習的關心。小學低年級課堂最需要的，是聆聽同伴的發言，以逐一理解和融通每位同伴的不同見解。

三年級以後座位改爲四人一組，實施協同學習（collaborative learning），但重視聆聽的基調並沒有改變。佐藤學強調，學習共同體是建立在聆聽他人聲音的基礎上，聆聽他人聲音是學習的出發點。在對話教育中，聽比說要重要得多，無論提出的意見多麼活躍，如果不以聆聽爲中心，就不可能改變每個人的見解，就不能讓交流更加豐富，所以優秀教師無不傾全力聆聽兒童的聲音，即使喃喃自語或雜音，都要傾聽並加以回應。佐藤學（2012）更以Dewey在1927年「公共及其問題」中的論點，來強調聆聽在學校公共空間的建構上的重要性。Dewey說，聽覺和思考、情緒間的連結，遠比視覺與思考、情緒間的連結，要來得緊密和多彩，觀看是觀察者，而聆聽才是參與者。觀看能進入沉思，但人因聆聽自然地就以當事人的身分參與其中了。所以互相聆聽是建構學習共同體的關鍵因素，因爲聆聽關係產生對話的語言，而對話的溝通爲學習共同體的建構奠定良好的基礎。

這眞是一種「寧靜的革命」，甚至可以說是「寧靜的文化革命」。在濱之鄉小學，互聽、互學的精神不僅展現在教室的教、學上，也貫徹於教師進修和親師溝通、社區營造上，漸漸落實爲濱之鄉的校園文化。2012年，我帶領臺灣訪問團到該校參訪時，得知當時校長加藤清和福田老師新學期即將調任他校，特別請教他、她們最想把濱之鄉的哪些特色帶到他校去，他、她們都說「聆聽」是值得師生們學習的。我也請教了一位新來的體育老師到濱之鄉小學最大的感受，他也毫不猶豫地指出學生「聆聽」的樣態讓他印象深刻。可見互聽、互學已成爲濱之鄉小學的金字招牌，也是讓他們引以爲傲的最大特色。

濱之鄉小學創校十五年來，訪客絡繹不絕，至今已超過十萬人。佐藤學（2012）認爲，讓參訪者感動的不是什麼「奇蹟」式的改革成果，而是學校的寧靜，教師和學生的素樸、純眞，柔和、自然的身體，無微不至的相互關聯性，細膩、精緻的互聽、互學；以及全心參與學習、互相關照的每個兒童的樣子；打開教室、眞誠的與同仁分享、虛心向學生學習的教師的樣子。這些成果主要來自於兩個原因（佐藤學，2012），第一是教師尊重每個學生，細膩的、體貼的與每個學生交互作用，讓每個學生的自我存在都受到肯定，在這種環境的孕育下，才讓每個人的身心都如此柔和和細緻。第二個原因是，在教學中培養出來的相互聆聽、相互回應和相互學習的關係，使學校成爲一個關懷社群，進而形塑爲學習共同體。

也許就是這些成果，學習共同體的風潮席捲日本中小學，現在已有十分之一的學校正接受這種挑戰。這個風潮也影響到東南亞各國，臺灣也正如火如荼地推展中。其實，就學校教育改革而言，這已是一種「奇蹟」！

由此可知，學習共同體中教師身體的重要性，佐藤學（2010）用教師的置位（positioning）這個概念來加以說明。教師置位是指教師如何拿捏自己的身體位置，及如何從這個位置開展與每個兒童的關係，這是決定教、學是否成立的重要關鍵。一般新手教師都努力想將自己的身體放入兒童群體中，結果，只是與少數兒童說話，甚至被他們把持，反而切斷了與每一個兒童的複雜關係。教師要將全體兒童放進自己的身體意像內，擴充身體意象的空間，向所有學生說話，以創造和每個兒童的關聯性，唯有如此，教、學才能成立。所以教師不管站在哪兒，都一直與每個兒童保持著關聯，任何場合都站在最適當的位置，同樣是聽兒童發言，有時接近兒童，有時保持著距離，拿捏得宜。不僅毫無條件的接受每個兒童的發言，而且注意到其他兒童如何聆聽這位兒童的發言，企圖將發言的兒童和聽的兒童串聯起來。

新潟縣長岡市黑條小學勝沼老師（女性）的身體位置，正是最好的例子（佐藤學，2003）。她每走近一個兒童的身邊，就彎著腰，與兒童同等高度的視線傾聽他們的發言。對需要協助的兒童，就站在觸手可及的地方，而和已經習慣發言的兒童則稍微拉開一點距離。而且她傾聽的位置不是在發言兒童的正對面，而是站在發言兒童的斜側面，也就是和發言的兒童一樣，都看著教室的中心，兒童們所說的話都能聽得一清二楚。這樣，兒童才能將教師視爲親密的傾聽者，從而自由的表達自己的所思所想。佐藤學（2003：38）說，勝沼老師走近兒童的座位，傾聽他們的發言，而且認爲每個發言都是精彩的，無可取代的，都是基於一個信念：教師要像採擷珠寶一樣，傾聽並珍視每個兒童的發言。

這種柔和、細膩的身體意象是無意識的、隱含的，通常是資深教師才能體會到的。神奈川縣濱之鄉小學福田教師（女性）雖然只任教五年，但她的身體位置已是恰到好處，優雅自如。佐藤學（2010：40）這樣來說明福田老師的身體置位：

> 「黑板前放了一個兒童座的小椅子，她坐下來，與兒童的視線同高，她的身體爲兒童的發言、或竊竊私語，或幾乎不成聲音的聲音開放，隨時準備將發言的兒童和聽的兒童關聯起來。她營造了誰都能安心學習的環境，兒童們都帶著個性的、柔軟的、輕鬆的表情，很自然的學習著。」

這兩位女老師都善用身體，善用眼睛和耳朵，是聽覺型的，聆聽兒童的每個聲音，即使是竊竊私語或喃喃自語，將每個聲音都視爲精彩的、有意義的，加以接受，而且將發言的兒童和聽的兒童關聯起來。尤其是她們都尊重兒童，走近兒童身邊，彎著腰，蹲下來，傾聽他們說話；或坐在兒童座的小椅子上，與兒童同等高度的視線注視著他們，用表情、手勢、眼神、身體語言來表達教師的關懷，營造平等的、支持性的環境和氣氛，讓兒童安心學習。這是多麼美的教室風景呀！

福島縣金透小學的管野老師（男性）則是觸覺型的，他與班級兒童溝通的方式專注於聆聽，即使是吱吱喳喳的聲音，他的講述方式和聽話方式是觸覺型的，就像觸摸到每個兒童一樣，把每句話都送到每個兒童的心田。他的身體就像拋物面天那樣，對每個兒童開放，全身心的接納每個兒童的話語。他的身體語言和整體話語，與每個兒童思考的起伏變化相吻合，絲絲入扣。所以他的每一句話能使課堂猶如「吹皺一池春水」般地激起層層漣漪，並且形成交響。管野老師「與兒童間的關係是心心相印的，這種心心相印的關係，構成課堂的互學關係的基礎」（佐藤學，2006：54）。

這些老師都善用身體和五感，營造了不同的教室風景，也顯示了教師身體是教、學成立的關鍵因素。教師全神貫注，爲每一個兒童開放，全身心的接納每個兒童；虛懷若谷的傾聽，對兒童說話輕聲細語，聲調柔和而溫暖，兩眼相視，溫情脈脈；細緻入微的接納每位學生的疑問與困惑，串聯每位學生的發現與創意，使微妙的差異得以交互迴響。教師的身體、姿態、表情和語言與每個兒童思考的起伏變化相吻合，絲絲入扣；師生間的呼吸合爲一體，構成柔軟、明澄的互學關係。這種寧靜使教室成爲循循善誘的課堂，潤澤兒童心田的課堂，教學成為與新鮮境遇和發現的旅程，兒童們帶著個性的、柔軟的、輕鬆的表情，很自然的學習著，對未知的事物和異質的意見非常敏感，驚嘆聲像水的波紋一樣不斷的擴散，催生了師生間親密的接觸，豐潤了兒童的知性和感性（佐藤學，2003；2006）。

這正是學習共同體的遠景，更是教育改革的最高境界。

三　分組學習中的教師身體

最近，領導的美學層面和情緒層面受到重視（Samier, Bates, 2006; Samier, Schmidt, 2006），組織空間及其美學和情緒的意義也成為教育研究的主題（Klein, 2006）。教室的物理空間和其中物品的配置，如課桌椅、書包、教具、教材等，是教室生活的象徵，扮演著多元的功能，如溝通、合作、展望、反思、創造、情緒表達等，美學、行政、個人、政治、社會和哲學的意義交織在一起。所以教室空間具體展現了教室生活的心理動態關係，蘊含著學校的文化和價值，形塑了師生和學校的主體。

學習共同體的學校中，教室座位的安排一年級為ㄇ字形或扇形的錯雜座，利於兩人一組的對話，三年級以後則為四人一組，實施協同學習。不論兩人一組或四人一組，小組成為兒童生活和學習的重要場所，教師要細心的經營。Klein（2006）強調，教室（或小組）空間應成為社會的、認知的、美學的、沉思的空間，如果教師要實施分組學習，也要營造小組（不論兩人一組或四人一組）具有這些特質，以利於學生的互動和學習。

那麼教師如何利用身體和感官，來營造這樣的學習小組，以實施分組學習呢？以下分聽覺和觸覺兩項來論述。

(一) 善用聽覺，發揮寧靜的力量

如前所述，學習共同體的建構非常重視「聆聽」，佐藤學（2003；2006）一再強調：「教學始於聆聽」、「聆聽是教師工作的核心」、「課堂要從互相傾聽的關係發展為交響的關係」等。事實上「聆聽」也是決定分組學習能否成立的關鍵因素，教師如善用耳朵，敏銳聽覺，

「成爲多元的、倍數的耳朵的聆聽者」（Morris, 2008, p.88），就能營造安靜的教室，發揮寧靜的力量，爲分組學習作好準備。

前述濱之鄉小學爲貫徹互聽、互學的精神，每間教室都貼著大大的「學習公約」，主要內容是：自己積極的進行學習；確實的「傾聽」別人說話；主動的向別人說「這裡我不懂，請你教我」；被請教時，要好好「聽」他說，並互相學習；同學之間要互相支持。我到該校訪問時，將這些學習公約請教同學，即使低年級的兒童也都知道是他們的學習公約，還會說，老師教我們要聽別人說話，不懂時要多問同學。可見學習公約不是貼著而已，而是老師一再叮嚀：別人說話要仔細聽，不懂時要多問問同學，別人問我時，要先聽他說，認眞聽他是哪裡不懂，然後一起學習。這樣作，不僅是在聆聽，而且是在建立互聽、互學的關係，而不是互教的關係，才能實施協同學習（collaborative learning）。

建立互聽、互學關係的關鍵，就是教師本身要成爲傾聽者，悉心傾聽兒童的每一個聲音，所以傾聽兒童聲音、向兒童學習是教師的重要功課。千葉縣八千代市睦中學校的教師就朝著這個方向努力，他們強調要營造「互相傾聽、互相學習的教室」，「聆聽是教學的本質」，如果能營造互相聆聽的關係，就能營造良好的人際關係，就醞釀了良好的教學氣氛。教師不僅「聽」到說話的聲音，更要「聽」兒童的樣子，「聽」彼此的相互關聯；不僅用耳朵聽，還要用心、用眼、用手、用口和用腦「聆聽」。

這表示，教師要少教多學，少說多聽；少用嘴巴，多用耳朵；不僅要傾聽，更要綜合使用五感，全神貫注的傾聽；不僅聽到兒童表面的聲音，更要聽到深層的聲音：他是誰，他爲何這樣說，他要表達什麼，他有什麼需求，他想和教師、同伴構築怎樣的關係，我可以如何回應等。

就此而言，「傾聽」包含了下列三種涵義：首先是傾聽這個詞本身的意義，「傾聽」是完整的接納他人的聲音和想法，代表了對對方觀點的關注、同情、同感、與共鳴，而這也會在對方心中產生一種信任感和依賴感，因此「傾聽」的關係拉近了兩個人的距離。而透過傾聽，一方面能夠在另一方觀點的基礎上去思考，並形成了兩方面思維和經驗的連鎖，從而將學習和合作引向深入。因爲無論提出的意見多麼活躍，如果不以傾聽爲中心，就不可能改變每個人的見解，不能讓交流更加豐富，不會讓彼此的意識發生變化，最初和最後的發言內容之間很難產生質的差異。傾聽關係產生對話的語言，而對話的溝通爲互相學習奠定良好的基礎。

第二是傾聽關係在教學上的意義。佐藤學（2003）強調，教師的主要工作（教學）是「傾聽」、「串聯」和「回歸」，而教學始於「傾聽」。課堂裡充滿著聲音（語言），教師的聲音，學生的聲音，甚至是學生的獨白，或吱吱喳喳的雜音，這些都是課程或教學的重要資源。教師只要虛懷若谷、虛心坦懷，傾聽這些聲音，就已經開始教學了。而「串聯」就是將這些聲音（語言）加以意義化，使其產生關係鏈和意義鏈。隱含於教學中的語言（聲音）不僅有偶然的部分，也有必然的部分，就像紡織物結成網狀，構成教室中活生生的溝通形式。教學中的語言或聲音代表著下列三種關係：一是與教科書或教材的關係，該發言是教材或教科書中的哪些話語所觸發的；二是與教師或其他兒童的關係，該發言是教師或其他兒童的哪些發言所觸發的；三是與自己的關係，該發言與該兒童自身先前的發言有怎樣的關聯，教師將這種看不見的關係網絡串聯起來，就能對教學做出創造的、即興的回應。

所以「串聯」是教學的核心，傳統的教學溝通，教學流程常被切斷，缺少連貫和串聯。如IRE的溝通方式，由教師開始發問（initiation），學生回答（reply），最後教師加以補充或評鑑（evaluation）。這種方式是片段的、個別的，一個IRE結束了，接著另一個IRE，彼此之間缺少關聯。這種學習易流於膚淺、零散，品質堪慮。而「串聯」是教師引導兒童思考「這是從哪裡看出來的？」是從課文？哪個兒童？或自己的經驗得來的？並且把一個兒童的意見轉請其他兒童思考，一個同學的發言，引發另一個同學的發言，語言一直綿延，思考一直延伸，閱讀也繼續深化。就像在編織一個紡織品，將橫絲和縱絲緊緊的扎在一起，整節課的學習就是這樣的扎實、精緻。這時，教師已將教材與兒童串聯起來，把一個兒童與其他兒童串聯起來，把一種知識與另一種知識串聯起來，把昨天的學習和今天的學習串聯起來，把課堂學到的知識和眞實生活串聯起來，把兒童的現在和未來串聯起來。

這時，關係鏈和意義鏈一直擴大，互聽、互學激起共鳴和交響，教師如能進一步提供刺激和挑戰的學習，讓學習「回歸」知識，「回歸」兒童身上，則學習成為與事物的邂逅與對話，與他人的邂逅與對話，與自己的邂逅與對話。每節課都有「啊？啊！」的驚奇，每天都有新發現，隨時都與新的世界，新的同伴，新的自己相遇。教學成為與新鮮境遇（encounter）和發現的旅程，學習成為由已知世界走向未知世界的旅程。由於這種新鮮、新奇和新發現，分組學習才充滿著魅力，吸引學生投入。

第三，傾聽表示對兒童聲音的尊重，也就是對兒童的尊重和信任。對學生的尊重和信賴是相信他們的學習能力，相信他們能夠進行選擇，他們能夠克服學習的困難，並經由自己努力和同伴合作，超越原有的學習界線，來獲得學習的成功。而對每位學生的尊重和信任則體現在：教師公平地對待每一位學生，全身心的接納每一位學生，雖然他們的學習基礎和經驗背景都不相同，即便他或她的答案並不完美，還不完整，但是他們的觀點都是精彩的，他們都可以從學習中獲得樂趣。這種對所有兒童成功的期待和信心，是對兒童尊重和信賴的具體表現，也因為這樣，教師才願意傾聽學生的聲音。

善於傾聽的教師不會去區分學生「能」與「不能」，也不會區分他們的發言或理解是「好」或「壞」，而是不折不扣的全盤接納；不是等待「好的發言」或「正確的答案」，而是「聆聽」每個兒童的發言（閱讀），把每個學生的發言都當作「好的發言」加以接受；認為每一位學生的理解和心得都是無可替代的，像採擷珍寶一樣加以重視。善於傾聽的教師通常是走進兒童身旁，降低自己的高度，俯下身，蹲下來，在與學生平行的視線範圍內來關注他們的動作和發言。在這個歷程中，教師把自己看作是學生的一分子，以他們的身分和姿態認眞的觀察和傾聽。善於傾聽的教師語言簡練，句句精雕細琢，不拖泥帶水，而且音量放低，節奏放慢，讓學生們感到一種柔和和寧靜的氛圍。

這種自然、潤澤和安全的言說環境，讓學生感受到自己受到關心和關懷，能輕鬆自如的參與，自由的交流思考，這種自由的交流又產生出多樣的、豐富的閱讀和見解。這樣，又在無意識中增強了學生間的相互信賴和傾聽關係，而且還讓他們意識到：經由其他夥伴的發言，自己的想法得到了延伸，更能從同伴的觀點中獲取養分來滋養和豐富自己。學生們不再拘泥於自己的見解，不再只是強調自己觀點的正確性，而是認眞的聽取、思考、和反饋別人的觀點，尊重多元的思考和語言。這時，固執己見、不肯傾聽的獨白式的語言，轉向爲認眞傾聽、相互信任的對話的語言，深化了與對象世界、與他者、與自己的對話。當每個人的發言都建立在其他人思考的基礎上時，課堂上的觀點就如同珍珠一樣被串聯起來，形成了交響、共鳴的課堂（佐藤學，2003）。

總之，教師要全神貫注的傾聽，也要教導學生互相傾聽，營造寧靜的學習環境，這時，教室安靜了，小組也安靜了，學習就開始了。但寧靜並不表示沒有學習，氣氛雖然安靜，但絕不是學習上的沉悶，正好相反，師生對學習展現出令人吃驚的眞摯情感，在教室中不論哪個兒童的發言或喃語，都被仔細聽到，對他人的思考、情感甚至細微的差異都能敏銳察覺。人在眞正學習時，會顯得謹愼深沉，在聚精思考時，愈見安靜。學習共同體的公共空間就是透過聆聽他人的聲音，產生聆聽教育的學習空間，透過每個人的思考、情感甚至細微的差異，交織成各種學習的樂章，進而譜出一首澎湃的學習交響曲（佐藤學，2012）。

(二) 善用觸覺，展現智慧之愛

聲音是震動的，而震動觸動人的身體存有的每一部分，聲音不只經由耳朵被聽到，且經由身體的每一個細胞被聽到（Morris, 2008, p.77），因此聽覺和觸覺，及其他感覺是關聯在一起的。在課程教學研究上對聽覺有很多論述，但對觸覺的研究卻相對忽視。因爲傳統理性主義強調，知識和知覺是有距離的、客觀的，與觀和看有關，而與身體及其他感官無關。尤其是嗅覺、味覺和觸覺等感官與女性有關，代表親近、生育和家庭的概念，因而是次等的感官。結果，師生的觸覺被殖民化，身體是不可接觸的，要彼此分開。傳統上教室座位的安排就妨礙了相互具現化（inter-embodiment）和身體的相遇，學生排排座，只看到同學的背後，卻遭遇到教師的直接凝視。這種現代教室的規訓使看（look）成爲壓制的策略，非人化的看更強化了身／心、自我／他者間的理性主義的疆界（Grumet, 1988）。

直到最近，課程學者、女性主義者或遊藝誌（A/r/tography）研究者，提出接觸理論，觸覺及其他感官才受到重視。觸覺是一種接觸的感覺，緊鄰的接近人或物體，表示積極的參與到人或物體中，注意到各種感官的經驗，和與我們身體、他人身體有關的知識。觸覺挑戰視覺的知覺的作用，讓我們重新思考知覺人和物體的方式，不論是深層或表面的，內在或外在的，它也是一種認知形式，獲取意義的不同形式。

觸覺之所以成爲重要的求知方式，主要靠著兩種型式，一是藉著皮膚接觸人或物體，二是與某人或某事漸近時的存有的感覺。首先，觸覺通常經由皮膚，皮膚表示了我們如何接觸他人身體或被他人身體接觸，接近或接觸某些東西，才感覺其存在，由此產生身體，理解知識。知識是肉體的，是經由接觸、在觸覺中產生的。皮膚有很多特質，Bickel（2007）說，皮膚是感覺的、閱讀的、書寫的、活生生的、敘說的、看的、接觸的、記憶的、生產的、覺知的，是活生生的身體的記憶。皮膚是觀點、洞見、反省、需求和能動性的中心，我們與它親密關聯，每日以新方式來經驗它。所以皮膚是意義的場域，是一種思考方式，一種求知方式。

遊藝誌（A/r/tography）研究者特別強調第二種觸覺，即與某人或某事漸近時的存有的感覺，擴展了觸覺的意義，對師生關係的建立和互聽互學環境的營造極有啓示。她們強調，知識是肉體的，是經由接觸、在觸覺中產生的。但知識或經驗不是私事，我們如何知道自己和周遭的世界、如何知道我們的主觀性，是在與他人的關係中建構的。不是理性的、自主的我形成知識，知識的生產不能在單一的、自主的主體內完成，身體知識和身體是在身體間的混合和境遇中產生的。開放我的身體，和他人的身體交互作用，不僅只看到他人的身體，更經由接觸、境遇，曝露在他面前。我們永遠與他者在一起，在與他者身體間的浸淫、糾結和交互作用中，我們感知到身體和知識。（Springgay, 2007;

Springgay, Freedman, 2007）

由此，觸覺產生了交互性（reciprocity）和關係性（relationality），她們將這種相關性稱之爲交互具現化（inter-embodiment）。交互具現化強調，身體、身體的知識和主觀性是在與他人的關係中、被身體媒介的。這種身體間的會遇或境遇，創造了共享的特定理解，人感覺到存在但沒有失去其特定性，每個人物質化自己而沒有被包含，自我和他人是相互的、關聯的，每一個人同時、永遠是彼此（自我與他人）的，形成相互肉體（intercorporeality）的理解，與彼此的存有同在（being-with）。

交互具現化關心與不同的他者的身體同在，及其關係的、社會的和倫理的意涵，關心這種身體的境遇產生的知識，對教學和學習有重大啓示。教學和學習是身體化的，與身體一起、經身體實踐，在身體中完成的，是與身體無法分離的過程，而是經由身和心、自我和他人的交互作用，經由我們與世界的交互作用產生的。這正是佐藤學（2005）所說的，學習是學習者投入自己的身體，將事、物、人的關係編織起來，具體言之，就是在與事物相遇和對話中，探索世界；與他人相遇和對話中，擴展人際；在與自己相遇和對話中，追尋自我。

所以學習是在身體的交互性（reciprocity）和關係性（relationality）中產生的，是師生間、同伴間的共同旅程，也是共舞的過程。在此，個人獨特的舞步只有與陌生人，如他人、教材或文本交互作用時，才能完成；而獨立只有經由交互依賴（interdependence）才有可能。前述佐藤學所舉的教師，都是善用身體，善用聽覺、觸覺和其他感官，營造了教、學中的交互性和關係性，而使分組學習順利進行。這些教師全神貫注，全身心的接納每個兒童；虛懷若谷的傾聽，對兒童說話輕聲細語；走進兒童身旁，蹲下來，視線與兒童同高，兩眼相視，溫情脈脈；師生間的呼吸合爲一體，與兒童間的關係是心心相印的。這種身體、姿態、表情和語言就像觸摸到每個兒童一樣，把教師的愛心和信任送到每個兒童身上，讓兒童知道，教師和同伴相信我，甚至愛我。

Diller（2004）將這種師生之愛稱爲智慧之愛（wise love），這種愛來自於清晰地看見（seeing），即深度的聆聽和凝視（deep listening and deep looking），以非判斷的視野來呈現，我們看、聽、聆聽、感覺到他人來自何處，在這個時刻、時間和地點，他們是誰。這種看見不僅只是用耳朵聽，而是包含整體的知覺，所有感官都打開而且活用，眼、耳、鼻、舌、身體、心都成接受的、開放的狀態，為愛的可能性開放自己。這是一種對立感官的和諧（synaesthesia），這種和諧感模糊了感官間的疆界，用第三眼讀，用敏感的耳朵看，用內在的耳朵聞（Doll, 2000）；讓人能「嚐到」畫作的影像，知道它的視覺的味道，傾聽光線，在舌頭上品嚐它（Snowber, 2004）。這表示挖掘深藏於下意識中的問題，將有另一種發現，比過去呈現更多或隱藏更多。

總之，教學是一種慈愛（loveingkindness）的工作，需有教師的全神貫注（watchfulness）和思慮周密（thoughtness），這些來自於教師看到情境中的善意，因此好的教師不只是教學，他本身就是教學！

教學的藝術是要閱讀學生帶給教師的未知，而不是將自己的理念強加給學生。教師要專注的聆聽學生，更參與式的注視他們的眼睛，更有洞見的覺知他們的靈魂，以確認每個孩子的新奇性，並加以激發。「假如大人真心的打開眼睛、耳朵和心靈，活生生的孩子會給我們很多教訓，關於孩子的，關於理解和詮釋生命的新方式」（Wang, 2004, p.157）。

四 結語

知識是肉（身）體的，教學也是身體化的，而學習是直覺的、感覺得到的、感官的和觸覺的，所以身體在教和學上扮演重要角色。只是理性主義興起後，身體被迫與知識分離，從教學和學習流亡，現在應該是讓他們回鄉的時候了。本文呼籲，在「語言學轉向」之後，應該進行「身體轉向」，讓身體回到知識，讓身體擁抱教和學。教師要改變傳統的身體控制觀，善用聽覺、觸覺和其他感官，營造充滿愛、溫暖和支持性的環境，師生相互尊重和信任，確認彼此的存在，這時分組學習就容易實施了。

在這種新環境中，Kliebard（1992）指出的教學與控制功能的對立、以及教師擔心的教室控制就有了新的意義。如Doll, Alcazar（1998）所說的，在此，控制是存在的，但這種控制不是從外部強加的，就像教師利用嚴厲的身體來控制學生，也不是完全從內部發展出來的，或隨機發生的，而是在改變中產生的，所謂「沒有改變、就沒有控制」，控制是從現場的交互作用而來的，變化的情境中自主的產生控制。這種控制觀成爲自我組織（self-organization）的一部分，也是複雜理論的重要概念，這些後現代課程觀及其對學習的影響，值得繼續加以探討。

參考文獻

一、中文部分

佐藤學（2003）。教師的挑戰——學習的革命。東京：小學館。

佐藤學（2005）。學習的身體技法。東京：太郎次郎社。

佐藤學（2006）。學校的挑戰——建構學習共同體。東京：小學館。

佐藤學（2010）。教師花傳書——教師如何成長為專家。東京：小學館。

佐藤學（2012）。學校見聞錄——學習共同體的實踐。東京：小學館。

佐藤學（2012）。學校改革的哲學。東京：東京大學出版社。

歐用生（2010）。課程研究新視野。臺北：師大書苑。

歐用生（2014）。聽覺轉向——臺灣中小學需要「寧靜的革命」。新北市教育，學習共同體特刊，2，頁4-17。

二、外文部分

Alsup. J. (2006). *Teacher identity discourses- Negotiating personal professional spaces.* New Jersey: Lawrence Erlbaum Associates Inc.

Aoki, T. T. (2005). *Curriculum in a new key-The collected works of Ted T.Aoki*. Pinar, W. F., R. L. Irwin (Eds.). N.J.: Lawrence Erlbaum Associates

Bickel, B. (2007). Embodying exitle: Performing the “curricular body”. In Springgay, S., Freedman, D. (Eds.) *Curriculum and the Cultural Body* (pp.203-216). New York: Peter Lang.

Bresler, L. (2008). The music lesson. In Knowles , J . Gary,Ardra L. Cole (Eds.). *Handbook of the arts in qualitative research: Perspectives, methodologies, examples, and issues.* (pp.225-237) London: Sage Publisher.

Diller, A. (2004). The search for wise love in education. In Liston, D. & J. Garrison (Eds.).*Teaching, learning, and loving-Reclaiming passion in educational practice* (pp.169-184). N.Y.: Routledge Falmer.

Doll, M. A. (2000). *Like letters in running water-A mythopoetic of curriculum.* New Jersey: Lawrence Erlbaum Associates.

Doll, W. E., A . Alcazar (1998). Curriculum and the concepts of control.In W. Pinar (Ed.). *Curriculum－Toward new identities*. (pp. 295-325) New York: Garland.

Eisner, E. W. (1991). *The enlightened eye: Qualitative inquiry and the enchancement of educational practice*. New Jersey: Merrill.

Elbaz-Luwisch, F. (2005).*Teachers voices: Storytelling and possibility*. Greewich: Information Age Publishing.

Foucault, M. (1977). *Discipline and punish - The birth of the prison*. N.Y.: Pantheon Books.

Grumet, M. R. (1988). Women and teaching: Homeless at home. In W. Pinar (Ed.). *Contemporary curriculum discourses.* (pp. 531-539) Arizona: Gorsuch Scarisbrick, Publishers.

Huebner, D. E. (1999).*The lure of the transcendent: Collected essays by Dwayne E. Huebner.* Edited by V. Hillis, New Jersey: Lawrence Erlbaum Associates.

Klein, S. (2006). Desk and office spaces. In Samier, E., M. Schmidt (Eds.). *Emotional dimensions of educational administration &leadership.* (pp. 85-96) London: Routledge.

Kliebard, H. M. (1992). Success and failure in educational reform: Are there historical lessons? InKliebard, H. M: *Forging theAmerican curriculum: Essays in curriculum history and theory*. New York: Routledge.

Liston, D. (2004). The allure of beauty and the pain of injustice in learning and teaching. In Liston, D. & J. Garrison (Eds). *Teaching, learning, and loving-Reclaiming passion in educational practice* (pp.101-116). N.Y.: Routledge Falmer.

Morris, M. (2008). *Teaching Through the Ill Body: A Spiritual and Aesthetic Approach to*

Pedagogy and Illness. Rotterdam: Sense Publishers.

Paechter, C. (2001). Power, gender and curriculum. In Paechter, C., Preedy, M., D. Scott, J. Soler (Eds.) *Knowledge, power and learning.* (pp.1-17). London: Paul Chapman Publishing.

Pinar, W. F. (2004). *What is curriculum theory*? N.J: Lawrence Erlbaum Associates.

Pinar, W. F. (2005). A lingering note-An introduction to the collected works of Ted T. Aoki. In Pinar, W. F., R. L. Irwin (Eds.). *Curriculum in a new key-The collected works of Ted T. Aoki*. N.J.: Lawrence Erlbaum Associates.

Samier, E., R. J. Bates (2006) *Aesthetic dimensions of educational administration & leadership.* London: Routledge.

Samier, E., M. Schmidt (2006). *Emotionaldimensions of educational administration & leadership.* London: Routledge.

Snowber, C. (2004). An aesthetics of everyday life. In Gene , D., McKenna, M. B (Eds.) *Teaching for esthetic experience:The art of Learning.* (pp.115-126) NewYork: Peter Lang.

Springgay, Stephanie (2008). *Body knowledge and curriculum-Pedagogies of touch in youth and visual culture.* New York: Peter Lang.

Springgay, S., Freedman, D. (2007): Introduction: On touching and a bodied curriculum. In Springgay, S., Freedman, D. (Eds.) *Curriculum and the cultural body* (pp.xvii-xxvii). New York: Peter Lang.

Wang, H. (2004). *The call from the stranger on a journey home-Curriculum in a third space.* New York: Peter Lang.

探尋板橋模式社會課程發展時期的一段教學改革史

楊智穎
國立屏東大學教育學系教授

壹 研究背景目的

近年課室中的教學實踐逐漸成爲教育改革的重點，而以「教學」爲主軸的各種新興革新術語或方案也不斷被提出，包括差異化教學、活化教學、補救教學及翻轉教學等，其目的係企圖透過課室中教學型態的改變，提升學生的學習動機與成效。然在進行這些教學改革的同時，本研究認爲借鑑歷史的經驗與教訓有其必要性，主要在於歷史能夠提供前人完整的經驗儲存庫，不致讓人們成爲活生生的實驗鼠，加上許多的教學問題常深植於過去，許多的解決策略也曾在過去被嘗試過（Track & Cuban, 1995）。只不過回顧相關的教育史研究，由於教學資料蒐集不易，使得教室層級的教學改革史始終較少受到青睞（Hazlett, 1979），甚至常被視爲是黑箱，因而導致許多教師有價值的經驗未能被記錄下來，同時隨著他們自身一道消失（Tanner & Tanner, 1990）。基於此，本研究認爲有必要對此一懸缺的歷史進行研究。

爲達上述研究目的，本研究選擇臺灣於1979年起所推動的「板橋模式」國小社會課程實驗作爲研究對象，並聚集針對教室中的教學革新進行深入探究，在研究方法的選擇方面，則主要採用口述歷史研究法，蒐集當時參與之實驗教師的口述史料進行分析，其原因就誠如相關學者所指，口述史能讓教育史學者打開教室的門，從主要參與者的觀點去研究學校教育（Altenbang, 1992），及彌補公共學校教師之口述史較少被記錄或保存的缺憾（Hoffman, 1982）。

在本研究中所謂的「板橋模式」，其命名由來主要是源自當時研發社會課程發展的機構爲臺灣省國民學校教師研習會（舊名），因其會址位於板橋市，所以該課程發展便常被教育界稱爲「板橋模式」。分析「板橋模式」社會課程革新的歷史貢獻，其一是重視教師在課室中的教學經驗，然目前雖已出現多篇針對該主題所進行的研究，但仍多偏向從巨觀和制度面向進行相關問題的探討，而鮮少聚焦針對課室中的教學史進行研究。周婉窈（1989）曾指出，在歷史研究中，新的關懷往往能夠帶來新的視野與研究取徑，即使利用舊材料，也能有新發現。Hamilton（1990）也認爲，每一代的歷史仍必須被重寫，主要在於每一代都可能會對過去提出新的問題，並發現新的領域。本研究針對「板橋模式」國小社會課程發展中的課堂教學改革史進行研究，其目的即在滿足此一研究旨趣。

其實分析臺灣國小傳統的社會課程內涵，較傾向爲是一種敘述性課程，重視的是事實性知識的記憶，分析這樣的課程內涵，較忽略學生的生活經驗，爲矯正此一缺失，由當時的「國民學校教師研習會」推動爲期兩階段十六年的社會課程實驗計畫，第一階段係從1979至1987年，第二階段則從1987至1995年。前者的改革理念主要有四，包括：(1)擴大社會課程內涵；(2)以兒童爲中心；(3)以人爲中心；(4)教學多樣化（鄧天德等，1994）。至於第二階段的改革理念，則開始採概念通則作爲組織中心，將社會課程從敘述性課程轉變爲概念性課程，並將社會課程的內涵視爲是一種社會科學（social studies）。除了上述，此一國小社會課程革新計畫還有一個重要特色，即是重視課室中的教學實驗，因此其在課程發展過程中還規劃選擇不同類型學校進行教學實驗，作爲課程修正的參考。

由於目前與上述社會課程革新有關的研究多針對理想課程或正式課

程進行探究，關於當時課堂中教學改革的實際反而較少被探討，爲塡補此一沉默聲音，本研究的探究重點並不以課程發展作爲主軸，而是針對教室中的教學改革作爲探究重心，藉此瞭解當時實驗教師進行社會課程教學改革的過程及經驗，研究結果將可作爲未來規劃任何教學改革方案的參考。本研究主要分爲五部分，首先分析板橋模式國小「社會課程」教學改革的歷史脈絡，其次說明本研究的方法與設計，第三部分探討板橋模式「社會課程」教學改革的實驗歷程及後續影響，第四部分省思板橋模式社會課程在教學改革方面的歷史意涵，最後提出本研究的結論與啓示。

貳　板橋模式國小「社會課程」教學改革的歷史脈絡分析

回顧板橋模式國小「社會課程」教學改革的歷史脈絡，主要源自於1970年代的「國民學校教師研習會」，爲了改變國立編譯館在六十四年版課程標準下所發展之的教科書的缺失，包括缺乏與生活相聯結，同時偏向學科導向。該機構係成立於1956年，最初的工作任務原本是辦理國民小學在職教師進修，然後來受到國外課程發展的影響，自1970年代起加入課程研究發展的工作，辦理國民小學課程實驗研究，研究發展內容包括小學教學資料蒐集、課程內容設計、教具製作與供應等（臺灣省國民學校教師研習會，1986）。回顧研習會所實驗的相關科目，最開始是先針對數學和自然兩科，1979年接受教育部委託，成立「社會科研究小組」，規劃國小社會科兩個階段的實驗研究。

分析整個板橋模式社會課程改革的歷程，共花費近十六年的時間。在第一階段中，1979至1981年先進行相關的基礎性研究，1981至1983年選擇十所學校進行試教，1984年才擴大針對全省四十一所學校進行實驗。第二階段則是進行概念性社會課程的發展與實驗。在人員的安排方面，除了邀請黃炳煌擔任主任委員，延聘不同的學科專家發展通則，包括經濟、歷史、政治的、經濟的、社會等，同時還與小學教師合作，發展學生所需的教材與學習單元。

當時的「國民學校教師研習會」還曾推出名爲「問思教學法」的一

種教學方法，它也可視爲是探究教學法或是發現教學法，然爲呈現出中國式的用詞，就參考「愼思之、明辨之和篤行之」的意涵進行命名。雖然其是「國民學校教師研習會」所推出的教學法，但它只提供教師進行教學時參考，實驗教師在進行教學時，仍具有足夠的自主性，並無強制一定要用問思教學法（訪A6）。基於此，雖然此一社會課程發展是置於課程或教科書革新的架構下，但其在改革過程中強調教師的教學自主，及配合本身所在的教學脈絡，相對過去的課室教學，可視爲是一重要的改革作爲。因此，本研究在此特別針對此一「教學改革」議題進行探究。

參 研究方法與設計

一 研究方法

歷史不只是過去的事件而已，過去的事件與日常生活往往有著強烈的關聯；歷史不只是戰爭、經濟蕭條或政治轉型等事實而已，歷史更應該是活生生的歷史，而且必須是受訪當事人親身經歷或聽聞事件（潘淑滿，2003），基於上述，本研究採口述歷史做主要的研究方法，透過此一研究方法，除了可問一些從沒人問過的問題，蒐集一些如果再不進行採訪便會消失的記憶（Donald, 1997; 王芝芝譯），也可讓歷史的詮釋權不會只歸屬於掌握文字記錄的個人或團體（江文瑜，1996）。

在口述資料的分析過程中，研究者並不會複製受訪者的觀點，而是會進行更深度的「反思」，此一「反思」的過程不只是訪問者的心理過程，及思考訪問者與受訪者之間的倫理關係，還包括要試圖在受訪者的述說者的邏輯中，看出受訪者認爲哪些事件和社會關係對他／她有什麼意義（成令方，2004），超越從受訪者蒐集到的訪談資料，識破隱藏於其後的意識型態或「自然態度」（翁秀琪，2000）。

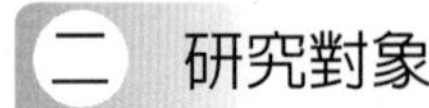

二 研究對象

本研究選擇六位實驗教師進行訪談，這些教師涵蓋參與兩個時期的

「板橋模式」社會課程的教學實驗工作。訪談的過程先透過曾服務於研習會人員的推薦，然後由研究者向受訪者說明本研究的目的、進行過程和資料處理的方式，每一位的訪談時間大約一小時左右。有關研究對象的化名、服務縣市、實驗階段別與訪談時間，整理如表1：

表1　研究對象基本資料和訪談時間表

化　名	服務縣市	實驗階段	訪談時間
A1	雲林縣	第一階段	2013.04
A2	高雄縣（舊）	第一階段	2012.03
A3	金門縣	第一階段	2013.08
A4	高雄市	第二階段	2012.11
A5	高雄市	第二階段	2012.11
A6	雲林縣	第二階段	2013.04

三　資料整理與分析

在資料整理方面，每次訪談結束後，研究者會請研究助理將訪談語料轉譯爲文字稿，並依不同的資料來源與訪談對象進行編碼整理。如「札A1」，係指A1教師的田野札記，若是「訪A2」，則是指針對A2教師進行口述歷史訪談所轉譯而成的文字稿資料。其次，在資料分析方面，本研究會透過對各個文字稿資料進行反覆閱讀，然後找出每篇文字稿中與研究目的相關內容，並歸納出重要的研究概念與發現。

四　研究信效度

爲提升資料分析的信效度，本研究採取以下策略：

(一) 受訪者的檢核

在初步完成訪談資料的分析後，研究者會針對分析結果請受訪者進行檢核，並請受訪者提出相關的修正建議，以確保資料分析所呈現出來的意義能貼近受訪者所要表達的意涵。

(二) 三角檢測

由於被訪談者可能因時間的久遠，而使得進行回憶的口述文本產生偏差，爲確保資料分析的可信賴程度，本研究透過不同訪談人員、資料來源和研究方法間的交互檢證。

(三) 同儕夥伴的相互檢核

邀請對本研究主題有興趣的人員，對本研究的內容進行閱讀後提出補充與質疑，以確保研究品質。

肆 板橋模式社會課程的教學改革歷程與後續影響

分析「板橋模式」社會課程的發展與實驗，在過程中所發生的相關教學改革雖主要是爲了回饋與修正研習會所發展出來的實驗教材，但透過相關實驗工作的進行，無形中也影響教師在課堂中的教學實施。以下主要說明與分析實驗教師參與此一社會課程發展的教學改革歷程，及對個人教學生涯後續的影響。

一 在板橋模式社會課程的教學改革歷程方面

(一) 選擇年輕且具熱誠的實驗教師

「板橋模式」社會課程實驗雖然是以學校作爲實驗單位，但並非全校教師皆參與此一教學實驗工作，而是每校只選擇一位教師進行教學實驗，這些實驗教師的選擇大都是由各縣市具重要影響力的行政主管進行邀請，其中又多是實驗學校的校長，主要是尊重實驗學校的決定。從口述史資料的分析可得知，被邀請擔任實驗教學者大都是教學用心且具熱誠的教師，他們過去的學科背景雖不全是社會科，但基於學校主管的鼓勵，或個人生涯發展的規劃，對於能夠參與此一國家層級的教學改革工作皆覺得相當榮幸（札A6）。當然，從這些實驗教師的背景也可大膽推測，他們多是五年制師專時期所培育出來的師資，在當時的時代氛圍下，服從性較高。

由於此一社會課程的教學實驗係從國小一年級開始逐年實施，爲了配合此一實驗工作，參與的教師必須改爲擔任一年級導師或科任教師，但並非所有的參與教師皆能完成完整六年的實驗工作，在過程中也有些教師因表現良好而轉換工作職務，如學校主任或縣市輔導員等。

「他就把我從高年級抓下來去教，因爲社會科實驗要從一年級開始，我就問校長，你爲什麼這樣把我抓下來要教一年級？他說現在全省的實驗課程，我們學校是重點學校，就實驗學校，那我就選你來，因爲我算是一個蠻乖的人，校長叫我做什麼都做，那時候我是算蠻年輕的老師」（訪A2）。

「我從退伍完之後就在社會科研習中心擔任輔導員，我跟著原來的教務主任，他帶領我們剛畢業的一些年輕老師，就說你順便擔任輔導團的輔導員，也就是去瞭解社會科到底是怎麼樣的課程。我在師專本來就屬於美勞組，我這個部分不是屬於社會組，後來到板橋，他們在挑選實驗課程的學校，那高雄市莒光也是其中一所，那我前後是有參加過他的實驗課程，我教的是五、六年級的課程，帶了兩屆」（訪A4）。

「那我剛進去第一年我接的是高年級，可能長官蠻放心的，所以第二年他要我來接五年級的社會科實驗班，因爲這是一個挑戰，課程跟一般我們的部編本是不同的，所以他要我來接，整個過程當中很多老師是不願意接的，因爲五年級那時候是輪到雲林縣要辦八縣市的觀摩會，大家都嚇到了！」（訪A6）。

(二) 以研習會所發展出來的教材爲基礎進行教學轉化

「板橋模式」實驗課程的實施主要仍是以國民學校教師研習會所發展出來的教材做爲教學改革的基礎，如果教師發現實驗教材中的教學設計不適合，則可利用學期初的研習會議或期末檢討會議，提供回饋意見給教材研發人員作爲修正的參考。從訪談過程可發現，部分實驗教師會依教學情境適時調整教學方法。以本研究中A1老師爲例，雖然教材中設計「請家長帶學生去看電影」，但對鄉下小孩來說，是很難拿到電影票根，因此A1老師便將看電影改變爲看電視報導。

「因爲它是全部北中南全部推，比較沒有考慮到我們所謂的文化刺激，或是小朋友的基本素質，但他給我們的權力就是說你覺得這篇不適合，比如請家長帶學生去看電影，對鄉下的小孩來說，你很難去拿到這個票根貼習作，要貼代表你有去看，那你可以改變一個方式，你看了電視報導，然後你有怎樣的感想，你可以自己做修正，那你爲什麼要做這樣的修正？你把理由寫下來，就是教師有很大的彈性，我們在做分享的時候，可以跟大家報告爲什麼？澎湖爲什麼這樣做？宜蘭爲什麼這樣做？高雄爲什麼它可以再深入？」（訪A1）。

「依照他們設計的教材、課本、學習單，或是活動設計，在現場去教，教完去看學生的學習表現狀況怎麼樣，那我們回頭會去做反應給他們去做一些修正。大致上我們都會依照他們的設計，當然有的會是我們討論完，覺得他們的教學設計不是很適合，我們也會做一些建議，那他們會去修改」（訪A4）。

由於各縣市的教育脈絡各不相同，透過每位實驗教師對教學調整的方式進行分享，對實驗教師教學專業知能的增長有很大的幫助。其實在「板橋模式」實驗課程推動之前，臺灣教師在教學實施中的角色仍是被定位爲是一個消費者或執行者，但本實驗課程提供教師調整與轉變教學內容與方法的權力，讓教師在課室中的教學專業自主權得以發揮。

(三) 規劃系統性專業成長課程協助教學實驗

爲了讓社會課程的實驗更具成效，國民學校教師研習會還會爲實驗教師安排具系統性的專業成長課程，除了辦理教學實驗前的研習活動，相關研究人員也會到校進行輔導。以下僅針對邀請學者提供新的觀點，及辦理跨校教學觀摩等兩部分進行說明。

1. 邀請學者提供新課程觀

爲了讓實驗教師瞭解新社會課程的內涵，在進行教學實驗前，實驗教師在每學期開始前都要到國民學校教師研習會接受相關的專業成長課程，內容包括新實驗教材的內容、如何記錄實驗教材實施的歷程，同時也會邀請具權威的學科專家講授與社會課程有關的重要概念，如經濟學部分，當時便邀請馬凱教授針對與社會科有關的經濟學概念授課；除此之外，國民學校教師研習會還安排教材發展的研究員、借調老師，和各個實驗教師共同研討教材發展背後的理念，及釐清與以往社會課程設計觀點的差異，包括：(1)教師的角色與定位係從執行者改變爲教材的轉化者；(2)教材內容設計要從學科導向改變爲教學和生活導向。

「我們每個學期都要回去，我們這個實驗課程可以怎樣去觀察，所以板橋研習會變得像廚房一樣，一個學期就要回去兩次，學期結束，要看看我們這一學期來，我們做的一些表格，評鑑表、觀察表，看我們的學生、教材合不合用，看教法上有怎樣可以修，讓我們做這樣的學習，無形中就提升我們教材教法的能力」（訪A2）。

「研習會先給我們學科知識的背景研習，有些單元是比較偏經濟，有些單元偏地理，有些單元偏歷史，他就會找一些學者專家來給我們上課，那比如說我們講經濟方面，那就是馬凱教授，那他就會去講有關經濟的，過去的社會科是比較沒有把經濟放在講學的概念裡面，那現在實驗課程有包含新的經濟學」（訪A4）。

「編寫教材的研究老師，還有研究員，會去講活動設計爲甚麼這樣寫，他們爲什麼這樣設計，那順便有一些教學法的知識概念也告訴我們，那我們就會去學，在這一個禮拜裡面，把這學期要上的三個單元，在一個禮拜裡面去把它學會」（訪A4）。

「我們利用開學前的第一個禮拜，我們到板橋去，他會給我們一個禮拜的時間去研讀教材，研讀教材包含課本、習作跟教師手冊，然後告訴你，他們設計這一個活動，他的目的是什麼，你們也可以討論說你去上，不一定要用他們設計的教學活動，有時候還有一些問答，然後又分單元聘請學者專家，補充我們的背景知識，就是學科的知能」（訪A5）。

2. 辦理跨校教學觀摩

在「板橋模式」社會課程的實驗過程中，參與的實驗教師除了會到國民學校教師研習會進行相關的專業成長，同時還會輪流指定某個縣市的學校辦理教學觀摩會，其他實驗學校的教師必須參與，教學觀摩會結束則會針對教學內容進行專業對話，此現象在當前的臺灣教育情境已不復存在，由於要面對各縣市的實驗教師，難免會緊張，因此有位受訪的實驗教師便曾提及，爲了準備教學觀摩，還不小心踢壞一臺實物投影機。

「我們上完之後，還會固定一個單元，及找觀摩的學校辦教學觀摩，其他實驗學校的老師去觀摩，並且在單元教學結束後會互相討論，彼此交流實際上課的情形，再進行專業的對話，這種專業的對話給我蠻大的成長，包含這課程是怎樣發展出來的」（訪A1）。

「那時候我們學校剛好買了實物投影機，那時候非常貴，剛開始84年我一接，我還記得那時候11月，印象很深，我剛一接就辦了一個這樣的觀摩會，那個時候其實學校比我還緊張，學校去買了一個實物投影機，讓我們用，結果我們有試用，因爲怕小朋友不會用，就在那邊試用，試用到明天就要觀摩會了，今天他們在試用的時候不小心就踢到那個電線，啪的一聲就落了下來」（訪A6）。

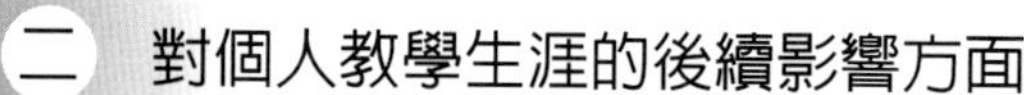

二 對個人教學生涯的後續影響方面

以下主要針對實驗教師參與「板橋模式」社會課程實驗後，對個人教學生涯的後續影響進行說明。

(一) 提升教師個人教學實務專業的重要性

在「板橋模式」課程發展時期，教科書的編輯和發展仍是以學者專家爲主，基層教師參與的空間有限，但因爲「板橋模式」課程發展的推動，翻轉長久以來課程發展的運作邏輯，加上這些教師都是優質且具熱誠的教師，其後續影響不僅讓實驗教師更肯定自身在教學專業上的能力，提升教師個人教學實務專業的重要性，同時也讓實驗教材更符合現場需求。

「我拿到這樣的教材，實際在我教室上課時，我可以知道我的學生哪裡懂，哪裡不懂，我們可以回饋給實際編寫教材的老師以及專家學者，他們可能是以教授角度的指導去編寫，可是以現在孩子認知學習的發展，他們的學習經驗還無法達到，用甚麼角度去上，會讓孩子吸收到那樣子社會科的知識，以及概念或是情藝技能」（訪A4）。

(二) 讓教師從舊的教學觀中脫離出來

在「板橋模式」實驗課程實施過程中，一位參與的實驗教師表示，透過實作的方式體會給學生使用教材應該是貼近學生的語言，而不是一種學科取向和虛擬的知識，教師要學會去轉化學科知識，特別是社會科的教學，這樣的體會無形中強化教師在教學方面的專業知能。

「打破國立編譯館以往的比較屬於高層在編教材，等於教授編教材給小朋友用，現在把教授很深的知識，化做小學實際上可傳達的語言，而不是虛擬空間，然後講的老師抓不到重點，就要學生背，就變成答案要填這些東西，其實教授虛擬的東西要讓你去轉化，但是老師往往就比較簡單，拿到課本就照著課本教，他不會轉化，那社會科板橋模式改變教學法，所以無形中增長老師的教學專業，過去社會科便跟國語沒什麼兩樣，老一輩的國小老師教社會科就是用讀的，好一點就跟你畫重點」（訪A2）。

「因爲板橋模式都是採用問答引導的方式，跟一般的部編本不一樣，部編本是看書教學，我說一就是一，一加一等於二，可是板橋模式社會不是，是你問一個問題就要開始想，所以這般小朋友特別的活躍」（訪A5）。

(三) 延伸新教學觀於其他課程的實施

「板橋模式」社會教學實驗的過程不僅提供作爲修正社會實驗教材的依據，同時也讓實驗課程中的教學觀內化成爲實驗教師教學生活的一部分，這樣的教學觀除持續至實驗課程結束後的社會科教學，有些教師更延伸到其他課程的教學實施，例如，本研究中的A2教師即應用「板橋模式」社會課程中的教學觀於國語科的教學。

「後來我去潮寮國小當訓導主任，我就教社會科，那時候教的雖然是國立編譯館的舊課程，但是我會活化，比如說那時候有講日據時代，我就給了問題，因爲潮寮那時候很多鄉村、三代同堂，我就給大家功課，就是你回去找你的爺爺奶奶，那時候爺爺奶奶都是日據時代還存在的人，找他們訪問，訪問就是板橋模式所學的，我就給他們一個訪問表，教他們訪問的禮儀，你要怎樣訪問人家，我也給他們重點，就訪問說你對日據時代還有沒有印象？哪件印象很深刻？那日據時代跟現在的比較，你的看法是怎樣，他們就回去訪問，訪問回來，社會科他們就出來發表，你看這樣文字敘述整個就鮮活起來了，他們就把時光隧道拉到他們爺爺的那個年代去了，他們就很有感覺」（訪A2）。

「那時候我只會很死的東西，後來因爲板橋模式，把我再次在職教育，我在養成教育時候學的東西眞的有限，在職教育的培訓眞的很重要，你培訓了四年，一個學期兩次，一年就四次，每節課要做前面的準備，要掌握的重點是什麼？對於這個班級，我的課程架構爲何？每一節課都知道說我要評量的是甚麼？還要觀察我的教材適不適用？那我也可以放在國語的教學，國語的注音符號，我也是用很生動的方式教學，比如說注音符號前十週，我就用肢體帶動」（訪A1）。

(四) 影響教師教學生涯的規劃與發展

對一些實驗教師而言，此一實驗過程中的教學經驗則成爲其教師生涯的重要記憶，甚至因爲參與此一實驗課程的推動，而影響其未來進一步生涯發展的規劃，例如，從訪談中可得知，有些實驗教師由於具備教學實驗的經歷，而被鼓勵去從事學校主任或校長（札A2，A6）。針對此一生涯發展，就整體學校教學改革而言，學校也會因爲有這些優異教學素質之領導者的加入，讓整體學校教學改革更具成效。

「那我印象最深的接觸到的就是一個以物易物的活動，小朋友都特別興奮，而且到現在跟我聯絡時都還會提到老師我還記得老師那時候教我們的以物易物，就是說他覺得課程內容是非常的深刻的，他們國中的時候也會跟我分享國小社會科實驗班那時候上起社會是最快樂的時間，這是他們給我最大的回饋了！所以從那時候一直結緣到現在當主任了！我就是一直教社會科，我就是一直延續下來這樣子，那我比較重視的也不是小朋友的記憶性問題，所以我是注重他們的動機，然後他們會提問問題，然後他們會再深入」（訪A1）。

伍 板橋模式社會課程發展在教學改革面向的歷史意涵分析

以下針對教學改革的運作邏輯，以及教師對教學改革成效的影響兩方面，分析板橋模式社會課程發展在教學改革面向的歷史意涵。

一 在教學改革的運作邏輯方面

綜合相關學者所提出的各種課程改革的運作邏輯，本研究認爲教學改革的運作邏輯也可從歷程的角度，區分爲行政模式、研究發展模式、夥伴協作和問題解決模式四種（黃政傑，2000；黃顯華、孔繁盛編，2003）；或從技術、概念、結構和文化等面向進行分類（歐用生，2000），而分析本研究中的「板橋模式」社會課程中的教學實驗，較傾向採研究發展模式，也就由某一研究機構主導，由上而下所進行課程革新。分析這樣的運作方式，若和當前強調「教師增權賦能」的革新模式相較，教師在其中的地位似乎仍不明顯。但本研究認爲要進行特定歷史事件的分析時，仍要回歸到當時的時空脈絡進行擬情理解。

分析「板橋模式」社會課程中的教學改革，其所處的教育脈絡是1975年的課程標準時期，本時期的教學特色，因課程標準或教材仍是由學者專家所主導，教師在實際教學過程中只能是教材的消費者。而國民學校教師研習會所推動的社會課程革新方案，除提供現職教師參與新課程的教學實驗，作爲修正新課程的參考，本研究認爲其在教師教學的專業自主權的彰顯方面，相較過去，其實已有很大的突破。

然若將教育改革視爲是一種革新的社會實驗，只透過教師或國家皆無法有效運作，改革必須在不同層級，針對他們對教育目的與過程進行協商與對話，同時保留未來進一步論辯的空間（Elliot, 1994; 1998），當然也包括學校和教室的教學層級。分析「板橋模式」社會課程發展中的教學改革，雖已提供教師在課室教學中的自主空間，但改革層面仍不夠廣，例如，在此一改革過程中，實驗教師在學校中大都是獨自一個人進行教學實驗，欠缺同儕夥伴的支持，除非該校校長願意提供專業上的支持。此外，專業支持的過程也是點狀式的，一個學期僅有數次，並未成爲其教學生活的一部分，這是當時在教學改革過程中較爲不足的地方。

二 在教師對教學改革成效的影響方面

關於教師是如何影響教學改革實施成效，一直是學者關心的議題，目前已有學者直指教師是成功與否的關鍵（歐用生，2000；甄曉蘭，2004），而從歷年各項教育改革的推動亦可發現同樣的情況，例如，Kliebard（1992）在反省美國各項教育成功與失敗的因素時即曾指出，「教師常不能承受改革、害怕實驗、不願意花時間反省過去經驗或面對挫折。」再以1960年代由美國科學基金會贊助，Bruner所領導的社會課程改革爲例，亦可發現教師同樣扮演相當關鍵的影響力。由於Bruner團隊所研發的MACOS課程的教學設計，教師僅扮演參與者而非權威者的角色，加上教學設計融入繁雜的教學媒體，及提倡教師不能只採用一本教科書等新作法，這些皆與教師一般的習慣不同，使得大部分教師望而卻步，而導致MACOS課程難以推廣（單文經，2005）。

相對過去，「板橋模式」社會課程中的教學改革之所以能夠有效推動，政府的支持當然是一重要因素，另一因素則是該教學改革所選擇的參與教師大都是具熱誠且用心教學者，誠如相關學者所言，要瞭解教學這樣個人化的內容，最重要的是要瞭解教師是怎樣的人（歐用生，2004；Goodson & Sikes, 2001）。因此，如果此一教學改革擴及全校教師，改革成效有可能會打折扣。

陸 結論與啓示

本研究主要透過口述歷史，針對參與「板橋模式」社會課程發展之實驗教師的教學改革經驗進行研究，藉由相關口述資料的分析，本研究初步獲得實驗教師參與教學改革的心路歷程，及對個人生涯所產生後續影響。除此之外，本研究也針對其在教學革新面向的歷史意涵進行分析。然就周芬姿（2004）所言，口述史只是社會實踐的環節之一，完成之後並不是就此打住，而是要有許多相互搭配及延續下來的東西，甚至要將口述史化為實踐的動力或行為。「板橋模式」社會課程發展中的教學改革雖只是一個歷史插曲，但本研究認為仍可從中找到一些可供參考的歷史教訓，包括可思考如何針對現在的教育情境脈絡進行教學革新，或在面對新的教學改革方案時，應該提供教師何種新的教學觀，而不是只在複製過去的教學經驗，這樣是無法讓教室中的教學從過去歷史泥淖中跳脫出來。

至於本研究受限於訪談對象訪尋的困難，因此只針對六位進行訪談，不只代表性不足，人數也不夠多，其原因和有些訪談對象因健康因素，或年代長久導致記憶模糊等原因，無法進行訪談，有些則是無法得知其聯絡方式，導致尋找不易。因此，未來欲進行相關口述史研究，勢必要儘速掌握時間因素，否則訪談對象的尋找會更加困難，而此現象也提醒我們要重視各時期教學改革史的研究，及重要教學歷史文件或文獻的保存，此舉除了可協助口述史的進行，提升口述史資料分析之信效度，同時也可讓過去好的教學改革經驗提供作為未來進行教學改革的參考。

參考文獻

一、中文部分

王芝芝譯（1997）。Donald, A. R.著，大家來做口述歷史。臺北市：遠流。

臺灣省國民學校教師研習會（1986）。臺灣省國民學校教師研習會三十年紀念專刊。臺北縣：臺灣省國民學校教師研習會。

江文瑜（1996）。口述史法。載於胡幼慧（主編），質性研究：理論、方法及本土女性研究實例（頁141-158）。臺北市：巨流。

成令方（2004）。口述史／訪談與性別研究。當代，**202**，38-41。

周婉窈（譯）（1989）。史家的技藝（原作者：M. Block）。臺北市：遠流。

周芬姿（2004）。「集體凝聚」的公共財：口述史／訪談與性別的社會實踐。當代，

202，42-49。

單文經（2005）。Rugg及Bruner社會領域課程改革經驗的啓示。教育研究集刊，**51**(1)，1-30。

黃政傑（2000）。課程改革。臺北市：漢文。

翁秀琪（2000）。多元典範衝擊下傳播研究方法的省思：從口述歷史在傳播研究中的應用談起。新聞學研究，**63**，9-33。

黃顯華、孔繁盛編（2003）。課程發展與教師專業發展的夥伴協作。香港：中文大學出版社。

潘淑滿（2003）。質性研究——理論與應用。臺北市：心理。

鄧天德等（1994）。國民小學中年級社會科改編本教科書使用意見調查與研究：八十二學年度研究報告。臺北市：國立編譯館。

歐用生（2000）。課程改革。臺北市：師大書苑。

歐用生（2004）。課程領導。臺北市：高等教育。

甄曉蘭（2004）。課程理論與實務：解構與重建。臺北市：高等教育。

二、外文部分

Altenbang, R. J. (1992). Introduction. In R. J. Altenbang (Ed.), The teachers voice: A social history of teaching in twentieth-century America (pp.1-6). London: Falmer Press.

Dow, P. B. (1991). Schoolhouse politics: Lessons from the Sputick era. Cambridge, MA: Harvard University Press.

Elliot, J. (1994). The teacher's role in curriculum: An unresolved issue in English attempts at curriculum. Curriculum studies, 2(1), 30-48.

Elliot, J. (1998). The curriculum experiment: Meeting the challenge of social change. Open University Press.

Goodson, I. F. & Sikes, P. (2001). Life history research in education settings: Learning from lives. Buckingham: open university press.

Hazlett, J. S. (1979). Conceptions of curriculum history. Curriculum inquiry, 9, 131.

Hoffman, N. (1982). Womens true profession: Voices from the history of teaching, old Wesetbury. NY, Feminist press.

Kincheloe, J. L. (1998). Contextualizing teaching: Introduction to education and educational foundation.

Kliebard, H. M. (1992). Forging the American curriculum. New York and London: Routledge.

Kridel, C. & Newman, V. (2003). A random harvest: A multiplicity of studies in American curriculum history research. In W. F. Pinar (Ed.), International handbook of curriculum research (pp.637-650). NJ: Lawrence Erlbaum Associates, Inc.

Tanner, D. & Tanner, L. (1990). History of the school curriculum. New York: Macmillan.

Track, D. & Cuban, L. (1995). Tinkering toward utopia: A century of public school reform. Cambridge, Mass: Harvard University.

對話教學的理論與實務

張芬芬
臺北市立大學學習與媒材設計系教授兼主任
陳美玲
臺北市景美國小教師／臺北市立大學課程與教學碩士

壹 對話教學的涵義

一 對話的意義

「對話」（dialogue）是一種口說或戲劇形式，是由兩人或多人說出來或寫下來的交談（Dialogue from Wikipedia, n.d.）。最早它主要是一種記敘的、哲學的、或教導的工具，出現在古希臘與印度的文學中，尤其是修辭文學中。而由對話輯錄而成的文本，稱爲對話錄，它是古代東西方重要的文學體裁。柏拉圖的《對話錄》多採此文體呈現。早期基督宗教學者也常採對話文體寫作，Boethius（480年－524或525年）所著的《哲學的慰藉》（*The Consolation of Philosophy*）是其中名著。文藝復興時期，伽利略（Galileo Galilei, 1564-1642）爲闡述自己的科學觀點，所寫的兩部著作《關於托勒密和哥白尼兩個世界體系的對話》與《力學和局部運動的兩門新科學之對話和數學證明》，亦採對話文體。而中國儒家經典《論語》、《孟子》也記錄不少對話。古代的中東、印度、日本也有此對話錄文體。（Dialogue from Wikipedia, n.d.）

《教育部重編國語辭典修訂本》（教育部，1997）解釋，對話是一種相互間的交談。而不同的交談方式會產生不同效果（滕守堯，1995）：有人習慣以教訓口吻與人談話；有人雖能侃侃而談，卻不顧對方想法與感受；還有些人在交談中，只是疲於應付，卻不敢敞開胸懷說出眞正想法。巴西教育學家Paulo Freire（1921-1997）提倡在大眾教育（popular education）實施對話教學，強調此對話是一種溝通，在尊重與平等情境中進行，藉此種對話溝通，不惟深化理解，更期改造世界（Dialogue from Wikipedia, n.d.）。

由上可知，對話原是兩人或多人間的交談，寫成文字後，可發揮其文學、哲學、或教導方面的功能。後來學者發揮對話在教育／教學上的功能，從平等溝通的角度出發，強調眞正的對話是在民主、開放、平等的前提下，展開和善的傾聽、交談與分享，以期增進知性理解與現況改革。

二　對話教學的意義

(一) Freire：起點在提問，師生關係平等，目的在批判與解放

Freire批評傳統講授式教學，他提倡在大眾教育中提倡對話教學，而非僅在大學學術殿堂裡。他認爲對話教學應該是一種提問教育（莊淑閔，2006）。教師透過提問引發學生思考，學生藉此學習教師的提問思維方式，學會自己提問，進而培養出批判思維（李奉儒，2003）。對話中師生關係應是平行而非垂直的上下關係；師生間透過對話不斷創新知識。在對話教學中，師生相互教導，相互學習，一起爲成長的過程負責。Freire將對話教學從大學講堂推廣至大眾教育，強調師生平等，目的在批判與解放。在Freire的大力提倡下，對話教學逐漸在東西方受到重視。

(二) 佐藤學：以多種對話來學習，重建知識新意

提倡「學習共同體」的日本學者佐藤學認爲，學習是與嶄新的世界相遇與對話；學習者透過與教材、自我及他人的對話，重建知識的意義

與關聯（黃郁倫譯，2013）。

(三) 張增田與靳玉樂：相對於傳統注入式教學

大陸學者張增田與靳玉樂（2004）認為對話教學是相對於傳統注入式教學而言的，是一種以溝通性對話為本質的教學。陸明玉（2012）指出傳統注入式教學，教師在教學過程中處於控制方，學生被動接受知識灌輸，久而久之，學生變成習慣接受而缺乏批判思維；另外，注入式教學偏重認知方面的記憶，缺乏對學生批判意識的培養。理想的對話教學不僅止於類似交談或問答的活動，也不是在設法引導學生說出教師的預設答案，這些均非眞正的對話。

(四) 大陸多學者：不斷追問、引發想法、促進思考、解放心靈

沈曉敏（2005）指出，對話教學中，教師主要目的不在於傳遞書本知識或考核學生程度，而是希望在瞭解每個學生先備經驗的基礎上，引發內心眞正想法，激發他們對文本產生不同的理解或衝突，為學生提供必要的鷹架，以幫助學生建構對文本、對世界的自我解釋。沈曉敏（2005）認為對話教學中會不斷生成新問題，教學進度不能嚴格依照教學計畫的預定進度，而是根據學生學習狀況隨時調整。呂星宇（2008）認為對話教學是促進學生思考的手段，其核心是有效提問，有效提問是為了達到新理解，而非評價學生已理解多少。呂星宇（2008）強調教師要能夠運用學生的回答來指引學生，釐清並更深入理解自身思考；教師還要能針對學生回答進行連續追問，並要求學生提出證據證明自己觀點，且說明自己下此判斷的理由。陸明玉（2012）則認為，對話教學旨在培養學生的對話精神、獨立人格、批判性思維與自主意識，以解放學生的心靈與思維。

(五) 小結：對話教學的定義

綜上所述可知，對話教學是一種相對於傳統注入式教學的教學法，教師藉提問促進學生與教師均不斷探究與思考的過程。對話教學過程中師生關係平等，雙方仔細傾聽並繼續追問，教師也從中學習，更增進

學生的思考力與探究力，進而達到解放學生心靈，能進行獨立思考的目的。此定義顯示：對話教學的起點是提問，過程在不斷追問與回答，目的在解放心靈、增進思考能力，最終能進行獨立思考。

至於對話的主體主要在教師與學生，惟佐藤學及其追隨者，另加入多組對話主體，包括：教師－教材、學生－教材、學生－學生、學生－自我等。以下小節將分述之。

三 對話教學的類型

(一) Vygotsky：師生、生生、生己

社會建構主義者（social constructivist）Vygotsky（1986）提出外部語言和內部語言的概念，其觀點包含三種對話：(1)教師與兒童對話；(2)兒童與兒童對話；(3)兒童的自我對話。前兩者屬外部語言，也就是溝通的語言，第三種屬內部語言，亦即思維的語言。

(二) 佐藤學：生客、生他、生己

倡導「學習共同體」的日本學者佐藤學，綜合John Dewey（1859-1952）與Lev Vygotsky（1896-1934）的學習理論，把對話教學分成如下三種，而佐藤學認爲學習就是：透過相遇及三類對話，來進行「構築世界」、「構築同伴」與「構築自我」三位一體關係與意義不斷循環的永續實踐過程（黃郁倫、鐘啓泉，2012）。

1. **兒童與客體的對話**：指兒童與教材的對話，包括對教學內容的概念、原理原則，做具體觀察、實驗與操作，屬活動式學習。
2. **兒童與他人的對話**：包括師生間對話與同儕間討論，尤其強調藉由和同伴互動，進行協同學習。
3. **兒童與自己的對話**：這是一種自我探索活動，也是一種反思式學習。

(三) 吳文：師生、生生、師本、生本

大陸學者吳文（2012）則將對話教學分爲師生、生生、師本、生本

等四類對話。

1. **師生對話**：師生對話包括言語對話，以及非言語對話，如眼神交流、心靈或精神的溝通。其重點是不以教師觀點反對學生觀點，或強加學生，而是師生間共享知識、智慧、經驗與人生意義。
2. **生生對話**：指學生與學生間在課堂中針對特定話題展開的討論與交流；此對話形式爲學生提供自由表達機會，可激發學生主動參與學習，亦有助於同儕間形成良性學習氛圍。
3. **師本對話**：指教師跟文本／文本作者之間的對話。相對於以往將文本奉爲圭臬或視爲考試的標準答案，此處的師本對話強調教師應帶著自己的特殊體驗和經驗去解讀文本，以及體會文本作者的喜怒哀樂；而且教師應帶著批判反思的精神與文本進行對話。
4. **生本對話**：相對於傳統教學——小心翼翼的引導學生解讀文本，猜想作者原意，將文本視爲神聖不可違背；這裡的生本對話指的是讓教材走向學生，與學生平等對話，使學生理解文本，進而建立自己的想法、自己的內容。

(四) 張增田與靳玉樂：言語型、理解型、反思型

大陸學者張增田與靳玉樂（2004）認爲對話教學主要有：言語型對話、理解型對話、反思型對話，三者關係密切，交互影響，共同交織成理想的對話教學型態。

1. **言語型對話**：是指以言語爲主要表現形式的對話教學，又可區分爲師生對話、生生對話。在師生對話過程中，教師不僅是授業者，也是受益者；師生間互相傾聽、互相接納，進而共同成長。生生對話採小組合作方式，組員間互相討論，在交流中發表自己的觀點與看法，同時也傾聽別人的意見，進而提升彼此的智慧。
2. **理解型對話**：是指老師或學生與文本（課程內容）的對話。師本對話是指教師理解文本的過程中，並非消極接受文本，而是

以自己的先前理解爲基礎，與文本積極對話，形成新理解、新思想。生本對話則是強調學生對文本的閱讀與理解，係學生用自己既有的知識、經驗與情感去解讀和建構文本意義的過程。

3. 反思型對話：係指師生的自我對話。當內心產生矛盾或困惑時，就是自我對話的最佳機會；師生在自我反思中建構自我，促使自我趨向完善、走向深刻。

(五) 小結：對話教學的類型

綜觀學者對對話教學的分類，主要是從對話四主體出發：教師、學生、自我、文本。Vygotsky（1986）只提及前三者，佐藤學（黃郁倫、鐘啓泉譯，2012）將文本加入。張增田、靳玉樂（2004）較爲特殊，係從話語的本質：語言、理解、反思等，對對話做分類。表1是幾位學者的對照表。

表1　對話教學類型：各學者分類的對照表

<table>
<tr><th></th><th>Vygotsky
（1986）</th><th>佐藤學
（黃郁倫、鐘啓泉譯，2012）</th><th>吳文
（2012）</th><th>張增田、靳玉樂
（2004）</th></tr>
<tr><td rowspan="4">對話教學的類型</td><td>教師與兒童對話</td><td rowspan="2">兒童與他人對話</td><td>師生對話</td><td rowspan="4">言語型對話
理解型對話
反思型對話</td></tr>
<tr><td>兒童與兒童對話</td><td>生生對話</td></tr>
<tr><td></td><td>兒童與客體對話</td><td>師本對話
生本對話</td></tr>
<tr><td>兒童的自我對話</td><td>兒童與自己對話</td><td></td></tr>
</table>

資料來源：筆者整理

四　對話教學的特質

(一) Freire：建構、平等、分享

根據Freire的理論，對話教學包括三特質（引自Burbules，1993）：(1)個人是建構知識的主角，此係建構主義的知識觀；(2)教學過程中，教師也是學生，學生也是教師，沒有權威；(3)重視教學過程中師生分

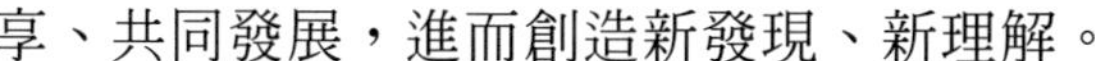

享、共同發展，進而創造新發現、新理解。

(二) 張增田：平等、傾聽、多邊、建構、和而不同

張增田（2005）則指出對話教學以下五種特質：

1. **平等意識**：教學中的師生，擁有平等地位，不存在片面權威與對眞理的獨占。
2. **眞誠傾聽**：在對話教學中最重要的不是述說，而是傾聽；雙方以欣賞與開放的態度，期待聽取與接受對方的意見與觀點。
3. **多邊互動**：對話教學除重視師生雙向交流，也強調學生間的積極互動，使同儕間相互影響的潛能發揮到最大。
4. **建構生成**：多數對話教學以外的教學形式，是由教師一人設計與控制教學，上課時只是依照教案按部就班的進行，是一種教師心中早有結論的完美設計；對話教學則期待師生在教學過程中，透過與他人對話，出現與自己不同的見解，進而創塑新意。
5. **和而不同**：對話教學強調對「差異」的尊重及因尊重而產生的和諧關係（陳美玉，1997）。對話教學認爲對話雙方必須有不同的聲音，才是眞正的對話關係；甚至認爲正是因爲雙方見解、觀點和思想上差異的存在，才使得對話可以持續進行而充滿活力。

(三) 吳文：平等、開放、生成、交往、參與、直接、互動

吳文（2012）指出，與其他的教學型態相較，對話教學有平等、開放、生成、交往、參與、直接和互動等特質。

1. **平等性**：民主、平等是對話教學中最基本的原則，教師、學生和文本都是平等關係的建構者與解構者。學生有自由思想與獨立思考的權利和能力，教師不能把自己的主觀意識強行灌輸給學生；文本也不能成爲權威的代言者，學生可以根據自己的理解去解讀文本，去經歷文本作者的感受，甚至創造一個全新的文本。

2. **開放性**：開放性是對話教學的先決條件。在對話教學中，師生皆以自由的精神和開放的心態來傾聽對方，欣賞和接納對方。其次，對話教學的對話內容是多元的，對話雙方不事先設定任何界線，教師與學生的精神世界超越了書本、課堂與自我。另外，對話教學的形式也是開放的，可以小組討論、全班討論，也可以問答式、啓發式或彈性運用各種形式，不拘泥於任何固有的模式。惟教師在對學生開放的尺度上，應把握「以放爲主，以收爲輔」的原則，亦即將開放的程度控制在最合理的範圍內，還給學生最大的自由。
3. **生成性**：生成性是對話教學最顯著的特質，它是相對於傳統教學的預設性（教案設計）而言的。傳統教學的教師通常把教學過程中種種可能發生的狀況全都寫到教案上，因此課堂上無論遇到什麼問題，教師們通常都能迎刃而解。而對話教學中生成性的問題具有隨機性、不可預測性；因此，對話教學的過程並不只是把預先設計的活動內容按部就班的傳輸給學生，而是在師生既有知識與經驗的基礎上發現問題，藉由師生之間、生生之間的自由對話，彼此積極交流與合作中，師生共同求得問題解決的辦法。
4. **交往性**：對話教學的交往性促使學生在對話交流的教學中，增進師生間、學生間的相互瞭解，有利於師生間平等關係和學生間夥伴關係的形成。對話教學的交往性把教師和學生都看成是教學的主體，師生共同參與教學活動；對話教學強調師生之間、學生之間動態的意見交流，實現師生互動、互相溝通、互相影響、互相補充，進而達成共識、共享、共進。
5. **參與性**：對話教學是師生或學生之間以對話的形式表現出來的交流與活動，因此，學習者積極參與教學過程是非常重要的；不過，對話教學的參與過程必須有序、有效，以免淪爲空有形式或表面熱絡的假對話。對話教學的參與性有利於提高學生的學習興趣，進而克服學習的困難，使學生在學習過程中獲得樂趣與信心。

6. **直接性**：對話教學的直接性是透過師生交流對話的形式表現出來的。師生面對面直接對話，可以讓教師即時知道學生是否讀懂文本，若需要引導學生體會文本中所描述的情境或情感，亦可即時給予學生協助或提示。而且，在直接對話溝通的過程中，師生間眞誠互相傾聽、互相包容，學生能感受到教師的和善，因而願意打開自己的心靈，說出自己眞正的想法，以達到解放學生心靈的目的。
7. **互動性**：對話教學的本質在於尊重學生的主體地位，使教師和學生、學生和學生之間的思想、言語、表情和情感更充分的互動起來。對話教學強調教師不像傳統注入式教學那樣，扮演著獨占知識的權威角色；教師應該是學生的學習夥伴，彼此交往互動，共同探究知識，建構生命的意義與價值。

(四) 張光陸：理解、問題、循環、遊戲、情感、批判反思

張光陸（2012）則認爲對話教學的特質有如下六種：

1. **理解性**：在對話教學中，教師提出問題時並沒有預設答案，師生或學生間的對話也不須達成一致的結論，但是在對話過程中，彼此都要以開放的態度去傾聽各種不同的意見，甚至是相反的見解，而達到互相理解。除了對話雙方須互相理解，個人也需要自我理解；在對話過程中，參與對話者應透過傾聽對方不同的觀點，不斷的自我反思，加深自我理解，修正自己原有的觀點。
2. **問題優先性**：對話教學將問題置於優先地位，強調必須對學生提出眞問題。眞問題須具有開放性，可以充分激發學生的思維與想像力，學生不會刻意去猜測教師的預設答案，這樣的教學才會有生成和創新。另外教師須具備開放的態度與胸懷，也就是教師在提問時要揚棄所謂「標準答案」和「客觀眞理」。眞問題還須具有方向性，亦即教師提問時不能過於廣泛、沒有邊際，否則就會成爲空問題、歪曲的問題。
3. **持續循環性**：傳統注入式教學認爲教學過程是一種線性過程，

亦即由教師在備課時學習文本裡可被認知的客體，接著在課堂中向學生闡述這一客體，學生只是去記憶教師講述的內容，以爲知識乃是既定的，理解可以是完整的。而對話教學則強調我們不可能達到對他人或文本意義的完整理解，他人或文本的意義在於不斷的對話循環所形成的更新的理解；因此，以眞問題爲基礎的對話教學是一個不斷循環的過程，是永遠不會結束的。

4. **遊戲性**：J. F. Christie在分析兒童遊戲對認知的作用時，將遊戲定義爲沒有外在目的的；是自發自願進行；是令人快樂的；需要參加者積極參與的（張光陸，2012）。在遊戲時，只要我們享受其中，就會想辦法讓它持續下去，因爲遊戲本身是有趣的，不必在乎輸贏。同樣的，在對話教學中的對話所獲得的快樂，不在於獲得了某個眞理或解決了某個問題，而在於師生之間相互交流和回應的重複往返過程中，所逐漸展開並獲得新的、意想不到的結果。因此，對話教學根本上也跟遊戲一樣具有自由的、輕鬆的以及成功的喜悅精神。
5. **情感性**：對話教學的順利進行需要師生間、學生間相互的情感。在對話教學過程中，不只要求學生之間以寬容的態度，設身處地的理解他人；同樣的，教師也必須寬容的、設身處地的去理解學生，如此一種情感的交融，不但能增進師生間的理解，也能幫助對話教學的順利進行。
6. **批判反思性**：對話教學的實施需要師生「非扭曲的」交流。例如，教師由於在某些制度上或文化上的原因而享有特權，當教師認爲自己特定的信念或價值觀對學生是有益的，而以「爲學生好」爲藉口，硬把自己的觀點灌輸給學生，就是屬於師生間「扭曲的」交流。因此對話教學時，師生皆必須透過批判反思去消除和超越一些制度和霸權的因素，才能獲得無偏見的交流。

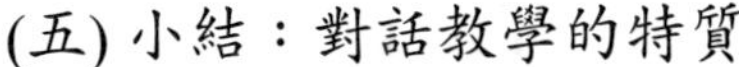

(五) 小結：對話教學的特質

若對上述主張進行後設分析（參見表2），可發現各學者的主張是相近的。大致不超過Freire提出的三特質。在知識論方面，對話教學主張學生是建構知識的主體，教師以開放式、方向性問題去提問，以對話引發學生思辨，形成新理解、新能力，持續循環建構新知識；知識具有開放性、生成性、參與性。在師生關係上，師生是平等互惠的，自發、喜悅地享受這種關係。在教學過程中，直接多邊互動，認知與情感多向交流，且是批判的、無偏見的交流對話。這些特質均集中在師生對話的這一類型，對於其他類型的對話較未觸及。可見所謂的對話教學主要還是以師生對話爲主。

表2　對話教學的特質；各學者的主張

	Freire的理論 （引自Burbules，1993）	張增田 （2005）	吳文 （2012）	張光陸 （2012）
對話教學的特性	個人是建構 知識的主角	建構生成 和而不同	開放性 生成性 參與性	理解性 問題優先性 持續循環性
	教師也是學生， 學生也是教師。	平等意識 真誠傾聽	平等性	遊戲性
	重視教學過程中 師生分享、共同 發展。	多邊互動	直接性 互動性 交往性	情感性 批判反思性

資料來源：筆者整理

貳　對話教學的實踐發展

一　古代起源

古希臘哲學家蘇格拉底（Socrates，西元前469年－前399年）與學生一問一答，引導學生正確的認知；我國儒家經典著作《論語》中，記錄了孔子（西元前551年－前479年）與學生的對話，這些顯示了東西方對話教學最初的實踐。

二 二十世紀奠基

近代對話教學的實踐發展，則與Martin Buber（1878-1965）和Karl Jaspers（1883-1969）這兩位哲學家的教學思想有關（陸明玉，2012）。他們認爲工業時代人際關係疏離，尤應藉對話改善疏離現象（Dialogue from Wikipedia, n.d.）。

Martin Buber是在奧地利出生的精神醫學與神學家，對話居於他神學理論的核心，在他最有影響力的著作《我與你》（*I and Thou*）中，他推崇並提倡眞正的對話，認爲眞正的對話並不是帶著目的性的意圖去達成結論和僅在表達觀點而已，他認爲對話是建立人與人、人與神之間眞實關係的前提。他關注眞實對話中的深層本質，這一思想形成了所謂的「對話哲學」（philosophy of dialogue）。他認爲教學本身就是對話，教學即是一種對話的過程；而師生間的信任是有效對話的前提與保障。（Dialogue from Wikipedia, n.d.）

Jaspers是德國著名的存在主義哲學家，在Jaspers心中，最理想的教育形式是蘇格拉底式的教育，而蘇格拉底式的教育的最大特色就在於「對話」；在似乎是理所當然的事情中去發現難題，造成學習者的困惑，並因而被迫進行思考、學習找尋答案，不斷地發問，即使最後所得出的答案與原先常識有所不同也不逃避。Jaspers認爲蘇格拉底式的對話事實上就是一種「愛的奮鬥」，人在對話中也同時進行著自我開放的奮鬥過程。這個過程應該充滿著愛，因爲溝通的目的並非僅在造就自己，幫助對話的對方成長，才是對話的眞正目的。（方永泉，無日期）

三 Freire提倡

讓對話教學成爲顯學的則是巴西教育家Freire，Freire認爲傳統講授式的教學是一種儲蓄行爲（陸明玉，2012），教師就像儲戶，而學生就是管理人；教師負責發表，讓學生不斷的接受、記憶和儲存材料，師生間沒有交流，這樣的教學將讓學生習慣於接受而缺乏批判思考，因此他提倡對話式教學。對話式教學是一種雙向的交流，對彼此差異認識的過程，其前提是平等、愛、信任與謙遜，如果沒有這些基礎與條件，就不會有對話。批判思維是對話式教學的核心，而提問是對話式教學的關鍵，因為提問是對話的切入點，透過提問而展開對話。教師以提問引發學生的思考，而學生也因學習教師的提問思維方式，學會對事物、文本或別人的觀點產生質疑，進而培養批判性思維。

四 日本添新意

而日本學者佐藤學提出學習的實踐應該定義為：與客體的對話、與自己的對話以及與他人的對話（鐘啓泉譯，2004）。在與他人的對話這一層面上，佐藤學認為目前大多數課堂中，由知道正確答案的教師提問，不知道正確答案的學生回答，再由教師做出評價的「教師啓動、學生回答、教師評估」（Initiation-Response-Evaluation，簡稱IRE）對話模式，兒童難以展開對話性的實踐，IRE對話模式並不是眞正的對話教學；教師應尊重每一個兒童認知與表達的個別性，努力實踐當一個好的傾聽者與理解者（鐘啓泉譯，2004）。

五 中國大陸官方支持

中國大陸在基礎教育課程改革中受到以上理論的影響，因而將「對話」作為一種教育指導理念（中國教育部，2011）。此理念強調，對話教學中的對話不僅是在於教師與學生之間，教學文本也成為對話的主體；其次，對話的媒介不僅限於語言，也包括其他能夠表達思想的方式，如文字、眼神、肢體等（陸明玉，2012）。

六 臺灣從善追隨

而在臺灣，受到日本學者佐藤學的影響，各縣市教育局提倡的「學習共同體」其實也是強調在課堂教學過程中，教師與學生相互學習、相互傾聽，在共同生活中實現對話和成長。「學習共同體」強調協同學習，而此處學習指的是與世界（教材）、他人（同學或老師）以及與自己的相遇與對話（黃郁倫、鐘啓泉譯，2012）；透過與他人合作，與不同思想相碰撞，實現與新世界的相遇與對話，從而產生自己的新思維。

近二十年來，電腦網路在全球迅速發展，網路搭起許多社群平臺，鼓勵人們藉對話爲溝通媒介，達到溝通感情、傳遞訊息、解決問題、激發創意等目的。這是在學校教育之外，對話這一工具，在網路世界裡成爲普遍溝通媒介的一種全球新發展。（Dialogue from Wikipedia, n.d.）

七 小結：對話教學的實踐發展

綜上可知，對話教學的實踐，其起源甚早，西方爲蘇格拉底，東方爲孔子。二十世紀更獲奧地利Buber和德國Jaspers推崇，Buber強調師生建立「我你」關係，而非「我他」關係。Jaspers認爲對話是一種「愛的奮鬥」，人在對話中也同時進行著自我開放的奮鬥過程，這個過程應充滿愛，以愛幫助對方成長。巴西的Freire更大力提倡對話教學，強調平等對話，培養批判思維，一時之間使對話教學成爲顯學。日本的佐藤學再爲對話教學增添新意，在師生對話之外，強調學生與客體、他人、自己的對話。而臺灣近年來也從善跟進，縣市教育局開始鼓勵中小學教師進行對話教學。

參 對話教學的理論基礎

對話教學的理論基礎，主要包括：蘇格拉底的反詰法（Socratic debate）、John Dewey、Lev Vygotsky的社會建構主義、俄羅斯的Mikhail Bakhtin（1895-1975）的對話理論（dialogism）；以及美國K. J. Gergen（1935）的思想。以下分述之。

一 蘇格拉底反詰法

「蘇格拉底反詰法」或稱「蘇格拉底法」、「反駁論證法」（Socratic method, method of elenchus）。本質上是一種質問的辯證法、一種哲學質詢法，廣泛地用在討論重要的道德觀念上。柏拉圖《對話錄》在蘇格拉底對話中首次描述這種辦法，如蘇格拉底與人討論友情、虔誠等。通常是兩人對話，其中一人帶領對話，另一人因同意或否定對方而提出一些假定。蘇格拉底被視為這種反詰法的先驅，但他可能受更早或同時代哲學家的影響，蘇格拉底反詰法影響到柏拉圖、亞里士多德，以及之後的大多數西方哲學（Socratic method from Wikipedia, n.d.）。

蘇格拉底反詰法，採取步驟如下：(1)諷刺：不斷提出問題使對方陷入矛盾中，並迫使其承認自己的無知；(2)催生：啓發引導學生，讓學生以自己的思考，得出結論；(3)歸納和定義：使學生逐步掌握明確的定義和概念。由於蘇格拉底把教師比喻為「知識的產婆」，因此，「蘇格拉底反詰法」也被人們稱為是「催生法」、「產婆術」。（Socratic method from Wikipedia, n.d.）

值得一提的是，在《對話錄》這些篇章裡，通常蘇格拉底在經過一連串對話後，會證明那些挑戰者對於辯論主題本身根本一無所知。這些篇章將結論交給讀者決定誰才正確，這使得這些對話錄具有「間接」的教學功能。（Socratic from Wikipedia, n.d.）

時至今日，蘇格拉底反詰法／提問法仍被提倡應用在學校。主要強調：這是一種有條不紊、具有意義的對話，激發學生的邏輯思考，以驗證各種觀點。教師不應透露太多知識或訊息，才能讓學生透過對話思考探索，學生可藉由這種「問答交流」，有效掌握主題相關知識（蘇格拉底提問技術，無日期）。細究現在提倡的這種對話教學，已經不再將結果導向讓學生承認無知，而更強調師生的平等、信任等關係。

二　Mikhail Bakhtin的對話理論

俄羅斯結構主義文學家Bakhtin，正式提出所謂的對話理論。他是以文本、和圍繞文本的文化當中的一系列固有結構為途徑，去理解對話中的文學意義（Mikhail_Bakhtin from Wikipedia, n.d.）。Bakhtin提出「自我」與「他者」的關係，他主張當自我意識與他人意識相遇，自我才存在；在對話中，自我與他者的認識與評價相互交換，此時才建構出主體、體現出主體。Bakhtin的對話理論係以人為對象，關心人的主體建構，關心人的存在和命運，關心人的平等和自由。眞正的對話是由不相融合的意識所構成，是多種聲音的，是非趨同的（汪宏、江德松，2009）。

三　John Dewey的學習理論

Dewey的學習理論其核心概念，即是學習者與環境交互作用的問題解決思維。語言和符號在此交互作用中具有決定性的作用（鐘啓泉，2004），人類透過語言和符號的運用，與對象溝通，進而進行深思熟慮（reflective thinking）。可見Dewey所謂的學習，並不限於學習者與環境的交互作用，也包括與客體、他人、自我對話的循環互動的經驗（鐘啓泉，2004）。

四　Vygotsky的社會建構主義學習理論

Vygotsky也將學習定位在與他人的溝通過程上。Vygotsky（1986）的主要論述之一是「外部語言」與「內部語言」的發展關係。他認為兒童語言首先發展的是「外部語言」，其表現在與他人的對話；「外部語言」經過內化，進而發展成為「內部語言」，也就是與自我的對話。

Vygotsky（1986）的另一個重要論述——「近側發展區」（the Zone of Proximal Development，簡稱ZPD）的概念也是以溝通學習的概念為基礎。「近側發展區」Vygotsky（1986）是指兩層級之間的一個區塊，一層級是「不需他人協助就能夠完成」，另一層級是「透過教師、同學或工具的協助才能夠完成的能力」。Vygotsky（1986）認為，學習歷程中可運用「近側發展區」，引導學生持續向較高層級的功能去發展，教師或能力佳者在其中擔任搭鷹架的角色。由此可知，Vygotsky非常重視學生與教師、學生與學生間的溝通。

五　K. J. Gergen的觀點

Gergen是美國著名心理學家，他認為語言具極大的隨意性（引自郭實渝，2008），我們可以自由使用任何聲音及字詞描述所見所聞；不過，因為溝通與互動必須透過文化中共通的語言約定，而這些都需要經過協調、交流，因此語言意義就要藉由兩個以上人們的互動、合作來努力完成。其次，因著人們的互動使得語言的意義產生在互動、交流的內容之中，語言的意義也會因地域或文化不同而有差異（引自郭實渝，2008）。Gergen以「對話」為隱喻，去討論社會建構體和教育實踐的關係（引自陳昇飛，2004），他認為知識不過是在對話過程中的暫時定位，是對話過程中的一部分或片段，也就是說，知識是隨著對話而不斷生成創發的。

六 小結：對話教學的理論基礎

對話教學的理論基礎，主要包括：蘇格拉底反詰法，以及Dewey、Vygotsky、與Gergen等人的思想。蘇格拉底反詰法建立了基本的對話步驟，目的在引導學生的思考。Dewey強調學習是學習者透過語言符號，跟環境、他者、自我等互動，進行深思熟慮，以解決問題。Bakhtin的對話理論，探究的途徑是文本、和圍繞文本的文化當中的一系列固有結構，由此去理解對話中的文學意義。Vygotsky的社會建構論，強調對話是最具社會性的一種語言形式，對話遂成為知識建構過程的核心，而教學中可多運用「近側發展區」，引導學生向較高層次發展，教師或能力佳者在其中搭起鷹架，因而師生、生生間的對話很重要。Gergen強調語言的隨意性，有地域／文化的差異，藉著對話中的協調、合作，才能產生共識，知識就是隨著對話而不斷生成創發的暫時共識。

蘇格拉底反詰法建立了基本的對話步驟，Dewey點出了對話的媒介是語言與符號，對話的目的在帶來深思思慮、解決問題。Vygotsky強調知識建構過程中對話居於核心，能力高者可在對話中搭起鷹架。Gergen提出對話中的協調、合作，有助暫時共識之形成。每人的學說均對對話教學有其貢獻。

肆 對話教學的實務

本節探討對話教學實務，分成整體流程、教學設計、對話策略等三方面說明。

一 整體教學流程

張豪鋒與王小梅（2010）以對話教學融入課堂學習共同體爲例，指出完整的對話教學過程分爲四階段：（參見圖1）

1. **營造學習氛圍**：教師要營造民主、平等、合作的學習氣氛，激發學生學習動機，提高學習積極性，爲下一階段的對話打好基礎。
2. **提出問題**：問題是對話教學的核心，如何設計問題成爲對話教學的關鍵。問題可由教師設計，也可由學生自願提出。但問題的設置應具備科學性、啓發性、探索性等特徵。
3. **共同體間開始對話**：此階段學生是主要的主體，教師掌控整個對話過程並適時協調，居中解決問題，促進彼此成長。

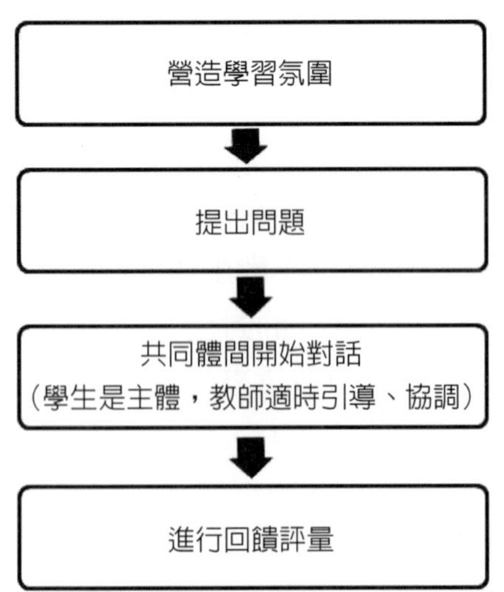

圖1　對話教學的流程

資料來源：筆者整理自張豪鋒與王小梅（2010）

4. **回饋評量**：教師引導學生進行鞏固練習，並作必要反思和合理的評量回饋，以促進學生的知識建構，激發其求知欲望。

二 對話教學的設計

陳美玉（1997）認為對話教學，必須提供讓學生感到安心的對話情境、營造資源豐富的教室、鼓勵合作學習，以不同的詰問啓發對話性的互動，並透過差異的多元文化去創造對話意識。究竟如何具體設計這樣的對話教學，以下分由基本原則、目標設計、話題設計，進行探討。

(一) 設計的基本原則

張增田（2005）認為對話教學過程的設計應把握以下基本原則：

1. **問題引導**：問題是對話的焦點，是對話教學的核心。因而，重視問題的引導是對話教學設計最關鍵的一環。
2. **尊重差異**：差異性是展開對話的基礎，對話教學課堂設計中，個體的差異應受尊重。教師應真誠傾聽每個學生的生命敘說，而不是只以比較大的聲音來取代大家的聲音，也應尊重少數不同意見的聲音。
3. **貼近生活**：教師應儘量避免以成人的眼光看待兒童世界，應多關注學生充滿想像的生活世界；引導學生從生活中學習，做個對自己生活周遭有感覺的有心人。
4. **關注生成**：對話教學的班級中，教師不僅要做到「帶著問題走向學生」，教學過程設計還要留意生成性問題；學生不應只是回答教師預設問題的應聲蟲，教師應「帶著學生走向問題」，學生與教師對教材共同探索與質疑，使課堂充滿活力。

(二) 目標的設計

張增田（2008）指出，設計對話教學目標時，應注意「生成性目標」（evolving purposes）。對話教學的目標並不是一開始就全部由老師設定好的，有些是在教師、學生與文本對話過程的交互作用中，自己生成出的；有些則在師生對話過程中自然形成，而且通常這些目標還會隨著對話的進行而不斷調整。由於這些目標都是和學生有密切相關或學生感興趣的，其學習動機就會更高，學習成效也更爲提升。張增田（2008）還強調要恰當處理生成性目標與預設目標的關係，亦即把預設目標當成是教學的基本要求和底線；惟預設目標應有彈性——教師先有大致的構想，在教學過程中須根據實際情形創造性地發揮，亦即爲生成性目標預做準備。

(三) 話題設計

胡白雲（2012）認爲話題是展開對話的依據與媒介，主要以問題形式呈現；好問題可引發學生興趣與思考。張增田（2005）指出，對話教學中的問題可分四類：

1. **引導性問題**：即能引導學生解決問題的話題。它的引導性可讓教師視教學需要，引發學生爭論，引起學生想進一步探究或使話題繼續發展，因而引導性話題的設計非常重要。
2. **爭論性問題**：指能引發學生進行爭論性對話的話題。爭論性話題能讓學生獨立思考並充分發表己見，也提供學生傾聽不同聲音的機會。
3. **探究性問題**：即能引發學生產生更進一步探究欲望的話題。探究性話題提供學生較大的思維空間，可培養學生思維能力與科學精神。
4. **拓展性問題**：指在初步目標達成後，能進一步引發思維、創造和想像的話題。

張光陸（2012）強調提問是藝術，它體現在以下各方面：

1. **確保學生具有平等的提問權**：學生必須擁有和教師同樣的提問權；學生提問愈多，所得的回答就愈多，學生的理解也就愈深刻。
2. **提出眞問題**：眞正的問題是提問者在提問時並不知道答案；當教師沒有預設答案時，不管學生發表任何觀點都受到尊重，且只要是眞問題，學生的回答就會是多元的，就有可能出現「異向交往話語[1]」，使對話不斷深入。

3. **提問時不斷自我反思**：提問是對自己的先備經驗與觀點進行反思的過程，隨著對話的深入，不斷修正、調整自己的先備經驗與觀點。對話教學強調教師不應將自己先前理解的預設答案視爲眞理，而否定學生觀點，否則所提出問題就不是眞問題。
4. **問題能激發學生思考**：教師應問一些文本中沒有寫，但卻與學生關係密切的問題，讓學生從自己的生活經驗出發，用對他們自己有意義的話語去思考、去表達，以培養其創造力與思維能力。
5. **提問應具有語言藝術**：教師的態度要親切和藹，並且用詞儘量豐富，努力創設一些富有探索性、讓學生感到放心與溫暖的話語氛圍，例如，以「說來聽聽！」替代「爲什麼？」、以「你能再說仔細一點嗎？」替代「再說一遍！」。

胡白雲（2012）指出話題的選擇方式，可以是教師在備課時，依據對教材的理解和對學生程度的瞭解事先預設話題，或是學生預習時提出對文本或作者的疑問；也可以是在教學過程中，教師敏銳地抓住某一對話的亮點，所即時生成的新問題。胡白雲（2012）還指出，話題呈現時應自然、順理成章、富有創意，以期在最短時間引起學生積極的學習興趣。

(四) 小結：對話教學的設計

綜上可知，對話教學在目標設定方面，除了達成預設目標的基本要求，也要注意讓預設目標保有彈性，使得課堂上即時生成的新目標可以有更好的發展；話題設計方面，教師和學生享有同等的提問權，且要提出眞問題才能啓發思維；過程中教師要努力營造民主、開放、溫暖、友善的環境氛圍，尊重學生的差異、傾聽學生的異向交往話語，讓對話教

1 「異向交往話語」是指與教師的思路完全岔開的話語，是教師難以瞭解的發言（李季湄譯，2003）。日本教育學者佐藤學認爲在教學中傾聽異向交往話語是非常重要的。

學的課堂充滿活力與創新。

三　四類對話的策略

以下分別針對師本對話、生本對話、師生對話、生生對話，分別說明可用策略。

(一) 師本對話策略

師本對話是指教師對教材爲主的文本進行解讀、吸收與轉化（劉偉，2012）。姜洪根（2007）認爲教師應深入到教材中與文本對話，切勿照本宣科，缺少自己的見解與想法，以致影響到生本對話、師生對話的深度與廣度。

劉偉（2012）提出三階段的師本對話策略：

1. **準備階段師本對話策略**：教師與文本對話前，必須做準備，如查閱資料、準備設備，其目的是讓教師與文本正式對話時更有效率。在此準備階段，教師必須時時站在學生的立場，以學生的思維與文本對話，以期生本對話與師生對話能有效進行。
2. **過程階段師本對話策略**：指教師對文本的認知、理解與實踐。此過程中，可能對文本贊同甚至讚嘆，也可能對文本不解甚至不贊同；有可能獲取文本中原本的知識，也有可能再發現與再創造新知識、新意義。首先，教師要有正確的文本觀，不能把文本視爲永恆不變的眞理；其次，教師要有獨立思考的能力，否則就只能成爲文本的跟隨者；再次，教師對文本要有開放的心胸，不能固執己見；最後，要將文本回歸生活，才能眞正發揮文本存在的作用。
3. **總結階段師本對話策略**：此階段的對話是對前兩階段對話的一種反思，進而爲以後的教學提供儲備，增加教師教學的能量。

由上可知，師本對話是教師備課的重要過程，也是生本對話、師生對話可以有效進行的先決條件。

(二) 生本對話策略

李雲與楊世武（2011）認爲生本對話前，要先讀透文本。姜洪根（2007）也指出生本對話，首先要做到讀準字音、弄清詞義、掌握全文大意；其次要正確解讀文本作者的思想、情感；再次要進行個性化的閱讀，以個體的先備經驗爲基礎，與文本進行更深刻的對話，獲得獨特的體驗與感受。

沈曉敏（2005）明白指出，生本對話就是學生與文本交互問答的過程。她建議生本對話時，學生對文本或作者提出疑問後，先根據自己的先備經驗進行回答，再從文本中搜尋可能的解答或線索；如此反覆進行，方能幫助學生理解文本的意義。沈曉敏（2005）提出學生必須再透過與同儕和教師對話，才能進一步對文本有更深刻的理解與體會。沈曉敏（2005）更具體說明生本對話步驟如下：

1. 讓學生自己先閱讀課文。
2. 交流閱讀後的感想和疑問。
3. 圍繞疑問展開教學。
4. 學生自學課文。
5. 讓學生說說從課文中獲取的新訊息，以確認學生對課文表層意思的理解以及從課文中獲得的新知。
6. 請學生習寫習作，以鞏固文本中事實性的知識。
7. 接著，教師開始讓學生提問，或者說說還想進行哪些進一步的探究。教師幫學生將提問整理出來，並當作之後的學習課題，讓學生體會提問的樂趣；教師認眞看待學生的提問，學生也會意識到提問必須愼重。

劉偉（2012）則提出融入文本對話策略及融入生活對話策略：

1. **融入文本對話策略**：首先要引發學生認知文本的熱情，例如，透過查閱與文本相關資料、與同學和師長討論相關話題，以激發學生自己與文本對話的興趣；其次須充分理解文本、感受文本，教師應引導學生理解文本的主題與意境，以及文字背後的深層意涵；再次是認眞回應文本，以達到眞正的對話。回應的方式可以是贊同、欣賞或補充，也可以是質疑、反對或批判，但都必須有所根據，而非信口開河。

2. **融入生活對話策略**：文本與生活是密不可分的，因此生本對話應建立在學生對生活的體驗之上。首先應引導學生聯繫生活中的經驗來認知文本；其次是體驗生活以回應文本，也就是讓學生將文本的內容在生活中應用出來，此為生本對話的晉級形式。

由上可知，學生的預習可以視爲生本對話的一部分；此外，教師在課堂上還需適切引導，生本對話才可能有效進行。

(三) 師生對話策略

師生對話是對話教學的核心，民主和平等的師生關係則是師生對話展開的基本前提。中國教育部（2011，頁19）在《義務教育語文課程標準》的教學建議中指出，學生是學習活動的主體，「語文教學應在師生平等對話的過程中進行。」

劉偉（2012）認爲要有效展開師生對話，須營造良好對話氛圍、選擇合適的對話時機、選擇合適的師生對話形式以及選擇合適的方式強化師生對話教學的效果。吳文（2012）則認爲教師可以適時將自己對文本獨特的感受影響學生、感染學生，並且不斷的引導學生欣賞他人思想的獨到之處，學會傾聽、表達與讚美。

沈曉敏（2005）具體指出，師生對話時教師切勿急於幫學生的發言做總結，或是學生話還沒說完就急著替學生說完；學生間出現不同觀點時，正是讓學生進行互相辯論的好時機，應該詢問其他學生對這些觀點的看法。此外，同一節課不宜設置太多話題，應圍繞一至二個問題步步深入。沈曉敏（2005）另建議進行師生對話時，教師也應該培養學生具備以下基本能力；周東明（2008）也有類似建議：

1. **表達能力**：教師在課堂上要儘量給每個學生發表的機會，而且要對其發表的行爲予以鼓勵；有些較膽小害羞的學生，可請他們將自己的觀點先寫下來，由教師代讀或讓他先在小組內發表。對於表達能力、組織能力較差的學生，教師可以在其說完

後改用簡短語句複述一次，以確認學生的意思。

2. **傾聽能力**：老師要先示範做一個好傾聽者，以眼神、表情、態度……做示範，讓學生知道傾聽該有的表現。學生在課堂上若沒有傾聽，他的發言跟前面發言者所講的內容就沒有相關性，這時教師可以追問他對前面同學的發言有什麼想法。
3. **回應能力**：回應是讓對話得以持續、深入的重要條件。回應的方式可以是提問、回答、補充說明等等；剛開始，教師自己對學生的發言要做積極的回應示範，經過一段訓練時間，學生就能不經教師提醒，也能對同學的發言做出回應。

另外，曾強（2009）針對師生對話的學生回答部分做了以下建議：

1. 給予學生充裕的待答時間或允許學生暫時不作答。因為增加了等待時間，可讓學生由不假思索的回應，變成心靈深處的思考，進而促進學生思維的能力。
2. 教師對於學生的提問或回答應該進行追問，透過追問可以讓教師瞭解學生的程度與發展狀態。

(四) 生生對話策略

生生對話是指學生之間就教學話題所展開的討論與交流。

佐藤學提倡協同學習，對其中生生對話的安排有精闢見解。他認為四人以下的小組式互相學習效果最好（鐘啓泉、陳靜靜譯，2012），因四人以下的小組，每個學生都得參與對話，每個學生不得不參與學習。至於課桌椅基本上以ㄇ字型排列，有助於輕聲細語的對話討論；上課時教師坐在椅子上，便於與學生在等高的視線對話，也讓教師對每位學生的表情變化能一覽無遺。

沈曉敏（2005）指出，生生對話通常發生在生本對話之後，當個別產生自己的理解或疑問時，就可以安排生生對話，交流彼此的觀點與疑惑，共同討論解決之道。

劉偉（2012）針對教學實踐中生生對話最常用的討論形式，提出以下教學策略：

1. **引發討論**：教師依教學內容或教學目標設置問題情境，通常理想與現實間的衝突點就可做爲引發討論的情境問題。

2. **解決問題**：經過學生的充分思考與討論，加上教師適時的引導與啓發，學生們合力將問題解決，進而形成一種新理解、新能力。
3. **鞏固討論**：在問題解決後，教師還需引導學生能舉一反三、歸納遷移，以鞏固學生的學習效果。

(五) 小結：對話教學的策略

綜合以上所述，無論是師本對話、生本對話、師生對話或是生生對話，均須以民主、平等爲基礎，使教師、學生、文本成爲三位一體的共同體。教師也應根據對話教學的實際情況選擇合適策略，才能達到最佳成效。

伍 對話教學在臺灣的成效

對話教學在臺灣的成效如何？臺灣迄今並未大規模推廣對話教學，但已有一些研究者運用對話教學，探究其成效。現整理博碩士論文中運用對話法探究成效的實徵研究，共18篇。分國小、國中、大學與社教機構等三大類，說明對話教學產生的成效。

一 國小

目前臺灣研究者主要將對話教學運用於國小的四領域，包括國語（6篇）、數學（4篇）、自然（1篇）、不限領域（2篇）。以下分由這四類說明研究成效。

(一) 國語

表3　對話教學的實施成效：國小國語

研究者	研究目的	研究對象／研究方法	依變項／觀察的行為	研究結果
姜淑玲（1996）國立花蓮師範學院國民教育研究所	探討「對話式寫作教學法」的教學效果。	小五 準實驗法	學童寫作策略運用 學童寫作表現	1.接受「對話式寫作教學法」和接受「一般寫作教學法」的兒童，在「寫作策略運用」上，並無顯著差異存在。 2.「對話式寫作教學法」有助於兒童的寫作表現。 3.「寫作策略運用」和「寫作表現」之間有顯著的相關。
黎思敏（2005）臺北市立師範學院國民教育研究所	探討一位國小三年級國語科老師在語文課堂中與學生對話的型態與特色，是如何幫助學生建構知識。	小三國語科老師 質性研究	學童知識建構	1.個案教師會視不同的情況控制發言權力的收與放。 2.個案教師經常會利用師生對話來引導教學的方向。 3.個案教師會使用思考的語言來引導學生建構知識。
黃秀莉（2009）國立花蓮教育大學國民教育研究所	提出對話學習社群的教學模式，期對閱讀理解教學的改進有所助益。	國小中年級 行動研究	學童閱讀理解	1.對話學習社群能有效提升學童的閱讀理解。 2.對話學習社群在認知上是經「理解」由「單一意義」朝向「多重意義」的建構。 3.對話學習社群在閱讀理解上建立的文化模式，包含：閱讀理解的例行性活動、社群的社會規範和閱讀理解的規範。

（續上表）

研究者	研究目的	研究對象／研究方法	依變項／觀察的行為	研究結果
李月圓（2009）國立臺北教育大學課程與教學研究所	探討對話教學運用於課文閱讀時，學生的閱讀理解表現和學習態度。	小六 行動研究	學童閱讀理解 學童同儕感情	1.對話教學應用於課文閱讀的教學歷程值得運用。 2.對話教學運用於課文閱讀能增進學生的閱讀理解。 3.對話教學能改善學生在課文閱讀課堂上的學習態度。 4.對話教學中的多向互動能增進師生和學生同儕間的情感。
何蕙如（2011）國立臺灣師範大學教育學系	蘇格拉底對話法應用於論說文寫作教學之研究。	小六 個案研究	學童論說文寫作表現	1.運用於論說文寫作教學，有其成效。 2.進行案例分享，有其限制。 3.運用於大班級論說文寫作教學，有其限制。
陳美玲（2014）臺北市立大學課程與教學研究所	探討對話教學對學童閱讀理解和批判思考的影響。	小四 準實驗法	學童閱讀理解 學童批判思考	1.對話教學有助於提升國小四年級學童的閱讀理解。 2.對話教學有助於提升國小四年級學童的批判思考。

表3是國小國語運用對話教學的臺灣博碩士論文，自1996年迄今共有六篇。相關研究發現簡述如下：

姜淑玲（1996）以準實驗研究法，針對國小學童探討「對話式寫作教學法」的教學效果。結果顯示「對話式寫作教學法」有助於兒童的寫作表現。

黎思敏（2005）以質性研究探討一位國小國語文教師，課堂中與學生的對話，對學生建構知識所產生的影響。發現個案教師會視不同情況控制發言權的收與放，包括創造自由發言的氣氛，廣納學生的意見；常運用師生對話來引導教學方向，利用學生的話語或提出的例子延伸教學方向或修改教學目標。宜鼓勵學生主動參與對話，以裨益知識建構的師生對話；而理想的對話須以學生經驗爲基礎，再結合文本而成。

李月圓（2009）以行動研究探討對話教學運用於國小國語課文閱讀，對學生的閱讀理解表現和學習態度之影響。結果發現對話教學運用於課文閱讀，能增進學生的閱讀理解及改善學生的學習態度，並增進師生和學生間的情感。

黃秀莉（2009）以行動研究針對國小學童進行實務教學，瞭解此教學成效。結論是對話學習社群能有效提升學童的閱讀理解，且在認知上是經「理解」由「單一意義」朝向「多重意義」的建構。

何蕙如（2011）以個案研究法探討「蘇格拉底對話法」應用於國小論說文寫作教學所產生的影響。研究發現運用「蘇格拉底對話法」於國小論說文寫作教學有其成效，惟教師須具備良好的提問技巧，才能引導學生思維。另外，在進行蘇格拉底對話時，學生的表達具強烈主觀意識，且呈現的對話模式具多元特色。

陳美玲（2014）則以準實驗研究法探討對話教學對小四學生閱讀理解與批判思考的影響，本研究採準實驗研究法，有實驗、控制二組，並分別施以前後測，以期確認實驗處理是否發生影響。結果顯示對話教學能提升小四學生的閱讀理解與批判思考。

歸納以上實徵研究結果可知，對話教學在國小國語教學方面的成效受到證實，對提升小學生寫作表現（尤其是論說文寫作）、閱讀理解、知識建構、學習態度、批判思考等，皆有其成效。而採用的研究法很多元，包括準實驗研究法、質性研究、行動研究、與個案研究等。

(二) 數學

國小數學運用對話教學的臺灣碩士論文，共4篇（見表4），以下簡述之。

林麗莉（2011）以準實驗研究法探討「對話式形成性評量」在小三數學「分數」教學上的運用，期藉對話教學提高學童對數學課程的學習表現。結果顯示：對話教學能提升學童的數學學習成就與數學學習態度；學童對「對話式形成性評量」的教學方式亦感到滿意。

表4　對話教學的實施成效：國小數學

研究者	研究目的	研究對象／研究方法	依變項／觀察的行為	研究結果
林麗莉（2011）慈濟大學教育研究所	探究「對話式形成性評量」對國小學童數學學習表現之影響	小三 準實驗法	數學學習成就 數學學習態度	1.實驗組「數學學習成就測驗」高於對照組。 2.實驗組「數學學習態度量表」的得分高於對照組。 3.學童對「對話式形成性評量」教學方式感到滿意。
黃淑娟（2011）慈濟大學教育研究所	分析師生在數學文字題上的課堂對話及學生在其中的學習態度與概念轉變	小一 參與觀察 態度問卷 個案研究	學習態度 數學概念	1.學童對於數學課實施「師生對話學習」的反應呈正面態度。 2.個案學童從完全「不會」進展到「不太會」。
石靜（2012）輔仁大學哲學研究所	蘇格拉底對話在國小高年級數學課上的運用	小六 行動研究	社會與情緒智商 學生對問題思考的態度 數學概念 數學學習態度	1.能發展學生的社會與情緒智商。 2.讓學生對問題思考更主動、學習更積極。 3.可以幫助學生釐清對數學概念的想法。 4.能提升學生對數學學習的自信。
黃信燕（2013）臺灣首府大學教育研究所	探討親子對話教學在數學學習上的應用	國小學童 行動研究	數學理解 數學學習態度	1.運用對話交流，探究和解決教學問題，增進教學主體間的理解。 2.在開放、不強調權威的氛圍，讓學習者發揮自身潛能，主動學習。 3.師生雙方在對話過程中共同受益，相互造就，共同成長。

黃淑娟（2011）以參與觀察法、態度問卷調查、特殊個案研究等方法探究小一師生在數學文字題上的課堂對話，以及學生學習態度與概念的轉變。結果顯示學童對數學課實施「師生對話學習」持肯定態

度，且個案學童自陳從完全「不會」進展到「不太會」。

石靜瑜（2012）將「蘇格拉底對話法」運用於小六數學，針對數學教室中語言的溝通、社會互動的情形，探討此對話對於學生學習意願、學習態度和學習行爲的影響。研究結果發現對話能發展學生的社會與情緒智商，並幫助學生釐清對數學概念的想法，也提升學生對數學學習的自信。

黃信燕（2013）藉由親子共讀國小數學課外輔助教材，就數學學習領域中的幾何主題進行對話教學。研究發現：運用對話交流，探究和解決教學問題，增進教學主體間的理解；在開放、不強調權威的氛圍，讓學習者發揮自身潛能，主動學習；師生雙方在對話過程中共同受益，相互造就，共同成長。

歸納以上實徵研究結果得知，對話教學能幫助國小學童釐清與理解數學概念，提升學童數學領域的學習成就、學習態度與學習自信。

(三) 自然

國小自然運用對話教學的臺灣碩士論文，迄今僅一篇。沈冠名（2012）以行動研究探討對話取向探究教學在小五自然與生活科技學習領域之實施成效。結果顯示，在口語表達能力方面，學生更加願意分享他們的想法，對話品質更加成熟；在探究能力方面，學生在觀察、實驗記錄、科學解釋能力方面都有所成長。

(四) 其他不分領域

另有二篇國小不分領域運用對話教學的臺灣碩士論文（見表5），簡述如下：

許琪美（2003）以行動研究進行師生協力的「對話教學模式」，來改善學生粗俗對話文化所產生的問題；上課方法爲「團體對話」，以「學生爲中心」、「師生互爲主體」，強調批判、反省與實踐的活動課程。結果顯示對話教學能激發學生學習動機與興趣，促進情緒穩定、減少紛爭，使學生人格更臻成熟並具有民主素養，且養成批判反省及與人對話的良好習慣；另外還能促進親師生良好關係。

表5 對話教學的實施成效：國小不分領域

研究者	研究目的	研究對象／研究方法	依變項／觀察的行為	研究結果
許琪美（2003）國立花蓮師範學院國民教育研究所	為建構「對話教學」的目標、內容、原則、歷程及評鑑，並探究其對學生處理人際互動的教育功能，和在教學上所產生的意義。	小五 行動研究	學生學習態度 師生關係 學生人際互動	1.對話教學是激發學生學習動機與興趣的教學。 2.對話教學是促進親師生關係的反省性教學。 3.對話教學使學生人格成熟並具有民主的素養。 4.促進情緒穩定減少紛爭。 5.養成批判反省及與人對話的良好習慣。
黃梅嬌（2005）國立臺北師範學院課程與教學研究所	探討符合對話教學精神之生命教育課程以改善學生言語霸凌情形。	小五 行動研究	師生自我省思情形 學生言語霸凌改善情形	1.建立愛、平等、尊重對話學習環境，學生更易進入對話教學境地。 2.對話教學可增進師生之省思。 3.對話教學精神可善加運用於小學教室中。 4. 學生言語霸凌確有改善。

黃梅嬌（2005）嘗試以符合對話教學精神之生命教育課程，來改善學生言語霸凌情形。發現善用外部人員，降低師生間上對下之權威關係，建立愛、平等、尊重對話學習環境，學生更易進入對話教學境地；透過對話教學可增進師生之省思，拓寬師生的慣性視野，正視學生言語霸凌行爲而加以導正。因此黃梅嬌（2005）認爲對話教學精神可善加運用於小學教室中。

由上述兩篇國小不分領域的實徵論文得知，對話教學之精神強調以「學生爲中心」，建立愛、平等與尊重的對話學習環境，它能促進親師生良好關係、培養學生民主素養，減少學生間產生紛爭，進而改善言語霸凌行爲以及學生粗俗對話文化所產生的問題。

二 國中

探討國中對話教學的臺灣碩士論文目前僅見於數學領域，迄今3篇（見表6）。

巫正成（2000）以詮釋研究法探討數學對話對國一學生數學理解之影響。學生在研究者所布置的問題情境中進行小組數學活動，藉由小組的口語互動，觀察學生理解的情形。結果發現學生數學對話的歷程主要有三階段，其中溝通討論階段與整理思維階段是促成理解的關鍵；數學對話促進數學理解；對話增進學習氣氛，有助於學習與建立互信、互賴的合作關係。

表6 對話教學的實施成效：國中

研究者	研究目的	研究對象／研究方法	依變項／觀察的行為	研究結果
巫正成（2000）國立高雄師範大學數學研究所	探討數學對話對國一學生數學理解之影響	國一 詮釋研究法	數學對話的歷程 學生的數學理解 學習氣氛	1.學生數學對話的歷程主要有三階段，其中溝通討論階段與整理思維階段是促成理解的關鍵。 2.數學對話促進數學理解。 3.對話增進學習氣氛，有助於學習與建立互信、互賴的合作關係。
林靜君（2010）慈濟大學教育研究所	探討「對話式形成性評量」在數學教學上的運用	國一 準實驗法	學生數學學習成就 學生數學學習態度	1.實驗組學生在「數學學習成就測驗」高於對照組學生。 2.實驗組學生在「數學學習態度量表」的得分高於對照組學生。 3.學生對「對話式形成性評量」教學方式感到滿意。
余采玲（2011）慈濟大學教育研究所	探討「對話式形成性評量」應用在國中數學補救教學成效	國一 準實驗法	數學教學成效 學生數學學習態度	1.「對話式形成性評量」可提升學生對數學的學習態度。 2.大多數同學認同「對話式形成性評量」的教學法。

林靜君（2010）以準實驗法探討「對話式形成性評量」在數學教學上的運用，結果顯示課堂上對話式的教學及評量能提升學生的數學學習成就與數學學習態度，且學生普遍認爲「對話式形成性評量」是有趣的。

余采玲（2011）將「對話式形成性評量」應用於國中一年級數學補救教學，期改善學生的學習困境，提升學生的數學學習表現。結果顯示使用「對話式形成性評量」可提升學生學習表現與學習態度，學生對「對話式形成性評量」教學方法亦感到滿意。

綜上所述，對話教學應用於國中數學，學生多肯定「對話式形成性評量」，除能提升數學學習成就與數學學習態度，還能建立互信、互賴的合作關係。

三　大學和社教機構

大學及其他社教機構運用對話教學的臺灣博碩士論文，共2篇（見表7）：

表7　對話教學的實施成效：大學和其他

研究者	研究目的	研究對象／研究方法	依變項／觀察的行為	研究結果
劉韻竹（2006）國立臺南藝術大學博物館學研究所	探索與分析弗雷勒的對話教學理論與實踐，並將之整合和運用在博物館脈絡中。	博物館人員與觀衆 個案研究	機構人員與觀衆和社群的關係和連結的方式	1.對話可改變機構人員與觀衆社群的關係 2.對話可創造以學習者為主體的平等、合作、包容與對話的學習環境。
黃秀雯（2011）國立東華大學課程設計與潛能開發研究所	探究對話教學方案對於教室互動經驗和學生藝術學習成就方面的影響。	大二生 行動研究	師生教室互動經驗 學生藝術學習成就	1.師生互動和自我互動與學習的部分均有顯著差異。 2.多數學生認同分組報告中需提問的方式，有助於他們事先的課業準備與參與課堂活動。

在大學方面，黃秀雯（2011）以行動研究，探究對話教學對大學教室互動經驗、學生藝術學習成就的影響。結果顯示：對話教學方案能提升師生互動和自我互動與學習；且多數學生肯定分組報告中需提問的方式，有助於他們事先的課業準備與參與課堂活動。

劉韻竹（2006）採個案研究法，探討Freire對話教學理論與實踐。發現對話可改變機構人員與觀眾社群的關係，創造以學習者為主體的平等、合作、包容與對話的學習環境。

大學及社教機構有關對話教學的博碩士論文僅各一篇。研究肯定對話教學有助於大學生積極參與課堂活動，建構專業知識。而博物館運用Freire對話教學原則，可改變館員與觀眾的關係，創造以學習者為主體的平等、合作、包容與對話之學習環境。

四 小結：對話教學在臺成效受肯定，惟準實驗研究不多

歸納以上實徵研究結果可知，對話教學在國小國語教學方面的成效受到證實，對提升小學生寫作表現（尤其是論說文寫作）、閱讀理解、知識建構、學習態度、批判思考等，皆有其成效。在國小數學方面，對話教學對數學理解、學習成就、學習、學習態度與學習自信，皆有所幫助。在國小不分科的班級裡運用對話教學，對師生關係、學生民主素養、學生紛爭、言語霸凌、粗俗對話等，都有正向影響。

對話教學應用於國中數學，可提升數學學習成就、數學學習態度，還有助於建立互信、互賴的合作關係。

對話教學在大學及社教機構的運用，也肯定其成效。對大學生課堂活動參與、專業知識建構有幫助。而在博物館運用對話教學原則，可改善機構人員與觀眾的關係，創造平等對話的學習環境。

整體看上述研究，對話教學運用在臺灣中小學、社教機構，其成效是受肯定的。惟這些實徵研究的規模都很小，幾乎均僅探究一個班級或群體，且其中採用準實驗法的研究並不多，主要仍採行動研究、觀察、或參與者自陳方式去探究，若以嚴謹的因果觀去檢視，這些研究所稱的成效，仍須後續更多實徵研究去證實。

陸 建議

一 校方鼓勵成立「對話教學專業學習社群」

學校可鼓勵教師成立「對話教學專業學習社群」。學校提供實質後盾，給予教師合作和討論的時間、資源和設備，如經費、聚會空間、圖書與網路資源等。

二 教師營造讓學生安心的對話氛圍

「對話教學」強調教學過程中，教師要營造民主、開放、溫暖、友善的氛圍，尊重學生的個別差異、傾聽學生的異向交往話語，讓學生不怕說錯、願意發表。一旦學生知道就算說錯也不會被嘲笑或責罵，他們才能眞正解放心靈，說出心中眞正想法，而不是猜測老師希望的答案。

三 教師提升對話教學基本功

「對話教學」須運用提問、引導、串連等技巧，教學者須具備相當好教學基本功。建議教師積極參與「對話教學」研習，研讀相關書籍，提升教學基本功。更建議志同道合的教師組成「對話教學專業學習社群」，大家共同探究對話教學的理念、設計、策略，共同解決實際教學問題。

四 有效運用對話教學各種策略

「對話教學」欲有成效，教師須有效運用「對話教學」各種策略。師本、生本、師生、生生等不同形式的對話，皆有其適用的教學策略，教師須靈活運用，方能使「對話教學」產生最大效果。

五 確實做好備課

「對話教學」的核心是師生對話，然而要進行有效的師生對話，必須先有充分的師本對話與生本對話。師本對話即是備課的工夫，教師須先查閱資料，再深入解讀文本，並有自己的想法，且要試著以學生思維與文本對話。備課時，教師也要設計適切的預習單，引導學生在上課前能與文本深入的對話，如此將裨益課堂中師生對話的深度與廣度。

參考文獻

一、臺灣文獻

方永泉（無日期）。雅斯培的教育思想及其超越哲學對於教育的啟示。2014/11/25取自http：//www.ed.ntnu.edu.tw/～ycfang/jaspers.htm

石靜瑜（2012）。蘇格拉底對話在國小高年級數學課上的運用（未出版之碩士論文）。輔仁大學哲學研究所，臺北市。

何蕙如（2011）。蘇格拉底對話法應用於國小高年級論說文寫作教學之個案研究（未出版之碩士論文）。國立臺灣師範大學教育學系，臺北市。

余采玲（2011）。「對話式形成性評量」應用在國中一年級數學補救教學成效之研究——以一元一次方程式為例（未出版之碩士論文）。慈濟大學教育研究所，花蓮市。

巫正成（2000）。數學對話促進國一學生數學理解之個案研究（未出版之碩士論文）。國立高雄師範大學數學研究所，高雄市。

李月圓（2009）。對話教學應用於國小高年級課文閱讀之行動研究（未出版之碩士論文）。國立臺北教育大學課程與教學研究所，臺北市。

李奉儒（2003）。P. Freire的批判教學論對於教師實踐教育改革的啟示。教育研究集刊，**49(3)**，1-31。

沈冠名（2012）。國小五年級對話取向探究教學行動研究（未出版之碩士論文）。國立屏東教育大學數理教育研究所，屏東市。

林靜君（2010）。「對話式形成性評量」在數學教學上的運用——以七年級二元一次方程式為例（未出版之碩士論文）。慈濟大學教育研究所，花蓮市。

林麗莉（2011）。「對話式形成性評量」對國小三年級學童數學學習表現之影響——以分數概念教學歷程為例（未出版之碩士論文）。慈濟大學教育研究所，花蓮市。

姜淑玲（1996）。「對話式寫作教學法」對國小學童寫作策略運用與寫作表現之影響（未出版之碩士論文）。國立花蓮師範學院國民教育研究所，花蓮市。

張靜嚳（1995）。何謂建構主義？。建構與教學（中部地區科學教育簡訊），**3**。取自http：//www.dyjh.tc.edu.tw/～t02007/1.htm

教育部（1997）。教育部重編國語辭典修訂本。取自http：//dict.revised.moe.edu.tw/cgi-bin/newDict/dict.sh?idx=dict.idx&cond=%B9%EF%B8%DC&pieceLen=50&fld=1&cat=&imgFont=1

莊淑閔（2006）。Pauio Freire對話教學理念探析與教育啓示。教育研究，**14**，77-88。

許琪美（2003）。接通你我的頻道——建構國小「對話教學模式」之行動研究（未出版之碩士論文）。國立花蓮師範學院國民教育研究所，花蓮市。

郭實渝（2008）。教學建構主義的哲學基礎。臺東大學教育學報，**19(2)**，119-142。

陳昇飛（2004）。理論與實務的對話——建構主義在數學教育上的再思。臺中師院學報，**18(2)**，71-87。

陳美玉（1997）。邁向開放的社會——對話教學法的實踐。通識教季刊通識教育，**4(4)**，115-130。

陳美玲（2014）。對話教學對學童閱讀理解和批判思考的影響（未出版之碩士論文）。臺北市立大學學習與媒材設計系課程與教學碩士班，臺北市。

黃秀莉（2009）。對話學習社群的理論建構與實施——以閱讀理解為例（未出版之博士論文）。國立花蓮教育大學國民教育研究所，花蓮市。

黃秀雯（2011）。大學通識課程實施對話教學方案之行動研究（未出版之博士論文）。國立東華大學課程設計與潛能開發學系，花蓮縣。

黃信燕（2013）。親子對話教學在數學學習上的應用（未出版之碩士論文）。臺灣首府大學教育研究所，臺南市。

黃梅嬌（2005）。以符合對話教學精神之生命教育課程改善學生言語霸凌之行動研究（未出版之碩士論文）。國立臺北師範學院課程與教學研究所，臺北市。

黃淑娟（2011）。國小一年級加減法文字題型中師生對話歷程與學童概念轉變之研究（未出版之碩士論文）。慈濟大學教育研究所，花蓮市。

黃郁倫（譯）（2013）。學習共同體構想與實踐（原作者：佐藤學）。臺北市：天下雜誌。

黃郁倫、鐘啓泉（譯）（2012）。學習的革命：從教室出發的改變（原作者：佐藤學）。臺北市：天下雜誌。

劉韻竹（2006）。弗雷勒（PauloFreire）的對話教學理論在博物館中的意涵（未出版之碩士論文）。國立臺南藝術大學博物館學研究所，臺南市。

滕守堯（1995）。對話理論。臺北市：智揚文化。

黎思敏（2005）。師生對話在知識建構中的角色與功能：以國小語文教室為例（未出版之碩士論文）。臺北市立師範學院國民教育研究所，臺北市。

蘇格拉底提問技術（無日期）。2014/11/25取自http：//www.intel.com.tw/content/dam/www/program/education/apac/tw/zh/documents/project-design/strategies/tw-pd-socratic.pdf

二、大陸文獻

中國教育部（2011）。義務教育語文課程標準（2011年版）。取自http：//www.pep.com. cn/xiaoyu/jiaoshi/tbjx/kbjd/

吳文（2012）。有效對話教學的特性及類型。載於李森、伍葉琴（主編），有效對話教學——理論、策略及案例（頁43-81）。福州：福建教育。

呂星宇（2008）。對話教學：爲思維而教。教育學報，**4**(3)，31-35。

李季湄（譯）（2003）。靜悄悄的革命（原作者：佐藤學）。長春：長春出版社。

李雲、楊世武（2011）。小學語文閱讀教學的對話教學策略。教育藝術，**8**，66-66。

汪宏、江德松（2009）。閱讀對話教學的哲學解釋學基礎。陝西教育學院學報，**25**(4)，25-28。

沈曉敏（2005）。對話教學的意義和策略——公民教育的新視點（未出版之博士論文）。華東師範大學課程與教學系，上海市。

周東明（2008）。論對話教學的心理意義和應用策略。青島大學師範學院學報，25(1)，76-80。

姜洪根（2007）。語文對話教學：問題，反思及策略。現代教育論叢，**127**，68-71。

胡白雲（2012）。有效對話教學的生成與設計。載於李森、伍葉琴（主編），有效對話教學——理論、策略及案例（頁128-168）。福州：福建教育。

張光陸（2012）。解釋學視域下的對話教學。北京：中國社會科學。

張增田（2005）。對話教學研究（未出版之博士論文）。西南師範大學教育科學研究所，重慶市。

張增田（2008）。對話教學的目標設計。首都師範大學學報（社會科學版），**2**，123-127。

張增田、靳玉樂（2004）。論對話教學的課堂實踐形式。中國教育學刊，**8**，42-45。

張豪鋒、王小梅（2010）。基於對話教學理論的課堂學習共同體研究與設計應用。

現代教育技術，**2**。取自http：//qkzz.net/article/ef828e34-54ff-4995-8c64- c8ca464d06da.htm

陸明玉（2012）。對話的源流與有效對話教學。載於李森、伍葉琴（主編），有效對話教學——理論、策略及案例（頁1-42）。福州：福建教育。

曾強（2009）。基於對話教學理念的課堂問答分析。基礎教育，**6**(4)，38-43。

劉偉（2012）。有效對話教學的基本策略。載於李森、伍葉琴（主編），有效對話教學——理論、策略及案例（頁169-211）。福州：福建教育。

羅祖兵（2011）。生成性思維及其教學意蘊。當代教育與文化，**3**(3)，75-79。

譚文麗（主編）（2010）。對話的藝術。成都：四川大學出版社。

鐘啓泉（譯）（2004）。快樂的學習——走向對話（原作者：佐藤學）。北京：教育科學出版社。

鐘啓泉、陳靜靜（譯）（2012）。教師的挑戰（原作者：佐藤學）。上海：華東師範大學出版社。

三、英文文獻

Buber, M. (1958). *I and Thou* (tr. by R. G. Smith). N.Y.: Charles Scribner's Sons.

Burbules, N. C. (1993). *Dialogue in Teaching*: *Theory and Practice.* New York, N.Y.: Teachers College, Columbia University.

Dialogue From Wikipedia (n. d.). *Wikipedia.* Retrieved 2014/11/25 from https://en.wikipedia.org/wiki/Dialogue

Mikhail Bakhtin From Wikipedia (n. d.). *Wikipedia.* Retrieved 2014/11/25 from https://en.wikipedia.org/wiki/Mikhail_Bakhtin

Socrates Method From Wikipedia (n. d.). *Wikipedia*. Retrieved 2014/11/25 from http://en.wikipedia.org/wiki/Socratic_method

Vygotsky, L. S. (1986). *Thought and Language.* (Alex Kozulin, Trans.). Cambridge, MA: MIT Press.

國小學生社會互動學習能力的效能信念

黃永和
國立臺北教育大學教育系副教授

壹 緒論

近來，隨著教育部分組合作學習計畫的推動、學習共同體與翻轉教室的熱潮引入，許多小學教室已開始改成分組座位或ㄇ字型方式，期望能透過小組互動、討論與發表的過程，幫助學生獲得深度理解、高層次認知或伸展跳躍的學習。在此過程中，學生在討論、聆聽、協同合作與分享等方面的社會互動學習能力表現，就成了影響此種重視同儕互動學習教學成效的關鍵。

然而，許多嘗試進行小組討論、合作學習或學習共同體的老師都會發現，學生的社會互動學習能力仍有表現不足的情形。例如，實施學習共同體的一位國小教師便指出，學生在對話時會發生的問題包括有：「不知道如何進行討論、分組有人習慣主導發言、不採納平日表現較差的同學的意見、不表達自己的想法、沉默等待他人的意見、批評意見不同的同學、沒有耐性、打斷同學的發言、只有少數人在對話等」（臺北市政府教育局，2013）。黃秀珠（2007）以行動研究進行討論式策略融入國小三年級數學教學時，也發現實施歷程中產生分組討論秩序不佳、教學進度落後、發表無法清楚表達等困難。沈文蓓（1997）對小學高年級學生小組討論歷程的分析結果，也發現學生在小組討論時大都沒有產生討論行爲，學生對於傾聽、輪流、接納意見等觀念仍有不足，且有離題、開玩笑、不尊重他人意見的行爲，以及缺乏解決衝突方法等問題。

雖然，影響學生學習表現的因素眾多，但「效能感」或「自我效能」經常被視爲是一種影響且有效預測學習能力表現的重要指標。例如，國內研究者陳瑋婷（2011）以後設分析方式探討臺灣地區國小至大專階段學生自我效能對學業成就的預測效果，研究結果指出自我效能與學業成就表現具有正相關，而且路徑分析顯示自我效能對學業成就不僅產生了正向的直接效果，也會透過學習策略對學業成就產生間接效果。在社會互動學習能力的表現方面，Smith與Betz（2000）的研究顯示，學生對自己社會互動能力的效能知覺，會影響其人際互動行爲，以及與同儕的關係品質，包括人際關係的發動與維持，人際衝突的協商與解決、朋友的認識與交往、夥伴關係的追求、公開場合的行爲表現，以及尋求或接受協助等。

此外，Prurzer（2011）的研究結果也指出，自我效能是預測學生在團隊學習過程言談行爲的有效指標，前測受試結果具有較高效能分數的學生，在團隊學習時更可能產生分享想法、回答問題與擴展解釋等有助於團隊學習的行爲；同樣地，學生在團隊學習過程的互動行爲表現，則是預測其後測自我效能的有效指標，在團隊學習時出現較少分心行爲（如較少不參與對話或閒聊）的學生，會顯著增加較多的後測自我效能分數；而且，在團隊互動過程中，如果有成員獲得其他成員的正向言談支持（例如，贊同、稱讚或認可其想法），那麼這些成員在後測自我效能感也會有顯著提高的情形。總體而言，自我效能在學生社會互動學習扮演著重要的角色，它會影響學習者參與團隊學習的行爲表現，也能作爲指標預測個體參與團隊學習的過程與結果。

基於社會互動學習能力的重要性，以及效能感在影響與預測個體參與社會互動學習過程與結果的重要角色，本研究的目的乃在以臺北地區國小學生爲研究對象，調查探討國小學生社會互動學習能力的效能感，以及不同背景變項學生社會互動學習能力的效能感差異，期能有助於分組合作學習、翻轉教室與學習共同體的教學實踐與研究發展。

貳 文獻探討

一 社會互動學習能力的意義與內涵之探討

(一) 社會互動學習能力的意義

依據教育部《重編國語辭典修訂本》的定義，「社會互動」乃意指「人與人或團體與團體行動間的交互影響」（中華民國教育部，1994）。在教育過程中，「社會互動」經常被視爲是影響學生認知發展、知識建構與教學成效的重要因素。例如，Vygotsky（1978）便認爲知識與學習乃是透過個體與他人互動而產生，社會互動是認知發展的關鍵；Bruner（1996）認爲人類所處的社會文化不只形塑了心靈，而且學習、記憶、言談、想像等心智活動也都只在參與於文化的社會互動之中始有可能；建構論者von Glasersfeld（1995）也明確主張「社會互動的重要性」，將社會互動視爲個體主觀認知建構時意義協商的過程。簡言之，兒童成長過程中的社會互動會影響其心智發展是否正常、遲滯或加速，學校教育過程中的社會互動則會影響教師教學與學生學習的成效（Driscoll, 2000）。

基於社會互動在學習過程中的重要性，許多學者（例如，佐藤學，2012；Johnson & Johnson, 1994）均主張教師應重視發展教室中學生與學生之間的協同合作關係，藉以透過互動的共同學習過程，使教室成爲同儕相互支持的學習共同體。事實上，就如同英國著名教育思想家Lawrence Stenhouse（1972）在四十年前就已明確指出的：「要發展令人滿意的小組學習，學生所要接受的訓練跟老師要接受的訓練一樣的多」，有經驗的老師都知道，當教師教學轉變到重視學生社會互動的教學型態時，培養學生具備良好社會互動學習能力就顯得相當的重要。「社會互動學習能力」便意指學習者透過人際互動過程（包括發言、討論與協同合作等）來進行學習的能力。

(二) 學生應具備的重要社會互動學習能力

爲了增進社會互動學習的成效，學生必須具備哪些重要能力呢？國外學者Bellanca與Fogarty（1991）指出，促進學習團隊合作的互動技巧可以分爲四類，亦即：(1)溝通技巧，包括清楚說明與傾聽，運用語言表達與接收，使用口語與非口語的溝通策略；(2)建立信賴，包括可用以強化團隊合作、維持有效合作與相互友愛關係的技巧；(3)領導能力，包括負責任、接受與鼓勵他人，解決問題與作決定等；(4)解決衝突，包括能對彼此的想法提出質疑、推理、辯駁，以及找到一致性、尋求解決方法與其他解決途徑等。教育部分組合作學習計畫建議應教導學生學習專注、傾聽、輪流發言、掌握時間、切合主題、主動分享、互相幫助、互相鼓勵、對事不對人與達成共識等十項社會互動學習技巧（張新仁、黃永和、汪履維、王金國與林美惠，2013）。國內研究者葉惠如（2013）在實施數學學習共同體的過程，則強調學生小組成員必須學會共同合作、一起腦力激盪、提問討論、分享意見與相互激勵等。臺北市學習共同體推動學校則指出，教師必須指導學生傾聽、討論、協同實作、分享發表、交流對話、異同比較分析、主動參與和對焦互動等討論能力（臺北市政府教育局，2013）。

此外，穆玲鈴（2009）則指出，學生在小組討論最常出現的問題有「花時間討論工作分配，而非主題」、「討論過程容易離題」、「無法達成團體共識」、「多數學童自我主張強烈，欠缺民主討論的素養」、「部分學童以交情決定意見的採納度」、「討論時缺乏應有的禮節和尊重他人的態度」等，在上臺報告時則有「部分學童視上臺報告爲壓力而逃避」、「雖然對上臺興致高昂，上臺報告的效果卻不佳」、「報告內容非小組討論的共識」、「報告缺乏組織、無法聯貫」等問題。黃永和（2005、2010）則從學習環境營造的角度指出，重視同儕社會互動的學習社群或學習共同體班級除了必須奠建於「有序」的學習環境之外，還必須發展出以「關愛」、「合作」、「討論」與「探究」爲核心的班級氣氛：(1)「有序的學習環境」包括學生能遵守班級規定，

能建立小組活動程序，有效進行小組活動，如輪流發言、音量適中與遵守秩序等；(2)「關愛的學習環境」則包括能關心同儕、同理與尊重同儕等；(3)「合作的學習環境」包括學生能相互協助以完成任務，能有效協調以獲得共識，能相互感恩以凝聚團隊意識等；(4)「討論的學習環境」包括能仔細傾聽他人的發言，能針對議題表達自己的想法，能提出問題釐清，能摘述討論內容，以及能綜合成員意見等；(5)「探究的學習環境」包括能批判質疑不同觀點，能探求眞理與解決問題等。

上述討論顯示，國內外學者對學生必須具備哪些重要社會互動學習能力的看法與用語不盡相同，而且除了部分研究者有較系統性分類之外，其餘分析多顯得零散不易看出章法。本研究參酌前述文獻所提及的各項社會互動學習能力，並以國內進行教學社會互動教學時，經常採用的「討論」、「合作」與「上臺發表」等三種活動作爲分析基礎，以系統性地分類方式，提出學生應具備的重要社會互動學習能力，應該包括：(1)在小組討論活動時，必須具備表達與聆聽，比較與統整討論內容，以及主持討論等有助於溝通互動的能力；(2)在小組合作活動時，應具備協助他人、協調任務、激勵鼓勵與解決衝突等有助於團隊完成任務的能力；(3)在上臺發表時，應能展現自信、清楚說明與吸引同學注意聆聽等有助於提升上臺報告成效的能力。

二 自我效能的概念與重要性

「自我效能」或「效能感」乃意指「人們爲達成特定行爲表現時，對其自身所具有的組織與執行行動過程的能力之判斷」（Bandura, 1986）。它是一種認知構念，用以指稱個體對其所擁有的技能可以完成什麼樣的表現之能力判斷、信心或信念。它是個體行動的基礎，人們透過自我效能信念的中介過程來引導自己的生活、調整動機、思考歷程、情緒狀態與行動，以及改變外在的環境條件。自我效能對人類思考與行動產生影響包括有下列方面（Bandura, 1997）：

1. 行爲的選擇

自我效能部分決定了個體所從事的活動，以及參與的社會環境之選擇，他們傾向於避免選擇那些他們認爲超出自己能力範圍的任務或情境，而願意去從事那些他們認爲自己有能力處理的活動。

2. 努力的付出與堅持

自我效能決定人們在面對困難阻礙時願意付出的努力與堅持的時間。自我效能感愈強，則努力愈多、堅持愈久，也愈願意接受挑戰、征服困難而不輕易放棄。

3. 思考的型態與情緒的反應

那些認爲自己缺乏應付環境問題效能的人，總是將原因歸咎於自身的缺陷，並把可能遭遇的困難看得比實際上可怕得多，因此也產生更多的不安、壓力與分心，而減損其原本能力的有效運用。相反地，那些具有強烈效能感的人能將注意力與努力放在情境任務的需求上，並因爲障礙與困難而激發更多的努力。

4. 行爲的產生

高自我效能的人爲自己設定挑戰，投入更多的努力與興趣，作出有利於導向未來成功的歸因，很少表現出焦慮與壓力反應，使他們最後獲得了成功。相反的，低自我效能的人避開艱難的任務，將失敗歸因於自己的能力不足，降低抱負水準，感受更多的焦慮與壓力，減損其能力表現。

綜上所述，自我效能是一種認知構念，用以指稱個體對其所擁有的技能可以完成什麼樣的表現之能力判斷、信心或信念，學生社會互動學習能力的自我效能應會中介影響個體參與團隊學習的行爲選擇、付出努力與堅持、思考型態與情緒反應，以及未來行動的產生與發展。

三　相關研究

檢索相關文獻顯示，有關國小學生社會互動學習能力自我效能的相關研究仍然有限，本文僅就一般社會互動自我效能相關研究進行探討。

Wheeler與Ladd（1982）是最早以自我效能來研究兒童同儕社會互動行爲的研究者。他們分析指出，在兒童社會互動過程中，能以符合社會規範方式來展現個體對同儕行爲與情感是否具有影響力的關鍵指標，就是「口語說服技巧」，因此他們選擇以口語說服技巧作爲核心焦點來編製《兒童同儕互動自我效能量表》（Children's Self-efficacy for Peer Interaction Scale），用以測量小學三至五年級學生特定情境口語說服技巧的能力知覺。他們以紐約州138位三至五年級學生作爲樣本，調查分析在不同背景變項上的差異。研究結果發現：(1)三年級的效能分數平均數爲2.78，四年級爲2.93，五年級爲3.06，五年級的平均數顯著高於三年級；(2)男女生在同儕互動自我效能量表的施測結果上沒有顯著差異。作者結論指出，較高年級兒童的同儕互動自我效能有逐漸增加的傾向。

Galanaki與Kalantzi-Azizi（1999）以238位四年級及六年級學生爲研究對象，運用Wheeler與Ladd（1982）的《兒童同儕互動自我效能量表》，探討同儕互動自我效能與寂寞及社會性不滿（loneliness and social dissatisfaction）之間的相關性。研究結果顯示：(1)同儕互動自我效能與寂寞及社會性不滿之間具有顯著的中低程度負相關，相關係數爲–.29；(2)不同性別及年級學童的同儕互動自我效能則沒有顯著差異。作者結論指出，學童的同儕互動自我效能愈低，則其寂寞及社會性不滿會有愈高的傾向。

Chowdhury、Endres與Lanis（2002）探討團隊合作自我效能、團隊表現、個人滿意度與個人行爲表現之間的關係。他們以14個成功團隊環境工作所需能力（包括分享、領導、協調、解決衝突、合作等），來編製團隊環境工作的個人自我效能量表，並讓學生以0至100點等級的方式評估自己在各項能力的預期表現。該研究以修讀商學課程的107位大學四年級學生爲研究對象，研究結果顯示：(1)對低團隊表現組的學生而言，當學生的團隊合作自我效能增加，則個人對團隊的滿意度也會增加，但高團隊表現組學生則無顯著差異；(2)對低團隊表現組的學生而言，當學生的團隊合作自我效能增加，則個人在團隊的行爲表現也會愈佳，但高團隊表現組學生則無顯著差異。作者結論指出，當團隊表現良好的時候，個人的團隊合作自我效能並不會損及其個人對團隊的滿意度，也不會損及個人在團隊的行爲表現；但是，當團隊表現不佳的時候，團隊合作自我效能的高低就會成爲影響個人滿意度與行爲表現的重要因素，較低的自我效能會產生較低的滿意度與行爲表現。

Mattson（2011）以73位修讀教學科技課程的職前教師爲研究對象，探討協同學習技巧、知識與態度訓練課程，以及教學科技課程的協同學習活動，對職前教師協同自我效能的影響。73位職前教師被分成實驗組與控制組，兩組都採用協同學習方式來進行教學科技課程的活動，但實驗組在協同學習活動前有實施協同學習技巧、知識與態度的訓練課程，控制組則無。研究結果發現：(1)就73位職前教師的協同自我效能而言，在教學科技課程開始時的前測分數平均值爲5.64，課程結束時的後測分數平均值爲5.79，前後測分數並無顯著差異，但可顯示受試者在對於協同學習活動具有中高程度的自我效能；(2)就協同學習技巧、知識與態度訓練課程對職前教師協同自我效能的影響而言，實驗組平均分數從5.36提升到5.60，控制組從5.49提升到5.56，實驗組職前教師確實提升較多的協同自我效能分數。作者結論指出，提供協同學習技巧、知識與態度的訓練，有助於提升協同自我效能。

張孟琪（2009）以自編量表調查臺北市國小五年級學生的人際智能，根據收回的863份問卷分析結果，顯示：(1)男生在人際溝通分量表的平均數爲20.86，女生爲22.63，兩者達顯著差異；(2)男生在合作學習分量表的平均數爲16.16，女生爲16.81，兩者達顯著差異。作者結論指出，國小女生的人際智能普遍高於國小男生，其可能原因在於女生較重視人際關係，並努力維持自己與團體的良好互動，對於人與人之間的溝通瞭解較爲細膩，故人際智能表現上高於男生。

綜合上述探討顯示，團隊合作自我效能的高低會中介影響個人對團隊學習的滿意度與行爲表現，學生的同儕互動自我效能愈低，則其寂寞及社會性不滿則會有愈高的傾向，自我效能不僅可以預測學生參與團隊學習過程的言談與行爲，同時也可以反映顯示學生參與團隊學習的結果成效，而提供學生社會互動學習技巧與知識的訓練，則可以提升其社會互動學習能力的效能感。此外，學生同儕互動自我效能在不同年級及性別變項上的差異則仍有待進一步確認，而聚焦於學生社會互動學習能力自我效能的相關研究仍然有限，值得進行探討研究。

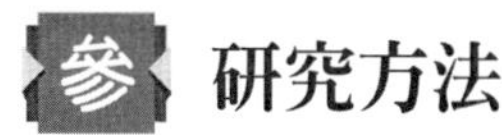

參 研究方法

一 研究對象、取樣與施測過程

本研究以臺北市及新北市兩地公立國民小學五、六年級學生為研究對象。因基於研究人力與條件限制，難以採用完全隨機取樣方式抽取樣本，故考量研究目的與性質之後，決定採用分層隨機叢集取樣方式進行抽樣，茲述取樣與施測過程如下：

1. 調查母群大小

依據教育部統計處（2012）101學年度各級學校名錄，臺北市五、六年級總學生數為54,321人，新北市為91,121人，人數比約略為2：3。

2. 決定取樣分區，以及各分區的取樣學校數

本研究對象包括臺北市與新北市兩地，臺北市一般行政分區共有12個，包括中正、中山、大同、松山、大安、萬華、信義、士林、北投、內湖、南港、文山等區，每個分區擬隨機抽取1所學校。新北市一般行政區則達29個，且各行政區學校數差異極大（例如，深坑、坪林、烏來等區只有一所學校），不利於取樣的均衡性，因此改採九大教育分區（七星、三重、三鶯、文山、板橋、淡水、新莊、瑞芳、雙和）進行分層，每一教育分區擬各隨機抽取2所學校。

3. 隨機抽取受測學校

根據教育部統計處臺北市與新北市學校名錄，每一學校給予一個編號，並以抽籤方式隨機取抽受測學校。

4. 聯繫受測學校安排受測班級

聯繫抽取的受測學校，在確認受測意願後，請受測學校協助安排受測班級五、六年級各15位學生進行施測。

5. 請受測學校協助教師依施測說明進行施測

編擬施測說明書，請受測學校協助教師依施測說明親自進行施測，施測程序為：(1)隨機找五、六年級各一個班級，抽單號或雙號同學作為施測對象；(2)在學生安靜的狀態下，先說明這是一份對研究有重要影響的問卷，請學生先聽清楚填寫說明後再填寫；(3)發下問卷，向學生唸出第一部分的填答說明，完成範例與練習題目，並解答學生的填答疑惑之後，再讓學生填答；(4)學生填答完後，請學生逐題檢查是否有漏填，或填兩個答案的情形。

6. 收回問卷

由於臺北市與新北市五、六年級學生總數比約略為2:3，因此擬使兩市受測學生總數比亦為2:3，擬施測臺北市五、六年級學生各180位（共360位），新北市五、六年級學生各270位（共540位），總計900位（詳見表1）。實際施測結果，收回有效量表為851份，有效量表收回率為94.56%，有效樣本背景資料如表2。

表1　分層隨機叢集取樣過程與結果

地　區	教育分區	抽取學校數	擬受測學生數樣本數
臺北市	中正、中山、大同、松山、大安、萬華、信義、士林、北投、內湖、南港、文山等12區	每一分區各抽取1所學校，共計12所學校	每一所學校安排五、六年級各15位學生，計五、六年級學生各180位，共360位
新北市	七星、三重、三鶯、文山、板橋、淡水、新莊、瑞芳、雙和等9大分區	每一分區各抽取2所學校，共計18所學校	每一所學校安排五、六年級各15位學生，計五、六年級學生各270位，共540位
總　計	五、六年級學生各450位，共900位		

表2　本研究收回有效量表的樣本背景資料

地　區	年　級		性　別		總　計
	五	六	男	女	
臺北市	158	181	175	164	339
新北市	261	251	260	252	512
總　計	419	432	435	416	851

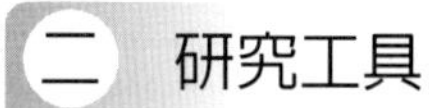

二 研究工具

(一)「國小學生互動學習自我效能量表」的題目編擬

研究者根據「文獻探討」乙節有關社會互動學習能力、自我效能與相關研究的探討結果，進行量表編製。具體題目編擬過程如下：

1. 根據社會互動學習能力內涵的探討結果，確認社會互動學習的核心能力包括表達、聆聽、比較、統整、主持、解決衝突、協助他人、協調任務、激勵鼓勵，以及上臺展現自信、清楚說明與吸引同學注意聆聽等12題。
2. 參考Wheeler與Ladd（1982）的兒童同儕社會互動自我效能量表之題目編製型式，每一題題目由兩個部分組成，第一部分爲特定情境的描述（例如，「小組討論時」），第二部分則爲社會互動學習技巧的表現能力（例如，「能針對問題充分表達自己的想法」）。
3. 根據自我效能理論建立者Bandura（2006）和重要研究者Pajares、 Hartley與Valiante（2001）的觀點，採用100點評估量尺，來讓受試者自我評估達成前述表現能力的程度。
4. 編寫量表開頭指導語，讓受試學生建立適當的心理準備；配合圖示方式，說明100點量尺分數意義，數字0代表「完全沒有把握」，數字100代表「非常有把握」，數字50代表「中程度把握」，其他各個數字則代表不同的程度；設計身體表現能力有關的練習題，讓受試學生熟悉量尺強度的判斷，並瞭解如何填答。

(二)研究工具的信效度說明

本研究針對前述正式取樣結果與施測收回之有效量表（共851份），進行相關信效度考驗，以確立本研究量表的品質，考驗方法與結果說明如下：

1. 項目分析

(1) 極端組檢核法（臨界比）

以獨立樣本t考驗檢定高低分組（上下各27%）受試者在各題項上的差異性，考驗結果如表3所示，顯示高低分組受試者在各題項上的差異均達顯著水準，t值介於20～33之間，各題項的鑑別度良好。

(2) 同質性考驗

以Pearson積差相關考驗各題項與量表總分的相關性，考驗結果如表4。表4顯示各題項與量表總分的積差相關係數均達顯著水準，其係數介於.68～.78之間，屬於高程度相關，代表本量表各題項在測量同一特質上具有高度一致性。

表3　高低分組受試者各題項差異t考驗

題　號	t值	自由度
1.上臺發表時，能展現自信而不懼怕	24.72***	355.06
2.上臺發表時，能流暢且清楚說明所要報告的內容	31.83***	364.05
3.上臺發表時，能吸引同學注意聽講而不分心	29.84***	430.25
4.小組討論時，能針對問題充分表達自己的想法	27.20***	350.26
5.小組討論時，能清楚知道別人發言的內容	22.66***	299.15
6.小組討論時，能統整全組同學發言的內容	30.25***	334.74
7.小組討論時，能比較同學發言內容的差異	23.82***	371.69
8.小組討論時，能有效主持小組的討論活動	33.58***	316.71
9.小組活動時，能有效解決同學之間的爭執	28.28***	368.98
10.小組活動時，能協助其他同學學會課程內容	25.88***	313.52
11.小組活動時，能協調小組同學一起合作完成任務	20.37***	279.35
12.小組活動時，能激勵其他同學一起努力達成小組目標	22.90***	309.66

***代表p<.001

表4　各題項與量表總分的積差相關係數

題號	1	2	3	4	5	6	7	8	9	10	11	12
總分	.68**	.77**	.73**	.76**	.73**	.77**	.70**	.78**	.74**	.74**	.69**	.70**

**代表p<.001

2. 因素分析

本研究所蒐集之國小學生互動學習自我效能分數偏態係數爲–.64，峰度係數爲–.20，兩者係數均小於1，代表所蒐集之自我效能分數大致符合理想常態分配的基本假定。本研究根據本量表編製理論架構（亦即「社會互動學習能力」包括「討論」、「合作」與「上臺發表」等三類具有相互關聯的能力），因素分析抽取3個固定因子數目，採用Promax轉軸法進行斜交轉軸。分析結果如表5，顯示因素分析結果能契合理論架構，因素負荷量均達.70以上，可解釋變異達69.94%，三個因素具有中至中高程度相關（相關係數介於.51～.70之間），支持此一量表具有測量學生互動學習自我效能的良好構念效度。本研究分別將三個因素確定命名爲「討論互動」、「合作互動」與「上臺互動」。

表5　國小學生互動學習自我效能第二次因素分析結果摘要表

題　號	因素一（討論互動）	因素二（合作互動）	因素三（上臺互動）	共同性
1	.52	.38	.92	.85
2	.62	.48	.93	.87
3	.60	.52	.81	.67
4	.75	.64	.57	.59
5	.80	.59	.48	.65
6	.85	.58	.53	.73
7	.79	.47	.51	.65
8	.77	.64	.59	.62
9	.67	.74	.49	.59
10	.65	.80	.44	.66
11	.54	.86	.39	.75

（續上表）

題　號	因素一（討論互動）	因素二（合作互動）	因素三（上臺互動）	共同性
12	.54	.87	.40	.76
特徵值	6.54	1.24	.70	
解釋變異量	53.78	10.34	5.82	
累積解釋變異量		64.12	69.94	

（KMO取樣適當性檢定值為.93；Bartlett's球形考驗卡方值為5907.47，自由度為66，達顯著水準）

3. 信度分析

本研究採用內部一致性進行信度分析，考驗結果顯示國小學生互動學習自我效能量表之Cronbach α信度係數，「討論互動」層面爲.86，「合作互動」層面爲.84，在「上臺互動」層面爲.87，總體量表爲.92，均高於.80以上，代表本量表總體與各層面的信度極佳。

三　統計分析方法

本調查研究收回問卷後，採用平均數、標準差與人數統計表，來瞭解所有受試學生在互動學習自我效能量表各題項與各層面的表現情形。並採用獨立樣本t考驗，來瞭解不同地區、年級與性別學生在互動學習自我效能的表現差異情形。

肆　研究結果與討論

一　學生在社會互動學習能力自我效能各題項與層面的平均表現情形

本研究量表採用100點量尺填答形式，數字0代表「完全沒有把握」，數字100代表「非常有把握」，數字50代表「中程度把握」，其他各個數字則代表不同的程度。表6各題平均數與標準差的分析顯示，各題自我效能的平均數介於53至79之間，整體層面平均數爲66.06，顯示整體學童對社會互動學習各項能力的效能評估介於「中程度把握」（數字50的意義）與「中上程度把握」（數字75的意義）左右之間。

各層面平均數則介於57～70，且以合作互動自我效能最高，討論互動自我效能次之，上臺互動自我效能最低，顯示學生對參與小組合作的能力表現信心最高，對參與小組討論的能力表現信心次之，而對上臺發表的能力表現信心最低。而在上臺發表時，則以吸引同學注意聽講的能力表現信心最低；在小組討論時，以主持小組討論的能力表現信心最低；在小組合作時，以有效解決同學爭執的能力表現信心最低。

上述分析顯示，本研究國小學生的能力信心水準似乎稍高於董秀蘭（2006）對國中生的調查結果，董秀蘭以臺灣北部三縣市國中八年級學生的課堂討論經驗，結果發現學生對自己社會互動能力的自我評價顯現信心不足的傾向，四點量尺的平均分數均低於2.5分，換算爲100點量尺則爲低於62.5分。此外，就其他種類自我效能的研究結果而言：李函穎（2008）調查國內北中南地區高年級國小學生的一般學業自我效能，結果顯示學生的自我效能屬於中高程度，七點量尺的題項平均分數爲5分，換算爲100點量尺則約爲71.43分；張宇樑（2011）調查中部國小五年級學生數學自我效能，結果顯示整體學生數學自我效能平均值爲71分（100點量尺）。比較李函穎、張宇樑與本研究的結果，整體學生對自己社會互動學習能力表現信心（66.06分）似乎最低，低於一般學業與數學的能力信心。根據Bandura（1997）的觀點，影響個體自我效能高低的關鍵主要來自於個體的實際精通經驗與觀察他人的替代經驗，依此推論本研究學生社會互動學習效能低於一般學業與數學能力信心的主要原因可能有二，一是學生在社會互動學習上的實際精通經驗仍然不足，二是能力相當的同儕在這些方面的表現也不佳，無法透過觀察獲得良好的替代學習。

二　學生社會互動學習能力自我效能平均分數的分布情形

表7自我效能題項平均數的人數百分比統計顯示，學生在整體層面的自我效能分數主要分布在60至90分之間，人數比率總計占有54.53%，而只有10.69%學生的整體自我效能屬於「非常有把握」程度，仍有22.68%學生的自我效能低於50分的中程度把握以下。就各層面人數分布的差異情形而言，合作互動層面有較多的學生人數分布到更

有把握的程度，討論互動層面次之，上臺互動層面則有更多學生人數分布到較沒把握的程度，顯示有比較多的學生對合作互動比較有把握，討論互動則次之，而有較多學生對上臺互動比較沒把握。

表6　國小學生社會互動學習能力自我效能的各題與層面平均數與標準差

層　面	題　號	平均數	標準差	層面每題平均得分
上臺互動	1	61.22	29.95	57.87
	2	58.73	29.83	
	3	53.67	30.42	
討論互動	4	68.99	28.93	67.8
	5	77.19	24.41	
	6	64.44	28.77	
	7	66.81	27.90	
	8	61.45	30.45	
合作互動	9	61.61	30.03	70.05
	10	67.51	27.54	
	11	78.05	25.09	
	12	73.01	28.18	
總　體		792.68	250.41	66.06

表7　各層面自我效能題項平均數的人數百分比統計表

組　界	分數意義	上臺互動（%）	討論互動（%）	合作互動（%）	整體層面（%）
0.00～10.00	完全沒把握	6.70	1.53	1.76	0.35
10.01～20.00	↑	6.46	2.82	2.82	3.17
20.01～30.00		5.05	3.41	3.53	3.06
30.01～40.00		8.11	5.99	5.29	6.11
40.01～50.00	↓	13.51	8.46	6.35	9.99
50.01～60.00	中程度的把握	10.93	10.46	8.93	12.10
60.01～70.00	↑	13.16	16.33	13.40	17.04
70.01～80.00		12.46	17.98	19.98	18.45
80.01～90.00	↓	14.22	17.27	20.80	19.04
90.01～100.00	非常有把握	9.40	15.75	17.16	10.69

N = 851

基於上述分析結果，值得進一步思考討論的問題乃是：這樣的學生自我效能分布情形是否足以讓教師在教室中成功實施小組討論、合作學習或學習共同體呢？根據Bandura（1997）自我效能理論，如果學生缺乏高度自我效能來進行討論、合作或上臺互動的學習，那麼這些學生將不會主動選擇以小組討論、協同合作或上臺發表爲主的課堂型態，而且當小組成員發生不愉快事件或衝突時，他們更可能放棄參與互動學習，甚至埋怨小組學習活動，降低其對社會互動學習型態的抱負水準，更容易產生諸如「厭惡團隊學習」（Isaac, 2012）的現象。在合作學習過程中，許多社會互動自我效能較低的學生，更可能在合作學習角色任務分配時，選擇較低社會互動的角色（例如，記錄員或計時員），而較不願意擔任須要更多社會互動責任的角色（例如，需要主持與工作協調的組長，或者需要上臺發表的報告員）。

如果依本研究上述分析的百分比換算成每班27位學生的班級，那麼這個班級在「上臺互動」層面展現非常有把握的學生不到3人，在討論互動層面不到4人，在合作互動層面不到5人，在整體層面不到3人，而信心都不到一半的學生則分別約有11人、6人、5人與6人。如果教師缺乏有效的指導方法，或者缺乏有效策略來提升學生的互動學習表現，那麼這全班不到3至5位社會互動學習非常有把握的學生，實在不夠分配到各組（27人的班級，若4人一組，可分6至7組）成爲有效實施小組討論、合作學習或學習共同體的支持力量，而5至11位連信心都不到一半的學生（如果全班分成6至7組，平均每組可能會有1至2位信心不到一半的學生），很可能在社會互動學習過程中輕易受挫而退出小組學習。依此分析，或許就如同沈文蓓（1997）對小學高年級學生小組討論歷程的分析，以及陳芳如與段曉林（2007）在國中試行合作學習等研究所發現的問題一樣，國內學生明顯存在社會互動學習能力不足的問題。

三 不同背景變項國小學生社會互動學習能力自我效能的差異情形

(一) 不同地區

就不同地區國小學生社會互動學習能力自我效能的差異情形而言，由表8可以得知，臺北市學生在上臺互動、討論互動、合作互動與整體層面的自我效能平均分數均高於新北市學生，標準差則相對較小，顯示臺北市學生在小組互動、上臺互動與整體等層面能力的自我評估均有高於新北市學生的傾向，而且學生間的差異性也有比較小的傾向，然而獨立樣本t考驗結果則只有討論互動層面達.05的顯著差異，其餘層面的差異則未達顯著水準。

物質資本與人力資本均是影響學生學習成效的重要因素，物質資源與人力資源較豐厚的都會地區，學生的普遍學習成效也會較好。就臺北市與新北市的教育資源而言，根據林佳瑩與蔡毓智（2006）的調查結果，臺北地區教育資源分布結構受到城鄉差距影響而呈現二極化的現象，臺北市的班級資源比新北市更爲豐富，臺北市提供較多的教師數量，臺北市各行政區的教育資源變異程度較小。此外，就教師編制人數而言，根據102年「新北市所屬國民小學教職員員額編制基準」，新北市國小普通班每班置教師一點七人爲原則，根據「臺北市國民小學教職員員額編制基準」，臺北市國小普通班每班置教師一點九人爲原則。殷惠美（2011）調查分析比較高雄市都會與非都會地區國小四及六年級學童的社交技巧，結果發現雖然都會地區學童的社交技巧（包括人際互動與溝通表達）得分雖然稍高於非都會地區，但其差異未達顯著水準。本研究也發現，相較於新北市，臺北市學校具有較好且均質的教育資源，較多的教師編制，但學生的社會互動學習能力自我效能卻只有部分顯著差異。國內具有教育資源差異的都會與非都會地區，其學童社會互動學習能力自我效能未有普遍而明顯差異的現象與原因，實値得未來研究進行探討。

表8　不同地區國小學生社會互動學習能力自我效能的獨立樣本t考驗

	地　區	平均數	標準差	t值	p值
上臺互動	臺北市	178.72	77.44	1.51	.13
	新北市	170.23	81.93		
討論互動	臺北市	349.38	101.44	2.30*	.02
	新北市	331.93	118.70		
合作互動	臺北市	281.84	86.91	.436	.66
	新北市	279.09	94.38		
整　體	臺北市	809.94	227.32	1.69	.09
	新北市	781.25	264.20		

人數：臺北市339人，新北市512人

(二) 不同年級

就不同年級國小學生社會互動學習能力自我效能的差異情形而言，由表9可以得知，六年級學生在上臺互動、討論互動、合作互動與整體層面的自我效能平均分數有些微高於五年級學生，標準差則差異不大，顯示六年級學生在小組互動、上臺互動與整體等層面能力的自我評估有些微高於五年級學生的情形，學生間的離散情形則頗爲相似，然而獨立樣本t考驗結果則未達.05的顯著差異。

國外研究者Wheeler與Ladd（1982）探討不同年級社會互動自我效能的差異，研究結果則指出，雖然五年級與四年級、四年級與三年級學生的自我效能差異未達顯著水準，但五年級學生自我效能則顯著高於三年級學生，兒童社會互動自我效能有逐漸發展的傾向。國內研究者殷惠美（2011）分析比較國小四與六年級學童的社交技巧，結果指出兩個年級學童的社交技巧未達顯著差異水準。本研究則發現，雖然六年級比五年級學生年齡較長、學習經驗較多，有稍高的社會互動學習能力自我效能，但其差異仍未達顯著水準。比較國內外的研究結果，國內學生社會互動學習能力自我效能是否會隨著年級增高而有逐漸發展的趨勢，實值得未來研究擴大學生年級的調查範圍（例如，三至九年級）來比較得知。

表9　不同年級國小學生社會互動學習能力自我效能的獨立樣本t考驗

	年級	平均數	標準差	t值	p值
上臺互動	五	168.16	80.62	-1.96	.05
	六	178.90	79.59		
討論互動	五	334.07	112.18	-1.23	.22
	六	343.54	112.56		
合作互動	五	282.51	92.03	.73	.47
	六	277.93	90.91		
整　體	五	784.75	250.87	-.91	.36
	六	800.38	250.02		

人數：五年級419人，六年級432人

(三) 不同性別

就不同性別國小學生社會互動學習能力自我效能的差異情形而言，由表10可以得知，女生在討論互動、合作互動與整體層面的自我效能平均分數高於男生，標準差也相對較小，男生則在上臺互動層面的自我效能平均分數高於女生，但標準差異則相對較大，顯示女生在討論互動、合作互動與整體層面能力的自我評估有高於男生的傾向，男生則在上臺互動層面能力的自我評估有高於女生的傾向。然而，獨立樣本t考驗結果則只有合作互動層面女生顯著高於男生（達.05的顯著水準），其餘層面則未達顯著差異。

本研究國小女生合作互動自我效能高於男生的現象，與石惠玲（2013）及張孟琪（2009）的調查結果相似。石惠玲調查臺北市國小六年級學童人際自我效能，結果指出女生的人際自我效能顯著高於男生。張孟琪調查臺北市國小五年級學生的人際智能，結果也顯示女生在合作學習層面的人際智能顯著高於男生。其原因或許正如張孟琪所指出的，國小女生較重視人際關係的和諧性，會盡力維持自己與團體的良好互動，對於人與人之間的溝通瞭解較為細膩，故人際智能表現上高於男生。未來研究則可擴大學生年級的調查範圍，以進一步瞭解不同性別學生是否會隨著年級增高，而在社會互動學習能力自我效能的各層面上有顯著差異的發展。

此外，國內的研究結果似乎與國外有所不同，Galanaki與Kalantzi-Azizi（1999）以國小四及六年級學生爲研究對象，研究結果指出不同性別學童的同儕互動自我效能沒有顯著差異。造成國內外研究結果不同的原因，可能在於文化與教育上的差異所造成，未來可針對國內外不同性別學童的社會互動自我效能差異進行比較研究。

表10　不同性別國小學生社會互動學習能力自我效能的獨立樣本t考驗

	性　別	平均數	標準差	t值	p值
上臺互動	男	176.86	81.64	1.21	.23
	女	170.22	78.69		
討論互動	男	334.62	114.11	-1.13	.26
	女	343.33	110.56		
合作互動	男	272.34	94.04	-2.57*	.01
	女	288.39	88.00		
整　體	男	783.82	253.84	-1.06	.29
	女	801.95	246.74		

人數：男435人，女416人

伍 結論與建議

一 結論

(一) 學生在社會互動學習能力自我效能的平均表現情形

臺北地區國小五、六年級學童對社會互動學習各項能力的效能評估平均數介於53至79分之間，且以合作互動層面的自我效能最高，討論互動層面的自我效能次之，上臺互動層面的自我效能最低。在上臺發表時，則以吸引同學注意聽講的能力表現信心最低；在小組討論時，以主持小組討論的能力表現信心最低；在小組合作時，以有效解決同學爭執的能力表現信心最低。

(二) 學生社會互動學習能力自我效能平均分數的分布情形

學生在整體層面的自我效能分數主要分布在60至90分之間，人數比率總計占有54.53%，而只有10.69%學生的整體自我效能屬於「非常有把握」程度，仍有22.68%學生的自我效能低於50分的中程度把握以下。就各層面人數分布的差異情形而言，合作互動層面有較多的學生人數分布到更有把握的程度，討論互動層面次之，上臺互動層面則有更多學生人數分布到較沒把握的程度，顯示有比較多的學生對合作互動比較有把握，討論互動則次之，而有較多學生對上臺互動比較沒把握。

(三) 不同背景變項國小學生社會互動學習能力自我效能的差異情形

1. 本研究臺北市國小學生在討論互動層面的社會互動學習能力自我效能顯著高於新北市學童，但在上臺互動、合作互動與整體層面的自我效能則無顯著差異。
2. 本研究國小五年級與六年級學生社會互動學習能力自我效能沒有顯著差異。
3. 本研究國小女生在合作互動層面的社會互動學習能力自我效能顯著高於男生，但在上臺互動、討論互動與整體層面的自我效能則無顯著差異。

二 建議

(一) 關注與提升學生社會互動學習能力自我效能，確保社會互動學習成效

成功的小組學習需要學生展現適當的合作行爲（Prater, Bruhl, & Serna, 1998），任何形式的學生小組任務都涉及複雜的社會互動，當學生跟同儕一起討論或合作學習課業內容時，就必須展現良好的社會互動學習能力，才能使小組互動產生具有生產性的效果（Snodgrass &

Bevevino, 2000）。本研究以國內臺北地區五、六年級學生作爲研究對象，結果發現總體學生對社會互動學習各項能力的效能評估只介於中程度與中上程度把握之間，對自己整體社會互動學習能力感到非常有把握的學生約只有一成左右，且仍有二成二學生的自我效能信心不到一半，這樣的效能信心與分布可能難以成爲有效實施小組討論、合作學習或學習共同體的支持力量。學校教師應審愼關注學生社會互動學習能力自我效能提升的問題，藉由社會互動學習技巧與知識的訓練、成功互動學習的經驗、同儕楷模的觀察學習，以及教師的鼓舞激勵等方式，來提升學生社會互動學習能力自我效能，培養學生團隊學習的能力，確保社會互動學習的成效。

(二) 未來可研究不同年級範圍調查學生社會互動學習能力自我效能

本研究發現六年級學生自我效能平均數高於五年級學生，女生在小組互動與整體層面自我效能平均分數高於男生，男生在上臺互動層面的自我效能平均分數高於女生，然而獨立樣本t考驗結果只有少部分層面達顯著差異。未來研究値得擴大年級調查範圍（例如，三至九年級），藉以進一步瞭解不同年級與性別學生是否會因爲年級增高，而在社會互動學習能力自我效能有顯著發展的情形。

致謝——

本研究感謝科技部專題研究計畫補助（計畫編號MOST 103-2410-H-152-016）。

參考文獻

一、中文部分

中華民國教育部（1994）。重編國語辭典修訂本。取自http://dict.revised.moe.edu.tw/

石惠玲（2013）。教師期望與學童人際自我效能及同儕衝突因應策略之研究（未出版碩士論文）。臺北市立教育大學，臺北。

佐藤學（2012）。學習的革命：從教室出發的革命。臺北：親子天下。

李函穎（2008）。國小高年級學生家庭型態、自我效能、自我調整學習策略與課業學習成就之相關研究（未出版碩士論文）。國立彰化師範大學，彰化。

沈文蓓（1997）。小學高年級學生小組討論之歷程分析（未出版之碩士論文）。國立臺南師範學院，臺南。

林佳瑩與蔡毓智（2006）。臺北地區小學教育資源分布結構地位之探討——社會網路結構地位分析之應用。教育與社會研究，11，71-106。

殷惠美（2011）。國小學童社交技巧與快樂感關係之研究（未出版碩士論文）。國立屏東教育大學，屏東。

張宇樑（2011）。國小五年級學生數學自我效能感之調查研究。科學教育學刊，19(6)，507-530。

張孟琪（2009）。獨生子女與非獨生子女的雙親教養態度與人際智能、內省智能之關係研究（未出版碩士論文）。臺北市立教育大學，臺北。

張新仁、黃永和、汪履維、王金國、林美惠（2013）。分組合作學習教學手冊。臺北：教育部國民及學前教育署。

教育部統計處（2012）。101學年度各級學校名錄。取自http://www.edu.tw/statistics/

陳芳如、段曉林（2007）。課室試行合作學習之行動研究。科學教育，13，91-108。

陳瑋婷（2011）。自我效能、學習策略與學業成就之關係研究：結合後設分析與結構方程模式。師資培育與教師專業發展期刊，4(2)，83-96。

黃永和（2005）。教室本位學習社群應用於國小教學之協同行動研究。國科會94年度專題研究計畫，未出版。NSC94-2413-H-152-011。

黃永和（2010）。支持學習社群的班級經營系統之探討。教育研究月刊，196，48-59頁。

黃秀珠（2007）。討論式策略融入國小三年級數學協同教學之行動研究（未出版碩士論文）。中原大學，桃園。

葉惠如（2013）。國中數學學習共同體之行動研究（未出版碩士論文）。國立中正大學，嘉義。

董秀蘭（2006）。臺灣北部三縣市八年級學生社會學習領域課堂討論經驗與影響因素之調查研究。公民訓育學報，18，65-89。

臺北市政府教育局（2013）。SLC密碼：建構學習共同體學校藍圖。臺北：臺北市政府教育局。

穆玲鈴（2009）。運用心智圖法提升國小學童表達溝通與分享能力之行動研究——

以低年級小組討論與上臺報告為例（未出版碩士論文）。國立臺北教育大學，臺北。

二、外文部分

Bandura, A. (1986). *Social foundations of thought and action: A social cognitive theory*. Upper Saddle River, NJ: Prentice Hall.

Bandura, A. (1997). *Self-efficacy: The exercise of control*. New York: W. H. Freeman and Company.

Bandura, A. (2006). Adolescent development from an agentic perspective. In F. Pajares & T. Urdan (Eds.), *Self-efficacy beliefs of adolescents* (pp. 1-43). Greenwich, CT: Information Age.

Bellanca, J., & Fogarty, R. (1991). *Blueprints for thinking in the cooperative classroom (2nd ed.)*. Arlington Heights, IL: IRI/Skylight Training and Publishing.

Bruner, J. (1996). *The culture of education*. Cambridge, Massachusetts: Harvard University Press.

Chowdhury, S., Endres, M., & Lanis, T. W. (2002). Preparing students for succdess in team work environments: The importance of building confidence. *Journal of Managerial Issues, 14*(3), 346-359.

Driscoll, M. P. (2000). *Psychology of learning for instruction*. Boston: Allyn and Bacon.

Galanaki, E. P., & Kalantzi-Azizi, A. (1999). Loneliness and social dissatisfaction: Its relation with children's self-efficacy for peer interaction. *Child Study Journal, 29*(1), 1-22.

Isaac, M. L. (2012). I hate group work! Social loafers, indignant peers, and the drama of the classroom. *English Journal, 101*(4), 83-89.

Johnson, D. W., & Johnson, R. T. (1994). *Leading the cooperative school (2nd ed.)*. Edina, Minnesota: Interaction Book Company.

Mattson, R. R. (2011). *The effect of pre-collaborative activity instruction on self-efficacy* (Unpublished doctoral dissertation). University of Nevada, Las Vegas.

Pajares, F., Hartley, J., & Valiante, G. (2001). Response format in writing self-efficacy assessment: Greater discrimination increases prediction. *Measurement and Evaluation in Counseling and Development, 33*, 214-221.

Prater, M. A., Bruhl, S., & Serna, L. A. (1998). Acquiring social skills through cooperative learning and teacher-deirected instruction. *Remedial and Special Education, 19*(3), 160-172.

Prurzer, S. (2011). The relationship between team discourse, self-efficacy, and individual achievement: A sequential mixed-methods study. *Journal of Engineering Education, 100*(4), 655-679.

Smith, H. M., & Betz, N. E. (2000). Development and validation of a scale of perceived social self-efficacy. *Journal of Career Assessment, 8*(3), 283-301.

Snodgrass, D. M., & Bevevino, M. M. (2000). *Collaborative learning in moddle and secondary schools: Applications and assessments*. Poughkeepsie, NY: Eye On Education.

Stenhouse, L. (1972). Teaching through small group discussion: Formality, rules and authority. *Cambridge Journal of Education, 2*(1), 18-24.

Vygotsky, L. S. (1978). *Mind in society: The development of higher psychological processes*. Cambridge, Massachuseets: Harvard University.

von Glasersfeld, E. (1995). A constructivist approach to teaching. In L. P. Steffe & J. Gale (Eds.), *Constructivism in education* (pp. 3-15). Hillsdale, NJ: Lawrence Erlbaum.

Wheeler, V. A., & Ladd, G. W. (1982). Assessment of children's self-efficacy for social interactions with peers. *Developmental Psychology, 18*(6), 795-805.

5 學習共同體的理念、課堂實施、應用與成效探討

薛雅慈（曉華）
淡江大學課程與教學研究所、教育政策與領導所（合聘）
專任助理教授

> 「在『學習』的世界中，孩子持續與事物、與他人對話，更與自己對話……是在這片看不見的土地中自我翱翔，將土地上所發生的一切與自己的一切連結的世界。」
>
> ——佐藤學《學習的革命》

面對二十一世紀全球化時代變遷及學習型社會的來臨，各國無不掀起以「學習」爲核心的教育改革。在臺灣，正值十二年國民基本教育政策方才實施之際，薛雅慈（2014）指出：爲了往「提升中小學教育品質、成就每一個孩子、厚植國家競爭力」三大願景的理想邁進，教師應重新面對學生「眞實的學習」。而2014年11月最新通過發布的「十二年國民基本教育課程綱要總綱」更指出「十二年國民基本教育之課程發展本於全人教育的精神，以自發、互動及共好爲理念，強調學生是自發主動的學習者，學校教育應善誘學生的學習動機與熱情，引導學生妥善開展與自我、與他人、與社會、與自然的各種互動能力」（國家教育研究院，2014），可見臺灣未來課程與學習的新願景強調「以學生的學習」爲依歸，並鼓勵課程中創造互動與共享的平臺，此即共同體的願景與圖像。

近兩年由日本佐藤學教授所提出的「學習共同體」（learning community）一詞，陸續出現在國內的各種出版品中，此種強調公共性、民主性與卓越性之哲學理念，形成以學生學習爲主體的文化轉變（黃郁倫、鍾啓泉譯，2012），感動了許多教育第一線的教師，更引發了本土脈絡下的教學活化的探索與實踐，包括臺北市在101學年度開始推動試辦計畫，新北市亦於2012年開始試辦。而臺北市、基隆市、新竹縣、臺東縣，亦有自發性加入「學習領導下的學習共同體」試辦學校計畫，於103學年度起實施（潘慧玲、李麗君、黃淑馨、佘霖、薛雅慈，2014）。

「學習共同體」被認爲是一場寧靜的教育革命運動，其主要理念是依據民主主義的精神，將校長、教師、學生和家長都視爲學校改革的主角，並將授業研究和課程、教學改革，以及教師專業發展的理念結合起來，形成整體的學校改革體系及活動系統（歐用生，2012）。因此臺灣這一波自2012年起受到日本佐藤學教授所推動的學習共同體之影響，從幾個地方政府及中央都有發起試辦學習共同體方案的運動，可說是掀起了一場以「學習」爲核心，由「教室出發」的寧靜的學習革命。

本文首先回顧學習共同體的源起與理論基礎，其次探討學習共同體的趨勢與課題—特別以協同學習之探討爲核心，最後則從實踐面來討論學習共同體目前在臺灣若干課堂教室中推動的成效及尚待解決的問題。

壹 學習共同體的緣起與理論基礎

學習共同體一詞是由英文「learning community」翻譯而來，亦有人譯爲「學習社群」。由於臺灣當前從小學到高中正風行的學習共同體推動，係來自日本佐藤學所倡導的，或以之爲基礎而進一步轉化爲適合本土脈絡的實踐，本文指稱的學習共同體，特指日本佐藤學教授倡導的學習共同體。

在日本，學習共同體的背景源自於1980年代，由於日本的高度升

學競爭、填鴨的應試教育、與以成績爲至上的學習風氣，使得學生對學校及班級感到冷漠，喪失了學習的興趣（黃郁倫、鍾啓泉譯，佐藤學原著，2012）。針對日本教育中孩子失去學習動機、不知爲何而學以及「從學習逃走」等等的教育沉痾，促使東京大學佐藤學教授提出以「學習共同體」爲目標的教育改革，其將地方、學校、教師、學生、家長都視爲一個個學習圈，攜手共同追求改革的學習共同體學校，即以實現「保障每一個孩子的學習權利，提高學習品質，爲形塑民主主義的社會作準備」爲使命（黃郁倫譯，佐藤學原著，2013）。

佐藤學將公共性的哲學（public philosophy）、民主主義（democracy）及卓越性（excellence）的哲學列爲學習共同體學校改革的基礎根基。在公共性及民主主義的哲學方面，佐藤學所指的民主主義乃是以John Dewey（1859-1952）的民主教育爲理論基礎，其強調學習共同體中的民主主義並非多數表決、也非政治手法，而是Dewey所定義「與他人連結共生的生存方式」（a way of associated living）（黃郁倫譯，佐藤學原著，2013）。

在卓越性哲學方面，佐藤學則是以Vygotsky（1896-1934）的近端發展區理論（Zone of Proximal Development, ZPD）及社會建構論（Social constructionism）作爲理論基礎（黃郁倫譯，佐藤學原著，2013），希望在「互惠關係」（reciprocal relation）的活動中，藉由教師以活動式教學引導學生進行探究，學生透過小組協同學習展開與世界對話（認知實踐）、與他人對話（對人實踐）、與自己對話（內省實踐），三位一體的對話方式實踐學習。而落實課堂學習共同體中的協同學習係以Vygotsky的近側發展區理論及J. Dewey的溝通理論爲基礎，透過對話與溝通，進行活動式、協同式及反思式的學習，以形成對文化認知的實踐，以及連結同儕關係的社會實踐。

實現協同學習的課堂蘊含的意義爲：人們彼此信賴合作，構築多元文化共存的社會，實現民主社會的改革，因此協同學習所追求的目標是學生能展開互助互惠的學習（黃郁倫、鍾啓泉譯，佐藤學原著，2012）。據此，本文以Dewey的民主教育及溝通理論；及Vygotsky的近端發展區理論、鷹架理論（scaffolding）及社會建構論作爲學習共同體的理論基礎。

一 Dewey的民主教育理論

佐藤學指出，沒有任何場所比學校更需要強調民主主義，佐藤學所指的的民主主義，乃是Dewey所定義之「與他人共生的生存方式」（黃郁倫譯，佐藤學原著，2013）。美國二十一世紀重要的民主哲學家Dewey即認為，學校無法與現實社會脫節而獨立自存，兒童在學校裡的行為準則，應與成人在廣大社會生活中的運作一樣，學校內的學習與校外的社會生活，兩者之間應有充分的連結關係與交互作用（薛絢譯，2006）。

Dewey所主張的「民主」有二個關鍵性的規準：1.社群成員間有許多藉由溝通和經驗交流所形成的社會共識；2.社群與社群間有充分、自由的經驗交流，並要求學校教育所責無旁貸的責任，是給予民主教育的訓練，使學生畢業後能持續關心社會，並時時思考如何促使社會進步（引自蔡逸佩，2007）。Dewey更指出，學校教育應培養學生的是——具備將來在民主社會中生活所需的能力，因此必須在教學環境中製造民主氣氛，並培養學生的民主素養，使學生能在問題解決與適應團體中共同工作共同學習，成為有社會責任感的公民（引自簡妙娟，2000）。因此，基於公共性及民主性的哲學，佐藤學認為，為了加強教室生活與學校生活的連結、學校生活與社會生活的連結，所有教師均應打開個人教室大門，公開自己的課堂，讓其他教師亦能進入自己教室觀課，來觀察學生的學習情形（觀課）；並於課後互相討論互相學習，以構築教師間的同僚性（議課）；此外，學校也應該打開大門，積極邀請家長與社區人士進入教室參與課堂展開所謂的「參加學習」，以構築學校與家長間的信賴感（黃郁倫譯，佐藤學原著，2013）。整體來建立教室—學校—社會間的連結。

另外，從個人面向來看，Dewey的「民主教育」（Democracy Education）始終強調個人心智能力的發展，應著重個人問題解決、思考與探索的過程，因此所謂激發主動探索和研究求知的精神，及培養獨立思考與問題解決的能力，是「民主教育」中相當重要的兩大能力。Dewey指出，目前每個個體最需要的是思考、觀察問題、把事實和問題聯繫起來、利用和建立觀念的能力（引自傅統先、邱椿譯，1986）。因此

在教學內容方面，Dewey反對教師單向地將知識灌輸給學生，而不顧及學生的主動求知需求，或忽略讓學生自己學習運用心智能力的教學方式；因為此填鴨式、單向式的教學根本有違其「教育即經驗的重組與改造」的理念。Dewey認為，教材是指學習者為解決某個生活問題、達成某個目的的過程中，有意識、有目的地去探索學習的事物（引自薛絢譯，2006）。

佐藤學便以此為基礎指出，為了實現學校及教室中的民主主義，每個學生的聲音都應該被聽見、被重視。因此，學校應創造出學生同儕之間、學生及教師之間、教師及教師之間「互相聆聽」的關係，唯有先聆聽，才能為接下來的對話作準備，才有可能達成民主式的對話溝通（引自黃郁倫譯，佐藤學原著，2013）。

二 Vygotsky的近端發展區理論、鷹架理論及社會建構論

佐藤學根據Vygotsky的「近端發展區」（或近側發展區）及「內化作用」的理論基礎，將學習的定義分為三種對話的實踐。他指出：所謂學習，就是與嶄新世界的相遇與對話的實踐（認知的實踐）、與他人對話的實踐（人的實踐）以及與自我對話的實踐（自己內在的實踐）。易言之，學習就是藉由「透過媒介的活動」跟嶄新的世界相遇，而且在與教師及同學的對話中可以達到「伸展跳躍」，進而實現了協同學習（黃郁倫，鍾啓泉譯，佐藤學原著，2012）。而伸展跳躍學習也就是Vygotsky提到的近端發展區理論的實踐。

近端發展區（zone of proximal development, ZPD）理論是Vygotsky認知發展理論中的重要論點。其對近端發展區的定義為：在任一種學習領域中，每位學習者都有一個實際的發展層次（actual developmental level），及一個潛在的發展層次（potential for development），其中「實際發展層次」係指學習者若能獨立解決問題的層次；如果是需要有大人引導或與更高能力的同儕合作，才能解決問題的層次，則被稱為「潛在的發展層次」，而介於這兩個層次之間的距離，即為「近端發展區」（圖1）（Vygotsky, 1998；引自張新仁，2003）。

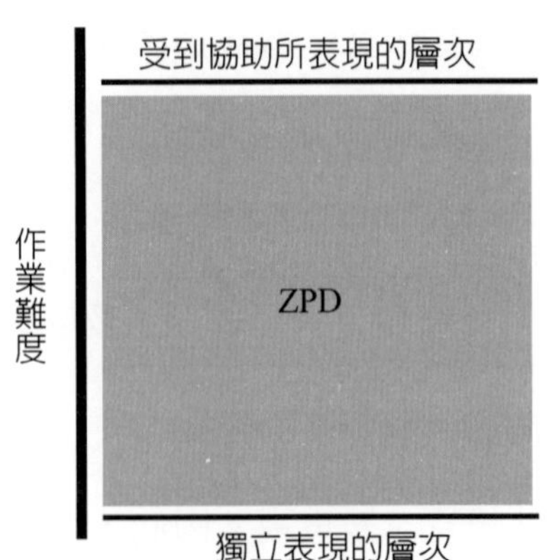

圖1　近側發展區

資料來源：引自張新仁，2003，頁119

Vygotsky認為，透過教導會引導個體的發展，讓學習可以發揮很大的力量，在「積極主動的兒童」（active child）與「積極的社會環境」（active social environment）共同合作之下，就能創造出個體發展的改變，這就是近側發展區理論的重要概念（引自谷瑞勉譯，1999）。按Vygotsky的說法，為了要促進學生的認知發展，教師必須促進學生近端發展區的發展，而若想要於個體的近端發展區中創造出成功的學習，則學習者必須要有高度的嘗試學習意願，且教師必須藉由「鷹架作用」（scaffolding）來協助學生發展（引自陳美玲，2014）。Wood, Bruner和Ross於1976年以「鷹架」的概念來分析成人和兒童互動的情境：「鷹架」是一個隱喻，用來比喻成人協助兒童完成超越其能力之作業的歷程。所謂的鷹架作用，是在教育上引導學生發展，經由老師及同儕的互動與溝通，建構學生的心智能力，使學生達到更高一個層次的心理發展（引自張世忠，2003）。因此佐藤學認為，教育應該要根據近端發展區來啓動，而促動「近端發展區」的「內化學習」，應透過各種媒介（例如，言語、素材、教學媒材、模型或概念等等）在教學活動中展開（黃郁倫，鍾啓泉譯，佐藤學原著，2012）。

「近側發展區」也可被視為一種「創造意義」的學習活動，在「創造意義」的學習活動中，雖然利用預先安排好的媒介，但是學習個體卻能創造出不被這些工具所限制的意義（李長燦，2003）。學習共同體所倡導的就是一種包容差異、尊重差異的學習方式，讓每個人保有主體同時與他者互為主體，如同即興演奏一般，在真誠、互相尊重的氛圍下，個人不僅珍視自我也重視他人，共同進行有意義的創造（歐用生，2013）。

學習者的近側發展區並非固定不變的，而是隨著兒童獲得較高的思考和知識水準後不斷地改變。當學習者提升至受到協助後更高的表現層次，其會變得更有能力學習更多概念、技巧；然而，學習者並非就此停止學習，當他遇到更困難的工作時，一個更高層次的協助就產生了。Vygotsky提出一個關於近側發展區的學習公式，認為「好的學習發生於發展之前」（Vygotsky, 1978; 引自張新仁，2003），由此可知大人或同儕在個體學習中從旁協助對個體潛能發揮的助力，此即協同學習的意義與重要性所在。有關近側發展區的動態本質，可用圖2說明。

圖2說明了在社會互動的學習情境中，當學生學習上產生困難，則尋求成人或同儕的協助，在成人或同儕的引導下，就能擴展學生的學習技巧，讓知識到達更高層次（Hatano, 1993; 引自張新仁，2003）。因此佐藤學以近端發展區為基礎指出，課堂中協同學習能否成立取決於學生能否建立「互惠關係」，在學習過程中，當聽不懂的學生主動提出問題，透過互相討論，讓聽不懂的學生與聽得懂的學生互助互學，互惠關

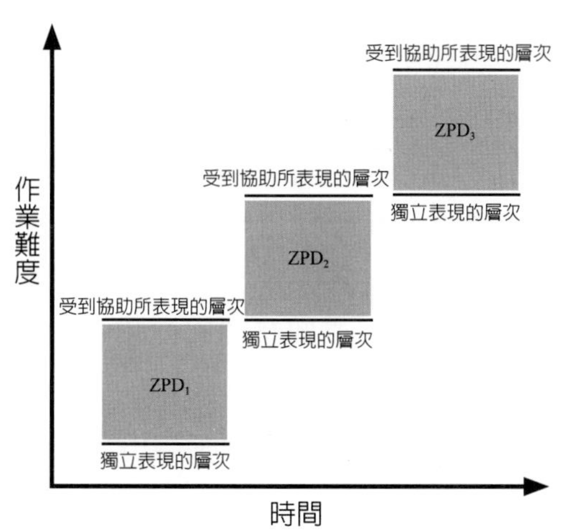

圖2　近側發展區的動態本質

資料來源：引自張新仁，2003，頁120

係便得以成立。此外，教師也必須設計伸展跳躍的學習，讓學生挑戰更高層次的課題（黃郁倫譯，佐藤學原著，2013）。學習共同體的學校即強調，在教師與學生間及學生間彼此信賴與合作的基礎上，建構教室內的協同學習，不僅能保障所有學生學習的權利，也可有效提高學生的學力水準，縮小學力上的落差（黃郁倫，鍾啓泉譯，佐藤學原著，2012）。

最後，Vygotsky以近側發展區的概念強調思考活動及其發展的社會條件，他認爲思考並不是個別學習者的個人活動，而是學習者在社會活動中與他人構築的共同關係，因此「近側發展區」具有群體的性質，其重要的意義爲「建構社群」（building community）（Moll, 1990; Newman & Holzman, 1993; 引自李長燦，2003）。以近側發展區爲基礎的社群，除了擁有共同的制度、共享的價值體系和道德規範之外，更重要的是必須具有不斷反思與革新的能力（李長燦，2003）。在社群中，成員不斷自我充實，激發工作熱誠和對組織承諾，不斷自我實現、自我超越。同時發展批判反思能力，隨時檢討自己習焉不察的理論或前提，加以澄清並避免自我偏見。尤以是要發揮團隊學習，激發群體洞見，共同塑造願景，引導組織的永續發展（歐用生、楊慧文，1998）。因此，近側發展區理論也成爲學習共同體學校改革中「形塑社群」的思想淵源。

另外，學習共同體的教育學基礎也建立在「社會建構論」的理論中，在Vygotsky的社會建構論，係認爲個體的認知發展受到個體所處的環境、歷史、文化、社會等脈絡所影響，而知識是個體和社會共同交織作用下所創造的。個人藉由符號系統，透過與社會文化的互動，發揮個體潛能，便能達成更高層的認知發展（引自張世忠，2003）。換言之，在學習者從事練習、精熟某部分有意義的活動時，當有更多成熟的同伴能提供適當的引導，讓個體與同伴相遇溝通，便能成爲個體學習者思考的一部分，當學習者將這些對話的某些特性加以「內化」（internalization）後，便能促使其更靈活使用鑲嵌於其中的技巧（Berk & Winsler, 1999, 引自谷瑞勉譯）。

社會建構的基本假設爲「學習是透過不同觀點之間互相協商的合作」；知識具社會性，是經由理解和解決問題所建構而來（林靜萍，

2005）。所以知識的獲得與組織係來自於師生與同儕間的互相溝通、辯論、澄清、再建構的過程（曾志華，1997）。由於講述式教學大都是教師單方面傳授知識，因此有所侷限；而社會建構論不只強調教學素材要能引起學生的自主性學習，更特別重視師生間與同儕間互動的價值（Maxim, G. W., 2006）。社會建構論認爲個體建構知識意義的過程是一種「參與溝通」和「文化實踐」的過程。知識是經由個體與社會的互動，以及個人通過適應發展而逐漸建構起來的。社會建構論強調主動參與式或探究取向的教學，在教學活動中，教師負責引導或協助學習之責，學生則積極參與學習；另一方面，學生要自行建構知識，則必須主動學習，親自體驗整個學習的過程（劉玉燕，1996）。因此，師生所扮演的角色會隨活動的性質而調整。在社會建構的教學中，教師扮演了學習的啓發者、促進者、引導者、指導者、輔導者或顧問等角色。

綜上所述，學習共同體的理論基礎是以Dewey的「民主主義」和Vygotsky的「近端發展區理論」、「鷹架理論」及「社會建構論」作爲課程與教學活動設計的基礎，秉持民主的精神，保障學校裡每個成員的學習權。因此學校的任務是營造「互惠學習」（reciprocal learning）的情境，促使師和師、師和生、生生之間互相協同學習，讓教師得以構築「同僚性」（collegiality），提供學生挑戰高水準或更高層次學習的機會，進而使學生的學習得以「伸展跳躍」（jump）（歐用生，2012）。

貳 學習共同體的推動與實施

一 學習共同體在各國推動的趨勢

日本東京大學佐藤學教授於三十年前便開始了學習共同體的學校改革，直到十五年前才獲得全面性的實踐。1995年「學習共同體」的構想於日本的新瀉縣小千古市的小千谷小學展開實踐，並在後續經過兩校的實踐爲範例後，在1998年茅崎市教育委員會決定選擇濱之鄉小學校作爲其理念推廣的前導學校，並展開學校改革的挑戰（黃郁倫譯，佐藤學原著，2013），到2012年時已經超過3,000所中小學正在試行學習共同體，其中有100多所爲前導學校（臺北市政府教育局，2012）。

「學習共同體」的學校改革構想在2000年以降，也在國際間呈現了推動的趨勢。在歐美地區，墨西哥創立以學校爲中心的地區共同體，讓改革從此展開；美國則是草根性的推動教師專業學習社群；在亞洲地區，由於面對國際經濟競爭與民主主義的滲透，許多國家無不以國家政策推動「二十一世紀的學校」改革，讓「學習共同體」學校改革慢慢蔓延開來。如南韓創設了「學習共同體研究中心」，建立了許多前導學校，進而拓展至南韓各地；中國在政府科學技術部也創設「學習共同體研究中心」，促使改革得以拓展至中國各地，上海市教育局更揭示以「學習共同體」的學校改革爲學校的主要政策；新加坡則一面創建前導學校，一面從2009年開始，以全國政策性方式推動教師專業學習社群；在印尼與越南亦以國家研究計畫的支援，進行學習共同體的學校改革（黃郁倫、鐘啓泉譯，佐藤學原著，2012；黃郁倫譯，佐藤學原著，2013）。

近來，佐藤學「學習共同體」的課堂改革論述，除了在許多亞洲國家（如日本、韓國、中國大陸）掀起了學習革命，而臺灣正因應十二年國民基本教育，學校現場展開了課程教學轉化的實踐。若干縣市已啓動學習共同體的教育政策，鼓勵學校因應十二年國民基本教育啓動教室中的學習革命，爲下一代學習開展了轉化的新契機（薛雅慈，2014）。自佐藤學的《學習的革命》一書出版後，興起了一股「由下而上」與「由上而下」交織的教育改革風潮，有許多的教師、學校或縣市教育局自發性的進行一場「學教翻轉」的寧靜革命。

以雙北爲例，臺北市教育局爲因應十二年國教，自2012年起引導臺北市立學校試辦學習共同體（嚴文廷，2012），目前臺北市以各種教師社群來鼓勵教師自發性地參與各種共同備課、公開觀課、共同議課等教師學習共同體之實踐。新北市教育局亦於2012年9月提出「新北市101學年度學習共同體先導學校實施計畫」，以「先導學校」的模式，號召市內校長與教師組成專業學習社群（新北市政府教育局，2012）。在2014年5月起更協助各級學校成立「基地學校」、「先導學校」、「種子學校」、「分區策略聯盟學校」等，透過學習共同體實踐反思工作坊，不斷進行專書研討、課堂實踐及對話反思（新北市政府教育局，2014）。

在全臺灣其他縣市方面，目前由潘慧玲教授於2013年成立了「學習領導下的學習共同體」計畫團隊，推動學術研究與實務工作，該計畫與臺東縣、新竹縣、臺北市、基隆市、新北市進行合作，以自願參與的學校作爲試點，推動以學生學習爲核心的學習共同體教育環境重塑（薛雅慈，2014）。未來該計畫將以學習型學校（learning school）爲轉型目標，帶動教師透過教師學習共同體之落實來成爲學習專家，而學生間則藉由協同學習得以成爲學習上的共同夥伴，希望不僅能在課業學習的路上一起攜手邁進，更能藉由學習社群來陶冶互相尊重及對話溝通之民主素養（潘慧玲，2013）。

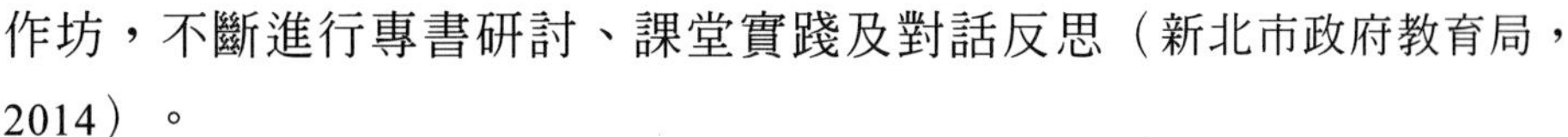

二　學習共同體的實踐課題

佐藤學認爲，要實現學校改革中的民主主義，必須先共同思考改革的「願景」、「哲學」，得到共識後，再以「活動系統」爲基礎進行實踐（黃郁倫譯，佐藤學原著，2013）。願景及哲學可以前述之民主教育及社會建構的學習論爲基礎，而學習共同體的活動系統，主要是以課堂學習共同體及教師學習共同體爲兩大具體實踐面向：

(一) 課堂學習共同體——以協同學習爲主軸的教室學習風景

佐藤學認爲，所謂課堂，其實包含了認知技術性的實踐、待人處事社會性的實踐、以及自我內在倫理性的實踐等三個面向（黃郁倫譯，佐藤學原著，2014，頁121）。而教育的實踐（課堂與學習），就是「構築世界（重建認知內容＝與對象世界的對話）」、「構築同伴（重建與他人關係＝與同伴的對話）」、「構築自我（重建自我概念＝與自己的對話）」涵蓋這三種對話的複合式實踐（黃郁倫譯，佐藤學原著，2014，頁127）。

1. 教室物理安排——異質分組、ㄇ字形排列、撤去講臺

在教室座位安排上，學習共同體重視班級學生的學習圈，將一排排面對教師的座位方式改爲ㄇ字形的排列，並能快速轉換爲四人分組

討論，形成互動學習的教室氛圍，方便學生隨時互相討論，進行小組協同學習。從這樣的座位方式，能看出學習共同體的主體並非教師而是學生（黃郁倫，2011；陳麗華，2011）。佐藤學所提倡「協同學習」中的小組，建議採用4人小組形式，或也可從3人小組開始，編組方式應透過抽籤方法隨意和隨機編組。一般多建議將全班分組爲每組男女混合的4人小組（鍾啓泉譯，佐藤學原著，2010；黃郁倫、鍾啓泉譯，佐藤學原著，2012；薛雅慈，2014）。另外，佐藤學在2014年的著作也主張撤去講臺，老師走向講臺下與學生說話，如此，教師的發言就能從「傳達與說明」變得更接近「敘述與對話」（黃郁倫譯，佐藤學原著，2014，頁172）。

2. 課堂學習風景——活動、協同、反思的課堂學習三部曲

佐藤學以活動、協同、反思作爲學習共同體中課堂學習的三部曲，其中特別以協同學習爲核心。

「活動式學習」係指超越課本以外特別設計的探究式作業、體驗活動、建構知識或延伸學習的歷程，都是活動式的學習（薛雅慈，2013）。而老師通常由共同備課來爲學生事先設計一種探究導向的課程。佐藤學認爲：新式探究型學習的機制，是「將教室裡的人際關係、空間、時間，盡可能多元及多層次化，實現多元個性相互學習交流的教室」（黃郁倫譯，佐藤學原著，2014，頁135）。教師在準備及實踐活動式學習時，其目標應在於藉由創造性的課堂，來引發學生探究式及實踐式的思考。佐藤學於2014年的著作更指出，實踐創造性課堂的資深教師，通常具有「即興思考」、「情境思考」、「多元思考」、「脈絡化思考」、及「思考的重新建構」等五點特徵，以形成並發揮學生之「實踐性思考模式」（黃郁倫譯，佐藤學原著，2014，頁208、209、210、211、212、215）。

「協同學習」（collaborative learning）則是一種互相學習的關係，是由尚未學會的同學主動請教已經學會了的同學，經由互相討論，互相協助，在互相學習關係中，學生在彼此皆爲平等的地位下，形成互惠關係。佐藤學強調，爲了確保學生能互相學習，應先建立「互相聆聽的關係」，因爲先互相聆聽才能形成有意義的對話，是互相對話前

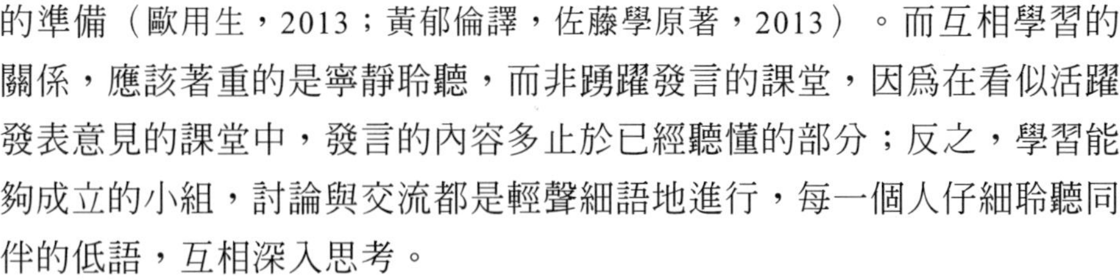

的準備（歐用生，2013；黃郁倫譯，佐藤學原著，2013）。而互相學習的關係，應該著重的是寧靜聆聽，而非踴躍發言的課堂，因爲在看似活躍發表意見的課堂中，發言的內容多止於已經聽懂的部分；反之，學習能夠成立的小組，討論與交流都是輕聲細語地進行，每一個人仔細聆聽同伴的低語，互相深入思考。

歐用生（2013）認爲「協同學習」是建構「和而不同的共同體」，是「由故事語言和追求共同目標的情懷所構成富有想像的共同體，是尊重包容差異的教育世界，而不是泯滅差異強求劃一的教育世界，協同必須追求內在的和諧統一而不是表象的相同或一致，在實施協同學習的課堂上是交響樂的呈現，任何人都可以主導討論主旋律。」佐藤學於2014年進一步將新式課堂的「教學活動」（teaching）分爲兩種，一種爲因應不同個性的學生進行指導的「交織學習」（tailoring）；另一種則是指導不同個體互相對話產生火花的「交響學習」（orchestrating）。並指出在學習共同體課堂上，懂得追求以學生爲中心的教師，其特徵就是會在教育中實踐「交織學習」及「交響學習」，將原本「一對全體」的關係重新建構爲「一對多」的關係（黃郁倫譯，佐藤學著，2014：頁135-136）。此「一對多」，重視每一個孩子都在學習、尊重個別差異、以實現「大珠小珠落玉盤」般的交響樂圖像，便是協同學習的課堂風景。

「反思性學習」意指擺脫儲蓄性知識，而轉往的表現、分享、與品味知識（薛雅慈，2013）。佐藤學所倡導在課堂中「反思性實踐」，是來自麻省理工學院的哲學教授蕭恩（Donald Schon）在其著作"*The Reflective Practitioner: How Professionals Think in Action*"所提出的概念。蕭恩認爲「反思性實踐」是「透過經驗培養內隱知識（tacit knowledge）進而省察問題，並在與現實狀況的對話中展開反思式思考（杜威），面對複雜狀況所引發的複合式問題，與委託人（顧客）合作解決。」；而蕭恩所定義的「反思性課堂」，意指「教師與學生相互深入進行『反思性思考＝探究』的課堂；並指出其中一個方法就是，爲學生的發言、行動賦予合理的根據（give kid reason）」（黃郁倫譯，佐藤學原著，2014，頁191）。

佐藤學進一步將「反思性實踐」模式導入教育當中，便形成「反思性課堂」。相對於過去所主張「將課堂一般化的科學原理或程式性的計畫應用於教室」之「技術性實踐」，「反思性課堂」指的是「教師基於洞察、省察或反思教室中的『事件』（亦即「實踐性認知」）所進行的課堂」（黃郁倫譯，佐藤學原著，2014，頁192）。

我們可從實務界看到，爲促進學生的反思性學習與實踐性認知，在學習共同體中的課堂中，教師多以事先設計的開放式學習單，結合課堂中的協同學習，並鼓勵學生從事開放式的提問與探究，來邁向反思性的思考探究學習。

3. 課程設計——登山型課程的實踐

佐藤學指出，傳統所用的「階梯型」課程主要是追求效率與生產性，課程以「目標－成就－評價」爲單位組織單元。其學習樣式特徵在於，步步攀升的過程是單向地、線性式地規定，一旦在某一階踏空了，學習者就會產生「掉隊」（鍾啓泉譯，佐藤學原著，2010）。

而「登山型」課程彷彿以大的主題（山）爲中心，學生準備好若干學習的途徑（登山路線）。「登山型」課程以「主題－經驗－表達」爲單位組織單元。在「登山型」課程中，「達到頂峰是目標，但其價值在於登山本身的體驗及其快樂，在『登山型』課程中，能夠選擇自己的道路，以自己的方法、自己的速度登山，隨著一步步的攀登，視野開闊，其趣無窮。即便不能攀登頂峰，也可以享受攀登過程中有意義的體驗」（鍾啓泉譯，佐藤學原著，2010）。

4. 教師教學與師生角色關係的轉變——對話與聆聽關係的學教翻轉

而課堂教學的焦點必須從教師的教，轉化到學生的學。教師最主要的角色，就是營造一個互動的氣氛，並引導學生發現問題，帶動學習的氣氛。最好的學習是由學生發動的，並且由學生與學生間對話相互構成。學習共同體的教室風景是：生生同儕之間、生師之間、師師同僚之間，都必須創造出互相聆聽的關係，來達成對話式的溝通（黃郁倫、鍾啓泉譯，佐藤學原著，2012）。

佐藤學於2010、2012年皆認爲，在協同學習中，教師的主要工作是三件事：聆聽、串聯、回歸；其中「串聯」是核心的作爲，其基礎是建立在三個維度的「聆聽」：1.該想法與題材有哪些關聯；2.與其他同學的想法有哪些關聯；3.與該孩子的先前想法有哪些關聯？（黃郁倫、鍾啓泉譯，佐藤學原著，2012：頁112）。林文生（2013）指出學習共同體的教室中，學生學習的機會瞬間變成三倍，第一次是組內討論時、第二次是組間發表時、第三次是教師或學生總結歸納時，可見教師在聆聽、串聯、回歸三項任務的重要性。

教師的角色必須從「教育專家」轉型爲「學習專家」。教學目標不再是追趕進度，作爲學習專家，教師的責任在於實現每一個學生的學習。教師在保障每一個孩子學習權的同時，也要把握自身作爲專業成長的機會。因此，教師必須展開日常的教學研究，「必須充實教學後的『反思』（reflection），而不是滿足於課前的教學『設計』（planning）」（鍾啓泉譯，佐藤學著，2010；黃郁倫、鍾啓泉譯，佐藤學著，2012，頁128、146、147）。

5. **學習課題——挑戰伸展跳躍的學習**

爲了保障高學力學生挑戰更高程度學習的機會，協同學習必須包含「伸展跳躍學習」。伸展跳躍學習是佐藤學根據Vygotsky的近側發展區理論所提出的概念，他認爲學習是透過他人或教學媒材的伸展與跳躍，使學生挑戰更高程度的課題（黃郁倫譯，佐藤學著，2013）。佐藤學批判時下的教育，爲了照顧常態編班中成績差異頗大的學生，使得教材不斷簡化。他提出完全相反的追求卓越哲學，及教學內容的編制必須是學科的重要內容，讓學生感受得到難度和挑戰性，才能引起學生的參與和思考（方志華，2012）。

(二) 教師學習共同體——備課、觀課、議課的展開及課例研究

教師學習共同體或稱教師專業學習社群（Professional Learning Community, PLC），是指一群持有共同信念、目標或願景的教育工作者，爲致力於促進學生獲得更佳的學習成果，以合作方式共同進行主題探究或問題解決，其結果不僅可增進教師本身的專業知能，更能提升學生的學習成果。而學習共同體便是希望以教師爲「學習專家」作出發，將傳統的教學研究會轉型爲實踐情境，並以「課堂教學研究三部

曲」作爲實施的步驟。「課堂教學研究三部曲」包括共同備課、公開授課／觀課、共同議課，可作爲校本教師專業發展的模式（潘慧玲、李麗君、黃淑馨、余霖、薛雅慈等，2014）。

Watanabe（2003）強調所謂授業研究是一種文化，不是只有個體的專業發展行動，一個成功的授業研究團體必須透過集體實踐，來發展成爲共享的專業文化。因此，佐藤學認爲，只有從頭到尾協同學習，共同打開教室，一起備課、觀課、一起參與教研會，才能幫助教師教學的專業成長，而非要求教師參加一大堆缺乏脈絡性的進修，因爲這些研習多數無法與教學現場緊密結合，沒有扣緊學生學習的研習是無法有效提升教師專業發展的（黃郁倫、鍾啓泉譯，佐藤學著，2012）。

在實務推動上，以臺北市爲例，通常學校會辦理一系列涵蓋備課、觀課、議課的「公開研修」活動，而依公開對象程度不同（如校內學群、學年、全校或開放校際），「公開研修」大體上都會考慮以下面向：尋求公開授課者、推動教師共同備課、溝通觀課重點、進行觀課後研討、省思修正再精進、行政排課考量、及課務處理（臺北市實踐國小，2013）。

佐藤學於2014年的著作進一步指出，教師作爲學習專家，學習共同體的「課堂探究」應以「反思性實踐」爲志，其以人文社會科學性、文學性認知爲範疇下，課堂研究注重的是「理解在特定教室中所發生的個別經驗或事件意義，追求尊重主觀的『敘事性（narrative）認知』（認識故事），其目標在於構成教師的實踐見識，及重新建構教室中經驗的意義與關係。」（佐藤學著，黃郁倫譯，佐藤學著，2014，頁225）

佐藤學於2014年最新著作指出，所謂的課堂，是「觸發及促進學生相互學習的實踐，同時也透過省察及反思教室內發生的事件，以實踐學習的意義與關係」。因此課堂研究應審視的，是「教師」、「學生」、「教材」、「學習環境」四種關係排列組合而成的課題領域。佐藤學引用許瓦伯（Schwab）於1983年在課程的實踐性研究中所提出的概念，指出由這四個要素形成的課題領域矩陣，亦可沿用於課堂研究的課題範疇（黃郁倫譯，佐藤學著，2014，頁219-220）。而只要將「教師」、「學生」、「教材」、「環境」四種要素的其中兩種加以

組合，就可從其關係中衍生許多應該檢視的課題，見下圖3。（黃郁倫譯，佐藤學著，2014，頁222）

	教師	學生	教材	環境
教師	教師・教師（教師的認同感、教師的身體及語言、教師的授課概念及學習概念、教師的指導技術、教師的個人經歷、教師的修養與文化、教師的社會・政治意識等）	教師・學生（教師與學生的關係、教師對於學生的理解、學生對於教師的理解、教師應對學生、發問及指示的技術、個別指導與共同指導）	教師・教材（教師的教材觀、教師對於教育內容的理解與知識、教師對於課程的設計、教學的指導計畫等）	教師・環境（教室環境的構成、教具的準備與選擇、黑板及視聽器材的活用等）
學生		學生・學生（學生的認同感、學生的人際關係、學生的身體與語言、性別、學力差異與文化差異、相互學習的關係、協同學習與個人學習等）	學生・教材（認識及表現的內容與方法、認識及表現的個性與多樣性、學習的概念、學習的階段與過程、對學習的興趣、學習的設計、學習的評價等）	學生・環境（學習環境的設計、學習脈絡的組織、學習資料的活用、觀察及實驗、筆記或道具的活用等）
教材			教材・教材（教育內容或教材的構成、教育內容的構造、單元的設計、教案與課程的開發）	教材・環境（教科書、教材教具或資料的準備、實驗器具與操作臺的配置等）
環境				環境・環境（教室文化、教室的氛圍、教室的時間、講桌・桌椅等的配置、布告欄及展示物、資料區、教室的圖書、地區素材的活用等）

圖3　實踐性研究的課題領域矩陣

資料來源：作者自製表，整理自黃郁倫譯，佐藤學原著，2014，頁220

在實務推動上，以臺北市爲例，教師研究課程教材的內容通常會討論下列面向：

1. 課程目標——單元目標、能力指標。
2. 重要的概念。
3. 迷思的概念——有經驗的老師大致上會瞭解學生在這個時候的學習，會有哪些迷思概念需要澄清。
4. 延伸概念——教師在實施教學時，常需要照顧到學習能力較強兒童的需求，或因教學現場的需要，適時的提供延伸教學的活動。
5. 概念結構——主概念、子概念。
6. 學習評量——採用多元的學習評量策略，以瞭解學生的學習成效。
7. 學生的條件——包含兒童的先備知識、基本能力、學習風格、學習態度等等（臺北市萬大國小，2013）。

 學習共同體在國民教育階段的實施成效與待解決問題

學習共同體的寧靜革命藉由書籍的出版，政府的推動，各種網路及實體教師社群的分享討論，讓臺灣這兩年來申請學習共同體試辦的學校及自發性嘗試的教師源源不絕，茲從作者實務上走訪過的學習共同體學校備課議課會議及觀課課堂，以及綜合目前學術上有關學習共同體實證上的研究結果，來加以歸納整體及成效及待檢討面向：

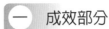

 成效部分

在實務上，學習共同體的課堂觀課中多可看到學生學習及教師教學兩大方面的成效：

(一) 學習共同體在國民教育階段落實中，學生的學習成效

在學習共同體的觀課課堂中，來自各界的觀課者通常會分享其看到的以下課堂學習風景與正向的學習成效：

1. 班上並沒有教室中的客人；沒有睡覺或發呆的學生，幾乎全班參與學習。
2. 學生對於小組討論有興趣，對於公開觀課有新鮮感，學習動機無形提升。
3. 在思考學習單及小組討論中，增加了學生探究與思考的習慣。
4. 在小組協同學習的過程中，促進了課堂分享、討論與合作的歷程。
5. 在教師增加開放式提問與同學的分享課堂中，建立了聆聽與表達的習慣。
6. 在教師輔以活動式的課程設計與課堂體驗活動中，學生較能感受到學科學習的樂趣。
7. 搭配預習或課堂上查資料的過程，學生練習了主動學習，而非一味被動接收知識。
8. 在教室物理環境改變下及小組協同安心的氛圍下，提升了同儕間的群性。
9. 在隨機抽籤的分組習慣中，學生比較不會再排擠部分同學，甚至願意幫助同學。
10. 學習低成就或弱勢的特殊學生，重新有了課堂參與感，不再感到疏離。

另外，在幾篇學習共同體的實證研究或行動研究中，同樣也與上述實務上的觀察有諸多雷同。

例如，在2013年的實證研究中，葉惠如（2013）以行動研究法規劃與執行學習共同體在國中數學教學之研究，發現學生的學習成效得到有效的提升，學生的表達能力也有提升。江志宏與施月麗（2013）透過學習共同體進行數學教學，發現學生在經過一次次的小組討論後，漸漸喜歡合作的互動方式，且專注力增加，衝突的次數減少了，同儕之間充滿凝聚力並養成互助的的習慣，孩子不再是教室的客人，也改變了師生間的關係。張青松（2013）透過學習共同體模式進行國文教學，發現能訓練學生團隊合作的能力及表達的能力，並提升專注能力且激發學習熱情。

又如：林佳秀、張自立與辛懷梓（2013）透過學習共同體進行補救教學，發現小組討論提供了支持性的環境，小組成員彼此互相協助也學會討論與尊重差異、提升思考與解決問題的能力。不僅能提升學生的學習成效，還有助於學生改善人際關係。黃永和、李佳潔（2013）透過學習共同體模式建立一個由12項教學活動組成的方案，發現參與學生在提問、傾聽、發表、意見表達與統合意見等討論能力的自我效能感有顯著增加，也更喜歡討論教學，認爲能產出更多的思考，以瞭解不同的想法。

在2014年的實證研究中，張夢萍（2014）藉由任教的班級，將學習共同體的理念、精神與合作學習策略相結合所帶出的數學解題課程，發現能引起學生學習的興趣與動機，在與組員討論時的合作方式具有多樣性，且能互相扶持，上臺發表分享也皆有明顯的改變與進步。蔡秀滿（2014）以行動研究的方式，探討如何透過分組學習規劃家政課程，及利用結論來提升自身教學，其中發現學生透過學習共同體能有效提升學習動機，並提升學生知識探究的興趣。劉麗娟（2014）實施配對協同學習融入國小自然科學教學之行動研究，發現學生透過異質性分組能對於學科的興趣有所提升，也有助於降低學生的心理負擔。透過合作學習學生之間的關係能更融洽。

又如：陸韻萍（2014）透過協同學習模式進行英語閱讀教學之行動研究，發現學生的閱讀能力提升，也增進反思力以及提升態度上的積極性。透過協同學習，低成就的學生產生跳躍學習，高成就的學生自主學習並挑戰自我。陳彥廷（2014）以實驗法的方式，探究在協同學習模式下學生的知識分享行爲，發現其能促進學生間分享個人知識，並藉由分享學習機會進而促進學習動機。薛雅慈（曉華）（2014）採質性研究的方式，以任教於不同國中的五科專任教師（國文、英文、數學、自然、社會）爲訪談對象，探究其以學習共同體啓動課程教學革新的經驗。由訪談結果發現了教師看到了學生學習的改變。學習共同體對國中生帶來最大的改變是學習動機的提升及群性的陶冶；而學業低成就學生因學習共同體的啓動不再當教室中的客人。

在2015年的實證研究中，蕭秀琴（2015）以準實驗研究法探討協同學習對於國中生國語文學習動機與學習成效的影響，發現在學校課程、課外學習兩部分的學習動機上，實驗組（協同學習）學生的執行力明顯高於控制組（講述教學）學生，表示協同學習可以提升國文科的學習動機。潘慧玲（2015）發表其團隊對於103學年度四縣市實施學習共同體學校之問卷調查施測結果，在學生層級分析的初步發現為：「課堂學習共同體」的落實程度，對於學生的「探究、合作、表達」、「課堂社會關係」、「學習投入」、「學習力」，均有顯著影響。

茲將這些研究在學生學習上的研究結果整理如表1：

表1　實證研究中發現學習共同體在學生學習上的成效

類別／文章	學生部分										
	主動學習	學會討論與尊重差異	表達能力提升	與同儕的相互扶持	提升思考能力	異質多元性的認知	學習動機提升	教室中客人減少	學生作業完成率提高	提升問題解決的能力	課程參與度提升
陳彥廷（2013）				✓			✓				
葉惠如（2013）			✓								
黃永和、李佳潔（2013）		✓	✓	✓	✓	✓					
林佳秀、張自立、辛懷梓（2013）		✓	✓	✓	✓	✓				✓	
張青松（2013）			✓	✓		✓	✓				✓
江志宏、施月麗（2013）		✓	✓	✓	✓			✓			
張夢萍（2014）	✓			✓	✓	✓	✓				✓
蔡秀滿（2014）		✓	✓	✓	✓	✓	✓				
劉麗娟（2014）		✓		✓			✓	✓			✓
陸韻萍（2014）	✓		✓	✓	✓	✓	✓				
薛雅慈（2014）	✓	✓	✓	✓	✓	✓	✓	✓	✓	✓	✓
蕭秀琴（2015）	✓	✓	✓	✓	✓		✓				✓
潘慧玲（2015）	✓	✓	✓	✓	✓		✓			✓	✓

(二)學習共同體在國民教育階段應用中，教師教學的翻轉

學習共同體的課堂，猶如一個交響樂章的畫面，老師是指揮，聆聽「大珠小珠落玉盤」般的學生討論聲響。在作者走訪實務的觀課中，也看到了學習共同體爲老師本身的教學帶來的正向翻轉：

1. 教師之課堂設計會融入各種多元的活動，不再侷限於講述教學，邁向教學創新。
2. 教師在安排分組與桌間巡視中，班級經營能力同步提升。
3. 聆聽學生的分享表達中，教師彎下身來與學生距離拉近，師生關係趨於良好。
4. 課堂中慢慢降低音量，減少麥克風之使用，教師話語變溫柔。
5. 在聆聽學生的表達中，教師重新關注與理解學生的想法。
6. 教師隨著打開自己的教室王國，從同儕中得到以學習爲核心的回饋，願意隨時改進自己的教學。
7. 教師與同科或跨科教師備課及議課，從共享的社群中更精進了自身的課程教學。
8. 教師形成樂於與人分享自身課程教學的習慣。
9. 教師自身的教師專業成長與發展隨著參與各種社群而同步躍進。
10. 從學教翻轉的體驗，教書重新有了時代感與意義感，重建新的教師身分認同與使命感。

同樣地，在幾篇學習共同體的實證研究或行動研究中，同樣也與上述對於教師改變的實務上的觀察有諸多雷同，例如，在2013年的實證研究中，葉惠如（2013）以行動研究法規劃與執行學習共同體在國中數學教學之研究，發現教師自身也透過學習共同體的模式反思自身的不足並提升自我，以各種教學策略並活用教材增進學生的概念發展，且能與教師形成學習共同體，共同激盪出更適合的教學。江志宏、施月麗（2013）透過學習共同體模式進行數學教學，發現在教師方面，透過議課的結果反思自身的教學，教師間也形成互相討論課程的學習共同體。

在2014年的實證研究中，蔡秀滿（2014）以行動研究的方式透過分

組學習規劃家政課程，及利用結論來提升自身教學，其中發現教師也透過學習共同體反思自身的不足，且能利用多元教學方法來增進教學效能，活化自身的教學。薛雅慈（曉華）（2014）訪談任教於不同國中的五科專任教師（國文、英文、數學、自然、社會），結果發現教師因學習共同體而活化自身的教學，也看到課堂風氣的正向改變。

在2015年的實證研究中，林宥嫻（2015）研究一所國小英語教師以教師領導推動學習共同體之個案研究，發現參與共備社群的教師們在專業對話、教學上的反思自省、課程教學設計等有諸多的精進與突破。潘慧玲（2015）發表其團隊對於103學年度四縣市實施習共同體學校之問卷調查施測結果，在教師層級分析的初步發現爲：方案執行活動（備課、授課／觀課、議課）對於「教師課堂信念」、「教師課堂行爲」、「教師專業學習信念」、「教師研究行爲」、「教師合作表達行爲」皆有顯著影響。

茲將這些研究在教師教學翻轉上的研究結果整理如表2：

表2　實證研究中發現學習共同體在教師教學上的翻轉

類別／文章	教師部分								
	活動式的教學	上課音量降低	共同體教師形成學習	學教翻轉	活化自身教學	師生關係改善	打開教室	反思性實踐	多元教學方法
張青松（2013）			✓						
江志宏、施月麗（2013）	✓		✓			✓	✓	✓	✓
黃永和、李佳潔（2013）	✓				✓			✓	✓
葉惠如（2013）			✓	✓	✓			✓	
蔡秀滿（2014）					✓		✓	✓	✓
劉麗娟（2014）	✓					✓			
陸韻萍（2014）			✓		✓			✓	
薛雅慈（2014）	✓	✓	✓	✓	✓	✓	✓	✓	✓
林宥嫻（2015）	✓		✓	✓	✓		✓	✓	✓
潘慧玲（2015）			✓	✓	✓		✓	✓	✓

二 當前問題與可能的侷限

當然，學習共同體也不是一種教學萬靈丹，在臺灣實施兩年的過程中，從實務觀察及實證研究中，仍可看到當前學習共同體實踐中仍有許多侷限及尚待解決的問題，茲整理如下：

(一) 課堂學習上易產生的問題與侷限

1. 學習低成就學生，雖然有重新參與學習，但落後問題不是單靠學習共同體之課堂能解決的。
2. 逃離學習的學生整體學習動機及學習態度有所提升，但成績提升仍有待觀察。
3. 在隨機抽籤分組中，部分組別討論不起來，難以進入協同學習。
4. 部分學生可能習於教師講述教學，不一定喜歡學習共同體的課堂。
5. 學生沒有提問及主動學習的習慣，表達分享不踴躍。
6. 老師若無提問設計或課堂中探究上的引導，或缺乏串聯思考的作爲，學生經歷的只是表象的小組合作與表達，可能無法得到眞實且最基本的基礎學習。

(二) 教師教學方面

1. 校內若缺乏學習共同體共同備課的同僚，教師進度上的拿捏或學習單之設計都可能形成了孤軍奮鬥的情境。
2. 校內若缺乏學習共同體共同觀課、議課的同僚，教師對於學生的觀察與本身的授課都失去了同儕回饋與反思的機制。
3. 教師本身可能帶領協同學習的經驗不夠純熟，帶出來是比較表象的、外在形式初具的小組討論風景，對教師教學上的精進沒有幫助。
4. 教師若掌握不好小組協同學習的時間與討論的收放，很可能有進度落後問題。

5. 老師本身若班級經營與團體動力不甚強，面對不想討論與不想分享的小組，可能無計可施。

肆 結語、展望、與建議

世界各國在迎接二十一世紀來臨，莫不指出邁向學習型社會中啓動學習者主體、自主學習與創新學習的重要性。然而臺灣近幾年的國民教育階段仍是有著如佐藤學教授所言，呈現大部分東亞國家爲競爭的應試教育沉痾：在壓縮的教育現代化及升學競爭緊箍咒的塡鴨學習下，學生學習長期被勉強，學習不快樂，產生許多逃離學習的，教室中的客人，學習落後的學生更成爲教室中的孤島，尤以國中形成之無動力世代的問題最爲嚴重：根據《親子天下》雜誌第33期（2012年4月號）的專題報導指出，臺灣國中教育的危機「無動力世代」已成形，缺乏動機、被動、受創的學習經驗，早已是國中生普遍的痛。因此搶救國中無動力世代，是十二年國教的新挑戰。

十二年國教已於2014年正式上路，教育界應値此階段攜手爲學生重建新的學習模式與出路。佐藤學掀起的「學習共同體」寧靜革命，強調教育的改革應從教室、教師的課堂教學轉變開始。讓學生成爲學習的主人和參與者，感受到考試之外學習的樂趣。當然，任何一種教學方式都不是萬靈丹，佐藤學教授所推動的學習共同體並不是特定的一種教學策略，而是一種學習上的願景、哲學、與活動系統。鑒於上述文段中所列學習共同體實施上的成效與侷限，作者在此分別給予尚未實施、躍躍欲試、及已實施學習共同體的老師些許建議，及予以當前政策實務推動上些許建言：

一 給尚未實施的教師的建議——課堂中不妨嘗試運用協同學習

根據本文整理各種學習共同體的實踐研究發現，教師於課堂中推動協同學習，所帶來立即可見的成效即是：課堂中不再有逃離學習的客人，每一位學生都能在小組學習中參與，呈現熱衷學習的畫面：在互相聆聽互學的協同學習中，孩子願意提問、嘗試幫助同儕，呈現了與同儕共譜協同學習、互搭鷹架的美麗風景，久而久之，重拾了學習的樂趣，也喚醒了學習動機。因此作者建議老師們如果有「現在孩子很難教！現在學生沒有學習動機！」之感慨，或因在課堂中望見學生睡覺感到無奈無力感，不妨在課堂中嘗試學習共同體的導入，讓學生學習從教師教學的翻轉中找到另一種出口。甚至，實施學習共同體亦可自然地促進學生各項能力的培養，並改善班級經營、促進正向的師生關係。

二　給躍躍欲試，但學校無資源的教師——可尋找跨校或網路社群

作者走訪中小學教育現場中，常遇到老師問及：「我認同學習共同體的理念，個人想嘗試，但我們學校沒有推動怎麼辦？」或是小校教師經常會提到：「我們小校很難推動共同備課、觀課、議課之機制」。在此認爲，日本的學習共同體推動比較有「全校實施」的條件與文化，在臺灣目前仍不適合「由上而下」推動全校性模式，因此有些學校要自然形成同校的教師學習共同體（共同備課、公開授課／觀課、議課等機制）是有困難的，此時個別實踐協同學習的教師及小校教師很容易有單兵作戰的無力感。在此建議這類教師可以往跨校同領域備課、或是自行赴校外觀課、或是加入各種網路上的各科學習共同體的教師社群平臺，都是很好的共同進行實務研究分享、專業增能的途徑。

三　給已實施學習共同體的教師——可以行動研究的精神不斷從事課例研究

(一) 以「日本佐藤學教授所倡導之協同學習」爲依歸來實踐的教學者——不妨公開授課開放觀課，或從事課例研究、行動研究

在教學現場中有許多教師，從參與赴日本考察、閱讀佐藤學著作、參與政府之推動等，都儘量以佐藤學教授書中所倡導之理念及實踐策略爲依歸，作者建議這些教師可隨時公開自己的課堂，來提供校內外教師參與觀課與議課的平臺，更可提供「日本經驗如何在臺灣實踐」的寶貴經驗，或從事行動研究讓其他教師們看到實踐中的足跡，遇到問題與瓶頸如何轉化，對於學習共同體在臺灣的推動，將有重要貢獻。

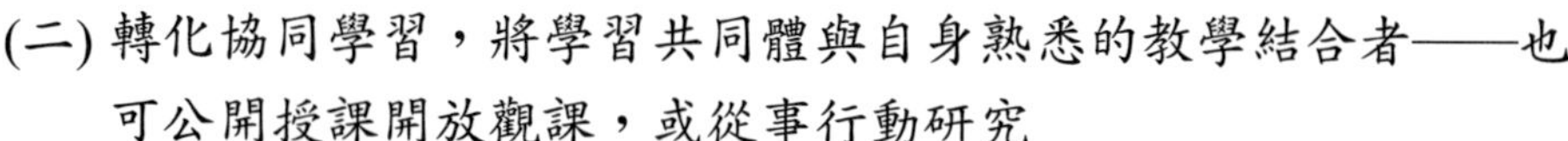

(二) 轉化協同學習，將學習共同體與自身熟悉的教學結合者——也可公開授課開放觀課，或從事行動研究

作者常聽到實務界教師問：「我這樣做算是學習共同體嗎？」，言下之意，這些老師可能難以做到佐藤學所言之協同學習的畫面，或是在一學期的課堂中只能點狀地實施，而轉化了佐藤學倡導的協同學習，將學習共同體融入其他教學方法。作者認爲，教學中只要有學習共同體「協同、對話」的學習信念，可以結合過去自身熟悉的各種活化創新式教學方法，如提問教學、團體討論、體驗學習、探究教學等；或是嘗試結合時下各種翻轉教育實踐，作者走訪小學、國中、高中即觀察到，當前現場教師嘗試結合的教學即有：學習共同體結合小組「概念構圖」的建構；學習共同體融入「重理解的課程設計」（Understanding by Design，簡稱UbD）的精神與策略；學習共同體結合「均一教育平臺」；學習共同體與「行動學習」共用；學習共同體適時融入「合作學習」；學習共同體結合「學思達教學法」等，都是當前有若干教師的嘗試實踐，在解決許多無法單靠學習共同體來解決的問題上，都有很好的成效。當然更可加入公開授課的行列，或從事行動研究，來讓更多實務界教師看到學習共同體在本土的創新轉化式實踐。

四　給教育主管機關及學校行政端推動上的建議

儘管學習共同體的課堂教學引進帶給臺灣教學現場很多正面影響，也帶來臺灣以教室爲出發，以教師專業社群爲主體來推動的教育改革。但作者在此仍呼籲教育當局及學校端在推動此「由內出發」的教育改革時，仍要以鼓勵的方式來讓教師自願嘗試學習共同體的課堂。誠如方志華、黃金俊、張惠芳、陳麗華（2015）對臺北市國小實施學習共同體的調查研究中發現，其中對政策批評較突顯的是，認爲「不要以學習共同體爲唯一教學法」的意見書寫有10筆之多；另對政策的建議是「不要走火入魔，使用學習共同體的時機與適切性，也需要老師專業的評估判斷，不是每一個領域或單元都能適用」；該研究也發現有許多老師指出「請勿奉此教學法爲聖經！更勿以此教學法燎原式的燒毀其他教學法之存在空間」。可見臺灣教師的教學自主權、專業自主性需要被尊重。

至目前爲止或許一種比較能讓大家心悅誠服的共識是潘慧玲教授所倡導的推動方式：「以學習共同體爲學校教育改革及課堂教學風景的基底，如同火鍋湯底一樣，讓老師們能自主地依其教學專業知能，適時加入其他教學方式（其他食材），當然要混搭的美味又營養，則是一門學問與藝術！」[1]潘慧玲教授之後進一步陳述以「學習共同體」當作「基底」的概念，她指出「今天我們談學習共同體，其實是要形成一種人我關係，能夠以學習共同體作爲一種教育生態改變的『基底』，去形成一種『互惠共學』的『人我關係』，它可被放在教師學習共同體及課堂學習共同體，當你把它放在『教師學習共同體』，透過我們很多相互共學合作的備課、觀課、議課等機制，重新形成了老師間共學的生態，而教師以此生態爲基底，隨時需要再加入其他協同的課程設計、課程發展等都是可以的；當你把這樣的基底放在『課堂學習共同體』，我們讓學生透過協同學習，來形成學生間一種互惠共學的關係，而同樣以此生態爲課堂學習的基底，教師適時需要加上其他可以相容的教學策略（如分組合作學習等）也都是可以的，因爲教學正是一門藝術！」[2]

也就是說，任何的課堂教學革新的推動，都要讓老師能專業自主性地找出適合其學生年段、學習領域、班級學生特性、學校特性、個別學習風格等的教學方針，在其中時而需要運用兩種或數種以上的教學法，老師要不斷用心尋找適合放在一起的食材（方法）來使學生經歷美味（使其樂於學習）又營養（使其有所學習）的知識宴饗，方是眞正「以學習者爲中心」的課程教學改革。茲將潘慧玲教授對於以學習共同

1　此論述爲潘慧玲教授在2015.5.30「臺灣學習共同體課例研究學術研討會」之綜合座談場次中的發言。會議爲淡江大學課程與教學研究所主辦、教育政策與領導所協辦。地點：淡江大學城區部。

2　此論述之補充爲潘慧玲教授在2015.6.17「學習領導下的學習共同體—跨縣市分享會暨計畫團隊共識營」之會議開場主講内容一部分。會議爲學習領導下的學習共同體計畫辦公室主辦，地點：淡江大學城區部。

體作爲學校教育生態改變的「基底」論述——火鍋「湯底」之隱喻以圖4表現之。

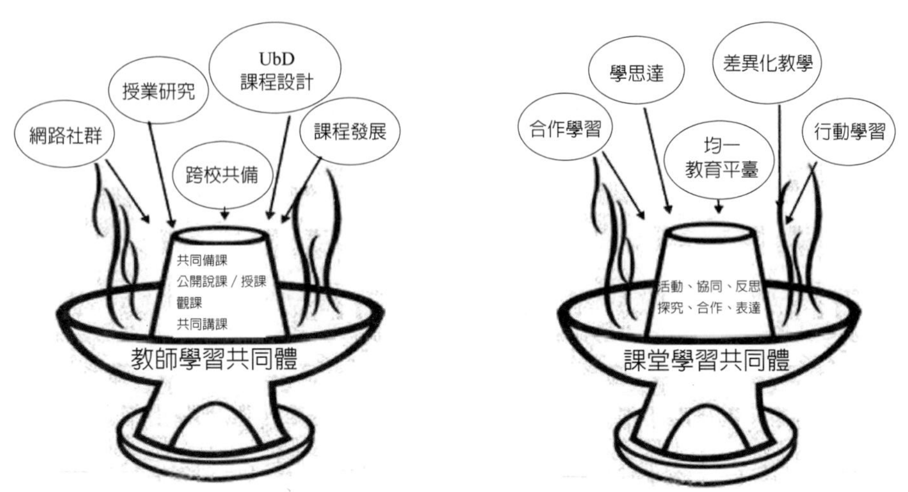

圖4　以學習共同體作為學校教育生態改變的「基底」——火鍋「湯底」之隱喻圖

臺灣約自2012年以來，已然形成了一股新興的教育改革風景一現場教師從自己的教室啓動各種翻轉教育的可能性，因爲太多老師看到學生坐在教室中無動力的困境，也開始思索自身身爲老師的任務與使命。佐藤學的學習共同體之學習革命，與這一波以教室出發、以學習爲核心的教育改革在時間軸上相遇而攜手並進，讓許多臺灣的教師願意轉化自身過去的教學、打開自己的教室，提供彼此學習的平臺。希望教師們善加運用學習共同體的理念與實施，讓我們教室和學校成爲各種多元異質學生彼此學習、共同成長的環境，由共學、共享來創造師生、生生間「共好」的境界。

參考文獻

一、中文部分

方志華（2012）。佐藤學「學習共同體」對比十二年國教的教育改革意涵。載於黃政傑（主編），十二年國教課程教學改革——理念與方向的期許。臺北：五南。

方志華、黃金俊、張惠芳、陳麗華（2015）。臺北市國小教師參與學習共同體實施現況。發表於「臺灣學習共同體課例研究學術研討會」。淡江大學課程與教學研究所主辦、教育政策與領導所協辦。地點：淡江大學城區部。

江志宏、施月麗（2013）。一位初任教師參與「學習共同體」之實踐經驗。庶民文化研究，**7**，96-1152。

李長燦（2003）。後皮亞傑認知發展理論與教學應用。載於張新仁主編，學習與教學新趨勢，159-187。臺北市：心理。

李紀湄（譯）（2003）。靜悄悄的革命——創造活動、合作、反思的綜合學習新課程。長春市：長春出版社。（佐藤學）。

谷瑞勉（譯）。鷹架兒童的學習——維高斯基與幼兒教育。臺北市：心理。（Berk & Winsler）

林文生（2013）。以學習共同體的理念分析適性教學的概念及其實踐經驗。論文發表於十二年國教課程與教學學術研究會暨各階段適性教育工作坊，淡江大學課程所主辦。新北市。

林文生（譯）（2014）。邁向學習共同體的未來：建立國內與國際間的學習公共性網絡，（佐藤學），取自：http://lstudy.ssps.ntpc.edu.tw/wp-content/uploads/2014/05/20140528034136324.ppt

林佳秀、張自立、辛懷梓（2013）。透過「學習共同體」模式進行補救教學之研究。國民教育，**54**(1)，105-111。

林宥嫻（2015）。一所國小英語教師以教師領導推動學習共同體之個案研究。（未出版碩士論文）。淡江大學，新北市。

國家教育研究院（2014）。十二年國民基本教育課程綱要總綱發布版。取自：http://www.naer.edu.tw/ezfiles/0/1000/attach/87/pta_5320_2729842_56626.pdf

張世忠（2003）。建構取向教學——數學與科學。臺北市：五南。

張青松（2013）。學習共同體在國文教學之實踐成效與建議——以101學年度中正高中一年級國文科爲例。中等教育，**64**(3)，117-127。

張新仁（2003）。學習與教學新趨勢。臺北市：心理。

張夢萍（2014）。學習共同體結合合作學習策略於高級職業學校數學解題之行動研究（未出版碩士論文）。淡江大學，新北市。

陳美玲（2014）。結合學習共同體概念與心智圖於七年級學生閱讀教學之行動研究（未出版碩士論文）。國立臺中教育大學，臺中市。取自：http://handle.ncl.edu.tw/11296/ndltd/95453724138475715929

陳麗華（2011）。促進全員潛能開發的學習共同體。教師天地，**171**，76-77。

陸韻萍（2014）。協同學習融入國中英語閱讀教學之行動研究（未出版碩士論文）。淡江大學，新北市。

傅統先、邱椿（譯）（1986）。人的問題。上海：上海譯文。（John Dewey）

曾志華（1997）。以建構論爲基礎的科學教育理念。教育資料與研究，**14**，74-79。發表於十二年國教課程與教學學術研討會暨各階段適性教育工作坊，新北市。

黃永和、李佳潔（2013）。營造討論的學習環境：一個班級的教學實踐經驗。新竹教育大學教育學報，30(2)，29-64。

黃郁倫（譯）（2013）。學習共同體——構想與實踐。臺北市：親子天下。（佐藤學）。

黃郁倫（譯）（2014）。學習革命的願景。臺北市：遠見天下。（佐藤學）。

黃郁倫、鍾啓泉（譯）（2012）。學習的革命：從教室裡出發的改變。臺北市：天下雜誌。（佐藤學）。

新北市政府教育局（2012）。新北市101學年度學習共同體先導學校實施計畫。取自 http://www.csjh.ntpc.edu.tw/upload/AAasWYer.pdf

新北市政府教育局（2014）。新北市103學年度學習共同體先導學校申辦實施計畫。取自 http://www.tres.ntpc.edu.tw/mediafile/645/news/19/2014-6/2014-6-9-17-45-7-nf1.pdf

臺北市萬大國小（2013）。如何進行共同研課與備課。載於陳麗華、方志華（主編），**SLC密碼——建構學習共同體學校藍圖**（頁89-94）。臺北市：臺北市政府教育局。

臺北市實踐國小（2013）。如何籌備「公開研修」。載於陳麗華、方志華（主編），**SLC密碼——建構學習共同體學校藍圖**（頁83-88）。臺北市：臺北市政府教育局。

劉玉燕（1996）。零歲教育的迷思——訪《童年與解放》作者黃武雄，人本教育札記，**69**，76-80。

劉麗娟（2014）。配對協同學習融入國小高年級自然科教學之行動研究（未出版碩士論文）。淡江大學，新北市。

歐用生（2012）。日本中小學「單元教學研究」分析。教育資料集刊，**54**，121-147。

歐用生（2013）。學習的革命：本土實踐的反思。新北市教育——學習共同體特刊，4-16。

歐用生、楊惠文（1998）。新世紀的課程改革：兩岸觀點。臺北市：五南。

潘慧玲（2013）。「教育領導與學習共同體國際研討會」紀實。人文與社會科學簡訊，**14**(4)，109-117。

潘慧玲（2015）。學習領導下的學習共同體推動之現在與未來。載於「學習領導下的學習共同體」跨縣市分享會暨計畫團隊共識營」——共識營手冊，頁7-17，會議舉辦於2015.6.17主辦單位：學習領導下的學習共同體計畫辦公室。地點：淡江大學城區部。

潘慧玲、李麗君、黃淑馨、余霖、薛雅慈（2014）。學習領導下的學習共同體1.1版。取自https://sites.google.com/site/learningcommunityintw/lchandbook

蔡秀滿（2014）。分組學習應用於國中家政教學之行動研究（未出版碩士論文）。淡江大學，新北市。

蔡逸珮（2007）。杜威在《民主與教育》一書中的「民主教育」理念（未出版碩士論文）。臺北市立教育大學，臺北市。

蕭秀琴（2015）。協同學習對於國中生國語文學習動機、成效影響之研究（未出版碩士論文）。淡江大學，新北市。

薛絢（譯）（2006）。民主與教育。臺北市：網路與書。（John Dewey）

薛雅慈（曉華）（2013）。因應十二年國教時代啓動教室學習革命的新契機：國中教師以學習共同體啓動新學習型態之研究。十二年國教課程與教學學術研討會暨各階段適性教育工作坊發表之論文，淡江大學臺北校園中正紀念堂。

薛雅慈（曉華）（2014）。校長領導學習共同體的有所為與有所不為：以轉型課程領導的理念檢視之。2014「全球教育論壇：教育革新與學生學習」國際學術研討會發表之論文，國家教育研究院臺北校區。

薛雅慈（曉華）（2014）。國中教師以學習共同體啓動新學習型態之研究。教育科學研究期刊，**59**(1)，101-140。

鍾啓泉（譯）（2010）。學校的挑戰——創建學習共同體。上海市：華東師範大學出版社。（佐藤學）。

簡妙娟（2000）。高中公民科合作學習教學實驗之研究（未出版博士論文）。國立高雄師範大學，高雄市。

嚴文廷（2012）。北市試辦學生圍小圈圈上課。取自http://mag.udn.com/mag/campus/

storypage.jsp?f_ART_ID=407456

二、外文部分

Maxim, G. W. (2006). *Dynamic social studies for constructivist classrooms: inspiring tomorrow's social scientists* (8th ed.). Upper SaddleRiver, N.J.: Prentice Hall.

Watanabe, T. (2003). Lesson Study: A New Model of Collaboration. *Academic Exchange Quarterly, 7*(4). Retrieved fromhttps://www.questia.com/library/journal/1G1-114168088/lesson-study-a-new-model-of-collaboration

活化教學的理念與課堂實施

高博銓
實踐大學家庭研究與兒童發展學系助理教授

壹 前言

學校是學生學習與成長的主要場域，而教學則是學校教育實施的核心活動。在學校教育中，教師透過精心設計的教學活動，藉以協助學生習得社會生活所需要的知識、技能與態度，成就每一個孩子，從而實現學校教育目標，厚植國家競爭力。由是觀之，教師欲實現其傳道、授業、解惑的使命，促使學生獲取問題解決和社會生存的關鍵知能，通常需要藉由教學活動的實施，方能畢其功。基於此，學校教育目標的達成端賴教師成功的教學活動。

值得關注的是，近年來隨著人口結構、能源開發、科技發展、全球化、環境生態、知識經濟等方面所帶來的改變和影響，使得學校教育面臨極大的挑戰，教師的教學自然也必須要進行相關的調整和革新，藉以因應快速的社會變遷（Franklin & Andrews, 2012）。有鑑於此，掌握當前時代環境的變化趨勢，同時正視新世代學生所具有多元歧異以及強調自我的特性，積極推動活化教學，實爲當前學校教育革新的重要課題。就此而言，目前政府正全面推動十二年國民基本教育（十二年國教），爲開啓孩子無限的可能，奠定國家競爭力的基石，教育部精心規劃，推出了29個方案，希望從各個面向打造優質教育。其中，教師活化教學是教育部相當重視的面向，鼓勵教師跳脫傳統僵化的教學思維，揚棄過去升學掛帥的教法，改變教學，讓孩子多元學習，找回學習的樂趣，培養多元能力（教育部，2012）。畢竟，在學校教育中，教師的改變，應該是成就學生與革新教育最重要的關鍵。

教育哲學家謝富勒（I. Scheffler）在其所著《教育的語言》（*The language of education*）一書中，從分析哲學的角度來探討教學，指出教學是屬於一種「工作—成效」概念（A task-achievement concept），其內容包括教育活動中的過程與結果。進而言之，教育「工作—成效」概念係由工作概念中，指出教師必須具有意願與熱誠，同時要求具有專業精神教育，而成效概念則指明教師必須具備能教與會教的能力，以達成教育的目標（Scheffler, 1960）。此看法與顏習齋所言：「正其誼，以謀其利；明其道，而計其功」頗爲相符。是以，從「工作—成效」的概念來看，教學兼重執行過程與實施成效。教學可視爲一種活動，一個過程，重視結果，過程也需要耕耘，兩者不可偏廢。

貳 活化教學的重要性

近年來，隨著社會之急遽蛻變與社會之多元發展，有關教育革新的需求，日益升高。事實上，人類面對周遭所處的環境，就像美國總統甘迺迪（John F. Kennedy）所言：「舉凡萬事萬物，變是唯一不變的道理。」（Boyd & Goldenberg, 2013）基於此，洞悉社會變遷，因應調整相關作法，誠屬必要。不過，就國內教育發展來看，長期以來，教育體制仍受升學主義所影響，導致考試引導教學的現象，致使每位學生必須承受沉重之課業壓力與學習之挫折。尤有甚者，學生喪失學習的動機且核心價值偏離（吳清山，2008）。職是之故，如何舒緩過度的升學壓力，避免孩子是爲了考試而唸書，進而扼殺其學習本能，實應受到關注。換言之，引導學校教學回歸正常化，啓發孩子主動學習有興趣的領域，從而培養其多元的能力，乃是當前學校教育革新的重要課題。

教學是學校教育的主要方式，學生至校學習，大部分的時間都是在教師的課堂教學活動中學習。是以，教學的良窳，直接影響學生的學習成效。就此而言，活化教學的重要性可以說明如下：首先，填鴨僵化的教學方式無法促進學生的適性發展，需要採取新思維，改變教學方式，才能協助孩子培養未來所必備的競爭力。其次，從時間成本的觀點來分析，活化教學可以讓學生在課堂單位學習時間，獲得較高的學習成效和教育品質。再者，活化教學契合教育的原理，係以教育活動的主體一學習者的興趣和需求為基礎來加以設計，旨在透過多元化、生動化的教學活動，開展學生的潛能，讓孩子找回學習的自信心。

參 活化教學的理念基礎

根據國內《親子天下》的「國中生學習力大調查」顯示：近六成的國中生沒有強烈的學習動機；近六成的學生，下課後鮮少有意願主動學習新知，包含看課外書、培養自己的興趣嗜好，都意興闌珊；三年的國中教育，並沒有幫助國中生裝備自己，成為更有自信、更熱愛學習的人；反而「愈學愈不滿意，愈學愈失去熱情。」學校教育，加速讓學生「從學習中逃走」（何琦瑜、賓靜蓀、張瀞文，2012）。由此觀之，臺灣多數國中學生對於學習明顯失去動機，缺乏主動學習的精神和態度，這個現象反映出國中教育現場所存在的危機。

值此十二年國教推動之際，學校和教師應該要做哪些改變，才能改善教育現場學生學習動機低落的問題，同時幫助下一代，更有適應未來社會、實現自我的能力，頗具挑戰性。就此而言，活化教學的實施和推動，被認為是課堂教學改變的起點，饒富意義。事實上，教育部為了落實十二年國教「提升中小學教育品質」、「厚植國家競爭力」兩大願景，成就每一個孩子，自101學年度起推動國中「活化教學」，鼓勵學校教師運用多元教學策略，實施多元評量方式，活化教室學習活動，以提升學生學習成效（教育部，2012）。值得一提的是，教育部為落實活化教學的政策，除了於近年辦理諸多研習課程外，更利用中小學教師專業發展整合體系之平臺，推動活化教學列車，藉以促進教師實施活化教學經驗之交流，進一步落實活化教學。

然而，活化教學的理念內涵究竟爲何？若對其理念加以深究，可以發現，所謂活化教學係以學生爲主體，主張教師要改變過去僵化呆板的教學模式，從學生的興趣和需求出發，採取差異化策略，活化教學的實施，讓孩子的學習變得精彩豐富，並創造孩子學習的高峰經驗。其所揭櫫的教學活化，旨在強調藉由靈活多元的教學設計和實施，以激發學生的學習動機，從而達成教學目標。至於活化教學的理念基礎，則可以說明如下：

一　提高學習動機

有關國內學生學習動機的研究指出，學生的學習動機會隨其年級的提升而逐漸降低，而愈高年級的學生會愈有認同能力而不認同努力的態度。至於學校教育不利於學習動機的現況有三：重知識的教學活動、齊一化的學習進程、升學率與分數主義（張春興，2013）。由此觀之，學習動機低落的原因是教師的教學窄化了學習，有意義且能滿足學生學習進程和需求的學習，才能引發其學習動機。是以，教學需要讓學生感受到學習的意義，從教學活動中培養學習動機，能從成功經驗中，自基本需求提高到成長需求，激發其內在學習動機。

進而言之，自我系統是引發學生學習動機的主要因素，其評估學習任務的重要性及其成功機率，若具正面效果，則學生會受激勵而投入新任務。易言之，自我系統的運作過程決定個人是否要投入學習，以及會將多少精力和熱忱帶入學習活動中（Marzano, 2001）。此外，人類進化形成的需求，存在某些階層的結構關係。假使一種特定的知識技能被認爲是滿足一項或多項需求的工具，那就會被個體認爲是具有重要性（Maslow, 1998）。有鑑於此，活化教學是以跳脫傳統僵化的知識教學著眼，透過生動活潑的教學來吸引學生，從教學活動中激發其學習意願，且給予學生正向回饋，獲得成功經驗，使學生體驗學習的意義，進而誘發內在動機。

二 落實統整學習

活化教學的目的在突破學校傳統僵化教學模式的限制，讓教師以更生動活潑的教學設計，將生活中的個人經驗、眞實問題、社會議題等，帶入課堂教學中，以激發孩子的學習動機，讓孩子能夠經由探索觀察、實際操作、活動體驗、團體互動等多元方式，並結合個人的生活經驗，看到知識的意義性、實用性、跨域性，同時藉此機會精煉所學知識，進而重塑個人的認知結構。值得一提的是，活化教學在此知識探究過程中，學生除了能領略知識的連貫性外，亦能啓發其對知識的熱愛與追求。最重要的是，學生在此過程中所扮演的角色並非被動的知識接收者，而是主動的知識探求者，知識學習的統整者。

所謂的統整學習是一種有機的整合，以促進有意義的學習。其範圍是跨越時空的，並尋找「現在與過去」（時間）、「學校與社會」（空間）及「學科與學科」（知識）的聯結，構成整合的學習。此外，統整學習亦包括知識、經驗與社會的整合（Beane, 1997）。是以，活化教學旨在促進學生的統整學習，將學生視爲知識學習的建構者，使知識與學生的生活結合，知覺知識的親近性與效用性，強化學校經驗與社會體系的聯結，讓學生體認到學習的意義。換言之，教師的教學內容必須奠基在學生的經驗脈絡下，方具意義，學生也才能獲致學習成效。

三 強化神經連結體

人類大腦是由約一千億個神經細胞所構成，這些神經細胞彼此之間會相互聯繫，形成神經連結體（connectome）。然而，每一個人的神經連結體，並不會完全一樣，因爲個人的神經連結體是其人生經驗的總和，而隨著腦神經細胞所產生的4R作用：重新加權（reweighting）、重新連結（reconnection）、重新接線（rewiring）、再生（regeneration）。神經連結體會不斷地重塑，就像水流會慢慢塑造河床形狀一樣。換言之，每一個個體擁有不同的經驗背景，而個體每一次的學習，每一次所經歷的事件，都是經驗的累積和再造，促成神經連結體的改變，如同影像光碟的刻痕，忠實地記錄我們的生命軌跡，讓個人活出獨特的生命藍圖（Gazzaniga, 2011; Seung, 2012）。而這樣的觀點也說明了先天遺傳和後天環境所造成的個別差異現象。

活化教學的設計即考量到學生之間所存在的個別差異，因而無論是教學技巧的運用、教學策略的選擇、教材內容的呈現、教學環境的布置、教學資源的導入、教學活動的安排、教學科技的輔助、教學評量的實施、教學回饋的應用等，教師都會依據學生的能力、興趣、需求、表現成果等條件來加以考量，同時觀察學生個人或小組學習的投入程度及其學習成效，適度地調整教學的實施。此外，教師亦會利用學生在教學活動中的參與過程，適時給予他們積極性的回饋和鼓勵，藉以協助學生啓動4R作用，重新形塑其神經連結體。

是以，教師透過活化教學，一方面不僅讓學生的頭腦活化思考，培養學生具備主動思考解決問題的能力；另一方面，也關注教師如何設計課程，協助學生用心學習，在課堂上引導學生發展批判思考能力。凡此，說明了活化教學的推動可以幫助學生強化其神經連結體，讓每個學生可以在其經驗構圖中，創造出個人的生命意象，同時教師也被賦予更多的專業自主權，展現教學的專業、熱忱與創新。

四　因應系統變化

無論是學校教育中的學生、教師，抑或是他們所處的家庭、社區，都屬於社會生態系統中的因子。社會生態系統就依靠著各個組成的次系統及其因子之間的交互作用和調節機制，維繫著動態平衡或穩定的狀態。此系統是人類賴以生存發展的系統，且人類社會的永續發展必須依賴社會生態系統的均衡穩定和健全發展，依此，瞭解生態系統的運作和功能，則有助於永續發展目標的達成。研究指出，環境常左右我們的人格和行爲，凌駕我們過去的學習歷史、價值和信念，特別是情境變化時，我們會去調整自己的行爲，更不會去依賴過去的反應習慣，也不會運用已經自動化的認知偏誤，以因應環境的挑戰。

準此而言，環顧學生當前所處的社會環境，無論是人口結構、世代文化、能源使用、科技產品、全球連結、經濟型態、環境資源、社會變遷、知識累積等生態因子，都已經產生明顯的變化，學校教育系統亦必須進行必要的調節和適應，以取得平衡，並追求社會的永續發展。二十一世紀關鍵能力聯盟（P21, Partnership for 21st century skills）就指出，隨著社會的急遽變遷與資訊科技的快速發展，未來世界將會是瞬息萬變，學校必須及早因應，培養學生適應未來所需的關鍵能力，這些能力包括：集體合作的創造力與創新力、有效的社交溝通與合作能力、網路資訊的整理與分析、媒體素養、跨文化的合作技能等（Trilling & Fadel, 2012）。誠心而論，學校教師若不改弦易轍，隨著系統的動態變化而調整教學，勢難因應未來的挑戰，遑論學生未來關鍵能力的培育。基於此，活化教學的推動，自然有其必要，舉凡教學目標、教學方法、教學活動、教學內容、教學評量等，都是活化教學能否成功的重要元素，實應加以正視，並謀求革新之道。

肆 活化教學的課堂實施

誠如上述，活化教學係以提高學習動機、落實統整學習、強化神經連結體、因應系統變化等概念爲基礎，可以說是符合學習的原理與新近神經科學的研究發現，同時亦能接軌時代的脈動，確保學校教師的教學可以滿足新世代學生的學習需求，啓迪學生的智慧。至於如何將活化教學的理念落實在實際的課堂教學，則攸關教學革新的成效。就此而言，由於活化教學係近年教學革新運動所揭櫫之理念，加以政府推動十二年國教，積極倡導，漸受重視，然分析近年相關的研究，可以發現，聚焦於活化教學的研究並不多。但綜觀近年有關課堂教學、自我效能以及神經科學領域的研究，仍可歸納成功教學所植基的八個面向，包括：學習氣氛、班級經營、授課清晰度、教學多樣性、統整學習、學生參與學習、學生的學習成就、結合神經科學的研究發現（Borich, 2011; Vargas, 2013; Wilson & Conyers, 2013; Kane, Kerr, & Pianta, 2014; McKinney, 2012; Seung, 2012）。基於此，有關活化教學的具體作法可以活化教學的理念爲基礎，並結合上述面向來加以整合，提出以下的作法：

一 營造積極正向的學習氣氛

人是群性的動物，依據實驗心理學與演化的原則，人類的行為在團體中易受激發，而激發水準的提高會使個體表現出優勢反應（dominant response），特別是在有關學習方面的研究，更是如此（Kassin, Fein, & Markus, 2011）。由是觀之，教師基於團體所能產生對於個人的影響作用，而能在課堂教學中，營造積極正向的教室環境，讓學生處於良好的學習氣氛，將可以激勵其投入課堂的學習活動，表現出優勢的學習行為。

此外，有關影響學生在教室學習行為的因素，研究也指出，主要有三項因素；機構角色和期望、個人個性和性情、教室氣氛（Borich, 2011）。前兩項因素，教師的影響力有限，但就教室氣氛而言，教師若能營造一個正向，讓所有學生參與且重視其努力，並尊重他們的興趣、能力、語言和母語的學習氣氛，將有助於提升學生的復原力（resiliency）。而在此複雜劇變的年代，社會、政治、產業等各領域，變動頻仍，培養學生擁有復原力，具備韌性和彈性，可以與人信任和合作，採取多樣和多元思維，同時有社群調適能力，將能提高學生的優勢能力（Zolli & Healy, 2012）。

至於正向學習氣氛的營造，具體的作法如下：

1. 妥善規劃物理環境，促發學習的意識

教室內師生的桌椅、打掃用具、資訊器材、置物櫃、遊戲區、學習區、公布欄、環境布置等事物的適當配置，能促發學生的學習意識，同時亦會影響學生在課堂的專注度與安全感。

2. 打造友善的社會環境，提高學習的意願

利用班級環境中的正式課程、非正式課程、潛在課程等各類與學生溝通互動的機會，引導學生運用社交技巧，示範情緒的表達，逐步建立信任，進而強化師生關係和同儕關係，讓學生無懼於學習的挑戰。

3. 表彰學生正向行為，逐步營造學習氛圍

教師藉由肯定學生正向的學習行為，例如，按時繳交作業、討論學業問題、合作完成工作、分享閱讀心得、介紹學習資源、關心社會議題

等，帶動班級的學習氣氛。

二 力行尊重關懷的班級經營

活化教學的實施必須奠基在有效的班級經營，尊重並關懷學生的學習，才能讓教師使用較少的時間處理班級學生的行為問題，集中心力於教學活動，引導學生聚焦於課程內容，提高學生學習的專注度。研究發現，有效的班級經營反映在下列教學行為：學期初會使用較多的時間在建立班級規約和行為常規，並且貫徹執行，以建立明確的規範，讓學生在教室的行為有所依循（Evertson & Emmer, 2012）。至於其他反映在有效班級經營的教學行為還包括：激發學生的學習興趣、建立明確的學習成果期望、提供熟練的講解、統整重要的概念、鼓勵學生練習、以及持續地複習（Borich, 2011）。

一般認為，傳統的講授方法，教師往往過於偏重內容的傳授，忽略學生學習的意義和體驗，導致學生的學習效果不彰。然而，學生才是教學活動的主體，活化教學的運用，教師必須依據學生個別差異及需求，彈性調整教學內容、進度和評量方式，同時以尊重和關懷學生的班級經營為基礎，學生方能在獲有自尊，感受關愛的溫馨環境下，願意主動參與學習，達成有效的學習並引導其適性發展，落實因材施教的理念。有關尊重關懷的班級經營，具體的作法列舉如下：

1. 多利用機會觀察學生的行為，同時聆聽學生所表達的想法，瞭解其需求並適度地納入相關教學決策中，讓學生感受到教師的細心和關愛。
2. 對於班級中不當行為的處理，可以採取的方法包括：忽略輕微的偏差行為、運用臉部表情、給予關愛的眼神（直接的眼神接觸、巧妙利用手勢或點頭傳遞訊息、直接走向學生、停頓活動以引起注意、提高上課的音量、向學生提問、使用幽默感、運用我訊息（I-message）、直接要求停止偏差行為、暗示學生、甚至準備祭出懲罰（例如，讓學生喪失權利、暫停活動參與或隔離、寫行為問題的反省記錄、通知家長、送至相關行政處室、累積處罰點數）等多元方式（O'Donnell, Reeve, & Smith, 2011）。

3. 將情緒教育融入班級經營：研究指出，情緒智商和社會智能對於兒童發展和學習成功有密切的關聯性，而以此爲基礎的社交以及跨文化合作能力，已成爲二十一世紀新世代公民所必須具備的關鍵能力（Trilling & Fadel, 2012）。是以，教師在班級經營中，若能讓學生感受到同儕友誼、成功經驗、行動肯定、自主選擇、安全信任等情感經驗，會猶如情感強力膠，讓師生和班級成員緊密結合在一起，而這除了有利於學生的課堂學習，亦有助於學生心智能力、情緒智商、社會互動能力的提升。

三 確保授課內容的清晰度

成功有效的活化教學旨在促進學生主動參與學習，提高其學習成效。是以，教師除了應該採行尊重關懷的班級經營，建立學生的自信並得到他們的信任外，也必須確保授課內容的清晰度，讓學生做好學習的準備，預見學習圖像，喚起領域相關的舊經驗，從而產生意義連結，增進學習的成效。至於教師在確保授課內容的清晰度上，可以採取以下的作法：

1. 協助學生瞭解課程目標，掌握學習的重點與方向。
2. 提供前導組織，連結學生的舊經驗。
3. 掌握學生的先備知識，導入教學內容。
4. 設計符合學生程度的挑戰性學習，並透過練習、活動、觀摩、實作等方式，提升其成就動機。
5. 給予明確的學習指示和回饋，讓學生瞭解其表現的優劣，從練習中不斷地自我調整，以增進其學習成效。
6. 教學過程中，輔以範例、影像、圖表、實地演示等具有視覺效果的呈現方式來加深學生的印象，強化學習的重點，進而提高學生的記憶和理解。
7. 歸納並複習學習內容，以統整所學並強化工作記憶，深化學生的學習。

四 運用活潑多元的教學方式

學校教學爲人詬病之處在於教學常流於單調枯燥，缺乏變化，讓學生失去了學習的樂趣。雖然有些學生或許能表現出，如小說家馬克吐溫（Mark Twain）所言：「我不會讓學校阻擾我的教育。」（I will never let school interfere with my education.）但誠心而論，可能有更多的學生會因爲僵化的教學方式而喪失其學習動機。有鑑於此，學校教師應該運用活潑多元的教學技巧，變化教學的方式來激勵學生投入學習，相關具體的作法包括：

1. 採取能夠引發學生注意、好奇、有趣、驚嘆、質疑的策略，吸引學生的關注或衝擊其既有的心智模式。
2. 善用肢體、聲音、表情、教具、科技、實物來強化教學的生動性，提高學生的專注度。
3. 變化教學的呈現方式，連結新世代學生的學習特性，促進學生的學習參與度。
4. 利用獎勵和增強物來強化學習行爲，肯定學生的成就表現，增進其學習動能。
5. 靈活運用不同類型的問題和探詢方式，增加學生對於學習內容的認識與瞭解。
6. 採取以學生觀點和反應爲基礎的師生互動模式，藉由積極性的回饋性訊息，提升學生學習的成效。

五 採取統整學習的教學作為

値此數位軟硬體和網路的時代，資訊科技與人工智慧的進步一日千里，電腦和人型機器人（humanoid robot）快速發展並急速演化，而依此發展趨勢來看，可以預見未來即將發生的轉變（鄭舜瓏譯，2014）。詳言之，傳統強調知識記憶的教育方式受到檢討，記憶能力不再是未來決勝的關鍵能力，尤其在這Google什麼資料都能查得到的時代，知識記憶不再是學校教育最重要的核心內容。取而代之的是批判思考、問題解決、實踐知識、以及創新思考的能力，將是未來最大的力量，因為機械化、自動化的作業活動未來都將會被超級電腦、高效能的機器人所取代，而人類所具有的型態辨識、知識統整、應用和創新等高層認知能力，短期內仍難被機器所超越，而仍能保有萬物之靈的優勢（Brynjolfsson & McAfee, 2014; Thiel & Masters, 2014）。而統整學習則有助於前述高層認知能力的發展，同時亦能促進個人和社會的關係與連結，尤其是學生在將其所學內容與眞實的生活世界相互聯繫，可以提高學生對於社會議題的關注和承諾。再者，課堂教學所實施的統整學習，通常會鼓勵學生進行跨學科、跨領域的知識統整，同時亦會參照其他領域的思維和架構，此種作法也有助於學生創造思考能力的提升（Gnanakan, 2012; McKinney, 2012）。

值此十二年國教推動實施之際，升學政策與評量方式的改變均衝擊著學校的教學現場，而教師是扭轉教育成功與否的重要關鍵者，教師教學模式的改變與創新更是當務之急，藉由實行統整學習，讓學生能透過學習，對與自身有關並有意義的學習內容更感興趣，進而發現知識的本質和應用，啓發學生對知識的熱愛與追求，將個人生活和社會緊密聯繫。學生在此探究過程中所扮演的角色並非被動的知識接收者，而是主動的知識探求者，知識學習的統整者。至於統整學習的具體作法，列舉如下：

1. 運用聯絡教學、大單元教學、方案教學、主題教學等多元的教學方式，將學生的生活經驗、相關學科知識或社會議題納入。
2. 統整學習教材組織方式除學科取向外，生活取向、個人取向、探究取向等，亦不能忽略。
3. 統整學習的內容除了納入國際理解、資訊、環境、社會服務等領域外，亦會關注學生的興趣、關心課題以及學校會配合地區、學校特色的課題。

六 提高學生學習的參與程度

要提高學生學習的參與度，就應該先瞭解學生的學習習性。傳統的教育觀念常認為學習是極為嚴肅之事，必須抱持戒愼崇敬之心向學，所以不喜歡孩子遊樂，認爲「業精於勤荒於嬉」，殊不知遊樂是孩子的自然習性，課程應該順性而爲，學習自然水到渠成。基於此，教師的教學如果可以採取寓教於樂的原則，在活動設計中，能夠融入遊樂活動，將能觸發孩子的遊戲因子，提高其學習的參與度，更能藉此活動經驗來強化大腦神經元之間的連接，增進學習的成效。至於提高學生學習參與度的作法，則可以列舉如下：

1. 善用教學刺激，引導學生表現出教師期望的行爲，並適時給予讚賞或獎勵。
2. 營造正向鼓勵回饋的學習氛圍，讓學生願意投入學習活動之中，不會有所顧忌或懼怕犯錯。
3. 提供差異化與自我調節的學習活動，關心自我的學習與成長，減少學生憂慮落後的心理。
4. 給予學生積極肯定的讚賞，藉此社會性增強作用，提高班級其他學生的參與度。
5. 善用積極的歸因方法，將學生的成就表現歸於努力或能力，以提高其後續的學習參與度。
6. 重視學生課堂作業和練習，同時能及時給予回饋，讓學生瞭解其學習的進展。

七　增進學生學習的成功經驗

自我效能感（self-efficacy）是指個體能成功地執行特定情境要求的行爲之信念。自我效能感會影響個體的行爲，因爲一個人關於勝任的自我知覺和他實際上勝任行動的能力之間存在著密切的聯繫。有鑑於此，教師若能透過活化教學來增進學生學習的成功經驗，將可提高學生學習的行動力，增進其自我效能感。過去家長與老師常常在教育的過程中，過度關注孩子學習的弱項或失敗，造成孩子極大的壓力，鮮少有機會獲得學習的成功經驗，讓學生發現自己的優點。

研究指出，兒時逆境或創傷經驗與學習成就表現緊密相關，兒時逆境經驗多的孩子，環境壓力較大，學習或行爲問題較高。從壓力生理學解釋，在壓力環境下成長，讓孩子難專心、坐不住、不容易擺脫失望情緒，都會直接影響他們在校學習表現。然而，這種適應與自我管控的能力可塑性高，若能改善弱勢孩童成長環境，就有助於學習（Tough, 2012）。

事實上，任何孩子應該都有其各自的優勢智慧，學校教師可以利用活化教學，協助學生發揮優勢智慧，獲致成功經驗，至於具體的作法包括：

1. 採用螺旋方式安排教學內容，並安排符合學生程度的挑戰經驗以建立其自信心。
2. 透過多樣化的活動，找出各種機會，讓孩子展現他們的長處，逐漸累積學生的成功經驗以提高其自我效能感。
3. 善用團體互動和同儕互評等回饋性訊息，協助學生瞭解其長處，產生自信，有自信就有勇氣行動，敢去做自己擅長的事，遇挫折時的回彈力也會比較高。
4. 鼓勵社會學習，如同禮記學記篇所言：「獨學而無友，則孤陋而寡聞。」學生能從互動中建立正向的人際關係，覓得學習的友伴，共同學習，增長知能，不但獲得快樂，亦能藉此找到自己人生的意義。而學生學習若是從進步中找回他的自信，自己感到快樂，有方向、有目標，他們的學習就會進步，而這正是學校教育的目的。

八　將神經科學的研究發現運用在課堂

「與腦相容的學習」（brain-compatible learning）是教師教學時應該要詳加考察的重要概念，因爲學習會改變大腦，學習者藉由新刺激、新經驗和新行爲而自由重組。準此而論，雖然我們的基因體是出生前就定型了，但我們的神經連結體卻是每天都會有所改變（Seung, 2012）。是以，教師教學所提供的學習經驗，至關重要，教學活動的設計應該以人是如何學習，以及大腦是如何運作爲基礎。活化教學強調教學要能以生動、活潑、多元、意義、遊戲等方式，提高學生學習的參與度和主動性，獲致較佳的學習成效。此種作法可以引起學生的集中（concentration）、選擇性注意（selective attention）、開放意識（open awareness）、偶然力（serendipity）、促發神經獎勵體系（neural reward system）等諸多作用促進學習的成效，此神經科學的研究發現應爲活化教學之基礎（Goleman, 2013）。

基於前述的大腦特性與神經科學的研究發現，活化教學的實施可以採取的作法包括：

1. 安排「動手做」（hands-on learning或是learning-by-doing）的機會

動手做是種學習的手段和目的，可以讓學生近距離觀察學習的對象，透過眞實接觸，落實「經驗學習」（Experiential Learning），經由體驗、分享、分析、歸納、應用等過程，讓抽象知識變得更實用，更是把知識昇華成能力的最好方法。

2. 運用學生中心的教學設計來激發學習動機

動機的神經科學基礎，一般認爲與腦部的邊緣系統（limbic system）有關。邊緣系統主要包括海馬回（hippocampus）、杏仁核（amygdal）、隔膜等，其功能除了可以左右人類的學習、記憶外，也影響動機促發的強弱（Sternberg, 2011）。有鑑於此，欲提升學習動機，應該依據學生的興趣、需要、學習風格等特性，致力於活化個體的邊緣系統，從而引發較高的動機，獲致較佳的表現。

3. 教學活動結合運動和遊戲

現今運動和遊戲活動已經被證實可以促進腦部分泌多巴胺，所以透過運動和遊戲方式就能夠增進學生的心理健康和大腦的認知能力，不但成爲人際關係的潤滑劑，紓解焦慮，更重要的是，運動和遊戲並不會產生任何的副作用。至於其他像是焦慮症、躁鬱症、重鬱症等，同樣也都能藉由運動、藥物方式來減少問題行爲的出現（Ratey & Hagerman, 2013）。

4. 善用提問來增進學習的專注度

學生在學習過程中的參與和投入會影響學習成效，只有主動思考才會促進神經的連接，因而教師在課堂教學中，若能在適當的時機，進行提問，則有助於學生再次聚焦於學習內容。根據神經科學的研究指出，大腦的認知處理，包括思考、說話、聆聽，都會爲身體帶來負荷，而講演的時間愈長，聽眾或學習者要組織、理解、記憶的內容就愈多，當負擔增加，焦慮感就愈大，且由於認知學習或聆聽需要耗費能量，所以大腦很容易疲倦，這也是爲什麼目前國際盛行的TED（Technology, Entertainment, and Design）演講，會將時間設定在18分鐘（Gallo, 2014）。再者，我們每天的意志力是有限的，會隨著大腦消耗能量而告罄（Baumeister & Tierney, 2011）。

伍 結語

馬克吐溫（Mark Twain）曾言：「如果你手上只有鎚子，那周遭所見的任何事物看起來都會像是釘子。」（If all you have is a hammer, everything looks like a nail.）近年來，隨著第三次工業革命的發展，人類逐漸擺脫功利世界的束縛與機械式的工作和生活，同時政府也推動了諸多的教育改革，但有些教育現場所呈現的，仍是一成不變的教室風景，缺乏活力和想像力的課堂，而如鎚子般的教學觀念依舊，並沒有因爲教育革新帶來本質上的變化。此現象誠如Rifkin（2013）所指出：世界上最容易落伍的東西：觀念與意識。

然而，當前學校所面對的是，變遷頻仍的環境以及多元歧異的學生，教師誠難以制式僵化的教學方式來教導學生，而應該採取活化教學，重視教學的創新與改變，提高學生的學習參與，引導學生適性發展與有效學習，讓學生重新發現他們與生態環境的情感和認知聯繫。近來課堂教學融入教育科技，並考量新世代學生的特性，讓課堂教學的型態更趨多元活潑。例如，磨課師課程（Massive Open Online Courses, MOOCs，大規模開放線上課程）強調以主題明確且長度適中的單元影片，輔以測驗及作業，進行線上自我學習，並藉由教師設計的學習互動，進行虛擬或實體的討論。MOOCs強調教學互動及評量回饋，提升線上學習的品質及效能，也帶來教學改革的新契機。其他如翻轉教室（Flipped classroom）、行動學習、扁平式學習、分散式合作等諸多教學革新作法，也都代表了活化教學的理念漸受重視，教室風景的圖像更趨繽紛。

值得關注的是，在「變革領導」（change leadership）領域深具影響力的科特（John Kotter）指出，許多變革失敗的主要原因是各級領導者未能充分傳達必須變革的急迫感，無法取得「關鍵多數」（critical mass）的重要人物投入（Kotter, 2008）。是以，值此社會變遷快速，國際競爭日益激烈之際，應該積極推動活化教學，讓更多的教育工作者願意一起參與，促使教學模式進行轉變。而在這場典範轉移的變革中，可以提供多樣化的活化教學實例，幫助學生的學習成就得到具體的進步，重塑教育與學習的面貌，帶來新的希望。畢竟，活化教學最終的目的旨在確保學生的樂於參與學習歷程，獲得成功經驗，取得學習成果。

參考文獻

一、中文部分

吳清山（2008）。解讀臺灣教育改革。臺北市：心理。

何琦瑜、賓靜蓀、張瀞文（2012）。十二年國教新挑戰：搶救「無動力世代」。親子天下，33，136-142。

教育部（2012）。十二年國民基本教育。臺北市：作者。

張春興（2013）。教育心理學（重修二版）。臺北市：東華。

鄭舜瓏譯（2014）。像外行一樣思考，像專家一樣實踐（原作者：金出武雄）。臺北市：遠流。

二、外文部分

Baumeister, R. F. & Tierney, J. (2011). *Willpower: Rediscovering the greatest human strength.* New York: Penguin Press.

Beane, J. A. (1997). *Curriculum integration: Designing the core of democratic education.*

New York: Teachers College Press.

Borich, G. D. (2011). *Observation skills for effective teaching* (6th ed.). Boston, MA: Pearson.

Boyd, D., & Goldenberg, J. (2013). *Inside the box: A proven system of creativity for breakthrough results.* New York: Simon & Schuster.

Brynjolfsson, E., & McAfee, A. (2014). *The second machine age: Work, progress, and prosperity in a time of brilliant technologies.* New York: W. W. Norton.

Evertson, C. M. & Emmer, E.T. (2012). *Classroom management for elementary teachers* (9th ed.). Upper Saddle River, N.J.: Pearson.

Franklin, D., & Andrews, J. (2012). *Megachange: The world in 2050.* Hoboken, NJ: John Wiley & Sons.

Gallo, C. (2014). *Talk like TED: The nine public speaking of the world's top minds.* New York: St. Martin's Press.

Gazzaniga, M. S. (2011). *Who's in charge?: Free will and the science of the brain.* New York, NY: HarperCollins.

Gnanakan, K. (2012). *Integrated learning.* New Delhi: Oxford University Press.

Goleman, D. (2013). *Focus: The hidden driver of excellence.* New York: Harper.

Kane, T., Kerr, K., & Pianta, R. (2014). *Designing teacher evaluation systems: new guidance from the measures of effective teaching project.* San Francisco, CA: Jossey-Bass.

Kassin, S. M., Fein, S., & Markus, H. R. (2011). *Social psychology* (8th ed.). Clifton Park, NY: Cengage Learning.

Kotter, J. P. (2008). *A sense of urgency.* Boston, Mass.: Harvard Business Press.

Marzano, R. J. (2001). *Designing a new taxonomy of educational objectives.* Thousand Oaks, Calif.: Corwin Press.

Maslow, A. (1998). *Toward a psychology of being.* New York, NY: Wiley.

McKinney, P. (2012). *Beyond the obvious: Killer questions that spark game-changing innovation.* New York: Hyperion.

O'Donnell, A., Reeve, J., & Smith, J. (2011). *Educational psychology: Reflection for action* (3rd ed.). New York: Wiley.

Ratey, J. J. & Hagerman, E. (2013). *Spark: The revolutionary new science of exercise and the brain.* New York, NY: Little, Brown and Company.

Rifkin, J. (2013). *The third industrial revolution: How lateral power is transforming energy, the economy, and the world.* New York: Palgrave Macmillan.

Scheffler, I. (1960). *The language of education.* Springfield, Ill., Thomas.

Seung, S. (2012). *Connectome: How the brain's wiring makes us who we are.* Boston: Houghton Mifflin Harcourt.

Sternberg, R. J. (2011). *Cognitive psychology* (6th ed.). Belmont, CA: Thomson Wadsworth. Clifton Park, NY: Cengage Learning.

Thiel, P. & Masters, B. (2014). *Zero to One: Notes on startups, or how to build the future.* New York: Crown Business.

Tough . P. (2012). *How children succeed: Grit, curiosity, and the hidden power of character.* Boston: Houghton Mifflin Harcourt.

Trilling, B. & Fadel, C. (2012). *21st century skills: Learning for life in our times.* San Francisco: Jossey-Bass.

Vargas, J. S. (2013). *Behavior analysis for effective teaching.* New York: Routledge.

Wilson, D., & Conyers, M. (2013). *Five big ideas for effective teaching: Connecting mind, brain, and education research to classroom practice.* New York: Teachers College Press.

Zolli, A., & Healy, A. M. (2012). *Resilience: Why things bounce back.* New York: Free Press.

學科領域教學革新

國中國文教師推行「分組合作學習」之個案研究

王金國
靜宜大學師資培育中心教授
許中頤
彰化縣鹿鳴國中教師

壹 前言

爲了活化國中的教學，激發學生的學習動機，提高學生的參與及學習成效，教育部自101學年度起推動「活化教學」，鼓勵學校教師運用多元教學策略、實施多元評量，活化教室學習活動，並將「以教師爲主體」之教學轉化爲「以學生學習成效爲主體」的教學，期待學生能展現主動積極、合作參與、探索實踐、樂在學習……等學習力。所謂活化教學，指的是教師在教學過程中，能善用多元教學方法，激起學生學習動機，進而提升學習成效（吳清山，2014）。基本上，活化教學是手段，提升學習動機與學習成效才是目的。

在十二年國民基本教育推動後，爲了有效落實活化教學的理念，教育部除了拍攝「活化教學列車」影片外，也委託國立臺北教育大學執行「分組合作學習～理念與實踐」方案，期望能藉由此專案的推展，讓我國所有國中都能實施「分組合作學習」。此方案自101學年度起執行，至103年12月止，已推動逾兩年，究竟這樣的理念在教學現場中是如何實踐的，這是本研究的研究動機之一。基本上，任何方案的推動，包括：教學正常化、差異化教學、適性教學……等，最終都必須實踐在教室中，因此，研究者擬以一個班級的師生爲對象，深入地探討分組合作學習在國中教學現場的實踐情形，以供教育部檢視或推行相關教育方案之參考。

另外，從知識管理（knowledge management）的角度來看，「活化教學」或「分組合作學習」除了透過拍攝影片來保留教師知識外，亦可透過文字或研究報告來呈現活化教學或分組合作學習具體的實踐情形。尤其透過研究，可以多方面蒐集不同資料，呈現與影片不同的資訊，更可以進行資料的歸納與深度討論，此爲本研究之另一動機。希望本研究報告，能作爲其他老師瞭解國中推動分組合作學習的案例（teaching case）。具體來說，本研究之研究目的如下：

一、瞭解一位國中國文教師推行分組合作學習的緣起與做法。

二、瞭解一位國中國文教師推行分組合作學習後的結果、教學後累積的實務知識及師生對於分組合作學習的評價。

貳 文獻探討

一 活化教學

活化教學（flexible teaching），其相對的詞是僵化的教學。活化教學指的是教師在教學中，爲引發學生學習與參與，提升學生學習動機與結果，配合不同教學目標、題材及學生背景，機動選用適切的教學或評量方法的一個概念。推動活化教學的目的，在於打破老師傳統僵化教學模式的限制（賴協志，2014）。

基本上，好的教學不是來自於依循某個處方，而是來自於持續不斷地把學生的需求放在第一位（Christenbury, 2011）。機動靈活因應不同情境是成功教師共同的特質（Kelly, 2014）。

活化教學本是教師應有的本質，不過，多數老師爲顧及教學進度或受既有教室基模的影響，教學過程過度偏重講述教學。事實上，若要

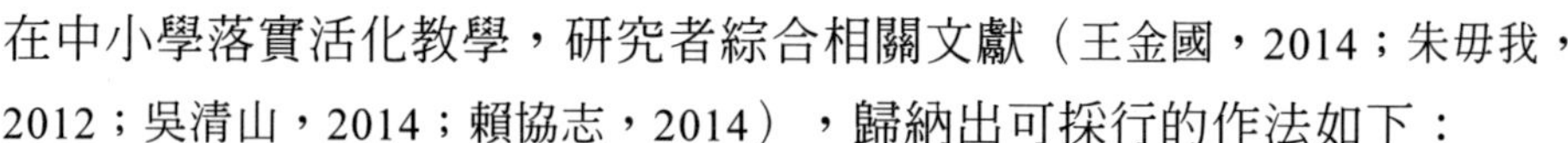

在中小學落實活化教學，研究者綜合相關文獻（王金國，2014；朱毋我，2012；吳清山，2014；賴協志，2014），歸納出可採行的作法如下：

(一) 教師要有活化的教學思維。

(二) 重視學生學習，以提升學生學習為目標。

(三) 持續學習並熟悉不同的教學及評量方法。

(四) 勇於嘗試實證研究有效的教學及評量方法。

(五) 結合教師社群力量，持續省思與修正，精進教學和終身學習。

二 分組合作學習

(一) 合作學習（cooperative learning）

合作學習是一種將個別學生組成小組或團隊，然後藉由成員間的合作以達成特定教學目標的策略（Ellis, 2001）。合作學習只是一個統稱，目前，它已發展出非常多種型態（Johnson, Johnson, & Stanne, 2000），從非常具體、制式化到非常彈性化均有（王金國，2009）。例如，配對學習法（Pair Learning）、配對分享法（Time-Pair-Share）、學生小組成就區分法（Student-Team-Achievement-Division, STAD）、拼圖法（Jigsaw）、共同學習法（Learning Together）……等。

雖然合作學習的類型很多，但就形式特徵而言，要進行合作學習，至少需要兩位以上的學生。另外，就實質內涵來說，小組內的成員必須進行正向互動（positive interaction）。所謂正向互動是指組員能彼此協助，彼此希望達成「我好，你也好」的目標。如果小組中，組員未互動或彼此相互競爭，都不能稱為合作學習（王金國，2009）。

有效的合作學習，可培養良好的態度與價值、瞭解與自己不同的觀點、提高學習成就、發展正面的人際關係、激發學生動機及促進心理適應能力的發展（Borich, 2014, Burden & Byrd, 2013; Johnson & Johnson, 1999; McManus & Gettinger, 1996; Muijs & Reynolds, 2001），也有助於教師評量學生的表現及降低教師喉嚨的傷害，優點甚多，值得教師在教學上適時採用（王金國，2003）。

(二) 分組合作學習

教育部爲活化國中小教學，自101學年度起委託國立臺北教育大學張新仁校長推行「分組合作學習～理論與實踐」專案，此專案預計執行四年，目標在推廣「分組合作學習」的理念與作法，讓更多的學校及教師認識並採用這種教學法（分組合作學習網站，2014）。

所謂分組合作學習，是一種有別於全班授課及個別式學習的學習型態；在這種學習型態中，根據學生特質與教學需求，將學生進行同質性或異質性分組，然後，透過成員間的互動與合作來促進彼此的學習（張新仁、王金國、黃永和，2011）。

基本上，「分組合作學習」與「合作學習」內涵上是相同的，過往，國內學者大都將「cooperative learning」一詞譯爲合作學習，如黃政傑和林佩璇（2008）。不過，因教育部委託的專案計畫名稱用「分組合作學習」一詞，其相關的計畫、研習活動或經費補助，即都以「分組合作學習」稱之。

(三) 分組合作學習之相關研究

國內外，以「合作學習」爲題的實徵研究已相當多，且已有相當多的研究指出相對於個別式學習或競爭式學習，它更能提高學生學習成就、發展與人互動的技能及增加學習動機（周立勳，1994；Knight & Bohlmeyer, 1990; Slavin, 1995）。

由於個別研究的結果可能受教學條件的不同而有差異，爲了更完整地探討合作學習的成效，有些研究者以後設分析法（meta-analysis）進行合作學習的分析。國外部分，Johnson、Johnson與Stanne（2000）以後設分析法比較不同合作學習之成效，支持合作學習比競爭式學習或個別式學習更有助學生學習。國內部分廖遠光（2013）曾以2005至2012年之學位論文與期刊爲範圍，針對合作學習對學生學習成效影響進行後設分析。該研究遴選出76篇報告進行編碼與分析，研究發現合作學習可提升學習成效，其中，認知學習和創造力等成效之效果量達到小至中度的效果；而技能、情意、社會行爲等學習成效的效果量達到中度以上之效果。透過後設分析，可以看到合作學習的整體研究結果。整體而言，合作學習對於學生的學習是有正向影響的。

參 研究方法

本研究採用敘事研究法進行，研究過程，主要藉由參與觀察、訪談、及文件蒐集等方式來蒐集資料，然後，再分別根據資料屬性予以分析。量化資料以描述性統計進行，質化資料以扎根理論的方法進行分析。

一 研究情境

本研究的國中位於彰化縣，以103學年度來說，全校共33班，學生人數900多人。此校自101學年起參加教育部之「分組合作學習～理論與實踐」專案，並派老師參加「分組合作學習」工作坊，鼓勵老師在教學中採用分組合作學習。因此該校校長相當重視分組合作學習，加上校內部分老師認眞推動，此校於103學年度獲推薦爲「分組合作學習深耕學校」。

二 研究對象

(一) 班級導師暨國文老師

本研究的教學者爲個案班級的導師暨國文老師（以下簡稱許老師），進行本研究時，具有九年的教學經驗。許老師在文學與哲學方面有很好的基礎，曾擔任臺北市立第一女子高級中學（北一女）線上作文出題暨評審老師。

許老師在擔任國中國文老師初期，基於對學生的高度期許，希望學生能善用時間，努力學習，當時，她採行的教學方法是比較傳統的講述法。一直到民國101年10月，她參加教育部「分組合作學習」工作坊後，才開始改變自己的教學方式。她把合作學習的概念融入至自己的班級經營及國文教學中，在分組合作學習上，她認爲要儘量多讓學生透過小組互動、參與及發表來學習，她結合遊戲、實作或創作等概念，設計出不同的合作學習活動。而在學生學習成效檢視方面，她則採取多元的評量方式。包括：紙筆測驗、口頭發表、觀察學生互動、小組作品展示……等。

因爲持續不斷檢視、修正與精進自己的教學，許老師在102學年度榮獲彰化縣十二年國民基本教育精進國中小教學品質「教學觀摩白金獎競賽」金質獎。另外，她在推行分組合作學習上，也快速地累積許多實務經驗及教學技巧，因此，她在102學年度成爲分組合作學習的亮點教師，同時，她也是「教室教學的春天～分組合作學習」第二年拍攝教學影片的示範教師，另外，她也榮獲103年親子天下創意翻轉教師。值得一提的是，許老師本身經常參加特殊教育方面的研習，特教研習除了讓她學到一些實用的技巧外，更重要的是培養她對學生間個別差異的敏感度，以及適性教育的理念。

(二) 個案班級

許老師從101學年度開始「有意圖」地在自己的班級中推行分組合作學習，此班爲十二年國教之第一屆學生，已於103年6月畢業。

此班共有31位學生，其中，男生17人，女生14人。此班家長大多是農工職業。家長的教育程度大都在高職（私校）以下，少數家長具有專科以上學歷，對學生的升學不大要求，認爲孩子就讀職校，未來能夠謀生就好。另外，學生的家庭組織結構多樣，有單親、外籍配偶、隔代教養及繼親家庭，家長雖勤奮工作，不過，但因不擅於教育方法，隨著孩子進人國中後，常感到管教無力。

表1是此班國三下學期國文會考的成績統計，表2爲此班在會考中的寫作成績。從表1中，可以看出全班學生B級有24人，C級有6人；從表2中則可看出此班學生作文多數是4級分。以國文來說，此班成績是該校八個普通班中，會考成績第二高的，而作文成績則是八個普通班中最好的。

表1　個案班級之會考成績

會考成績	A++	A+	A	B++	B+	B	C
人　數	0	0	0	6	3	15	6

註：全班31人，1人未參加會考。

表2　個案班級之會考（寫作）成績

寫作成績	6	5	4	3	2	1
人　數	0	4	24	1	1	0

三　資料蒐集的方法

在進行本研究前，研究者認識許老師已逾二年。研究者曾多次到此校觀課。另外，研究者也擔任該校教師專業學習社群的講師，同時，自103學年度起，擔任此校執行「分組合作學習深耕學校」駐校輔導教授，除每個月至少到該校參與觀課或諮詢外，也透過網路針對該校老師撰寫的教學設計提供回饋。

另外，研究者在102學年度曾與許老師共同拍攝分組合作學習（國文科）之教學影帶，透過事前的共同備課、拍片當天的觀課，以及影片剪輯階段的討論，使得研究者對許老師的教學理念與行動有較完整的瞭解。具體來說，本研究資料蒐集的方法如下：

(一) 教室觀察

1. 初次入班

研究者第一次進到許老師班級是2013年11月8日，首次進到該班，研究者看到的教室座位採小組型態，只不過，各組並不是很整齊地分布在教室中。許老師提及，其座位的安排主要考量原則是學生方便互動、方便聽課即可。另外，小組座位中，學生還放著回收使用的小書架，用來擺放小組同學的書籍或用品。當天，研究者利用下課時進到教室，當時，我看到學生一群一群地在討論功課。許老師請學生跟我打招呼時，我看到學生熱情地與我互動，我可以感受到這個班級的班級氣氛很不錯。

2. 第二次入班

2013年12月20日，許老師開放教室，讓校內同仁可以入班觀摩，當天研究者也到場觀課，該次上課進度是：萬聖節驚魂。當天，我全程錄影，我看到班上秩序良好，教師講述時，學生專心聆聽，小組進行合作學習時，學生也都能與組員討論。

3. 第三次入班

爲配合教育部「分組合作學習～理念與實踐」專案之教學影片的拍攝，2014年4月23日研究者又再次入班觀課。與前次不同的是：本次課前，研究者與許老師有共同討論與修訂教學活動設計，所以，在觀課時，更能瞭解教學流程。另外，因爲課前的共同備課，許老師也得以更加瞭解分組合作學習的相關理論。

4. 第四次及第五次入班

前三次入班觀看的班級已於103年6月畢業，不過，許老師在教學中採用分組合作學習的行動並未改變。103學年度起，許老師接一年級的新班，至103年11月止，研究者又分別前往觀課2次，1次是她的導師班，1次是非導師班（兩班都是國一）。觀察時間及重點摘記如表3。

表3　入班觀察時間及重點

入班觀察日期	重點摘記	班　級
2013年11月8日	初次進入教室，目的在瞭解班級環境，透過訪問師生，瞭解班上推動合作學習的情形。	個案班級（導師班）
2013年12月20日	上課進度為「萬聖節驚魂」，採用共同學習法，研究者全程錄影，課後也訪談師生。	
2014年4月23日	上課進度為「聞官軍收河南河北」，主要是透過共同學習法瞭解古體詩的格律。本次教學全程錄影，事後剪輯為教育部推動分組合作學習之案例影片。	
2014年10月17日	上課進度為「心囚」，主要是透過共同學習法讓學生培養「敘事說理」的能力與技巧。	新任教班（導師班）
2014年11月4日	小組以共同學習法進行剪貼作文，雖然是新接的班，但小組活動轉換很流暢。	新任教班（非導師班）

(二) 訪談

研究者到此校，除了觀課外，也會拜訪校長，聽聽校長對於推動分組合作學習的想法。另外，也會訪談學校其他老師。整體來說，本研究主要的訪談對象包括校長、許老師本人、許老師的同事及其學生。其中，訪談許老師的部分包括面對面的訪談、電話及線上facebook的訪談，訪談焦點主要在於學校及班級背景資料、教師推動分組合作學習過程與結果，及師生對此教學法的評價（訪談對象及訪談重點如表4）。

(三) 許老師的實務經驗分享

由於許老師在分組合作學習已累積了相當多的實用技巧與經驗，她也經常獲邀至他校分享，或是擔任「分組合作學習工作坊」實務經驗分享的老師。研究者因爲多次擔任其演講活動之主持人，所以已多次聆聽其實務經驗分享。

表4　訪談對象及訪談重點

訪談對象	訪談日期	訪談重點摘記	備　註
許老師	2013年 11月8日；12月20日； 2014年 4月23日；10月17日； 11月4日	(1)教師及班級學生背景 (2)教師推動合作學習的活動設計 (3)教師推動合作學習時的班級經營	另不定期地透過電話、e-mail、facebook及line聯繫
英英老師	2014年4月10日	許老師班級推動分組合作學習的情形	英英老師與許老師同時進到本校任教，且教同年級，兩人互動甚多
校長	2013年12月20日 2014年4月23日	(1)學校推動分組合作學習的情形 (2)校長辦學理念	「學校簡介及治校理念」由校長親自繕打並寄回
學生10人	2013年 11月8日；12月20日； 2014年4月23日	(1)班上的分組方式與合作學習活動 (2)班上的計分方式 (3)對於合作學習的評價	5人隨機訪談； 5人為拍製教學案例影片時受訪

(四) 問卷調查

爲瞭解參與推動分組合作學習的班級及其教師的想法，所有參與分組合作學習專案的學校（包含個案學校）會配合此專案計畫填寫問卷，其中，有教師的問卷及學生的問卷，且分爲「前測」及「後測」問卷。學生問卷共24題，包括「學習動機與態度」8題、「合作技巧與同儕互動」11題及「師生關係」3題。

(五) 許老師的省思紀錄

爲了進行本研究，許老師在該班畢業後，透過自我省思方式，去回顧自己的理念與教學行動，並把它繕打成文字。

(六) 文件蒐集

此校已執行「分組合作學習」計畫二年，每年均依規定將結案報告上傳至「社群家族」平臺，因許老師本身是學校執行者之一，她本身有學校各項推行資料，她透過電腦直接將學校及該班推行本計畫之相關的資料都存給研究者。除了分組合作學習計畫結案報告外，另外還有許老師的教案、她在校外分享時製作的簡報與短片、班上的閱讀計畫、學生成績，以及與該校有關的網路資料。

四　資料分析的方法

(一) 資料整理

本研究資料蒐集的範圍大約是二年，爲方便整理及分析不同來源的資料，研究者分別以編號稱之，內容包含：教室觀察、訪談、許老師教學實務分享、問卷、教師省思札記及文件等，資料來源編碼如表5：

表5　資料類別與代碼說明

資料類別	資料代碼	說　明
教室觀察紀錄	觀察—20140101	2014年1月1日的教室觀察
訪談校長／教師／學生紀錄	訪P/T/S—20140101	2014年1月1日的訪談校長／老師／學生
省思札記	20140101省思札記	2014年1月1日許老師省思札記
教師-文件	T文—20140101	2014年1月1日教師的教案或檔案
教師演講	T演-20140101	2014年1月1日教師在校外的實務經驗分享

(二) 資料分析

1. 影音資料轉爲逐字稿

本研究蒐集的資料有量化的資料（如：學生會考成績及問卷）及質性資料（如：訪談、許老師之演講錄影）。爲利於分析，會將影音檔中之關鍵內容轉爲文字檔，轉錄的工作由工讀生協助完成。

2. 量化資料

將學生問卷或成績輸入Microsoft Excel軟體，接著，再以此軟體進行描述性統計。

3. 質性資料

質性資料則先輸入分析軟體Atlas-ti，包括逐字稿、許老師提供的文件（教學計畫或簡報檔）、觀察記錄，教師反省日誌和Facebook對話紀錄等資料均載入質性分析軟體。

(1) 開放性編碼：根據脈絡與內容進行開放性編碼（編碼示例如表6）。

(2) 將相關概念予以分類形成編碼結果（如表7）。

(3) 根據編碼結果並參照原始資料形成主題。

表6　編碼示例

原始資料	開放性編碼
我省思了教育和學習的目的，是務實的，又充滿生活化，「識字，不受騙」一直是古聖先賢遺留文稿的中心要旨，於是我把它落實成我的教學理念	許老師的教學理念

表7　編碼結果表

<table>
<tr><td rowspan="6">**背景與理念**</td><td rowspan="2">學校背景與辦學理念</td><td colspan="2">學校基本資料</td></tr>
<tr><td colspan="2">學校特色</td></tr>
<tr><td rowspan="2">校長的理念</td><td colspan="2">校長的辦學理念</td></tr>
<tr><td colspan="2">校長對合作學習的看法</td></tr>
<tr><td rowspan="2">許老師的背景與教學理念</td><td colspan="2">許老師的背景與成長經驗</td></tr>
<tr><td colspan="2">許老師的教學理念</td></tr>
<tr><td rowspan="2">**推動分組合作學習的緣起**</td><td colspan="3">對自己教學不滿意</td></tr>
<tr><td colspan="3">參加「分組合作學習工作坊」</td></tr>
<tr><td rowspan="11">**分組合作學習的實踐**</td><td rowspan="4">教師本身心態與心情轉折</td><td colspan="2">推行之初，教師欠缺自信</td></tr>
<tr><td colspan="2">嘗試活化，教師心中存不安</td></tr>
<tr><td colspan="2">以「正向思考」克服焦慮</td></tr>
<tr><td colspan="2">學生及校長給予正向回饋</td></tr>
<tr><td rowspan="7">具體的行動</td><td rowspan="2">班級經營</td><td>營造良好的師生關係</td></tr>
<tr><td>喚起學生「學」的熱情</td></tr>
<tr><td rowspan="5">活動設計與實施</td><td>不同階段採不同分組方式</td></tr>
<tr><td>合作與社交技巧的指導</td></tr>
<tr><td>給予清楚的任務說明</td></tr>
<tr><td>實作與參與的活動</td></tr>
<tr><td>合作學習的一堂課</td></tr>
<tr><td rowspan="3">**分組合作學習的教學結果與評價**</td><td colspan="3">師生及同儕關係更好</td></tr>
<tr><td rowspan="2">師生均給予正向的評價</td><td colspan="2">教師給予正向評價</td></tr>
<tr><td colspan="2">學生給予正向評價</td></tr>
<tr><td rowspan="12">**教師在行動後累積的實務知識**</td><td rowspan="3">教師角色與專業成長方面</td><td colspan="2">要勇於跳脫傳統框架</td></tr>
<tr><td colspan="2">要正向思維，相信學生</td></tr>
<tr><td colspan="2">要參與專業學習社群，提升教學品質</td></tr>
<tr><td rowspan="6">教學目標方面</td><td colspan="2">重視學生動機與自信的培養</td></tr>
<tr><td colspan="2">調整國文科的教學目標與深度</td></tr>
<tr><td colspan="2">重視文本與深度理解</td></tr>
<tr><td colspan="2">要加強思考深度與價值觀的建立</td></tr>
<tr><td colspan="2">培養學生間同儕互動及合作的能力</td></tr>
<tr><td colspan="2">要指導學生學習方法</td></tr>
<tr><td rowspan="3">教學技巧方面</td><td colspan="2">教學活動要精緻並具邏輯性</td></tr>
<tr><td colspan="2">不要只重「教」，更要重視「學」</td></tr>
<tr><td colspan="2">注意學生差異，讓學生都有成功機會</td></tr>
</table>

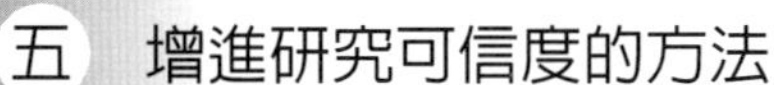

五 增進研究可信度的方法

本研究主要目的在於探討一位國中教師在其班級推動分組合作學習的情形，爲了增加本研究的可信度，本研究採行的作法如下：

(一) 長時間的蒐集資料且使用相機或攝影器材輔助

誠如本文「資料蒐集的方法」所述，研究者從2013年11月起，多次到個案學校進行觀課、訪談、參加個案學校教師專業社群活動、聆聽許老師在校外的分享及與許老師在網路上的交談。透過長期間的資料蒐集，以及每次活動時的錄影錄音，可以更精確地記錄學校的各項活動，增加研究的可信度。

(二) 不同資料及人員間的三角校正

爲了更完整地呈現實際推動的情形，本研究亦訪談或蒐集許老師以外的其他人員（含校長、該校老師、學生），希望藉由不同人員的觀點，相互檢證。另外，因爲研究者也親自入班觀課（觀察）多次，因此可和訪談或文件資料相互檢視，表8爲資料間之三角校正示例。

(三) 利用google文件共同編輯，研究者與許老師共同審訂報告內容

本研究報告主要由本文第一作者（研究者）撰稿，爲了確保研究報告內容的正確性，本文在書寫過程，即利用google文件共同編輯功能，讓第一作者與許老師共同檢視內容及修訂。由於許老師本身是教學者，藉由她本人的修訂與確認，更能確保研究報告的正確性。

表8 三角校正示例

項 目	許老師撰寫的資料	學校校長撰寫的資料	檢核結果
學校特色	○○國中……全校共33班	○○國中……是所規模31班的中型學校	經與許老師確認後，確定是103學年度新增2班

肆 研究結果與討論

一 個案教師推動分組合作學習的緣起

許老師擔任國文老師的年資有九年，最初的七年裡，她的教學方法很傳統，上課時，主要是由她講解教材，學生則是聽講及抄寫。當時，對學生的學習，或是師生關係，她都覺得不滿意。後來，因爲她參加了教育部委由國立臺北教育大學辦理的「分組合作學習工作坊」，觸動了她本身國中時期排斥爲考試而讀書的經驗，她開始自省自己的教學方式。

「學生多半屈就在我的權威之下，……但他們心裡多半是不服氣的，他們是被壓抑的，師生的關係愈趨緊張……，學生就像是設定好的機器，一見到導師，馬上就呈現「乖學生」模式，……於是，我開始思考：師生關係有必要這麼緊張嗎？能不能，師生都愛上課呢？」（20141114省思札記）

二 分組合作學習的實踐

許老師參加過教育部辦理的分組合作學習工作坊後，即開始在自己的教室裡來推行。以下擬說明她在推行分組合作學習的心情與具體行動。

(一) 教師心態與心情轉折

1. 推行之初，對分組合作學習專業不熟，教師欠缺自信

對許老師來說，分組合作學習是一項新的教學模式。因爲對它不熟悉，因此，使用初期內心感到焦慮。

「甫加入分組作學習計畫，著實水土不服，首先是原理原則的多樣化，……接下來是教學方法的改變，茫然不知從何下手。自己

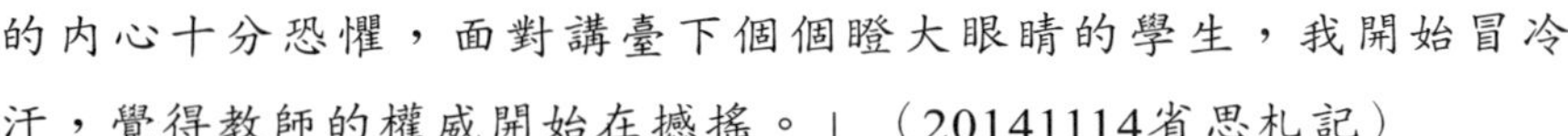

的內心十分恐懼，面對講臺下個個瞪大眼睛的學生，我開始冒冷汗，覺得教師的權威開始在撼搖。」（20141114省思札記）

2. 初期嘗試活化國文課，教師心中存不安

對合作學習有初步認識後，許老師開始著手將它應用在自己的課程裡。她配合課文「風箏」，結合合作學習與遊戲，並把學生帶到操場上課。因爲當天沒在教室上課，有別於以往的教學，使得她對此事有些擔心，沒想到校長及其他老師卻很肯定她，讓她化解了心中的壓力。

「這個班的孩子很愛玩，……我教到「風箏」這首新詩，……，我索性把學生帶出去放風箏，……第一次從事這種教學活動，我心裡很害怕，怕被校長罵，怕被家長罵……，我自己還沒完全放下傳統教師的包袱呢！」（20141114省思札記）

3. 以「正向思考」克服教學型態改變帶來的焦慮

許老師在覺察自己的焦慮後，發現焦慮的根源在於自己無所不知的神化被識破。於是，她以「聞道有先後，術業有專攻」及王冕的話～「哪有學不會的事？」來自我勉勵。

「我仔細思索自己的恐懼，居然是擔心自己無所不知的神化被識破，遂以聞道有先後，術業有專攻」爲自勉，而踏出一步，那離成功的路也不遠矣！」

「我想，這只是一開始，就像王冕的少年時代這一課中，王冕所說的『哪有學不會的事？』我開始思索我想要的課室氛圍，以及我想教給學生的究竟爲何？」（20141114省思札記）

4. 學生正向回饋給予教師持續活化教學的動力

許老師在教學中融入合作學習後，雖然受到校長及同仁的肯定。但其實支持與鼓勵她持續活化教學的最大動力是學生的參與及回饋。

「我想要放棄時，我突然從他們「老師，我們下一課玩什麼？」得到靈感。……我對學生們的貼心很感動，他們是我生命中的貴人，爲我解決困難。」（20141114省思札記）

5. 分組合作學習受肯定，教師謙虛以對，自我期許持續精進

許老師在分組合作學習的推動上累積許多經驗後，獲推薦爲分組合作學習專案計畫的亮點教師，另外，她也榮獲102學年度彰化縣教學觀摩比賽金質獎，其教學表現受肯定。不過，她並沒有因此而鬆懈，相對地，她謙虛以對，認爲自己還有很多不瞭解的地方，她期許自己持續精進，發展自己的特色。

「……我受校長推薦參加彰化縣教學觀摩獲金質獎，然後，也受邀至他校分享成功經驗，接二連三的肯定，並沒有讓我十分欣喜，我反而陷入更深層的省思，……我懷著誠惶誠恐的心，專注在自己的教學工作，希望能把分組合作教學做的更好，更有自己的風格。」（20141114省思札記）

(二) 具體的行動

許老師在班級推行分組合作學習的具體行動包括了「班級經營」及「分組合作學習的活動設計與實施」兩方面。

1. 班級經營方面

(1) 營造良好的師生關係，讓學生感受教學是大家

合作學習發生在班級裡，班級氣氛、秩序與師生關係會影響合作學習的推動。在許老師自省到「師生關係有必要這麼緊張嗎？」後，她開始展現更眞實的自己，把自己親和、幽默的一面展現出來，甚至把自己（教師）的強人形象打破，跟學生自陳自己不會的地方（如：剪輯演講要用的影片），請學生幫忙。另外，許老師也讓學生參與教具的準備製作，甚至是班級成果的展現，讓學生感受教學是大家。由於學生參與教具的準備與製作，他們會期待課程的到來。

(2) 致力把學生「學的熱情」喚回來，讓不同背景的學生都有表現與獲得成就感的機會

許老師瞭解這個學區的多數學生的學習動機並不高，爲了要提升學習效果，她認爲不能忽略動機與情意層面。爲此，許老師透過遊戲、實作、討論與發表……等活動，希望把學生的學習熱情重新喚回來。

> 「接下來，我開始思索把學生學的熱情喚回來，所以，我從學習動機開始下手。」（20141114省思札記）

由於許老師過去參加不少特殊教育方面的研習，她更留意學生的差異化。她鼓勵學生跟自己比較，讓自己比昨天更好。課外，許老師提供在學業或人際方面較弱勢的學生不同的表現機會，讓不同背景的學生都有獲得成就感的機會。

> 「班上一位報紙小天使，他每週都會幫忙選擇合適的報紙材料，並張貼在教室外供全班同學閱讀。這項工作，不只讓他有成就感，他因爲常閱讀好文佳作，對自己有更高的期許。」（T演-20141114）

2. 分組合作學習的活動設計與實施

(1) 配合不同階段目標，採不同分組方式

理論上，分組可以是同質性分組，也可以是異質性分組。國二時，許老師採異質分組，依照段考成績來分組。當學生升上國三後，她則依學生的升學志願學校來分。她認爲有志一同，才不會分道揚鑣。分好組後，許老師還是會視同儕互動做些微調，以期讓各組都能有很好的關係。學生在國三階段依志願學校來分組，還蠻獨特的。不過，研究者到教室去觀課時，雖然教室座位的排列方式有點凌亂，但各組的互動都很好（觀察—20131220）。

(2) 合作與社交技巧的指導

合作學習中，學生間會有大量的互動，因此，合作與社交技巧指導

是很重要的。許多學者（李茂興，1996；Johnson, Johnson, Holubec, & Roy, 1994）指出：學生缺乏合作技巧是許多合作學習之所以失敗的原因。因此，教師應指導學生合作技巧，讓他們在與人互動時能更愉快且有效率（Eggen & Kauchak, 2001; McAllister, 1995）。

由於許老師曾參加過「分組合作學習工作坊」，該工作坊中有一個時段探討的即是合作技巧的指導。許老師知道其重要性，因此，她在推行合作學習時，亦將它納入在其中。

> 「合作學習要運作的好，必須要教導學生與人互動的技巧。……學生社交問題，一開始我以為只有課室秩序問題，後來才發現還有人和人的互動問題。」（訪T-20141104）

(3) 在學生進行合作學習前，給予清楚的任務說明

合作學習對學生來說，是一種新的學習型態。小組如何運作、各組如何上臺分享、如何呈現小組成果、有多少活動時間……等，對學生來說，都是陌生的。因此，許老師在學生進行合作學習前，會先介紹活動的相關細節，讓學生知道合作學習時知道如何做。

> 「在分組討論之前，我會做一些任務說明……。學生跟著老師的引導，學生才能分階段學習。」（20141114省思札記）

(4) 設計讓學生實作與參與的合作學習活動

合作學習的推行，除了前述班級經營、分組、合作技巧的指導外，最關鍵的仍是學生實際互動時的學習活動。這也是許多老師在推動分組合作學習最需要的資源。

許老師在合作學習的活動設計上，結合了團康（遊戲）的元素，讓學生在學習中有參與、有實作、有競賽，期望藉由提高學生的參與，進而提升他們的學習。

「我很重視學生的參與，讓每位學生都可以積極參與，樂於學習。因此，國文課中，我曾設計一些好玩的活動，如前述的到操場放風箏、國文大富翁遊戲等。」（T演-20141114）

(5) 具體的合作學習活動～以一節課爲例說明

若以許老師拍攝「活化教學－分組合作學習」的教學爲例，該次教學目標爲：學生瞭解近體詩的格律。主要教學活動可分爲六項，分別是：①引起動機；②全班授課；③學生以「共同學習法」找出近體詩之特徵；④教師以板書進行統整；⑤學生以「共同學習法」進行近體詩格律之辨認；以及⑥總結活動（觀察－20140423；文件－20140423）。從這個教學活動中可以發現許老師在教學上，並非全程讓學生討論或互動，她仍舊有使用講述教學。整個教學活動呈現「集中（全班授課）－開展（學生合作學習1）－集中（教師統整1）－開展（學生合作學習2）－集中（教師統整2）」的模式。

從上述的說明中，可以看出許老師在推行合作學習過程中的心情轉折及具體行動。在實際行動上，包括了班級經營及教學（分組合作學習的活動設計與實施）兩個層面。研究者認爲班級經營是重要的，它是推行合作學習重要的基礎，教師不宜忽略之。

三　分組合作學習的教學結果及師生對它的評價

許老師擔任個案班級導師及國文科教師三年，她從學生國二開始，在班級推行分組合作學習。以下將說明主要的教學結果及師生對它的評價。

(一) 會考成績位居該校普通班第二，寫作成績位居普通班第一，寫作成績之標準差全校最低。

這一班是十二年國教的第一屆學生，學生在九年級時參加會考。表8及表9是此校九個年級的國文科會考成績及寫作成績。其中，I 班因爲在入學時即獨立招考的資優班，成績較好。在其他的八個班（普通班）中，個案班H的會考成績平均是3.6分，爲普通班次高。

作文部分，全班平均4.03級分，為普通班最高。另外，個案班級全班作文成績之標準差為0.56級分，是全校九個年級最小的，意謂著合作學習可以縮小學生作文表現M型化現象。

(二) 師生及同儕關係更好

個案班級實施分組合作學習後，師生及同儕關係更好了，班上學生會更主動地協助老師及班務。舉例來說，2014年4月23日，個案班級要拍攝分組合作學習教學案例影片，全班同學即分工合作，自己動手粉刷教室牆面，希望為班級及學校爭取榮譽。

> 「因為分組，和同學就更熟稔……，因此同學感情更好。……許多同學都變成熟了，更懂事了，不會自掃門前雪，因為若自私，會受輿論鞭撻。……他們非常投入，即便我的教學活動有瑕疵，他們仍然選擇跟隨我的步驟讀下去，……，師生關係從緊張進化為融洽，甚至互助。」（20141114省思札記）

(三) 師生均給予分組合作學習正向的評價

個案班級推行分組合作學習近兩年，在國文的學習表現上，相對同校其他班級的會考成績算是比較好的，同時，該班會考的作文成績標準差是最小的。再者，師生關係及同儕關係都變得比較好。可能是因此緣故，許老師及班上同學都對分組合作學習給予正向的評價。

> 「分組合作學習有很多的好處，例如，上課的時候不會覺得無聊想睡覺，然後能比較快的進入狀況，還有遇到比較困難的題目就可以和同學一起討論，學習如何與人交際，能夠將自己的意見表達出來，這是傳統上課方式不會有的經驗。」（訪S-20140423）

表8　個案學校九年級各班會考（國文）成績

成績／班級	A	B	C	D	E	F	G	H	I
A++	0	0	0	0	0	0	0	0	2
A+	1	0	0	0	0	0	0	0	3
A	2	0	0	0	1	1	0	0	1
B++	3	4	1	3	6	5	3	6	8
B+	6	3	1	1	5	1	4	3	9
B	15	12	16	15	11	15	15	15	5
C	5	10	13	10	9	10	10	6	3
人數小計	32	29	31	29	32	32	32	30	31
班級會考總分	124	96	98	96	112	110	108	108	130
班級會考平均	3.88	3.31	3.16	3.31	3.5	3.44	3.38	3.6	4.19
C（待加強）比例	15.63	34.48	41.94	34.48	28.13	31.25	31.25	20.00	9.68

註：(1)A～I非學校原有之班級序。H班為個案班級（班上有1位學生因病未參加「會考」），I班為體育資優班，兩班國文科都由許老師任教。

(2)會考成績計算：A++、A+、A為6分，B++、B+、B為4分，C為2分。

(3)依據「全國各科能力等級加標示人數百分比資料」，本屆會考，國文科待加強的比例為17.34%。

表9　個案學校九年級各班會考（寫作）成績

級別／班級	A	B	C	D	E	F	G	H	I
6	0	0	0	0	0	0	0	0	0
5	2	8	0	0	3	1	3	4	10
4	22	12	19	17	21	18	18	24	18
3	5	6	6	8	5	9	10	1	3
2	0	2	1	3	2	2	1	1	0
1	1	1	2	1	1	1	0	0	0
0	2	0	3	0	0	1	0	0	0
作文總分	114	111	98	99	119	109	119	121	131
作文平均	3.56	3.83	3.16	3.41	3.72	3.41	3.72	4.03	4.23
作文標準差	1.16	1.04	1.34	0.82	0.85	1.01	0.68	0.56	0.62
人數小計	32	29	31	29	32	32	32	30	31

註：A～I非學校原有之班級序。H班為個案班級（班上有1位學生因病未參加「會考」），I班為體育資優班，兩班國文科都由許老師任教。

四 教師在行動後累積的實務知識

許老師在推動分組合作學習兩年後，累積了許多實務知識與建議。其中，包括以下三個面向：

(一) 教師角色與專業成長方面

1. 要勇於跳脫傳統框架

隨著「多元智能」、「學習者中心」、「活化教學」等理念的倡導，教師要勇於跳脫傳統的框架，必須從原來傳統講述、威權的形象，轉變成知識的傳達者及引導者。在本研究中，許老師向學生求助，讓學生協助教具或簡報的製作，這與傳統「無所不能」的教師形象有所不同。

2. 要正向思維，相信學生

多數教師都聽過畢馬龍效應（Pygmalion effect），知道教師的期望會影響學生的學習表現。不過，不見得每位老師都能以正向的態度或思維看待學生。許老師在實際推行合作學習後，更加相信要給予學生多褒揚、多引導及相信學生的能力。

3. 要參與專業學習社群，提升教學品質

教學是一件複雜的活動，尤其，要推行分組合作學習，涉及的變項會比講述教學更多。若要讓分組合作學習的品質日益精進，提升教學品質，教師間要結合專業社群，共同設計或檢討相關之教學活動。在此校，許老師和幾位校內同事共同組成專業學習社群，定期研討教學專業，透過社群資源促進彼此成長。

(二) 教學目標方面

1. 重視學生動機與自信的培養

公立國中普通班的學生，學生的先備知識、準備度或學習動機差異很大。許老師認爲對於學業表現差、學習動機低、甚至是逃學的學生，要特別「把學生CALL回學校」。教師要提供學生表現的機會，設定一般學生可達成的目標，讓學生產生成就感，進而願意學習（王金

國，2014a）。

2. 調整國文科的教學目標與深度

分組合作學習不能僅限於座位或教學步驟的改變，教師宜重視以下二項實質的調整，包括：(1)重視文本與深度理解：教學目標必須由表層的形音義及文意的教授，轉變成注重文本與深度理解。(2)要加強思考深度與價值觀的建立：教師在教學過程中，要培養學生重視思考深度，不能只以獲得考試高分爲滿足。

> 「教學，是必須要學生學到東西，而不是只有引起動機而已，而要引導他們專注文本，從文本中務實的學習。」（20141114省思札記）

3. 培養學生間同儕互動及合作的能力

國文科本重視聽、說、讀、寫等溝通能力，只不過，在紙筆測驗爲主的升學考試影響下，大部分的老師都把教學重點放在知識層面，忽略了同儕互動、溝通與合作的能力。許老師在教學後，即認爲國文科的教學不能只是學科知識的教導，也要包括學生間同儕互動及合作的能力。

4. 要指導學生學習方法

許老師認爲，多數學生的學習方法都未建立。從筆記方式、考卷或學習單的整理、時間規劃與利用等，都是必須加強的基礎工夫。

(三) 教學技巧方面

1. 教學活動要精緻並具邏輯性

許老師在和推行分組合作學習專案前，常在一堂課內呈現許多概念，如此一來，不只深度不夠，也常讓學生抓不住學習重點。後來，她因多次與研究者討論教案，轉化成爲一課只教一個重點概念，同時，也重視各活動間的邏輯性，使得學生在學習時，較易掌握重點。

「我上課的模式，小組固定討論，也討論的熱絡，唯一缺乏的就是內容的深度，……如今，我不會在一堂課中置入太多概念，而是彰顯一個主題。」（20141115省思札記）

2. 不要只重「教」，更要重視「學」

許老師以往教學，自己（教師）只負責教，偏重「教師中心」的教學模式。在推行分組合作學習後，她瞭解到，不要只重視教師的教，更要重視學生的學。

3. 注意學生差異，讓學生都有成功機會

許老師認為，教師務必要正視學生程度或準備度的差異，不一定全班都要做紙筆測驗，也不一定全班要考同一份考卷，程度較低的學生只要學會基本題也可以，要讓學生有成功的機會。

許老師在自己的班級中實施的合作學習法大都都是共同學習法（learning together），其推行二年，已見正面效果。從教師的角度來看，這樣的教學讓許老師重新感受到教學的樂趣，拉近了師生的關係，也獲得了教學方面的肯定（獲獎）。從學生的角度來看，這樣的教學，讓學習變得更有趣，和老師及同儕的關係更好，以及相對於同校另七個普通班來說，本班的會考之國文成績名列第二，寫作成績則是八個普通班中最好的，不只平均數最高，且標準差最小。

許老師推行分組合作學習之所以能達到前段所述之效果，研究者認為關鍵因素除了她自己體察教學需改變且主動進修外，其社群夥伴共同研討也提供了她專業成長的契機。另外，對許老師來說，研究者（大學教授）也是一項重要資源。研究者不只與許老師共同討論教案、入班觀課、參與課後檢討，同時，也會分享許多教學上的觀念、資源或他人經驗給許老師。這樣的外部資源，對國中教師來說並不是每人都有的。另外，從許老師推動的經驗來看，她在教室推動分組合作學習的策略，不單單只著眼於教學法本身，她也在班級經營上做努力；她不單單只在學業表現，也重視學生的學習動機；其教學內容不單單只針對考試，也期待從課文中涵養學生品格與態度，這些行動也都值得其他老師參考。

伍 結論與建議

一 結論

(一) 個案教師在參加「分組合作學習工作坊」後，開始在班級中推動分組合作學習

透過正向思考、看到學生正向的回饋、校內同仁的肯定、校外獲獎的鼓勵及不斷自我進修與修正，她已很有信心並經常地在教室中實施合作學習。個案老師因有感於學生的學習表現不佳，師生關係緊張，在參加完「分組合作學習」工作坊後，她開始在班級中推動分組合作學習。調整教學初期，她因專業知識與經驗不足而感到焦慮。後來，透過正向思考、學生的正向回饋、校內同仁肯定、校外獲獎的鼓勵、以及不斷地自我進修與修正，她已很有信心並經常地在教室中推行合作學習。

(二) 個案教師在推行分組合作學習中，發展出許多實用的策略

個案教師在推行分組合作學習中，發展出許多實用的策略。其中包括：「班級經營」及「教學」兩方面。在「班級經營」上，她努力營造良好的師生關係，同時，致力把學生「學的熱情」喚回來、讓不同背景的學生都有表現與獲得成就感的機會。在「教學」上，她配合不同階段目標，採不同分組方式、給予合作與社交技巧的指導、在學生進行合作學習前，給予清楚的任務說明、及設計讓學生實作與參與的合作學習活動。

(三) 分組合作學習促進了學生上課的參與，拉近了同儕與師生的關係，並提高了學生的學習表現

分組合作學習讓學生參與及實作，增進同學間及師生間的互動與關係。另外，這一班是十二年國教的第一屆學生，學生在九年級時參加會考。本班會考成績在全校8個普通班中為次高，作文成績全班平均4.03

級分（最高爲6級分），爲普通班最高。

(四) 個案教師在推行分組合作學習後，累積了許多實務知識。師生均對分組合作學習給予正面的評價

個案老師在推行分組合作學習二年後，透過不斷的進修與修正，累積了許多實務知識。另外，在推行分組合作學習後，學生有較多的參與機會、同儕間與師生間的互動增加、關係拉近，成績在普通班中也比較好，個案老師及其同學都給予分組合作學習正向的評價。

二 建議

(一) 分組合作學習有助於提高學生的參與、拉近同儕與師生關係，並提高學生學習，教師可以在自己的班級中來推行。

(二) 教師要對分組合作學習有信心，改變教學型態之初也許會感到焦慮，但透過學生的正向回饋、社群的力量及持續的修正，將會漸入佳境。

(三) 要成功推行分組合作學習，教師要同時致力於班級經營及指導學生合作與社交技巧的指導。另外，在學生進行合作學習前，要讓他們清楚地知道學習任務。

(四) 教師在推行分組合作學習時，可向有經驗的教師請教其心路歷程及實用的策略，以減少摸索的時間。

參考文獻

一、中文部分

分組合作學習網站（2014）。計畫簡介。2014，4月11日取自http://www.coop.ntue.edu.tw/index.php

王金國（2003）。國小六年級教師實施國語科合作學習之研究（未出版博士論文）。

國立高雄師範大學，高雄。

王金國（2009）。合作學習中之成員地位、參與機會問題及其解決之道。教育研究月刊，**177**，78-82。

王金國（2014a）。提升學習成效，從培養動機與建立自信著手。臺灣教育評論月刊，**3**(9)，46-47。

王金國（2014b）。一起來「活化教學」。臺灣教育評論月刊，**3**(10)，98-99。

吳清山（2014）。善用活化教學提升學生學習效能。師友，**559**，31-35。

李茂興（譯）（1996）。合作：社會活動的基石。臺北：巨流。（M. Argyle, 1991）

周立勳（1994）。國小班級分組合作學習之研究（博士論文）。國立政治大學：臺北。

張新仁、王金國、黃永和（2011）。活化教學～分組合作學習的理念與實踐方案計畫（**101**學年度）。臺北市：國立臺北教育大學。

黃政傑、林佩璇（2008）。合作學習。臺北：五南。

賴協志（2014）。活化教學的動能：教師專業學習社群觀點。教育人力與專業發展，**31**(3)，83-90。

二、外文部分

Borich, G. D. (2014). *Effective teaching methods: Research-based practice.* Boston: Pearson Education.

Burden, P. R. & Byrd, D. M. (2013). *Methods for effective teaching: Meeting the needs of all students*. Boston: Pearson.

Christenbury, L. (2011). The flexible teacher. *Educational leadership, 68*(4), 46-50. Retrieved Feb 20, 2015, from http://www.ascd.org/publications/educational-leadership/dec10/vol68/num04/The-Flexible-Teacher.aspx

Eggen, P. D., & Kauchak, D. P. (2001). *Strategies for teachers.* Allyn & Bacon.

Ellis, A. K. (2001). *Research on educational innovations.* NY: Eye on Education, Inc.

Johnson, D. W., & Johnson, R. T. (1999). *Learning together and alone: Cooperative, competitive, and individualistic learning* (5th ed.). Boston: Allyn & Bacon.

Johnson, D. W., Johnson, R. T., & Holubec, E. J. (1994). *The new circles of learning: Cooperation in the classroom and school.* Association for Supervision and Curriculum Development.

Johnson, D. W., Johnson, R.T., & Stanne, M. B. (2000). *Cooperative learning methods: A meta-analysis.* Retrieved September 17, 2000, from http://www.clcrc.com/pages/clmethods.html

Jolliffe, W. (2007). *Cooperative learning in the classroom: Putting it into practice*. London: Sage Publications Company

Kelly, M. (2014). *Top 6 keys to being a successful teacher*. Retrieved Nov 11, 2014, from http://712educators.about.com/od/teachingstrategies/tp/sixkeys.htm

Knight, G. P., & Bohlmeyer, E. M. (1990). Cooperative learning and achievement: Methods for assessing causal mechanisms. In S. Sharan (Ed.), *Cooperative learning: Theory and research* (pp.1-22). New York: Praeger Publishers.

McManus, S. M., & Gettinger, M. (1996). Teacher and student evaluations of cooperative learning and observed interactive behaviors. *The Journal of Educational Research, 90*(1), 13-22.

Muijs, D. & Reynolds, D. (2001). *Effective teaching.* London: Sage.

Sharan S. (1999). *Handbook of cooperative learning method.* Westport: Praeger Publishers.

Slavin, R. E. (1995). *Cooperative learning: Theory, research, and practice (2nd ed.).* Massachusetts: Allyn & Bacon.

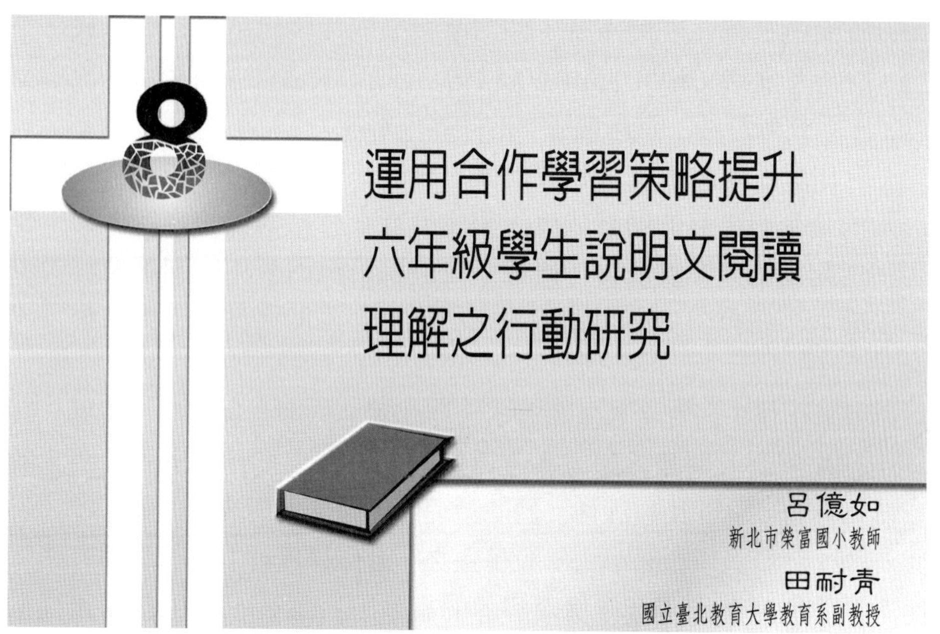

運用合作學習策略提升六年級學生說明文閱讀理解之行動研究

呂億如
新北市榮富國小教師
田耐青
國立臺北教育大學教育系副教授

壹 前言

國小國語教科書到三年級才有說明文，說明文與記敘文的比例是1：7，學生因此缺乏大量閱讀說明文的經驗，而教師在教學上較偏重學科內容知識，較少明確教導學生如何閱讀說明文，因此，許多學生難以理解說明文本，到了國小高年級和國中，此問題仍存在甚至更惡化（陳海泓，2009）。的確，研究者在教學現場亦發現，學生在閱讀習慣上普遍偏好故事體；在學習表現上對說明文體類的學習內容理解力較弱，隨著年級的提升，這種現象愈來愈明顯。然，在高年級課本中，社會、自然、健康與體育的課文內容都是說明文體，難度及分量也逐漸增加。學生對說明文體的理解能力較薄弱，無法獨立閱讀課本，依賴老師的講解分析，是亟需改善的教學現場問題。研究者班上學生於2013年5月參加新北市國小五年級國語文能力檢測，檢測結果顯示學生在「詮釋整合」與「比較評估」兩個閱讀層次平均通過率低，而研究者在教學時亦有感於學生在閱讀時，傾向直接擷取片段訊息來答題，缺乏整合、分析及批判文章訊息的能力，因此促使研究者想提升學生「詮釋整合」、「比較評估」這兩個層次的閱讀理解能力。

合作學習理論指出常參與同儕討論的學生，比起那些不常與同儕討論的學生有更高的閱讀成就，學生若能在有結構性的合作活動中學習，能夠增進其閱讀能力。研究者也發現班級內學生的閱讀理解表現落差頗大，在教學中必須適時的運用同儕的協助與激勵，增強學習成效。

基於上述，研究者希望藉著「合作學習」的理念與策略，發展一套「合作學理解」閱讀教學方案，透過同儕合作，提升學童對說明文體「詮釋整合」、「比較評估」的閱讀理解能力。本研究目的如下：

一、發展適用於國小六年級學生之「合作學理解」閱讀教學方案。

二、探討實施「合作學理解」閱讀教學方案後，學生在「詮釋整合」及「比較評估」閱讀理解層次的表現情形。

三、探討研究者在行動研究中的省思與專業成長。

貳 文獻探討

一 合作學習的意義及模式

(一) 合作學習的意義

合作學習是一種將個別學生組成小組或團隊，然後藉由成員間的合作以達成特定教學目標的策略（Ellis, 2001）。它是一種有系統的教學策略，能運用到不同年級、不同學科領域、小組的學習團體經由互相激勵、互相成長，提高學習成效。在合作學習的情境中，教師採異質性的分組，學生在能力不相當的同儕中彼此進行溝通學習，透過討論與支持，共同努力完成教師安排的學習任務，以達到個人績效及團體目標，是一種你好、我好、大家互惠的學習方法。

(二)合作學習的教學模式

本研究主要採學生小組成就區分法來進行，部分單元採共同學習法的模式。

1. 學生小組成就區分法（Student Teams-Achievement Division, STAD）

Slavin於1978年所發展的，它與傳統教學方法有相似之處，是最容易實施，且運用範圍最廣的，因此亦可作爲教師嘗試合作學習入門之教學法。STAD有五個步驟：(1)全班授課；(2)分組學習；(3)個別測驗和團體歷程；(4)評分方式（進步分數）；(5)學習表揚（小組及個人）（黃政傑、林佩璇，1996）。

2. 共同學習法（Learning Together, LT）

Johnson與Johnson所發展的，強調五個基本要素：面對面的互動、積極的相互依賴、個人績效責任、人際互動和小組技巧（Slavin, 1995）。它著重於營造助長合作學習的情境，因此更注重小組互動的技巧和合作技巧的訓練。

二 閱讀理解

(一)閱讀理解教學策略

提升閱讀理解能力的策略頗多，本研究主要以「文章結構分析」策略爲主。文章結構是將文章中概念進行有系統的組織，從訊息處理理論的觀點來看，文章結構的辨認和運用，是一種編碼的歷程，有利於閱讀者保留和提取訊息以及預測文意等（張新仁，1990），透過分析文章結構，閱讀者在閱讀時能夠主動尋找文章中的主題、脈絡線索以及建構劇情，進而增進閱讀的理解（羅明華，1994）。

(二)說明文的結構

陳海泓（2009）指出常見的說明文結構有描述、序列、比較和對照、原因和結果、問題和解決等五種。研究者分析國小六年級社會課本，選取最常出現的三種說明文結構：「主題描述」結構、「序列」結構、「比較對照」結構，做爲本研究教學的文體結構，且一次聚焦於一種文體結構，待學生熟悉之後，再進行另一種文體結構的教學。此三種說明文結構以及文中常見的線索字如表1。

表1　國小教科書常見的三種說明文結構及線索字

結　構	說　明	文中常見的線索字
主題描述（Enumeration）	對某一主題之細節、屬性或背景的描述	例如、舉例說明、諸如此類、圖解說明、最重要的、此外、其他、而且、首先、其次
序列（Time Order）	按著某些形式進行訊息安排的順序，如時間、空間、動作順序等列舉方式	（第一、第二、第三）、（其次、然後、稍後）、（之前、之後、當時）、（在……、最後）
比較和對照（Compare and Contrast）	此類型結構就事物的特點相互比較，辨別事物性質、方法、概念或是數量上相同以及不同的部分	但、不同於、相同、相似、相反、代替、雖然、然而、與……比較、不但……而且、和……一樣、同時、當……

資料來源：陳海泓（2009）。說明文體的閱讀理解教學，頁30

(三) 說明文的圖形組織

本研究將使用具概念性的網狀圖、序列性的流程圖以及階層性的樹狀圖，做爲說明文文章結構分析之學習鷹架，其結構圖形如圖1。

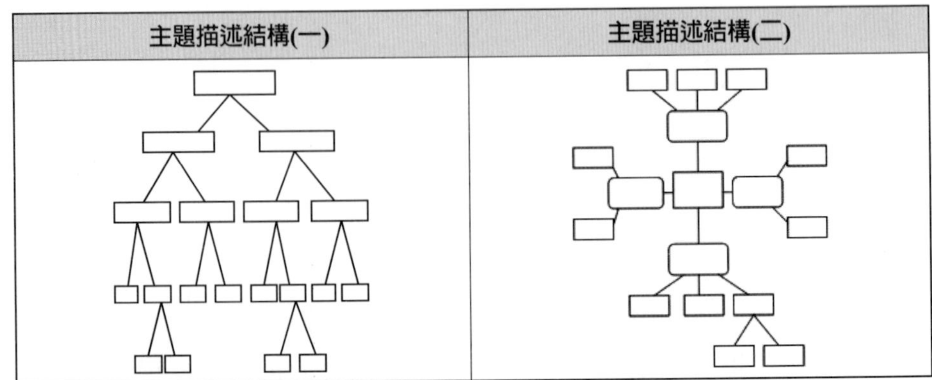

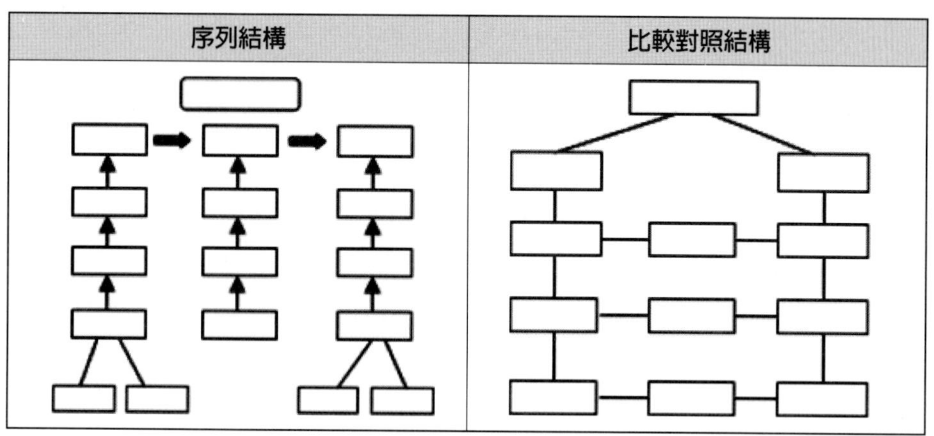

圖1　說明文結構圖形

資料來源：教育部（2011）。提升學生閱讀理解工作坊研習手冊，頁39-42

參 研究方法

一 研究對象

研究對象是研究者擔任級任導師之六年喜悅班（化名）全體學生，全班人數共27位，男生15位，女生12位。研究者已擔任導師一年多，對學生的個性及學習特質掌握度高，師生及親師互動良好。班上學生在閱讀理解能力的表現落差頗大，且對於知識性的說明體文本接受度較低，理解力較弱，需要有效的教學策略加以引導。研究者以往較偏向以教師講述爲主的教學方式，師生對於合作學習的實施經驗不多。

二 研究工具

(一) PIRLS說明文範文（四篇）

每篇PIRLS閱讀理解測驗中「詮釋整合」及「比較評估」兩個閱讀理解層次的題數不一，且題目的數量並不多，大約爲1-3題。因PIRLS研究報告指出其每篇測驗的難易度皆相當，具有複本效果。故研究者在前後測中乃是各選取兩篇範文來進行測驗以避免因評量的題數太少，無法客觀的測驗出學生在該閱讀層次之表現。此外，研究者亦考量前後測範文之文體結構是否平均分布，因此前測二篇選用PIRLS說明文範文「小海鸚鵡之夜」與「一日健行的樂趣」，兩篇範文分別為序列結構與主題描述結構，後測兩篇採用PIRLS說明文範文「太空漫步」與「巨牙之謎」，兩篇亦分別為序列結構與主題描述結構，使前後測之文章均涵蓋序列與主題描述二種文體結構。（因PIRLS說明文範文僅有「尋找食物」一篇屬於比較對照結構，無法針對該種文體結構之文章進行前後測，因此研究者在自編閱讀理解前後測驗時，將選取文體內容具有比較對照結構之單元）

PIRLS閱讀理解測驗依據四個閱讀理解層次來編製試題，因為本研究旨在提升學生「詮釋整合」、「比較評估」兩個閱讀理解層次，故在測驗時是讓學生進行整份試卷的測驗，然後抽取PIRLS閱讀理解測驗中「詮釋整合」及「比較評估」層次的題目進行分析。本測驗前後測所使用之PIRLS說明範文分析如表2。

(二) 研究者自編之社會領域閱讀測驗

為評估學生說明文閱讀理解策略之學習遷移成效，研究者選擇自己任教之翰林版六下社會課本中同時具有主題描述及比較對照兩種結構的兩個小單元：1-2「穿越時空看文化」及3-3「科技危機與立法」自編閱讀理解測驗試題。其內容說明如表3。

在信效度方面，PIRLS測驗已發展出完整的信效度。而研究者自編之社會領域閱讀理解測驗在試題編製完成後，分別訪談一位閱讀教育專家與一位在職國小教師，並將他們檢核試題後所提供的意見加以彙整，進而訂定試題之修正稿。修正稿完成後，研究者進行試題之信度分析，求得Pearson相關係數為.808（$p < .01$），可知本測驗之前後測具有複本信度。此外，研究者亦就前後測試題預試結果逐題檢視其難度與鑑別度，確認沒有不良試題。

表2　前後測使用PIRLS說明範文分析

測驗別項目	前測1（P）	前測2（P）	後測1（P）	後測2（P）
文章名稱	小海鸚鵡之夜	一日健行的樂趣	太空漫步	巨牙之謎
文章結構	序列結構	主題描述結構	序列結構	主題描述結構
文章字數	1339個字	1203個字	1307個字	1633個字
詮釋整合層次配分	選擇題0題，共0分 簡答題5題，共50分		選擇題1題，共10分 簡答題4題，共40分	
比較評估層次配分	選擇題2題，共20分 簡答題2題，共30分		選擇題0題，共0分 簡答題5題，共50分	
總分	100分（詮：50分，比：50分）		100分（詮：50分，比：50分）	
作答時間	40分鐘		40分鐘	
評分者	協同研究者張老師、吳老師		協同研究者張老師、吳老師	

表3　研究者自編之社會領域閱讀理解前、後測說明

測驗別項目	前測（社）	後測（社）
單元名稱	1-2穿越時空看文化	3-3科技危機與立法
文章結構	主題描述、比較對照	主題描述、比較對照
文章字數	1506個字	1352個字
詮釋整合層次配分	選擇題0題，共0分 簡答題5題，共50分	選擇題1題，共10分 簡答題4題，共40分
比較評估層次配分	選擇題4題，共40分 簡答題1題，共10分	選擇題3題，共30分 簡答題2題，共20分
總分	100分（詮：50分，比：50分）	100分（詮：50分，比：50分）
作答時間	40分鐘	40分鐘
評分者	協同研究者張老師、吳老師	協同研究者張老師、吳老師

肆 研究歷程與結果

(一) 擬定合作學習實施步驟與教學流程

本研究教學方案之發展歷程及實施步驟主要參考分組合作學習教學手冊（張新仁、黃永和、汪履維、王金國、林美惠，2013）對於合作學習教學活動之設計理念爲依據，將合作學習教學活動設計分爲教學前、中、後三部分，但實施步驟依據本研究之教學目標及班級學生特質略做修改及調整，如圖2（加網底爲修改或增刪的部分）。

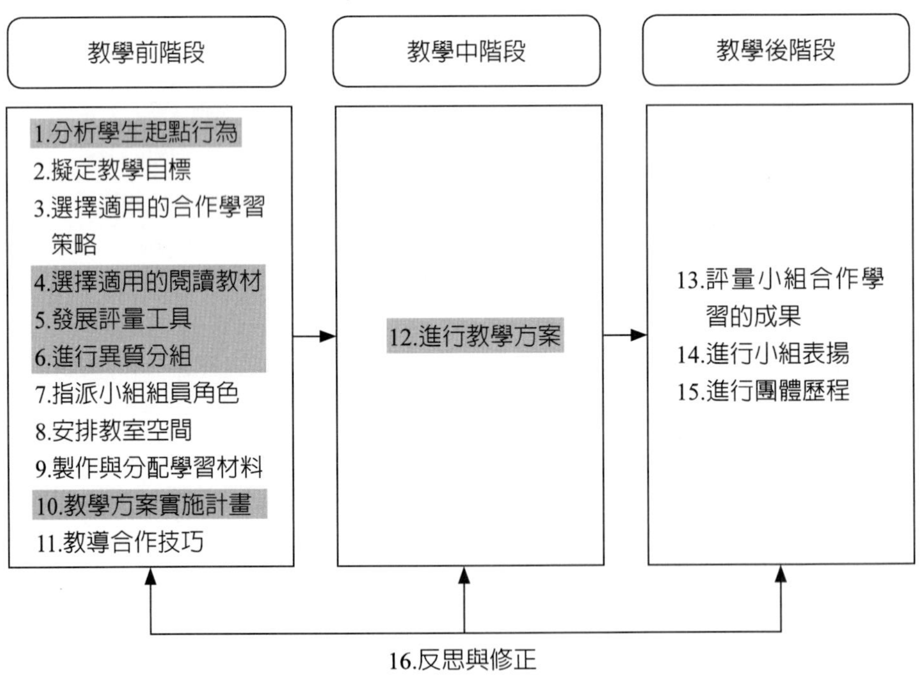

圖2 「合作學理解」閱讀教學方案發展歷程

(二) 教學前階段

1. 分析學生起點行為

(1) 合作學習能力

研究者以往主要以教師講述為本位的教學型態，尤其在語文或閱讀教學上，學生實施合作學習的經驗並不多，學生對STAD的實施流程、組任角色內務、進步分數的計算等方式並不熟悉。

(2) 閱讀理解能力

喜悅班學生於2013年5月參加新北市國小五年級學生國語文能力檢測，其中閱讀能力之檢測題型比照PIRLS四個閱讀理解層次來命題。喜悅班學生在各層次之平均通過率分別為92.43%（直接提取）、88.64%（直接推論）、75.29%（詮釋整合）及67.77%（比較評估），顯示學生對於較高層次的閱讀理解歷程掌握能力不足。

2. 擬定教學目標

研究者根據PIRLS所提出之「詮釋理解歷程」的兩個閱讀理解層次：「詮釋整合」及「比較評估」所定義之能力來訂定本研究教學方案的教學目標，如表4。

表4　「合作學理解」閱讀教學方案之教學目標

閱讀理解層次	教學目標
詮釋整合（I）	I-1能清楚分辨出文章整體訊息或主題
	I-2能比較及對照文章訊息
	I-3能詮釋文中訊息在真實世界中的應用
比較評估（E）	E-1能評估文章所描述事件實際發生的可能性
	E-2能評斷文章中訊息的完整性
	E-3能找出作者的觀點

3. 選擇適用的合作學習策略

研究者衡量班級的特質、學生的學習狀況後，決定採用STAD來做為本研究主要之合作學習策略。而在第一、二週之教學並沒有進行隨堂小考，而是由小組共同完成一項「學習任務」，因此是採用共同學習法的模式。

4. **選擇適用的閱讀教材**

研究者選定閱讀教學方案之說明體文章共七篇，以小學生六年級社會課本最常出現的三種說明文結構：主題描述結構、序列結構、比較對照結構三種類型的說明文作爲閱讀教學方案的教材，文章的字數約爲1200至1600字左右。閱讀教材分析如表5。

表5　說明文閱讀教材分析

編號	文章標題（字數）	文章來源作／編者	說明文內容要點	說明文結構	圖表小標
1	鴿（1596字）	教育部「閱讀理解—文章與試題範例」註	介紹公鴿、母鴿的外型、生活習性，以及鴿子從卵、雛鴿、幼鴿到成鴿的成長過程	主題描述	有圖 有小標題
2	拒吃魩仔魚（1305字）	取材自「挑戰閱讀理解力（二）」	魩仔魚是許多種魚類賴以生存的重要食物，若不加以限制捕撈，將對海洋生機造成莫大的危害	主題描述	有圖 無小標題
3	攀岩好身手（1248字）	教育部「閱讀理解—文章與試題範例」	介紹攀岩的場地、攀岩的裝備、各項輔助工具之功用與穿戴的流程，並說明攀岩應注意的安全事項	序列	有圖 有小標題
4	多多鳥的演化與滅絕（1569字）	改編自「問好問題!」一書	介紹多多鳥的外型與習性，以及多多鳥如何演化與滅絕的過程	序列	有圖 無小標題
5	尋找食物（1305字）	PIRLS2006範文	描述研究螞蟻、溼圓蟲、蚯蚓三種動物所吃的食物以及如何尋找食物之計畫。每個計畫都有說明研究方法與結果	比較對照	有圖 有小標題

（續上表）

編號	文章標題（字數）	文章來源作／編者	說明文內容要點	說明文結構	圖表小標
6	一天吃掉十噸蛇（1564字）	取材自「挑戰閱讀理解力（一）」	介紹中國深圳地區嗜吃蛇類，海南地區嗜吃鳥類，都對生態造成莫大的影響，人類應改善此種不文明的行為	比較對照	有圖 無小標題
7	神祕的城堡（1235字）	改編自康軒版國語第十二冊第六課	城堡是具有特色的建築，依其種類，各有不同的性質與功能。城堡的演變歷程不但印證了歷史的興衰，也使人充滿憧憬	綜合練習	有圖 無小標題

5. **發展評量工具**

研究者在進行教學方案之前、後時間，分別以PIRLS閱讀理解試題及自編之社會領域閱讀理解測驗進行兩次前、後測。PIRLS測驗已有完整的信效度，而研究者自編之社會領域前後測亦具專家效度、複本信度並進行試題難度、鑑別度分析。此外，研究者亦就PIRLS前後測、自編社會領域前後測與教學目標進行對應分析，以確認前後測能評量出學生是否達到本教學方案之教學目標，其內容如表6。

表6　PIRLS前後測、自編之社會領域前後測與教學目標之對應分析統計表

測驗項目	PIRLS前後測（四篇）						自編社會領域前後測（二篇）					
閱讀層次	詮釋整合			比較評估			詮釋整合			比較評估		
教學目標	I-1	I-2	I-3	E-1	E-2	E-3	I-1	I-2	I-3	E-1	E-2	E-3
測驗題數	1	7	2	3	5	0	2	5	3	1	4	5

由以上之統計表可得知，在PIRLS四篇前後測中缺乏對於評量教學目標E-3的測驗題型，因此研究者在自編之社會領域前後測中編製符合E-3之題型來補齊不足，使本研究之評量均能包含六項教學目標。

6. **進行異質分組**

研究者依學生性別、閱讀理解前測（PIRLS）、前測（社會）之平

均成績、人際互動及學習特質等進行異質分組，力求使每組學生的學習能力相近。全班學生共分成7組，每組3-4人，以前測平均成績優異、領導能力佳或具有樂於助人特質者擔任小組長。並將班上人際互動較差的學生和最有愛心的同學分在一組，以期能透過同學間的包容與互助，提升合作學習之成效。

7. 指派小組組員角色

爲使合作學習更有效率及維持小組討論之進行，研究者參考分組合作學習教學手冊（張新仁等，2013）將小組內成員分配爲：主持人（組長）、觀察員、記錄員、檢查員。教學活動進行之初，先由研究者分派每組之組內任務，並製作角色任務卡，使組員能清楚自己在組內所擔負之任務；待小組熟悉合作學習模式及各角色之任務後，組員角色採輪流制，提供學生不同學習的機會。

8. 安排教室空間

喜悅班教室合作學習座位之安排以學生能快速移動、合併課桌椅成小組討論位置，讓組員可面對面互動，在老師講述時亦能面對黑板。各組間有適當間隔，避免音量干擾，又能方便老師巡視行間。

9. 製作與分配學習材料

研究者依據閱讀教學方案中的教學步驟編製閱讀學習單，用來協助學生與小組成員互動討論，進而理解及建構文本的意義。爲了方便學生閱讀與討論，閱讀教材及學習單之分配，採一人一份。

10. 「合作學理解」閱讀教學方案實施計畫

本方案共計九週，每週實施節數爲三節課，研究者利用每週三、五早上全校晨光共讀時間（40鐘）及每週一節之閱讀課（每週三上午第一節）實施。研究者於教學前先設計四堂「樂合作．有技巧」的課程，教導學合作技巧，以提升小組學習成效。第一週之教學單元爲「閱讀說明文的策略」，第二週之教學單元爲「辨識說明文結構」，第三週至第九週進行七篇說明文文章之閱讀教學，教學方案之實施計畫列於表7。

表7　「合作學理解」閱讀教學方案實施計畫表

時間	實施前	第一週	第二週	第三週至第九週
教學單元	樂合作、有技巧	閱讀說明文的策略	辨識說明文結構	1.鴿（主題描述） 2.拒吃魩仔魚（主題描述） 3.攀岩好身手（序列） 4.多多鳥的演化與滅絕（序列） 5.尋找食物（比較對照） 6.日全食（比較對照） 7.神祕的城堡（綜合練習）
授課節數	共4節 （160分鐘）	共3節 （120分鐘）	共3節 （120分鐘）	每週3節，共21節 （840分鐘）
教學目標（重點）	1.培養小組默契 2.用心傾聽 3.互相鼓勵 4.彼此尊重	1.能瞭解說明文的特徵 2.能分辨出說明文體的文章 3.能瞭解閱讀前、中、後可使用之閱讀策略	1.能運用線索字及文章內容，找出說明文的結構 2.能繪製與文章相對應的結構圖	詮釋整合： I-1能清楚分辨出文章整體訊息或主題 I-2能比較及對照文章訊息 I-3能詮釋文中訊息在真實世界中的應用 比較評估： E-1能評估文章所描述事件實際發生的可能性 E-2能評斷文章中訊息的完整性 E-3能找出作者的觀點
教學流程 全班授課	1.講解合作學習進行方式 2.利用遊戲及影片，引發學生興趣 3.教師利用傾聽、鼓勵、尊重T形圖，引導學生合作技巧怎麼做？怎麼說？	1.教師展示使用手冊、地圖導覽等常見說明文體物件，讓學生進行討論 2.教師歸納分析，介紹說明文體的特徵 3.示範閱讀說明文前、中、後可使用之策略	1.教師複習上週所學習之說明文的特徵 2.教師說明文章結構的重要性 3.介紹二種說明文結構的特徵、文章中常見的線索字、相對應的結構圖	1.教師依據文章題目播放相關影片，連結學生生活經驗，引發學習動機 2.教師利用一篇說明文（與當次閱讀教材不同）做示範，向學生介紹說明文結構之特徵、線索字與對應之結構圖

（續上表）

時間		實施前	第一週	第二週	第三週至第九週
	小組學習	1.教師設計情境題，以小組進行實作練習 2.請小組上臺發表，其他同學提供意見或回饋	1.教師發給各四篇文章，請各組依據說明文體的特徵，進行討論，找出哪二篇是說明文體的文章？ 2.各組上臺報告	教師發給各組四篇文章，請各組進行討論，找出教師所指定之說明文結構，並畫出其結構圖	1.發下閱讀教材及學習單 2.小組成員主要的工作是精熟教師所教授的內容，並透過討論，幫助組員也能精熟學習內容 3.小組內的同學能全部學會學習單的問題，小組討論才算完成 4.小組上臺報告學習單所完成的問題
	個別測驗				1.採個別測驗來評量學生的閱讀理解學習表現 2.小考的題目依據當週閱讀教材命題
	團體歷程	各小組組長帶領分享學習心得，反省小組表現			
	小組表揚	計算個人進步分數及小組得分並進行表揚 邀請學習績效、合作技巧優良的組別分享成功的學習經驗			

11. 教導合作技巧

研究者有感於喜悅班學生實施合作學習的經驗不多，且較缺乏傾聽、鼓勵、尊重等三種合作技巧，因此設計了「樂合作．有技巧」四堂課，於閱讀方案教學進行前，利用四節綜合領域課程的時間來實施，以加強學生之合作技巧，提升合作學習的成效。

(三) 教學中階段

1. 進行教學方案

研究者在進行合作學習時，會向學生講解合作學習的方式和配合事項。如：說明此次課程的學習目標、解釋成功的標準，並強調組員間的積極互賴，以及研究者所期望的合作表現等。而在合作學習的過程中，研究者亦會觀察各組學習與互動的情形，並適時介入。

2. 評量小組合作學習的成效

研究者運用小組進行討論時所完成的閱讀學習單、個別測驗的成績、小組合作行爲觀察表、小組合作學習評估表、學生的小日記及週記、協同研究者訪談紀錄等來評量小組合作學習的成效。

3. 進行表揚

每次合作學習結束後，均進行表揚，以激勵學生有更佳的表現及更良好、積極的合作態度。表揚的內容可分爲四種，分別爲小組和個人兩方面，小組表揚分爲「最佳進步楷模」與「最佳合作楷模」，而個人表揚則分爲「Super進步王」與「Super小老師」。

4. 評估小組運作效能

研究者在每週閱讀教學方案課程第三節結束前5分鐘讓小組進行團體歷程，請組長帶領小組反省檢討本週合作學習的情形，希望藉由此歷程來澄清及改進組員學習的效能，以達成小組共同的目標。

5. 收穫、省思與修正

在整個教學方案進行中，遇到一些困境，如在合作學習方面面臨了學生合作技巧不夠純熟、小組討論音量過大、專注度有待提升，及對於組內任務的執行較爲被動等困境，在閱讀理解上則面臨了研究者忽略了學生對文體結構的先備知識及學生提問的問題層次需要提升等。研究者透過分析學生的學習紀錄、課堂的觀察紀錄以及協同研究者的建議等，不斷的研擬解決方法。整個教學方案一直處於實施、反思、修正、再實施的動態歷程，逐漸形塑出「合作學理解」閱讀教學方案之最佳模式。

一 研究結果

量化及質性資料分析結果顯示喜悅班學生在「詮釋整合」及「比較評估」兩種閱讀理解層次之表現均有顯著提升。

(一) 學生在「詮釋整合」閱讀理解層次之表現成績有顯著提升

學生在PIRLS及自編社會領域閱讀理解後測之「詮釋整合」成績均有顯著提升（p<.001，p<.05），詳表8、9。表10顯示在「詮釋整合」三個教學目標之考題中，學生後測之正答率皆高於前測。

表8　PIRLS「詮釋整合」閱讀理解層次成績之成對樣本t考驗分析

測驗別	閱讀層次（配分）	人數	平均數	標準差	最高分	最低分	t
前測	詮釋整合（50分）	27	35.56	7.89	50	20	4.67***
後測	詮釋整合（50分）	27	42.96	6.97	50	25	

***p<.001

表9　自編社會領域前後測「詮釋整合」閱讀理解層次成績之成對樣本t考驗分析

測驗別	閱讀層次（配分）	人數	平均數	標準差	最高分	最低分	t
前測	詮釋整合（50分）	27	38.70	8.27	50	20	2.50*
後測	詮釋整合（50分）	27	42.22	7.93	50	25	

*p<.05

表10　「詮釋整合」三教學目標之前後測正答率

閱讀理解層次	教學目標	前測平均正答率	後測平均正答率	進步情形
詮釋整合	I-1能清楚分辨出文章整體訊息或主題	74%	83.5%	9.5%
	I-2能比較及對照文章訊息	56.71%	78.6%	21.89%
	I-3能詮釋文中訊息在真實世界中的應用	70%	80.3%	10.3%

研究者觀察學生在閱讀學習單及小考的答題情形，亦發現學生在摘要文章大意、歸納及整合文章中的訊息以及運用自己的知識或經驗與文本中的訊息做對照，然後從所閱讀的文本中檢索訊息回答問題等方面的能力均有提升。以「I-1能清楚分辨出文章整體訊息或主題」為例，研究者發現在教學方案進行之初，各組所完成的文章大意內容都較冗長，或是無法完全掌握文章之完整內容。

第三週（閱讀教材：鴿）

阿清受小舅的影響愛上了鴿子，便向舅舅要了一對鴿子來養，並且幫牠們做了窩，之後母鴿產下了兩顆蛋，公鴿和母鴿輪流孵卵，卵孵化了，阿清細心的照顧牠們，讓牠們一天天健康的長大，後來阿清還帶鴿子去參加運動會放和平鴿的活動，最後阿清因爲一時的疏忽，忘記關鴿籠，鴿子被野貓吃掉了。

【G3摘要20140307】

小舅向阿清介紹鴿子，阿清受到影響愛上鴿子，在阿清細心呵護下鴿子逐漸長大，阿清帶牠們去參加放和平鴿的活動。

【G4摘要20140307】

第三組的摘要內容太過冗長，沒有刪掉一些次要訊息或贅詞，而第四組則漏掉了本文之重點，鴿子最後被貓吃掉令作者傷心不已。研究者透過學習單作品觀摩的時間指導各組進行修改，經過幾次的練習，學生在摘要大意時已能較爲簡潔精要，並能歸納文章整體訊息。

第六週（閱讀教材：多多鳥的演化與滅絕）

說明多多鳥的祖先、演化過程以及後來被捕殺和滅亡的原因，最後以多多鳥已變成各種紀念商品來提醒人類要記住教訓，不要再重演這個悲劇了。【G4摘要20140328】

第七週（閱讀教材：尋找食物）

介紹螞蟻、溼圓蟲和蚯蚓三種生物牠們的習性、生活環境及覓食方式，並說明如何進行研究計畫。【G3摘要20140403】

(二)學生在「比較評估」閱讀理解層次之表現成績有顯著提升

學生在PIRLS及自編社會領域閱讀理解後測之「比較評估」成績均有顯著提升（p<.01，p<.001），詳表11、12。表13顯示在「比較評估」三個教學目標之考題中，學生後測之平均正答率皆高於前測。

表11　PIRLS前後測「比較評估」閱讀理解層次成績之成對樣本t考驗分析

測驗別	閱讀層次（配分）	人數	平均數	標準差	最高分	最低分	t
前測	比較評估（50分）	27	34.81	13.04	50	5	2.94**
後測	比較評估（50分）	27	42.22	8.47	50	20	

**p<.01

表12　自編社會領域前後測「比較評估」閱讀理解層次成績之成對樣本t考驗分析

測驗別	閱讀層次（配分）	人數	平均數	標準差	最高分	最低分	t
前測	比較評估（50分）	27	32.96	10.22	50	15	5.32***
後測	比較評估（50分）	27	41.67	8.88	50	20	

***p<.001

表13　「比較評估」三教學目標之前後測正答率

閱讀理解層次	教學目標	前測平均正答率	後測平均正答率	進步情形
比較評估	E-1能評估文章所描述事件實際發生的可能性	71.33%	81%	10.33%
	E-2能評斷文章中訊息的完整性	61%	79.8%	18.8%
	E-3能找出作者的觀點	55.5%	80.33%	29.83%

研究者觀察小組所完成的閱讀學習單及小考的答題情形，亦發現學生無論是在將自己的認知與文章中的內容做對照，進而對文章做出評析、掌握文章結構、理解文中相關訊息的意涵或是分析作者的寫作特色、思索作者寫作的意圖等方面的能力均有提升。以「E-2能評斷文章中訊息的完整性」爲例，其包含掌握文章結構之能力，學生對文體結構的掌握度有所提升，且各組能運用不同的結構分析文章，以下爲第九週（閱讀教材爲神祕的城堡）小組所完成之結構圖。

第三組

S02：我們這組討論之後，用了「序列結構」來分析這篇文章，因爲這篇文章主要是在介紹城堡演進的過程，是有時間先後順序的排列，而且文章中還出現了一些序列結構的線索字。像是首先、然後、後來等。

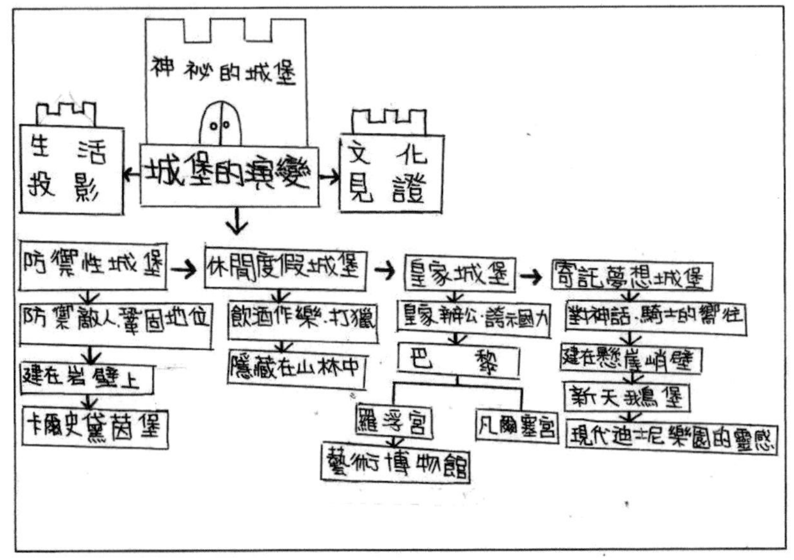

圖3　G3結構圖20140418

第五組

S26：因爲文章中有介紹各不同城堡它們的性質和功能，所以可以用「比較對照」結構來比較各個城堡的類型、功能、特色、代表等，這樣可以方便看出它們相同或是不同的地方。

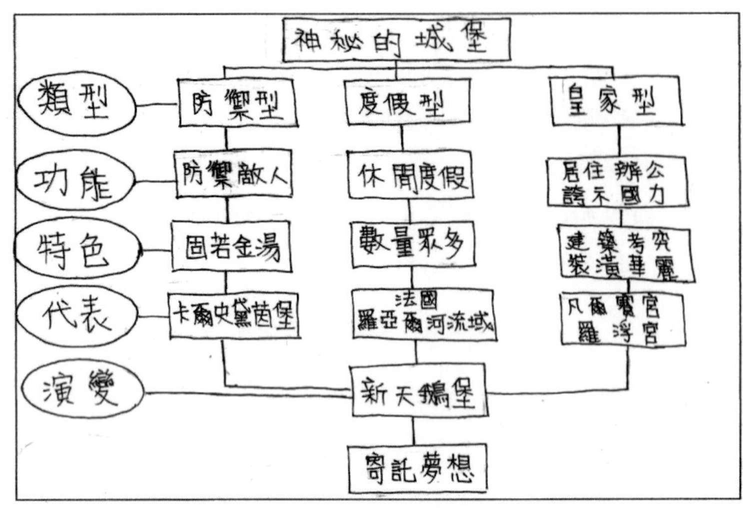

圖4　G5結構圖20140418

第七組

S05：我們這組覺得這篇文章可以用「主題描述結構」來分析，這篇文章寫的主題是城堡，下面的小標題就是把這幾個城堡的特色加以分析介紹。

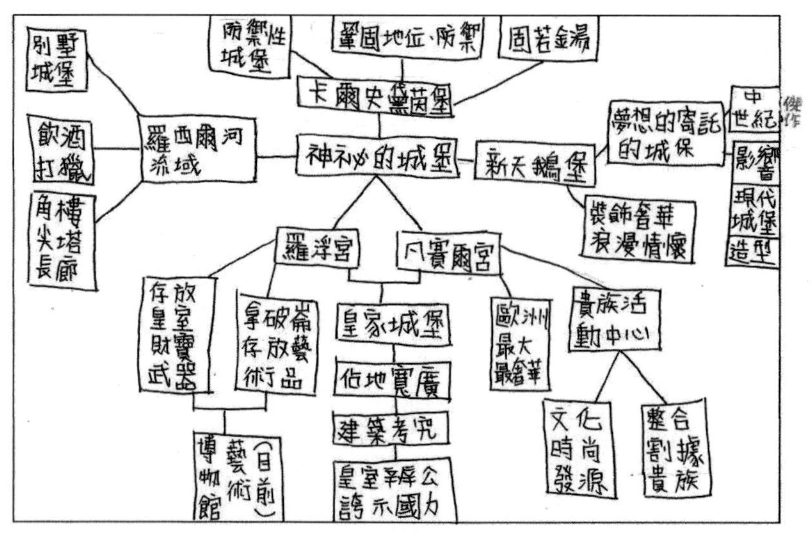

圖5　G7結構圖20140418

此外，在「E-3能找出作者的觀點」方面，研究者分析喜悅班學生在前測的答題情形，發現不少學生不知如何去分析作者的寫作特色或是思索作者寫作的意圖。因此研究者在設計「合作學理解」閱讀教學方案的閱讀學習單時，便要求學生分析作者的觀點，找出文章之主旨。而在小考的測驗中，亦常要學生去分析文本的寫作特色或是思索作者的寫作意圖，並在每次小考之後，以學生的答案進行講解與分析。研究者觀察到學生在經過指導與練習之後，在此項目標之能力有所提升。

第九週（閱讀教材：神祕的城堡）

題目：本文標題爲「神祕的城堡」，請找出文本中相關的訊息來支持作者認爲城堡是「神祕的」之觀點。

答案：作者在文章中提到，我們在童話故事中看到的王子和公主常出現在如詩如畫的城堡裡，所以城堡在人們心目中總是充滿夢幻的色彩，引人遐想，因此作者認爲城堡是神祕的。【S22札20140418】

答案：作者在文章中提到防禦性城堡常建在峭壁懸崖上，度假別墅城堡則會隱藏在蒼翠碧綠的樹林中，而且城堡多是貴族居住、打獵、儲藏寶藏的地方一般平民無法任意進入，所以作者才會認爲城堡充滿神祕感。【S26札20140418】

三　研究者之省思與專業成長

(一) 省思

1. 教師在教學中角色的調整

以前研究者以教師講述爲主要教學模式，實施教學方案後，研究者把對全班授課的課程內容濃縮，留給學生更多的時間可以經由同儕互動、小組討論等過程來學習，研究者深覺自己的角色從原本知識的「灌輸者」轉變成知識的「引導者」以及學習的「激勵者」。

2. 正向、愉快的教學氛圍

研究者以往對學生考試的分數常以是全班的平均分數、60分及格作爲參照來評定學生的學習表現，但在實施合作學習之後，發現進步分數的設計能逐步建構學生學習的自信心；同時也使學生爲了小組的成功較會自動自發，讓老師不用一直催促或生氣，這樣正向、愉快的教學氛圍對研究者的教學及學生學習的品質有更大的助益。

(二) 專業成長

1. 課程規劃設計能力的提升

爲確實拋開長期以來講述教學法的習慣，研究者花費相當多的時間與精神選取結構良好，內容適合高年級學生閱讀的說明文教材，依據STAD的理念與教學流程，設計循序漸進的教學活動。

2. 編製閱讀理解測驗知能的提升

研究者參考PIRLS的命題理念，依據「詮釋理解歷程」的兩個閱讀層次來編製社會領域閱讀理解前後測的試題，在編製試題的過程中，研究者除了研讀PIRLS的報告之外，並多次參與PIRLS閱讀理解相關研習，而在編製試題的過程，也向二位閱讀專家請益，使研究者對編製閱讀理解試題的知能有所提升。

伍 結論與建議

一 結論

本研究主要結論有以下三點：

1. 以「合作學習策略」、「PIRLS詮釋理解歷程」、「說明文體結構教學」爲三個支柱來發展「合作學理解」閱讀教學方案。
2. 學生在「詮釋整合」、「比較評估」閱讀理解層次之表現有顯著提升，且產生學習遷移，能將所學的閱讀理解策略運用到社會領域，提升對社會課本內容「詮釋整合」、「比較評估」層次的閱讀理解能力。

3. 研究者在教學方案的實施過程中經由「教師教學角色調整」等兩項省思獲得「課程規劃設計能力」等兩項專業成長。

二 建議

對於實務教學的建議可分為教學知能及閱讀教材兩方面。

(一) 教學知能

1. 實施合作學習要有充分的準備及良好的班級經營

教師在教學前，對於教材、組內任務的分配等，要有充分的準備與規劃。教師必須熟習教材的脈絡，掌握核心概念，將講述的時間濃縮，留給學生充分的討論時間。此外，合作學習採開放式教學，教室秩序有時會比一般傳統講述式教學難管理，討論時教室較亂及音量較大有時是在所難免的，研究者認為教師必須調整好自己的心態，對班級經營的掌控需先行下功夫，協助學生培養自律的行為，如此，才能提升學生合作學習的成效。

2. 教師要適時介入學生合作學習歷程並予以協助

喜悅班學生在進行合作學習之初，學生不善鼓勵同學，也曾發生因意見不同而做出人身攻擊之情形，經過反覆及持續的合作技巧之教導，學生能逐漸學會尊重他人意見及給予同儕鼓勵。此外，教師亦須隨時觀察及掌握學生小組討論的狀況，在小組討論產生問題、合作技巧不佳時，立即適時介入，給予示範指導，亦可對全班進行機會教育，以提升小組討論的品質。

3. 組織或參與合作學習的專業社群

研究者在進行本研究時，與三位同樣在進行「合作學習」論文的研究生組成了教學研究社群，4人一起討論，提供彼此不同的觀點，成為一個強而有力的「專業社群」。其實教師也需要合作學習，教師若能組織或參與合作學習的專業社群，透過交流及討論，可以幫助教師成長，共同研究改進教學困境，觸發更多元的課程設計。

4. 運用說明文體結構圖，培養學生分析說明文體結構的能力

透過圖形組織討論的方式，學生能對文章內容加以複述以及編排組織結構，進而深化對文章內容之理解。因此，教師可利用說明文體的結構圖（圖形組織）來幫助學生理解說明文的內容或主要概念，掌握文章整體架構。

5. 指導學生依據文本內容來回答問題，而非從個人生活經驗答題

PIRLS的題型重視答案的依據，要求依文本內容來回答問題，其目的爲精確的評量受試者是否能眞正的理解文章（柯華葳等，2008）。研究者進行研究時亦發現不少學生在進行閱讀理解測驗的答題時，習慣以生活經驗回答問題。因此，建議教師應訓練學生以文本內容爲依據進行答題，而非空泛的以生活經驗爲出發來答題，才能眞正評量出學生對文本的理解程度。

(二) 對閱讀教材的建議

1. 選用結構良好、結構性明顯的文本

如果閱讀者能夠獲悉作者所使用的文體結構，則組織愈完善、結構愈明顯的文章，閱讀者愈能夠從閱讀的過程當中獲得學習（蔡銘津，1995）。研究者發現結構良好的文本確能提升學生對文本的理解力，說明文體包含許多不同的結構，對學生來說，有些說明文體的文章，還涉及了他們較不熟悉的內容，因此說明文體對於部分學生而言是較難理解的。所以建議教師在教學上可從結構良好、結構性明顯的文本入手，循序漸進。

2. 選材可從貼近孩子生活經驗的文本著手

研究者從「合作學理解」閱讀教學方案的教材中發現，學生對於實用性知識、動物類的介紹興趣較高，尤其是文章內的圖片、表格能引起他們的學習動機，也能強化他們對於文本內容的理解，因此在選文上除了廣泛取材之外，亦可先從貼近孩子生活經驗的文章著手。

3. 可與課本課文搭配作爲延伸教材

教師可以從課本的課文中提取相關題材做延伸，做爲訓練學生閱讀理解策略的教材。以高年級而言，可利用社會課本、自然或健康與體育課本來指導學生閱讀說明文的策略，如此不僅可以讓學生將閱讀策略應用在學科的學習上，也不致影響教師的教學進度。

4. 選取篇幅較長的文章讓學生閱讀

國語教科書為許多學生閱讀的基本材料，但目前國語教科書課文的內容長度偏短，因此研究者發現不少學生似乎不習慣閱讀長篇文章。PIRLS文本的篇幅則明顯較長，中文字數約在1200-1600字左右，因此研究者建議教師可適時選取篇幅較長的文章，來加強學生閱讀長篇文章之能力。

5. 使用本國作家文章、課本的內容自編閱讀理解測驗

PIRLS的文本來自外國語文，必須透過語言的轉譯，雖然PIRLS強調在閱讀教材之翻譯上有嚴格的規範與審查，以確保翻譯之適切，但研究者仍感部分試題在用字遣詞或是取材上未必能使學生容易理解，如：太空漫步、南極洲簡介等。因此建議教師除了使用PIRLS的文本與試題之外，亦可以嘗試以文章用詞與描述語氣是學生較熟悉的本國作家文章、課本的內容來自編閱讀理解測驗。

參考文獻

一、中文部分

柯華葳、詹益棱、張建妤、游婷雅（2008）。臺灣四年級學生閱讀素養：**PIRLS 2006**報告。桃園縣：國立中央大學學習與教學研究所。

黃政傑、林佩璇（1996）。合作學習。臺北市：五南。

教育部（2011）。提升學生閱讀理解工作坊研習手冊。臺北市：教育部。

陳海泓（2009）。說明文體的閱讀理解教學。教師天地，**172**，28-36。

張新仁（1990）。從資訊處理談有效的學習策略。教育學刊，**9**，47-66。

張新仁、黃永和、汪履維、王金國、林美惠（2013）。分組合作學習教學手冊。臺北市：教育部。

蔡銘津（1995）。文章結構分析策略教學對增進學童閱讀理解與寫作成效之研究。（未出版博士論文）。國立高雄師範大學，高雄市。

羅明華（1994）。從先備知識和文章架構談閱讀理解。教師之友，**35**(4)，19-23。

二、外文部分

Ellis, A. K. (2001). *Research on educational innovations*. New York: Eye on Education.

PIRLS 2006. (2008). PIRLS 2006 Brochure. Retrieved September 14, 2013, from http://pirls.bc.edu/pirls2006/brochure.html

Slavin, R. E. (1995). *Cooperative Learning: Theory, research, and practice*. Boston: Allyn & Bacon.

部落格應用於小學寫作課程與教學之革新：以學習社群個案研究為例

黃繼仁
國立嘉義大學師資培育中心副教授

壹 前言

閱讀和寫作是語文的一體兩面，相輔相成；近年來我國學生參與PIRLS和PISA的國際評比結果顯示，學生的閱讀素養明顯落後其他參與者，閱讀因而成爲教育政策和社會矚目的焦點，相對而言，寫作較不受重視。加拿大在2003年PISA獲得閱讀亞軍，2007年進一步針對小學四年級5,400名學生進行讀寫測驗，發現其中7成達到閱讀標準，達到寫作標準的卻只有37%，可見寫作處於弱勢，因此，改革重點必須轉移到寫作（吳怡靜，2008）。而我國的調查研究結果顯示，小學寫作課程與教學改革刻不容緩（何琦瑜、吳毓珍，2008）。

資訊社會成型（van Dijk, 1999），不僅資訊相當氾濫，取得方式多元化，隨著網路即時通訊和線上聊天即興需求，出現注音文和火星文等現象，正改變新世代閱讀、寫作和談話的方式（吳怡靜，2008），而電腦和網路新科技對學生讀寫能力產生的負面影響，則令人憂心。不過，芬蘭教育改革成效卓著的關鍵在於願意提供上網、簡訊和角色扮演的遊戲，使閱讀和寫作成爲學生的休閒習慣（Finnish National Board of Education, 2007）。部落格（Weblog，簡稱Blog）是個不斷更新且能將最新資訊呈現於最上端的網站平臺（Blood, 2000），整合許多功能，已成爲強而有力的網路書寫工具（Lankshear & Knobel, 2003），若能應用於寫作的課程和教學，具有不可限量的潛能。

處於科技日新月異且劇烈變遷的社會中，教師若僅僅仰賴傳統模式，依循命題作文的教學方法，不僅無法因應這股社會變遷的趨勢，而在面對新世代學生的非正規溝通方式時，也會陷入不斷糾正學生錯別字，以及感嘆學生語文能力日益低落的惡性循環。因此，改革小學寫作課程和教學迫在眉睫。教師是課程實踐的關鍵行動主體，對課程與教學變革中所隱含理念的認識、接納與支持，並將之具體落實於教育情境中尤爲重要，爲改革成敗的關鍵（黃繼仁、周立勳、甄曉蘭，2001）。

Hall和Loucks（1981）指出，新方案的發展和執行之間，長期以來的問題在於使用者很少能獲得明確且清晰的溝通；因此，語文研究和政策間有一道鴻溝，而政策和教室的詮釋又有一道鴻溝（Bailey, 2004）。然而，我國小學教師的語文教學素養不足，作文教學問題重重，又欠缺有效的作文教學進修機會（徐守濤，1996；王全興，2004）。傳統的教師講習進修有其侷限，透過Shulman和Shuln（2004）專業學習社群的架構，能結合不同教師的優點，相互觀摩和學習，有助於改進雙方的不足之處，交流彼此的心得和經驗，促進專業知能的發展，有益於課程與教學改革成效的提升。

因此，本研究採用質性的個案研究方法，以達成下列研究目的：

1. 部落格應用於小學寫作課程與教學改革的潛能與限制。
2. 探討學習社群應用於小學寫作課程與教學改革的功能。
3. 分析並探究小學實施寫作課程與教學革新方案的影響因素。

貳 相關文獻探討

一 因應社會變遷改革小學寫作課程與教學

我國自2006年整體人口上網率已達67.69%（臺灣網路資訊中心，2006），而資訊科技的發展至今，也已形成各種媒體匯流的網絡社會趨勢（Dijk, 1999），並改變社會與組織的互動關係（Levinson, 1988; Castells, 1996）。

因此，資訊科技創造的新環境促使我們重新思考傳統模式，因而重新界定文件、作者、出版者、辦公室、課程、教室和教科書的意義（Moretti, 1994; 王美音，1996）。為因應這樣的趨勢，我國教育當局已透過相關政策的推動，持續更新資訊設備，包括電腦、投影機和液晶電視、網路建置、以及電子白板，促使資訊科技融入各領域的教學（教育部，2000、2008）。

關於資訊科技對於語文能力的影響，有人持著正向的看法，推崇其應用的價值和潛能，例如，Serim（2003）、吳怡靜等（2004）；但是，也有人持負面的看法，視電腦和網路為語文能力的阻礙因素，例如，Gordon和Alexander（2005）、王開府（2006）等。王開府（2006）認為，由於學生看電視、使用電腦與上網的時間，比閱讀與寫作的時間高出甚多。圖片、動畫或影音視訊，比文字來得有趣，也更容易理解。這些因素都造成學生語文能力每況愈下，作文能力更是一落千丈，造成作文教學莫大的危機。

其實，這股科技浪潮將持續整合文字、圖像、影視和聲音，進而改變讀寫能力（literacy）的觀點，形成所謂的「資訊素養」（information literacy），不僅包含閱讀和寫作的能力，也有科技和使用資訊解決問題的能力，閱讀和寫作的內容除了紙本文章之外，更擴及視覺、聽覺、影片與其他多媒體類型（Serim, 2003），善用資訊科技，將使學生成為寫作者和創作者（MacArthur, 2006）。Rockman等（2000）的研究也發現，能夠經常使用筆記型電腦的學生，在內容、組織、語言、心聲、風格和技巧（mechanics）的寫作表現優於同儕。

由於部落格是個不斷更新且能將最新資訊呈現於最上端的網站平臺（Blood, 2000），不僅整合了許多功能，包含傳統討論板、電子郵件、超連結、照片分享、以及個人日記等功能的特性，也成爲強而有力的網路書寫工具（Herrington, Hodgson, & Moran, 2009; Lankshear, & Knobel, 2003）。它不僅能發揮科技突破時空的限制，更能善用多元書寫、呈現和互動的特性，公開分享內容，接受他人註解及討論，自動建立交互引用的連結分類，形成一個活躍的社群。

因此，部落格在寫作課程和教學的應用，具有不可限量的潛能和價值（Allison, 2009）。所以，小學寫作課程與教學的改革能運用資訊融入的策略，創造有利的學習和教學環境（陳香如、黃佳琳、黃繼仁，2005；Herrington, Hodgson, & Moran, 2009），利用部落格的平臺作爲學生作品出版園地，結合歷程檔案的評量方式（黃繼仁、莊雪華、劉漢欽，2008；Richardson, 2010），得以發展有效的寫作革新方案，應能提升學生寫作的動機和學習成效。

二　小學寫作課程與教學革新方案的發展

九年一貫課程政策實施後，學校和教師不斷地反應語文時數不足的問題（教育研究月刊，2002），作文課由以往固定實施的二節課變成不定期進行的一節課（張新仁，2004），無法在課堂上完整教學時，習作大都是以家課的方式處理（黃繼仁，2005），使學生寫作機會減少，導致語文能力低落，因而必須著手改善小學寫作的教學。不過，僅僅投入更多經費不一定能獲得立即效果，反而必須省思小學教育的未來走向（Allington & Walmsley, 1995）。

傳統以來，我國小學的作文課主要是採用「命題作文」的方式，由老師講解和引導，再讓學生獨立習作，卻常導致「學生在無助的情境中自行寫作，老師在無奈的心境中批改作文」的情形（甄曉蘭，2006：72）。新課程實施後，教學方式若依然如故，則後果堪虞。而且，從相關的語文能力評比報告結果來看（柯華葳，2007），我國學生的語文能力除了表現不佳之外，主動學習的動機和興趣也相當低落。

關於寫作課程的改革已有許多方案的倡議，例如，過程（或歷程）寫作（張新仁，1992、1996、2006）、劇戲創作（甄曉蘭，2003、2006）、創造思考（徐守濤，1996；劉渼，2006）、活動寫作（陳鳳如，1996）、限制式寫作（仇小屏，2003、2007）、全語言取向（沈添鉦、黃秀文、黃繼仁，2001）。其中，Graham與Harris（1994）檢視全語言教學對學生寫作學習的成效，發現它對學生的寫作態度和動機具有正向效果；而全語言取向的寫作課程與教學在我國小學高年級的實施，也證實能發揮這方面的效果（沈添鉦、黃秀文、黃繼仁，2001）。

近年來的寫作改革，從單一式命題作文到雙命題作文，再到限制式寫作題型的轉變，逐漸成爲作文教學潮流（陳滿銘，2001；仇小屏，2003）。因此，傳統的小學寫作教學應嘗試「限制式寫作」教學試驗，藉以發展可行的革新方案。限制式寫作通常有較長的文字說明和條件，對寫作表達也有清楚的規範。換言之，它有明確的引導和活潑有趣的特性，能有效吸引學生進行寫作，也可稱爲「引導式寫作」（仇小屏、藍玉霞、陳慧敏、王慧敏、林華峰，2003）。

如前所述，隨著資訊社會的成型（Dijk, 1999），各種網路應用日新月異，Email、即時通訊、討論團體、搜尋引擎、網路地圖和雲端運算（cloud computing），以及部落格、微網誌（twitter）、噗浪（plurk）和臉書（facebook）等，滲入所有的生活層面，正在改變人類溝通和理解世界的方式（MacArthur, 2006），也對傳統印刷媒體產生重大的影響。然而，對這股資訊科技浪潮的回應，我國的小學仍缺乏有效的寫作教學革新方案，値得探討。

善用資訊科技的豐富潛能，有助於提升教師教學和學生學習的成效。由於部落格可作爲個人表達、網路材料批判和傳播的重要工具（Allison, 2009），能融合面對面互動和線上模式的混成教育媒介，在教室互動的脈絡中鼓勵個體批判的聲音，不僅可以當作促進批判思考的觸媒，並啓發學生使其能夠成爲終身學習者（Oravec, 2003）。透過這項強而有效的網路書寫工具，不僅能讓學生的寫作成果擁有發表平臺，也能進行學習歷程的檔案評量工作。

相關研究發現寫作過程是相當重要的（張新仁，1992），每個寫作階段都需要練習和討論，經過不斷重複調整與修正，是一種過程的學習，適合運用「學習檔案」（portfolio）的策略（蔡英俊，2008），使學生的寫作能獲得較多的引導，有助於提升寫作能力（Grisham & Wolsey, 2005）。歷程檔案爲個人具代表性的作品選集，以及證明學習者在某些學科方面的努力、進步與成就。它必須包含目錄、作品選集的標準、作品、評估標準及學習心得（Brown & Irby, 1997）。

換言之，歷程檔案就是針對學習者進行學習過程資料的蒐集，將資料加以記錄，作爲學習成長歷程的證明。其特點之一爲可包含多種資料，是在眞實情境蒐集學生的學習成果，也是一種動態評量的歷程，教師可對學生書寫的資料給予回饋，學生再根據回饋來改進，藉以激發其反省思考能力（莊雪華、黃繼仁、劉漢欽、謝宗憲，2010）。因此，無論全語言取向或限制式的寫作課程與教學，都能適用。所以，透過部落格這項網路工具，結合前述兩種寫作策略的運用，應能發展出有效改進小學寫作課程與教學的革新方案。

三 形成學習社群以落實革新方案

課程是一種脈絡化的社會過程，受到來自教室內外各種脈絡化影響所形塑（Cornbleth, 1990）；因此，課程改革的過程自然會受到各種脈絡因素所影響，這些因素中，有課程與教學的因素也有相關人員以及脈絡背景及實施策略等因素（黃政傑，1991；蘇順發，2002；Hopkins, Ainscow, West, & Fullan, 1994; Fullan, 1991, 2001; Marsh, 1991; Marsh, & Wills, 1999）。因此，推動課程改革並使之制度化，需要相關因素配合才能成功。

課程與教學改革的推動需經教師轉化新的理念並落實於教室，使之成爲有意義且有生命的經驗課程，因此，尤以教師的認識與採納最爲關鍵（黃政傑，1997）。而教師教學信念強烈影響其知覺與行動，與教室實踐密切關聯（Harste, Woodward, & Burke, 1984; Reutzel, & Sabey, 1996）。因此，唯有深入瞭解實際的教育情境，從課程實踐行動與反應中理解實際作爲、缺失和迫切需要，才能有效地改革（Schwab, 1970）。

由於教育是一種實踐的活動，理論與實務間的轉化為重要課題，正如L. S. Shulman和J. H. Shulman（2004）的分析，優良教師是專業社群的一員，應在社群中進行訓練和發展，使其成為學習社群的成員，願意且能夠教學並反省其教學經驗。透過「促進教師學習社群」架構（Fostering a community of teachers as learners, FCL）（Brown & Campione, 1996; Shulman & Shulman, 2004），以活動、反省、合作和社群為原則，處理學科內容、教學（pedagogy）和學校改革間的交互作用，有助於達成理論轉化為實務的工作。

在學習社群的架構下，不同類型教師在面對革新方案時會採取不同態度，生手教師易於接納新的理念和技術，資深教師則能提供掌握班級全局的知識和經驗，卻較不易接納新的理念和科技。因此，透過學習社群的運作能結合彼此優點，相互觀摩和學習，彌補雙方不足之處（Shulman & Shulman, 2004），促進專業知能的深度發展。

如上所述，各種寫作革新方案各有其立場，是否採納也受到教師教學信念所影響。因此，本研究期望透過專業學習社群的架構進入學校教育現場，融入前述FCL架構，共同探討和發展限制式寫作及全語言教學寫作的方案，並鼓勵參與教師採納並發展符合其教學信念的寫作革新方案，進行實施個案研究（Stake, 1995, 2005; McCutcheon, 1995），瞭解寫作革新方案在小學實施的實際變化及分析相關影響因素，以提出小學進行寫作課程與教學改革的相關建議。

參 研究與設計

一 研究設計

本計畫的實施架構係結合Shulman和Shulman（2004）的FCL架構和Yin（1988）的研究架構所形成，與文獻探討所得交互辯證，促進專業學習社群的理解和應用，據以達成研究的目的。

本研究所發展的革新方案係使用免費的Blogger/Blogspot平臺進行，是由搜尋引擎Goolge經營的免費網站，具有界面簡潔和同一帳號可開多個部落格的特性（Allison, 2009; Richardson, 2010），搭配Hello/Picasa（圖片上傳軟體）的使用能提升傳圖的效率，在Google關鍵字搜尋也有不錯的排名。它雖然界面簡潔，但功能應有盡有。

質的個案研究旨在探討個案於特定情境的活動性質，強調過程與脈絡，瞭解其獨特性與複雜性；在教育情境的應用，可從整體觀點深入理解教育實踐活動，透過研究的發現與理解，回歸教育實踐問題（Merriam, 1998; Stake, 1995）。而個案研究有助於創造性、革新與脈絡問題的處理，對所涉入的情境獲得深入而完整的理解（Merriam, 1998; Stake, 1995; Yin, 1988），得以瞭解教師調適政策所涉及的思考、以及相關影響因素。

本研究共召開六次的社群會議，每次討論議題包括：(1)寫作相關理論及學習社群的引介；(2)寫作教學應用電子白板結合部落格的歷程檔案模式；(3)以部落格爲基礎的寫作革新方案設計和研討；(4)寫作革新方案的分享和教師專業成長；(5)實施寫作革新方案的成效、困難及解決方案；(6)以部落格爲基礎的寫作革新方案課程實施的省思與檢討。

二 研究方法

本研究針對所選定嘉義市一所個案學校組成一個寫作教學的專業學習社群，以小組方式進行，共有6位中高年級的老師參加，研究者參與此一專業學習社群的活動，提供重要的理論和技術的支援。研究執行過程中，所蒐集的資料包括下列三種：

(一) 觀察

觀察包含社群會議觀察和教室觀察兩個部分，藉以瞭解個案學校內教師學習社群的運作過程，以及個別教師的寫作教學實務內容和課程革新的落實程度。

會議共六次，每次均有討論議題。教室觀察上下學期各一次，有兩位老師接受觀察。觀察同時，除了田野札記之外，也同時錄音和錄影，輔助資料蒐集。

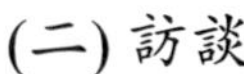

(二) 訪談

訪談包括焦點團體訪談和教師個別訪談，藉以瞭解教師對於寫作教學轉變過程的知覺、以及對寫作課程與教學的看法和感受。焦點團體的訪談是在每學期三次的專業學習社群活動進行，藉以瞭解專業學習社群活動過程獲得的專業成長內容、以及教師參與寫作教學革新活動所遭遇的困難及解決策略。

個別教師訪談的進行，在上下學期教師社群及教學觀摩結束後，選擇兩位重要的成員，各進行一次，每次約一小時左右，以瞭解其教學信念及其轉變的過程。

(三) 部落格

部落格資料包括教師的寫作課程規劃和寫作教學省思札記，以及師生觀摩作品之後給予的線上回饋資料。

對於前述三種資料，本研究的管理系統是採用日期、類型和教師編碼，分別使用「社」代表專業社群、「觀」代表教室觀察、「訪」代表個別訪談、「部」代表部落格，例如，1010509社A，即A老師在101年5月9日的社群資料。

三　研究的信實度處理

本研究採納質性的個案研究方法，其研究品質的建立不同於傳統的信度和效度，而是運用厚實的描述和三角校正來處理，說明如下：

(一) 厚實的描述

在質性研究中，研究者應傳達一種現場感，賦予參與研究者一種「設身處地」的感受，從情境參與者的觀點來看事情（Taylor & Bodgan, 1998），因而必須提供研究實際情境的「厚實描述」（thick description）（Geertz, 1983），務求眞實而周全地反映實際概況。

現場研究的田野札記事後立即進行編輯、修正與擴充，作成摘要，此外，也進行錄音與錄影，補充可能遺漏的重要資料，根據所蒐集的田野資料，檢核與比對現場錄影及錄音中的訊息，藉以對研究事件或實體進行完整而豐富的描述。

(二) 三角校正

現場研究蒐集的資料儘量運用所有可能的各項資料來源彼此交互檢證，以及各種方法相互輔助，進行三角校正，確保本研究的有效性。這些資料還包括同校其他教師所提供資料的彼此相互印證。

研究者對研究現場的詮釋與描述，除札記方式進行外，還配合錄音與錄影，並且根據事後回憶摘錄可能的重要議題。關於教師教學的部分，除了現場的觀察之外，還有個別的訪談和部落格資料，以及相關文件等各種資訊，可以作爲相互檢證之用。

肆 結果與討論

綜合所有相關資料的分析結果，本研究從下列五個層面討論結合專業社群及部落格應用於小學寫作課程與教學革新的潛能、問題、解決途徑和相關影響因素。

一 部落格應用於小學寫作課程與教學的途徑

關於部落格在小學寫作課程與教學革新的應用途徑，可從下列三個方面說明之：

(一) 教師呈現材料及寫作教學的使用平臺

一般教師會使用部落格當作教學平臺，在進行課程規劃時，會將寫作主題事先公布於部落格，教材則透過部落格和相關連結來呈現；有時也先將簡報檔放在Google平臺，上課時開啓使用，如圖1所示（1010106部A）：

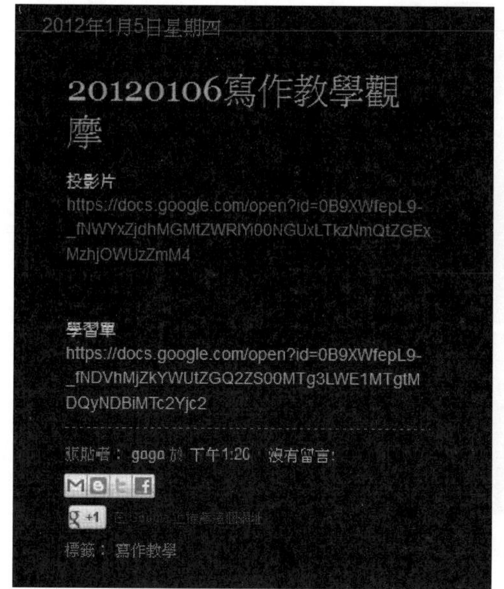

101年1月6日寫作教學觀察

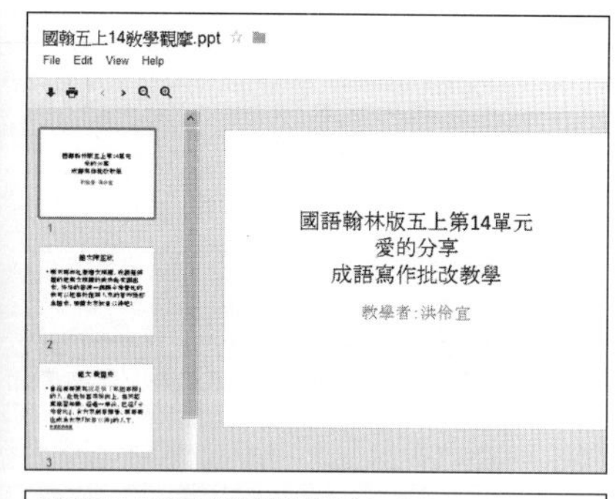

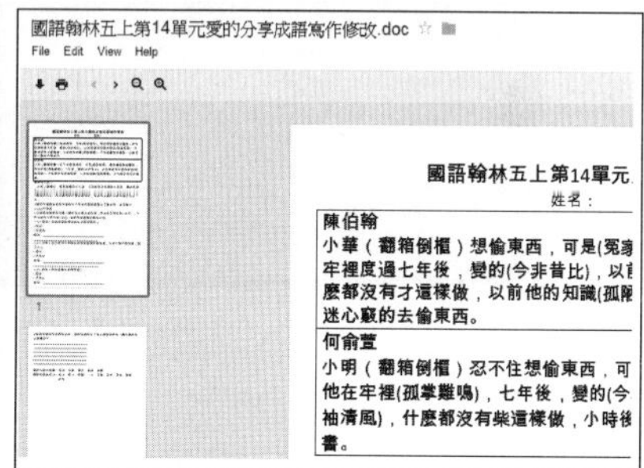

圖1　寫作教學觀摩使用部落格

圖1中左側是部落格內容，右側第一張圖是上課使用的簡報，第二張圖是配合該項課程的寫作學習單。教師當天上課時，使用簡報進行指導，引導學生進行成語作文的批改工作，再要求學生配合學習單進行練習活動（1010106觀A）。

另外，有的老師會結合電腦課的方式，帶學生到電腦教室進行教學，如圖2所示（1010220部A）：

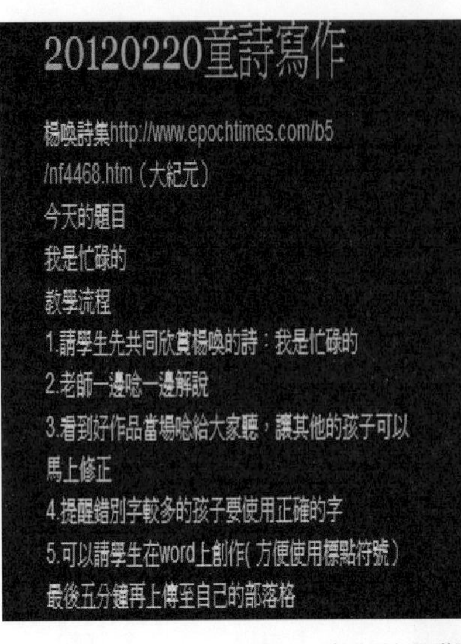

圖2　寫作教學觀摩實況及省思

在部落格上所呈現的寫作教學流程，同時也有提醒的作用，一方面讓老師瞭解整個寫作教學進行的過程，一方面也可以讓學生瞭解寫作的程序，使師生的活動進行有所依據。

(二) 提供學生發表作品和相互觀摩的開放空間

部落格是一個能運用多媒體的方式呈現材料的平臺（Richardson, 2010），除了文字之外，也能使用圖片和影片，是一種多元文本形式。因此，本研究使用部落格張貼學生作品時，共採用兩種策略，一種是直接打字，一種是使用照相方式，如圖3所示。

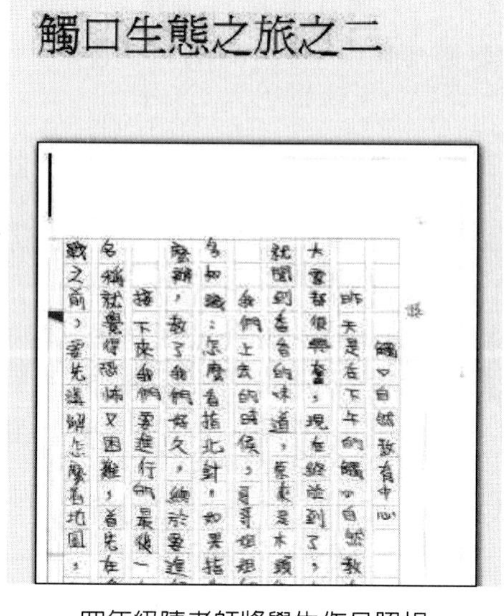

四年級陳老師將學生作品照相

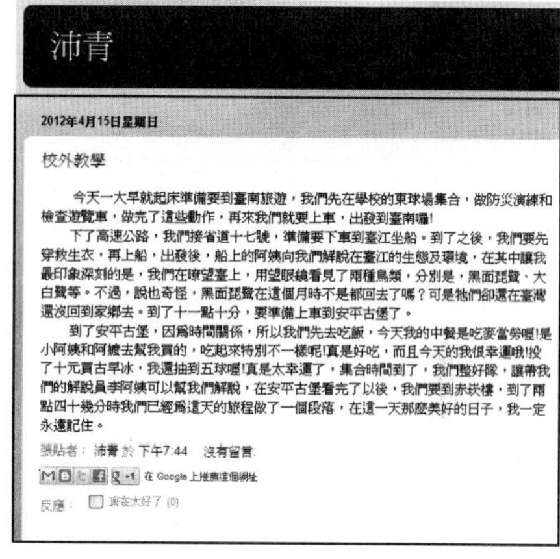
沛青

2012年4月15日星期日

校外教學

今天一大早就起床準備要到臺南旅遊，我們先在學校的東球場集合，做防災演練和檢查遊覽車，做完了這些動作，再來我們就要上車，出發到臺南囉!

下了高速公路，我們接省道十七號，準備要下車到臺江坐船。到了之後，我們要先穿救生衣，再上船，出發後，船上的阿姨向我們解說在臺江的生態及環境，在其中讓我最印象深刻的是，我們在瞭望臺上，用望眼鏡看見了兩種鳥類，分別是，黑面琵鷺、大白鷺等。不過，說也奇怪，黑面琵鷺在這個月時不是都回去了嗎？可是牠們卻還在臺灣還沒回到家鄉去。到了十一點十分，要準備上車到安平古堡了。

到了安平古堡，因爲時間關係，所以我們先去吃飯，今天我的中餐是吃麥當勞喔!是小阿姨和阿嬤去幫我買的，吃起來特別不一樣呢!真是好吃，而且今天的我很幸運哦!投了十元買古早冰，我還抽到五球喔!真是太幸運了，集合時間到了，我們整好隊，讓帶我們的解說員李阿姨可以幫我們解說，在安平古堡看完了以後，我們要到赤崁樓，到了兩點四十幾分時我們已經爲這天的旅程做了一個段落，在這一天那麼美好的日子，我一定永遠記住。

張貼者： 沛青 於 下午7:44 沒有留言:

在 Google 上推薦這個網址

反應： 實在太好了 (0)

五年級洪老師讓學生將作品打字

圖3　學生部落格作品舉例

由於可以呈現學生作品，不僅在教學時提供範例可以使用，教學後選取優秀作品也可以使用，相當方便，而且，這種方式是受到參與的社群教師的一致肯定。

> 「我覺得它可以看到別人的作品很方便。」（1010117訪B）

> 「其實部落格是很不錯，但是它的平臺喔……我一定要知道你的網址，我才可以去分享、去互動、去觀賞。」（1010502社D）

例如，在成語作文的教學中，可以先呈現作品的範例，讓學生清楚瞭解一篇成語作文的內容，事後，也可以讓學生看到其他同學作品的內容。

> 「他也很希望別人看到他部落格上面的文章或是他的心情記事，所以他很用心地去經營這一塊。」（1010502社F）

「請他們上去po文章，然後下一步就可以進到用部落格來看人家的文章，我覺得這也是很重要的階段。」（1010117訪B）

由於優良作品可以提供學生觀摩學習，而同學的作品也可以透過此一媒介來公開展覽。

(三) 提供教師評閱和同儕共同評閱的媒介

洪老師相當積極參與此項革新活動，並結合其成語作文的活動，同時要求同學上線檢視其他同學的作品，再透過這個平臺進行教學和批閱的工作。

「他們就—然後我看過之後、一起修過之後，就幫他們抄下來，然後有一個這個寫的作品。所以像這樣的老師我們根本不用什麼批改對不對？」（1001005社B）

正如洪老師在進行成語作文教學活動時，要求學生進行同儕互評的工作。並且透過回應留言的方式，進行這項工作（1010323部A）。而且，當老師在進行學生作品評閱時，或是用來當作教學材料時，藉以示範修改文章的內容和重點要求時，對於學生文章的取用是相當方便的。所以，洪老師認爲，

「他們每一個人都有自己的部落格，他會把他的成語改寫放到他的部落格上面去，所以我要去取用他們的文章是很方便的。」（1010111訪A）

由此可見，教師若能善用部落格，對於寫作教學的進行，是能夠不受時空限制，只要能夠連上網路，就能直接檢視和評閱學生的作品，同時也可以讓學生進行同儕互評工作，相互評閱彼此的作品，相當便利。

整體而言，社群成員在使用部落格進行寫作課程與教學的革新活動

時，無論是規劃課程或是進行教學在使用部落格時（Allison, 2009），大抵都能善用其多媒體的媒介，包含文字、圖片、影片和連結等類型（Blood, 2000; Lankshear & Knobel, 2003），發揮其強大的媒體書寫功能。

然而，多數參與教師相當贊同全語言教學的理念，但在寫作教學革新方案的規劃和教學的實施過程中，除了新詩的教學之外（如圖1），其餘大致仍採用限制式寫作的引導策略，似乎出現一種矛盾的現象。其實，換個角度來看，多數參與老師反而是採取一種折衷的立場，這種情況符合一般的實務概況（黃政傑，1991）。

二 部落格在小學寫作課程與教學應用的優勢

本研究經過一年的探討，發現部落格在小學寫作課程與教學的應用具有下列優勢：

(一) 部落格具有較高自由度且能呈現完整文章

「在第一次社群會議時，將部落格介紹給參與的成員時，多數成員對於部落格的使用還相當陌生」（1001005社）。

「因此，在說明其透過交互連結形成社群作用時，也有成員認爲，臉書的社群作用頗佳。」（1001005社D）

因此，大家對於它的功能並不是很確定。不過，經過一個學期的使用之後，程老師認爲，學校雖有發表讀書心得的平臺，可以讓學生打字上傳內容，不過，「那個控管比較多，因爲寫作……主題我有控管，然後還有他只要Po出去我們會……有權限。」（1011009社D）

「相較而言，部落格具有較高的自由度」（1011009社C）。

而且，「也能呈現完整的文章和作品內容」（1010117訪B）。

而且，其他成員也發現，即使臉書有利於分享和連結，但是內容和版面較為複雜，不如部落格的簡潔清晰，反而是部落格的使用更易於呈現學生的作品（1010229社）。由此可見，部落格的確是一項強大的書寫媒體（Lankshear & Knobel, 2003），有益於寫作教學的使用。

(二) 呈現學生的寫作學習歷程和表現

利用部落格讓學生練習寫作，不論是使用照相或打字方式，一方面能夠呈現學生寫作學習的歷程，以及寫作表現，正如洪老師所說，

> 「跟我們社群的老師說……希望小朋友是真的可以去寫作，啊做一些他學習歷程的記錄。」（1010111訪A）

而在記錄學生的寫作表現時，優良作品可以成為下一屆學生觀摩的範例（1011109社A）。過去沒有使用部落格的時候，是採用掃描或保留紙本的方式儲存（1011109社B）。

如果是採用打字的方式呈現學生寫作的作品時，這種也可以看出學生的打字狀態和寫作文章的內容，整體看來，一目瞭然。

> 「部落格去呈現出的是他們的學習狀態……有一些小朋友，他可能只有一篇，或者是他沒有文章……再加上他電腦課的打字很慢，所以他沒有辦法像多數的孩子，很快的部落格就有文章。」（1010111訪A）

> 「閱讀器一按下去，我所有學生的，所有的那個我建立的網站都出來，我學生的文章有幾篇都清清楚楚，嘿，我覺得那閱讀器還蠻好用的。」（1010111訪A）

由於部落格可依預設的日期分類，也可以使用標籤方式，顯示寫作篇數，因而能夠完整的呈現學生寫作歷程和學習狀態，整體來說，相當的清楚。

(三) 串連文本、師生、同儕並促進學生寫作的動機

使用部落格進行寫作教學時，可以運用連結快速取用相關資源，例如，進行成語的寫作教學時，可以連結到教育部網站的成語典（http://dict.idioms.moe.edu.tw/cydic/index.htm），提供成語的補充資料，「把它放到我的部落格，做一個連結，那以後小朋友要查詢，他就可以，也可以叫他們把它放在部落格，他就可以直接點進去查詢。」（1010111訪A）

因此，當發現學生誤用成語，或者不瞭解成語的意義時，可透過開啓連結，立即檢索該項成語的意義，進行適當的解說和教學（1010106觀A）；同時，也讓學生瞭解成語典的檢索方式，供學生參考，以提升學生成語寫作文章練習的品質。此外，「當學生將練習的作品張貼在部落格上時，同學可以相互觀摩，此時，洪老師爲了培養學生評閱他人作品的能力，也利用部落格公布後續修改他人作品的練習活動。」（1010323部A）

而且，透過部落格的連結和串連，學生同儕之間、學生和老師之間，可以彼此互動，並且連結不同班級的學生，甚至是不同屆的學生，相互觀摩，形成一個公開的社群活動（黃繼仁、莊雪華、劉漢欽，2008），因此，有時可以激勵學生的寫作動機，例如，洪老師提到，

> 「我們班有一個小孩會主動的……會主動的去部落格po文章，然後有另外一個小孩，另外兩、三個小孩他會利用下課時間，會爭取跟我説，欸，老師，我想要去寫文章……。」（1010111訪A）

> 「他也很希望別人看到他部落格上面的文章或是他的心情記事，所以他很用心地去經營這一塊。」（1010502社F）

由於學生寫作的作品可以放到網路上去，好的作品會成爲範例，能被其他人觀摩，因此，有的學生很希望將自己的作品放到部落格當

中，所以「他也很期待去把他的週記放到網路上去。」（1001109社A）。因此，洪老師將它視為一種獎勵方式，甚至發現有的學生即使「打字很慢，他也不想要假他人之手」（1010111訪A），其中關鍵在於學生能夠從中獲得學習的成就感。

(四) 記錄寫作教學歷程及教師省思的內容

傳統教學所使用的材料和教學流程，一般都是使用教學檔案存放，取用受限，但是，使用部落格進行寫作教學，有別於一般網頁的作用，具有良好的分類方式（1010111訪A），包括日期和標籤的方式，能有效地蒐集和儲存，也方便隨時取用。而且，「像我覺得裡面有一些教師檔案、教學檔案，教學歷程紀錄……把她辦的活動都很確實詳細的記錄下來……如果把她idea放在網路上就很好……。」（1001109社A）

有的參與教師相當積極，能將寫作課程的內容、教學計畫和教學省思，放置於部落格（1001122部F；1010220部A）。其中的洪老師，在部落格中共有30篇與寫作教學有關的內容，她說，「我個人還蠻喜歡的，它可以做很多的記錄。」（1010111訪A）

相當投入的教師不僅用來呈現學生作品，也用來進行語文課程的規劃和教學省思；至於其他參與的教師，大多數是用來呈現學生的寫作成品。所以，無論學生或教師在部落格儲存所構成的內容，正是一種學習歷程檔案，正如相關研究的發現（黃繼仁、莊雪華、劉漢欽，2008；Richardson, 2010），能呈現師生的教學和學習的歷程和成果。

三　教師專業學習社群的功能

透過專業社群實施此一革新方案所發揮的功能，可從下列三個層面說明：

(一) 領頭羊教師的帶領

這項部落格寫作社群計畫的發起，主要是研究者的一項國科會計畫內容（黃繼仁，2011），而洪老師參與第一年的計畫之後，願意繼續參

與，而且，本研究係第二年的計畫，是爲了落實寫作教學實務的革新而舉辦的。

因此，參與這項寫作社群活動，主要是有洪老師和程老師的帶領，「對，可是就要發揮一個帶兩個、一個帶兩個的功能啦！」（1010117訪B）

下學期的中年級教師換了另一位陳老師，她說：「回想當初接到玲怡的邀約便一口答應。」（1010405部F）

而且，尤其是洪老師每次都參加，負責招呼大家一起進行這項社群活動。上學期的活動是在學校的會議室進行，而下學期則是在她的教室進行。而且，經過一學期的使用之後，有關社群活動的進行和聯繫，也能透過部落格來發布（1010328部A）。

(二) 觀念分享、激盪和教學觀摩

多數參與社群的教師都認爲，這項寫作教學社群活動，有助於專業成長。例如，程老師和洪老師都認爲，

> 「透過像類似觀察……知道說自己的哪一邊或者是說像這個剛剛這個哪一個口頭禪，或者是說有哪一些就是需要修正的地方，那就是讓自己修正然後修正自己的教學。」（1001109社A；1001109社B）

而且，在專業社群活動的進行過程中，彼此可以透過「別人旁觀者清的方式」（1001109社F），改進自己教學上的盲點，獲得專業成長。

> 「因爲，除此之外我覺得其實就像老師說的，可以彼此分享教材，就是我做了什麼，我如果丟在那邊可能別人就可以看的到，啊我也可以看到別人的。有的時候其實也是一個很好的成長方式啦！」（1010117訪B）

就同一種新的寫作教學觀念和模式而言，有老師先嘗試過之後，其他老師也可以藉由觀摩過程來學習他人的教學方式，獲得在自己班級教學的想法或靈感，進而通過實際的教學（1010111訪A），提升寫作學習的效果。

(三) 提供專業對話的空間和支持力量

平常多數教師一進教室，就開始處理自己班級的事務，進行教學工作。教師彼此之間的聚會時間相當有限。因此，透過社群會議的舉辦，同儕交流時間增如，洪老師說，「通常只有老師來的時候，我們比較能夠大家聚在一起。」（1010328社A）其餘成員，包含陳老師和李老師也都認同社群的聚會時間。平時大都只有班級間老師彼此的互動，無法形成像社群的跨班際和跨學年聯繫（1010328社），產生更廣泛的互動。

平時同事聚集在一起的時候，閒聊居多；但是，召開專業社群會議，至少有固定的對話機會，能針對所設定的議題，進行討論，反而更有利於專業成長。而且，社群也可以提供相互支援的力量。因爲在教學觀摩之後，參與成員會提供豐富的回饋，

> 「今天跟我分享說，她有去她們班試試看，對，她會給我蠻多回饋的，她也邀請我去他們班看她上課這樣。」（1010111訪A）

所以，洪老師除了教學省思之外，也將其他老師給予的回饋張貼於部落格中（1010110部A）。如此一來，能夠藉由活動、合作、反省和和社群的學習歷程（Brown & Campione, 1996; Shulman & Shulman, 2004），提升教師之間的寫作教學專業知能。不過，可惜的是，透過部落格建構學習社群的部分（黃繼仁、莊雪華、劉漢欽，2008），無法在該校的社群有效地發揮，反而是在跨校的部落格觀看和學習中建構而成（1010111訪A；1001109社A）。

四 應用部落格於小學寫作課程與教學革新的影響因素

綜觀一年的研討，本研究發現此一革新方案的實施受到下列因素的影響：

(一) 教師參與革新的意願

一般的老師覺得現在國語課時間減少，而且受到趕進度的壓力所影響，因而難以投入寫作課程與教學的革新活動，她說：

> 「有一個很大的問題……進度跟這些東西之間……我常常還是會偏回去進度那一邊啦。」（1001005社C）

受到此種結構因素的影響，即使教師想要嘗試新的事物，也處於革新和趕進度壓力的拉鋸中；而且，剛開始面對革新時，一般人都是抗拒的態度，正如程老師所說：

> 「那種抗拒就讓我知道要一個老師改變教學習慣沒有那麼容易。」（1010117訪B）

然而，只要願意，一種單純的心願：「站在一個教學者的立場，我希望可以增進自己的教學能力。」（1010405部F）。如此一來，這種課程革新較容易推動。而且，由於洪老師「個人很喜歡部落格」（1010111訪A），也認爲，「在教學現場……老師帶頭做，小朋友他才能夠去做，所以比方說我們班爲什麼可以、目前推到現在，他們會自己去玩部落格，會去更新，就是把自己的部落格的圖片去做一些置換，是因爲他們覺得很好玩……他就會連上我的部落格去看怎麼做，他就會自己去做。」（1010111訪A）

大致上，參與學習社群的教師使用程度不一，但也有積極的使用者，並且將它應用到其他領域，包含在職進修的心得、班級經營使用和心情札記。

(二)受到師生資訊科技素養所影響

學生在使用部落格書寫文章時，也受到打字能力所影響，這一方面，「學生之間的個別差異很大，有的學生打字速度快，可以短時間內完成。」（1010328社E）「但是，有的學生打字速度卻很慢，需要耗費較久的時間」（1001005社D），「我們班的去上傳他們這一次的作文，有一個已經打完兩篇了……另外一個眞的就是，我們這一種，他就是大概打兩、三行而已，然後一直『老師你來一下，我那個又不見了、哪個又不見了』……有時候是沒辦法用那個打字的。」（1010328社E）

而且，即使有的學生平時是對電腦很熟悉的，「很大的隱憂就是，打線上遊戲很厲害，吼我們班那個玩整天的（臺語），然後很厲害，結果他去打那個閱讀存摺的部分啊，我都會叫他們去打閱讀心得，欸奇怪了一個……我都是請他們中午的時候去打，啊中午四十分鐘欸，他打不完喔！」（1010328社C）

由於學生只能使用注音符號輸入法，因而會受到學生本身的注音符號能力的限制；如果拼音能力不佳的學生，很難順利完成一篇部落格作文，例如，

> 李老師：一個隱憂就是他們注音很不好，那種「ㄕㄥㄇㄧㄥˋ」，嘿，「ㄥ」
>
> 陳老師：「ㄕㄥㄇㄧㄣˋ，老師我打不出來……」（1010328社）

> 「對於這樣的學生，老師就必須提供更多的輔助，不只是注音符號，連帶地也必須指導標點符號的使用。」（1010328社F）

同樣地，在引介部落格系統及使用功能之後，具備資訊科技使用能力的教師，相當容易就能操作和運用，也能結合部落格平臺進行寫作課程的設計和教學。這項發現不同於Shulman和Shulman（2004）的結

果，因爲參與成員教學年資相仿。因此，對於不具資訊科技使用能力的教師而言，在操作部落格系統時，不僅上手速度比較慢，也需要額外的協助，必須向資訊教師求助，或採協同教學方式，落實部落格寫作課程，然而，其落實革新的程度就相當有限。

(三) 環境的支持與配合

這個部分包括教育政策、學校政策和家長的配合等因素。由於教育政策對於資訊科技和電腦的使用教學，是從小學三年級開始，因此，中年級在實施這項革新方案，難度較高。

而且，因爲學校願意支持這樣的社群活動，參與成員才有可能排除其他繁忙的事務，包含指派的研習活動，進行社群研討和對話的活動。

李老師：「才有辦法這樣聚在一起。」（1010328社E）

洪老師：「我們可以很光明正大的跟學校說，我們因為有老師來指導，所以這時間一定要空下來，對。然後其他時間可能就是個別的運用，還有就是對校外的研習，對校內的研習，我們有很多一定要的研習時數，對。」（1010328社A）

另外，若要有效地推動部落格寫作教學，學生也要能夠回家練習。然而，一般家長對於學生回家使用電腦，有的相當擔心都是在打電動玩具，因此，限制也比較多，在實施的過程，也比較困難。所以，爲了順利推動革新方案，必須在家長座談會時事先告知這項活動，請家長協助配合。

整體而言，唯有良好的環境配合和支持，這種部落格寫作教學社群活動才能眞正地落實。

五　實施小學部落格寫作課程與教學遭遇的困難和限制

本研究在實施的過程中，教師應用在寫作教學曾遭遇到下列困難和限制：

(一) Google部落格的申請問題

Google的部落格在使用的過程中，參與教師普遍反映它很難申請和註冊，而且，有時還會遇到輸入錯誤時，進行的檢核過程相當繁瑣，不利於使用。

「那個，我們班在申請的時候它那個會需要輸入學生的那個名那個出生生日，那我們班就在那邊就卡住了，然後它會跳到一個視窗說，什麼參閱什麼什麼規範……。」（1001109社A）

部落格申請有年齡限制，一般小學生不符合規定年齡資格13歲（http://support.google.com/accounts/bin/answer.py?hl=zh-Hant&answer=1350409），若要使用必須透過師長的協助，才能順利註冊，取得使用的權限。其實，由於Google功能強大，教育應用普遍，因而推出不受年齡限制的政策和軟體使用說明，即幼稚園到高中適用的Google apps方案（http://www.google.com/a/help/intl/zh-TW/edu/index.html），不同於一般的申請方式，比較能夠有效保障學生的權益。

(二) 部落格平臺的親和度和穩定性

雖然使用Google平臺的界面相當簡潔清楚，但是，由於以英文界面爲主，多數成員反映，即使它有繁體中文的支援，若遭遇語言的問題，還是不易使用。而且，其中檢核系統所呈現的驗證碼不易解讀，有時登入不順利，就不能通過驗證，無法使用；另外，Google系統也時常在更新，因而還必須適應改版，也增加使用的難度，

「現在大部分都申請了，只是現在好像用新的改版……像之前就是遇到一個問題阿，就是你要小朋友的部落格……每個小朋友只有部落格，不像其他的部落格直接輸入帳號，可以直接點到他的。可是要進入那個……不知道是不是因爲改版的問題，要進入到那

個……滿複雜的……。」（1010502社D）

另外，由於對Google系統不熟悉，也有老師反映，它缺乏像臉書或無名部落格的立即分享和傳訊功能，無法有立即的回饋（1010502社D）。因而，誤以爲它僅能呈現寫作內容而已。其實，Google的部落格完成之後，也有分享的功能，也可以將它的內容發布到臉書中，具有良好的連結和互動功能。

在使用Google平臺的過程中，有的老師反映，其登入系統的檢核難度過高，不易使用，反而是奇摩和無名的部落格比較容易使用，而且也是中文界面，因而便於使用。因此，剛開始在使用時，相當麻煩，不好用。不過，一旦申請通過之後，其系統的穩定度相當的高。

(三) 學生的打字和拼音能力高低

由於參與成員有四年級的老師和五年級的老師，學生使用電腦打字的能力不一，也只會注音符號輸入的方法，打字內容也受到拼音能力影響，所以，有的學生的作品需要花費較長的時間來完成。

「第一個就是可能就是他沒辦法，因爲本身打字就慢嘛，然後你打出來的東西，你想出來的東西打出來會更慢……小朋友電腦打字的時候，他不太會選字，所以電腦的錯字很多。」（1001214部D）

因爲採用注音符號輸入法，而中文又較多同音字，學生的作品也出現較多的別字。所以，剛開始使用部落格時，有的學生的寫作成品反而比書面作文出現更多的錯字。受到打字和拼音能力的限制，並非所有的學生都能順利使用部落格，反而產生更大的落差。其實，這個部分應透過批判思考能力的引導（Oravec, 2003），提升學生和教師自我反省和改進的能力。

(四) 教育政策和學校政策的支持度

如前所述，環境的配合和支持相當重要。雖然部落格可以當作學習歷程檔案系統，但參與的老師反映，學校作業檢閱和教育行政單位評鑑還需要書面的內容，「因爲他現在要求不是只有電腦上的，老師你知道嗎？」（1001005社B）所以，若要將教學檔案存於電腦上，老師是有疑慮的。而且，學校也必須進行作業檢閱，必須繳交作文簿才行。因此，教師在實施這項方案時，會遭遇與學校政策存在的鴻溝（Bailey, 2004），形成實施的障礙。而且，學生使用電腦都是在玩線上遊戲，導致許多家長都不讓自己的小孩使用電腦。因而也影響學生使用電腦的時間。程老師也說：「我覺得可能，尤其我們現在又一直希望小朋友少用電腦，老師你懂我的意思嗎？」（1001214社B）

整體的環境如果無法支持和配合，對於部落格寫作課程與教學革新方案的實施，是有阻力的。反之，如果學校願意在政策上給予支持，家長也願意協助，這項方案的實施比較容易成功。

六　實施部落格的小學寫作課程與教學革新方案的策略

整體而言，本研究發現爲了順利推動此種寫作革新方案，可採用下列策略：

(一) 部落格寫作方案必須結合學校和班級課程與教學的需求

本研究實施以部落格爲基礎的寫作革新方案，由於與該市的教學卓越計畫和優質團隊計畫結合，融入全語言教學理念和限制式寫作策略，將部落格建置成優質團隊課程和教學平臺，容易爲教師所接受。

其中，程老師擔任閱讀科任教師，主要是配合「閱讀，用點心」教學卓越計畫，她說：「童詩……因爲我們是用課文去做延伸的，他們都還寫的不錯，寫那個同時的時候他們很有成就感，因爲分組嘛，一組只要寫一段，快的一節課就可以把整篇寫完。」（1010117訪B）

配合童詩的閱讀進行的寫作活動，以分組方式進行，相當順利，也將學生作品張貼於部落格中（1001004部B）。而且，由於該校的教學

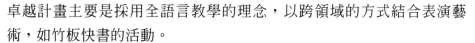

卓越計畫主要是採用全語言教學的理念，以跨領域的方式結合表演藝術，如竹板快書的活動。

洪老師所帶領的部落格寫作社群活動，主要是申請該市的優質團隊計畫，並且製作「精進教師社群部落格寫作報告。」（1001114部A）其中的原因之一就是，小學教育現場相當忙碌，除了日常教育實務工作之外，爲因應許多改革工作，學校必須指派參與研習活動的教師，因而有的教師窮於應付這些活動要求，無暇嘗試相關課程和教學的革新活動。

程老師在第一學期結束後進行的寫作教學觀察，她以「描寫葉子」爲主題（1010106觀A），讓學生個別習寫，寫作表現的差異就比較大（1010117訪B）。而洪老師教的則是成語寫作的修改活動（1010106觀A），使用部落格進行教學。不過，這兩次的教學觀察活動所看到的，反而是採用限制式寫作的理論概念，不同於全語言教學的理念。

因此，無論是學校的教學卓越計畫，或者是優質團體計畫，都和本研究的部落格寫作革新方案做適切的結合。幸運的是，這兩項計畫都獲得專家審查通過，實施結果的評鑑也不錯，還獲得教育部頒給「閱讀磐石學校」榮譽的肯定（教育部，2012）。

(二) 部落格的寫作模式仍需經歷書面轉換的階段

在參與教師之中，只有一位教師在呈現寫作課程與教學內容時，可以直接在網路上進行思考和寫作，其餘多數教師反而是先呈現在書面，再將書面資料繕打成爲電腦文書的資料（1001109社F），再呈現於部落格。因爲，「全部都變成是這樣的教學，我想應該有困難……可能每個小朋友，除非在電腦教室上課，他可能立即就在電腦教室裡面打……還會牽涉到他打字的速度。」（1001214社B）

因此，程老師的作法是「有一批是打字學生啦！」（1001109社B），專門將學生作品打成電腦文書資料，再轉貼於部落格或網頁上。所以，社群教師在教導學生使用部落格時，也採用類似的方式，先將作品寫在書面上，再以打字的方式鍵入部落格中。而有的學生打字速度比較緩慢，則需要其他同學的協助（1001109社A；1001109社F）。

另外，由於在社群會議時，研究者也介紹可採用數位相機照相的方式，兩個學校社群，都有老師嘗試此一方式，在部落格上張貼學生的優良作品。由此可見，學生受限於打字和寫作習慣的影響，無法直接將寫作內容直接以打字方式張貼於部落格，仍必須寫成書面作文，再打字張貼於部落格上。

(三) 較適合小學高年級學生的寫作練習使用

由於小學階段受到學校政策及教育行政單位的政策影響，小學低年級階段未實施電腦教學，一般而言，都是從中年級開始進行教學。

> 「因爲我們三年級開始才開始在學電腦，像我一剛開始也不敢讓他們用電腦去打閱讀心得。」（1001109社F）

因此，低年級學生無法直接使用部落格，而中年級學生因爲剛開始接觸電腦，打字速度慢，不太適合使用電腦來寫作。所以，以部落格書寫和張貼寫作內容，比較適合在高年級實施，但是，目前的實施階段，仍需經歷書面轉換的過程。

(四) 善用小組合作的方式解決部落格申請及中文輸入問題

由於學生在申請Google部落格時會遇到英文界面不熟悉的問題，而且，程序也不熟悉，但一旦學會之後，社群中的洪老師就指派已會的學生指導其他班級的學生，速度就很快，順利完成原本很困難的工作。

> 李老師：「所以我覺得小孩子他可能有他自己的方法吼，可以教小孩子的時候可以比我們更快速……」
>
> 洪老師：「上次李老師他們班有幾個，就是我們班的小男生去陪他們把他們一個一個申請完，小朋友教小朋友眞的很快！」（1010328社）

因此，洪老師也會善用小組合作的方式，進行部落格寫作的學習活

動，發揮學生同儕彼此相互協助的力量。

> 「可能就二十分下課，那外面有三臺電腦是，他只要告訴我他要使用部落格寫作，我就會讓他去。啊他們會兩三個聚在一起討論，啊他們會互相協助，嘿。」（101011訪A）

所以，爲了解決學生能力落差的問題，採用小組的方式，就可以順利完成工作。另外，其實部落格的經營，也可以採用小組共同合作的方式，中年級的陳老師正是如此處理的。

此外，由於使用Google平臺的部落格，因有年齡限制，學生無法自己申請，必須透過老師的指導和協助，可採用前述幼稚園到高中適用的Google apps方案進行申請，並以學生小組合作的方式共同經營一個小組的部落格；不過，同時也應指導有關網路資訊眞實和安全的相關問題。

伍 結論與建議

關於部落格應用於小學寫作課程與教學革新，本研究共獲得五項結論，並據以提出相關的建議，說明如下。

一 結論

(一) 小學的部落格寫作教學能突破時空限制並發揮多樣化功能

教師在運用部落格進行教學時，能夠不受傳統教室空間的限制，能在電腦教室運用，也在課後進行，不受傳統教學時間的限制。因此，參與教師能善用部落格作爲呈現材料及寫作教學的使用平臺，並爲學生提供發表作品和相互觀摩的開放空間，除了教師進行作品的評閱之外，學生同儕也可以進行相互評閱的工作。無論是教師的寫作教學歷程，或是教師教學後的省思內容，均能有效地分類和儲存。

和其他網路媒介相較而言，本研究所使用的部落格具有較高自由度且能呈現完整文章，由於部落格本身有良好的分類系統，能有效地呈現學生的寫作學習歷程和表現；同時，透過部落格的相互串連，能夠聯結文本、教師、學生和學生同儕，也有助於增進學生寫作的動機。

(二) 適應情境及保持彈性有助於落實部落格寫作教學革新方案

由於學校近年來推動各項改革措施，包含教學卓越計畫、教師專業社群和閱讀策略融入等等，參與教師相當忙碌，而本研究的部落格寫作方案也因為能結合學校和班級課程與教學的需求，才能順利且有效地推動。

在實施的過程中，原本預計讓學生直接利用部落格寫作，但實際運作才發現，學生的寫作仍需經歷書面轉換並經過打字張貼的階段；而且，因該校的學生自三年級才開始接受電腦教學，受資訊教育政策的影響及學生打字能力的高低影響，所以適合小學高年級學生的使用；所以，為了解決Google部落格的申請、以及學生中文輸入能力差異的問題，採用小組合作的方式，才能順利推動。

(三) 學習社群有助於寫作教學革新的觀念溝通、交流和相互支持

在學習社群的運作過程中，領頭羊教師的帶領尤其關鍵，不僅有助於部落格寫作方案的落實，也能有效促使學習社群發揮功能；而學習社群所發揮的功能，主要是有助於成員彼此之間的觀念分享、相互激盪和教學觀摩，並為教師提供良好的專業對話的空間和支持力量。

而且，因為有學習社群的組織和運作，部落格寫作方案在實施過程，有助於將理論內涵轉化成實際的運作內容和方法，並在討論和觀摩的過程中，不斷地修正寫作教學方案的內涵，而能落實於教室的寫作教學中，也能有效帶動其他教師進行革新，提高嘗試新方案的意願，革新寫作教學的過程。

(四) 實施部落格寫作教學方案受到教師、學生及環境等因素的影響

在整個革新方案的實施過程中，教師的意願具有關鍵的影響力量，

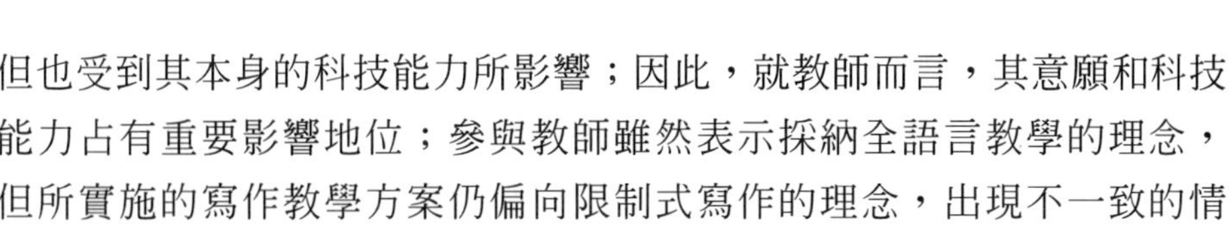

但也受到其本身的科技能力所影響；因此，就教師而言，其意願和科技能力占有重要影響地位；參與教師雖然表示採納全語言教學的理念，但所實施的寫作教學方案仍偏向限制式寫作的理念，出現不一致的情形。

學生大致都喜歡使用部落格這項網路工具，但是受限於其打字能力，仍無法直接在電腦教室或網路上書寫作文，還是需要經過書面文字的寫作，再將內容張貼至部落格，對這項寫作教學革新方案的落實，仍有一段距離。

除此之外，環境的支持及配合也是實施部落格寫作革新方案的重大因素。學校若不能調整政策，仍堅持傳統的書面作文檢閱篇數，無法認可部落格作文，容易產生妨礙的阻力；而且，該校所在的教育政策讓學生自三年級才開始接觸電腦，高年級學生較易採用此一方案，中年級學生的實施較爲困難。

二 建議

根據上述結論，本研究提出相關的建議如下所述：

(一) 學校和教師應正視電腦網路對學生的影響，可透過部落格寫作方案的實施，運用電腦和網路的正向作用，而非只是消極地防範其負面作用；學校應在寫作的作業檢閱有一定的彈性，採納和容許電腦與網路資料的政策。

(二) 教師應提升有關資訊科技的素養和使用能力，並且建立使用網路部落格的習慣，才能善用資訊科技對教育帶來的正面影響。

(三) 將部落格納入小學寫作課程與教學促進革新時，應使用循序漸進且部分更新，而非全面替換的作法；師生使用部落格寫作方案時，可先採用書面轉換成打字的過渡作法，再變更到完全使用部落格的作法。

(四) 實施小學部落格寫作課程與教學革新方案，除了Google的部落格平臺之外，也可考慮其他便於使用者運用的部落格平臺，如無名網站。

(五) 學校和教師應善用學習社群的專業對話、相互觀摩和交流的機會，持續不斷地促進教師的寫作教學專業知能的成長；而部落格的運用，應設法促進學習社群彼此的觀摩和交流，以發揮此一模式的最大功能。

(六) 在後續研究方面，可採用準實驗方法，以檢證和比較其和傳統寫作教學的成效差異；就研究議題而言，可比較部落格和其他網路媒介，如臉書、Google+在教師專業成長的效果。

致謝：本文係「小學寫作課程的發展與改革：以部落格歷程檔案爲基礎的革新方案（II）」（NSC 100-2410-H-415-019）國科會專案研究的成果，特此申謝。

一、中文部分

仇小屏（2003）。小學階段「限制式寫作」命題專案研究。行政院國家科學委員會專題研究計畫成果報告。計畫編號：NSC91-2413-H-026-011。

仇小屏（2007）。基測作文與「引導／限制」式寫作。國文天地，**22**(12)，4-7。

仇小屏、藍玉霞、陳慧敏、王慧敏、林華峰（2003）。小學「限制式寫作」之設計與實作。臺北市：萬卷樓。

王全興（2004）。臺南縣市國民小學國語文教學創新與研習活動之研究（未出版博碩士論文）。國立高雄師範大學：高雄市。

王美音（譯）（1996）。擁抱未來。臺北市：遠流。（B. Gates, 1995）

王開府（2006）。作文教學的危機與轉機—代序。國文作文教學的理論與實務（頁V-VI）。臺北市：心理。

臺灣網路資訊中心（2006）。TWNIC 2006年01月臺灣地區寬頻網路使用調查報告。2006年8月5日，網址：http://www.twnic.net.tw/download/200307/200307index.

shtml。

何琦瑜、吳毓珍主編（2008）。教出寫作力。臺北：天下。

吳怡靜（2004）。網上學習：如何幫助孩子成長向前。臺北：天下雜誌。

吳怡靜（2008）。被遺忘的R　搶救被忽略的寫作力。載於何琦瑜、吳毓珍（主編），教出寫作力（頁14-29）。臺北：天下。

吳怡靜（2008，12月9日）。電腦科技對寫作：利多於弊。取自：http://reading.cw.com.tw/doc/page.jspx?id=40288ab21dd70d9e011dd80eaa1d0003。

沈添鉦、黃秀文、黃繼仁（2001）。國小高年級學童在全語取向語文課程中的寫作表現。國民教育研究學報，7，243-271。

柯華葳（2007，10月24日）。PIRLS2006說了什麼。取自http://lrn.ncu.edu.tw/pirls/files/論壇資料／PIRLS%202006說了什麼.ppt。

徐守濤（1996）。兒童作文評鑑的探討。載於黃政傑（主編），國語科教學法（頁145-171）。臺北：師大書苑。

張新仁（1992）。寫作教學研究——認知心理學取向。高雄：復文。

張新仁（2004）臺灣地區寫作研究之回顧與展望。載於單文經（主編），課程與教學新論（頁245-308）。臺北市：心理。

張新仁（2006）。寫作的認知歷程研究：跨教育階段別、不同寫作能力的學生在不同寫作文體上的寫作歷程和寫作表現（I）。行政院國家科學委員會專題研究計畫成果報告。計畫編號：NSC93-2413-H-017-014。

教育研究月刊（2003，12月23日）。94學年小三、四同步英教。取自：http://www.edujournal.com.tw/news/9112/911215.shtml

教育部（2000）。「全國兒童閱讀實施計畫」。2002年4月26日，取自：http://reading.educities.edu.tw/readingplan/index.html。

教育部（2008）。教育部中小學資訊教育白皮書2008-2011。2010年12月30日，取自：http://www.edu.tw/files/site_content/B0039/97.08教育部中小學資訊教育白皮書.pdf。

教育部（2012）。教育部101年度國民中小學推動閱讀績優學校、團體及個人評選實施計畫。2012年12月20日，取自：www.edu.tw/files/news/EDU02/_績優學校—國小組[1].pdf

教育部中教司（2005）。教育部新聞稿，95年國中基測加考寫作測驗暨試題示例說明記者會。2008年12月22日，取自：http://www.bctest.ntnu.edu.tw/writing/writing_news.pdf。

莊雪華、黃繼仁、劉漢欽、謝宗憲（2010）。應用部落格發展電子歷程檔案系統之研究：以師資培育的教育實習輔導爲例。中正教育研究，**9**(2)，51-88。

陳志哲（2003）。小學「限制式寫作」情境式命題教學探究。國文天地，**215**，85-86。

陳香如、黃佳琳、黃繼仁（2005，12月）。國小教師實施資訊科技融入國語文教學之個案研究。發表於臺灣教育傳播與科技學會、國立臺灣海洋大學、國立臺灣師範大學、臺北市政府教育局、國立教育資料館主辦，「2005年教育資訊傳播與科技」國際學術研討會。

陳滿銘（2001）。新型作文瞭望臺。臺北市：萬卷樓。

陳鳳如（1996）。活動式寫作教學對國小兒童寫作表現與寫作歷程之實驗研究（未出版博碩士論文）。國立臺灣師範大學：臺北。

黃政傑（1991）。課程設計。臺北：東華。

黃政傑（1997）。課程改革的理念與實踐。臺北：漢文。

黃繼仁（2005）。「九年一貫課程」實施對國語文教育影響之研究—以雲嘉南地區的小學為例。行政院國家科學委員會補助專題研究精簡報告，計畫編號：NSC 93-2413-H-415-012。

黃繼仁（2011）。小學寫作課程的發展與改革：以部落格歷程檔案為基礎的革新方案（**I**）。行政院國家科學委員會補助專題研究精簡報告，計畫編號：NSC 93-2413-H-415-012。

黃繼仁、周立勳、甄曉蘭（2001）。國小教師國語教學信念及相關因素之調查研究。教育研究集刊，**47**，107-130。

黃繼仁、莊雪華、劉漢欽（2008，5月）。資訊科技融入教育實習課程之研究—網誌與省思日誌的結合應用。發表於國立花蓮教育大學主辦，「課程與教學改革的理論與實務」國際學術研討會。

甄曉蘭（2003）。課程行動研究：實例與方法解析。臺北：師大書苑。

甄曉蘭（2006）。戲劇創作在作文教學的應用。載於王開府、陳麗桂（主編），國文作文教學的理論與實務（頁71-98）。臺北市：心理。

劉渼（2006）。創思技法融入教學模式與行動研究。載於王開府、陳麗桂（主編），國文作文教學的理論與實務（頁191-220）。臺北市：心理。

蔡英俊（2008）。什麼是寫作力？載於何琦瑜、吳毓珍（主編），教出寫作力（頁68-83）。臺北：天下。

蘇順發（2002）。教學革新的理念與實踐：以國中英語教學爲例。載於潘慧玲（主編），學校革新：理念與實踐（頁201-250）。臺北：學富。

二、外文部分

Allington, R. L., & Walmsley, S. A. (1995). Afterword. No quick fix: where do we go from here? In R. L. Allington, & S. A. Walmsley. (Eds.), *No quick fix: rethinking literacy programs in America's elementary schools* (pp.253-264). New York: Teachers College Press.

Allison, P. (2009). Be a blogger: social networking in the classroom. In A. Herrington, K. Hodgson, & C. Moran. (Eds.), *Teaching the new writing: technology, change, and assessment in the21st-century classroom* (pp.75-91). New York: Teachers College Press.

Bailey, M. (2004). What does research tell us about how we should be developing written composition? In T. Grainger (Ed.), *The RoutledgeFalmer reader in language and literacy* (pp.277-288). London: Routledge Falmer.

Blood, R. (2000). *Weblogs: a history and perspective.* Rebecca's pocket, 7 September 2000. September 26, 2004. Retrieved from http://www.rebeccablood.net/essays/weblog_history.html

Brown, A. L., & Campione, J. C. (1996). Psychological theory and the design of innovative learning environments: on procedures, principles, and systems. In L. Schäuble & R. Glaser (Eds), *Innovations in learning: new environments for education* (pp. 289-325). NJ: Erlbaum.

Brown, G., & Irby, B. (1997). *The Principal Portfolio.* Thousand Oaks: Corwin Press.

Castells, M. (1996). *The rise of the network society*. Cambridge, Mass.: Blackwell.

Cornbleth, C. (1990). *Curriculum in context*. London: Falmer.

Feagin, J., Orum, A., & Sjoberg, G. (1991). *A case for case study*. Chapel Hill, NC: University of North Carolina.

Finnish National Board of Education. (April 12, 2007). *Literacy in Finland.* December 22, 2008. Retrieved from: http://www.oph.fi/english/SubPage.asp?path=447, 65535, 77331, 77338

Fullan, M. (1991). *The new meaning of educational change* (2nd ed.). New York: Continuum.

Fullan, M. (2001). *Leading in a culture of change*. San Francisco, Calif.: Jossey-Bass.

Geertz, C. (1983). "From the native's point of view": On the nature of anthropological understanding.In *local knowledge: Further essays in interpretive anthropology* (pp. 55-

70). New York: BasicBooks.

Gordon, D., & Alexander, G. (2005). The education of story lovers: do computers undermine narrative sensibility? *Curriculum Inquiry, 35*(2), 133-159.

Graham, S., & Harris, K. (1994). The effects of whole language on children's writing: a review of literature. *Educational psychologist, 29*(4), 187-192.

Grisham, D. L., & Wolsey, T. D. (2005). Improving writing: Comparing the responses of eighth-graders, pre-service teachers and experienced teachers. *Reading & Writing Quarterly, 21*, 315-330.

Hall, G. E., &Loucks, S. F. (1981). *The concept of innovation configurations: an approach to addressing program adaptation. Research on concerns-based adoption*. (ERIC Document Reproduction Service No.ED226454)

Harste, J. C., Woodward, V. A., & Burke, C. L. (1984). *Language stories & literacy lessons*. Portsmouth, NH: Heinemann.

Herrington, A., Hodgson, K., & Moran, C. (2009). *Teaching the new writing: technology, change, and assessment in the 21st-century classroom*. New York: Teachers College Press.

Hopkins, D., Ainscow, M., West, M., & Fullan, M. (1994). *School improvement in an era of change*. London: Cassell.

Lankshear, C., & Knobel, M. (2003, April). *Do-It- Yourself broadcasting: writing weblogs in a knowledge society.* Paper presented at the annual meeting of the American educational research association, Chicago, IL. (ERIC Document Reproduction Service No. ED478120).

Levinson, P. (1988). Impact of personal information technologies on American education, interpersonal relations, and business, 1985-2010. In P. T. Durbin (Ed.), *Technology and contemporary life* (pp.177-192). Holland: D. Reidel.

MacArthur, C. A. (2006). The effects of new technologies on writing and writing process. In C. A. MacArthur, S. Graham, & J. Fitzgerald (Eds.), *Handbook of writing research* (pp.248-262). New York: Guilford Press.

Marsh, C. (1991). Implementation. In C. Marsh, & P. Morris (Eds.). *Curriculum development in East Asia* (pp.22-36). London: The Falmer Press.

Marsh, C. J., & Willis, G. (1999). *Curriculum: alternative approaches, ongoing issues*. UpperSaddle River, N.J.: Merrill.

McCutcheon, G. (1995). *Developing the curriculum: solo and group deliberation*. New York: Longman.

Merriam, S. B. (1998). *Qualitative research and case study applications in education*. San Francisco: Jossey-Bass.

Moretti, F. A. (1994). The Olympian challenge of the new. *Independent School, 53*(3), 19-21. August 18, 2000. Retrieved: Professional Development Collection 9411304094 .

Oravec, J. (2003). Blending by blogging: weblogs in blended learning initiatives [Electronic version]. *Journal of Educational Media, 28 (2/3)*, 225-233.

Reutzel, D. R., & Sabey, B. (1996). Teacher beliefs and children's concepts about reading: Are they related? *Reading Research and Instruction, 35*(4), 323-342.

Richardson, W. (2010). *Blogs, wikis, podcasts, and other powerful Web tools for classrooms*. Thousand Oaks, Calif.: Corwin.

Rockman, S. et al. (2000). *A more complex picture: laptops use and impact in the context of changing home and school access. The third in a series of research studies on Microsoft's Anytime Anywhere Learning Program*. San Francisco, C.A. December 30, 2008. Retrieved from: http://www.microsoft.com/Education/aalresearch3.mspx

Schwab, J. J. (1970). The practical: A language for curriculum. In I. Westbury & N. J. Wilkof (Ed.), *Science, curriculum, and liberal education: selected essays* (pp. 287-321). Chicago: University of Chicago.

Serim. F. C. (2003). *Information technology for learning: no school left behind*. Ashland, Oh.: Big6.

Shulman, L. S., & Shulman, J. H. (2004). How and what teachers learn: a shifting perspective. *Journal of Curriculum Studies, 36*(2), 251-271.

Stake, R. E. (1995). *The art of case study research*. Thousand Oaks, CA: Sage.

Stake, R. E. (2005). Qualitative Case Studies. In. N. Denzie, & Y. Lincoln (Eds.), *The Sage handbook of qualitative research* (3rd ed.) (pp. 443-466). USA: Sage.

Taylor, S. J., & Bogdan, R. (1998). *Introduction to qualitative research methods: a guidebook andresource* (3rd ed.). New York: John Wiley & Sons.

van Dijk, J. (1999). *The network society: social aspects of new media*. (trans. by L. Spoorenberg). London: Sage.

Yin, R. K. (1988). *Case study research: design and methods*. Newbury Park, CA: Sage.

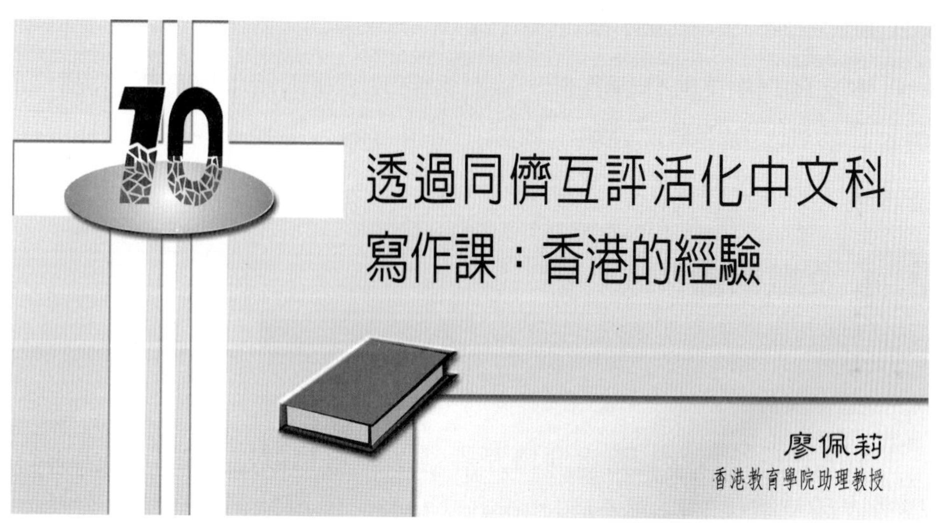

10
透過同儕互評活化中文科
寫作課：香港的經驗
廖佩莉
香港教育學院助理教授

壹 前言

一向以來，在寫作課內，學生是根據教師擬訂的題目來作文，然後教師依據評分標準來評分。教師是評估學生表現的主導者。學生的寫作得到教師的打分和評語。學生沒有機會參與評估的工作，在整個寫作評估過程中學生是沉默，孤獨和被動的。近年教育改革提倡的「促進學習的評估」帶來了新的改變——由過往注重評估學生的學習表現轉變爲強調評估是爲促進學生學習，活化了評量的觀念。這與過往學校、教師和家長認爲評估是以教師爲主導來評定學生的能力有所分別。

「促進學習的評估」強調「評估能幫助學生學習和提高他們的學習效能」。同儕互評是學生參與評估的活動，是「促進學習的評估」其中的一項重要方法（Lauf & Dole, 2010）。但可惜的是，最近的研究發現雖然香港大部分教師（76%）認同在中文寫作課內讓學生同儕互評是重要的，但是在實際教學上，只有三成多教師（31.5%）認同他們知道怎樣設計學生的互評活動，由此可見雖然很多教師認同學生互評的目的和重要性，但是他們對學生同儕互評的落實和成效也有所保留（廖佩莉，

2012）。

本文就以中文寫作課爲例，探討香港教師在兩所小學爲學生設計同儕互評活動，希望藉此經驗，教師在應用方面，得到一些啓示，從而活化學生學習，改善他們的寫作能力。

貳 文獻回顧

一 同儕互評的意義

Topping（1998）認爲同儕互評是個體對相似地位的同儕，進行學習成品及結果的評價。Falchikov（1998）簡單地指出同儕互評活動是學生評價同儕表現的一種活動。同儕互評好像是一種評估工具而已（Van den Berg等，2006），其實它不只是一種評估工具，它是一種有效的學習活動。Bryant與Carless（2012）提出同儕必須懂得運用準則來評定同儕的表現，並在評估過程中給予意見和／或等第。在評估的過程中，能給予學生學習和反思的機會。Brown等（1998）認爲有效的同儕互評活動應包括：

(一) 明確指導學生如何實踐同儕互評活動；
(二) 給予學生有機會明白評估準則，並對評估準則能提出疑問；
(三) 有機會給予學生實踐如何應用評估準則；
(四) 用具體的例證（學生寫作樣本示例），加強學生認識如何評估同儕的能力；
(五) 顯示評估目標；
(六) 有規劃地進行評估，能令所有學生公平地進行評估。

Holec（1981）和Falchikov（1998）認爲要成功實行同儕互評活動，教師的準備工作是非常重要的。Lauf與Dole（2010）認爲同儕互評活動要顧及批評同儕的表現是否具質素。如果教師只是要學生認識評估準則，這不能幫助他們做互評，教師必須提供學生樣本的示例，讓學生進行試改，令他們明白怎樣運用準則來評估，才能提升互評的質素。因此教師「給予學生有機會明白評估準則」和「出示具體的例子」（學生

樣本）是不容忽視的步驟，也是活化同儕互評活動重要元素。

二 對同儕互評活動的看法

很多研究（例如，Falchikov, 1998; Boud, 1988）都是從教師角度討論同儕互評活動對學生學習是有幫助的。Vickeman（2009）認同學生同儕互評活動是一種正面的學習經驗，學生能從互評中學習。同儕互評活動有利學生的技能發展，例如，人際關係技能、組織能力和聆聽能力。他又指出學生同儕互評活動能鼓勵學生參與，引起學習的動機（Falchikov, 1998），發展他們評批能力，與他人合作的能力和增加他們的自信心（Falchikov, 1991）。

從學生的角度而言，Deakin-Crick等（2005）指出學生與同儕討論時比與教師討論時會覺得較舒服，因此在同儕互評活動中，他們願意與同儕分享意見，提出問題，甚至互相爭辯。學生很認同同儕互評活動是有效的，能加強他們的學習（Pond & ul-Haq, 1998）。Fredricks等（2004）的研究指學生自稱很享受這種學習模式。

教師和學生在同儕互評活動中也遇上不少困難，有學者（Habeshaw等，1993）質疑學生同儕互評的評分信度，有學生會對互評活動產生抗拒。學生的評分是主觀的（Neukom, 2000），尤其是那些開放式問題是沒有特定的答案。在同儕互評活動中，必定有些學生是不習慣這種學習模式和不喜歡被同儕評估（Falchikov, 1998）。Brown與Dove（1991）批評教師對學生同儕互評活動的要求實在太高。他們更指出這活動是浪費時間，製訂評估準則並不容易。

要解決上述的困難，Topping（2009）認爲須假以時日指導學生一些有效的評估方法，那麼互評的信效度與教師的評分分別不大。Van Zundert等（2010）指出要提升互評的素質，必先加強教師的培訓和學生的互評經驗。

三 中文科的同儕互評活動

有很多論文談論中文科的寫作課內學生進行同儕互評的活動。就學生的學習能力而言，張麗華（2008）認爲用同儕相互批改作文，效果比單純地由教師批改要好得多，互評可以讓學生相互學習，取長補短（董衛娜，2011）。若寫作課加入互評後的同儕討論，更能提升小六學生寫作說明文的能力（王瑀，2004）。學生得到同儕的意見，他們更有信心修改自己的寫作，他們眞正成爲作文的主人。作文互評活動能幫助學生自主學習（彭莉芳，2011），實現學生的自主發展（段志群，2008；王潤香，2011）。

就學生的學習態度而言，同儕互評能提高學生對寫作的積極性（段志群，2008；閔愛梅，2008；周玉紅，2008）和興趣（歐陽書琴，2011），讓學生在互評中變得主動起來（馬緒紅，2011）。上述提及的，大都是從理論層面分析中文科在寫作課進行學生同儕互評的優點，但卻缺乏相關研究的支持。

四　近期的研究

很多中外研究（Brew等，2009；Li等，2010，陳映云與嚴彩君，2010；樓荷英，2005）都是在大學或專科學院進行同儕互評活動，成效是不錯的，但這些研究對象是青少年或成年人，他們的反思和批判能力較高，有能力給予同儕回饋和意見，顯示同儕互評活動能幫助學習，但是有關探討在香港中小學進行同儕互評活動的研究則並不多。其中的原因可能是香港教師認爲學生同儕互評活動源於西方教育理念的改革並不大適合中國人的社會（Carless, 2005）。

雖然如此，但是有關香港近年在中、英文科學生同儕互評活動的研究結果都是較正面的。Bryant與Carless（2010）用了兩年時間進行個案研究，探討香港在小學高年級英文科實行同儕互評的情況，他們發現教師和學生對同儕互評活動的看法很相似，同儕互評活動能輕鬆地幫助學生應付總結性評估的考試。Mok（2011）用個案研究方法，探討初中學生在英文科實行同儕互評活動的看法，研究發現學生認爲活動能幫助他們的思維發展，但是教師須對學生提供足夠的心理準備，才能有效地實行同儕互評活動。至於中文科相關的實證研究，則較少見諸文獻。

廖佩莉（2012）的研究是探討小學中文科教師對學生同儕互評目的的認識。研究發現教師面對不少困難，例如，他們未能充分掌握設計學生互評的量表的技巧，對學生互評活動後的跟進工作有所不足。研究更指出只有三成多教師（31.5%）認同他們知道怎樣設計學生的互評活動。有鑑於此，研究員針對上述的困難，與兩所學校的中文科教師一起設計和試行學生的互評活動。

貳 研究的背景和目的

一 背景

現時香港中文寫作課，很重視學生寫作前的準備工作，即是教師指導學生如何「計畫」一篇作文，但卻忽略如何幫助學生「回顧」自己作品。西方學者認爲寫作大致分爲「計畫」、「轉譯」和「回顧」三個主要過程。「計畫」是指「內容構思」和「文章布局」；「轉譯」是指正式下筆，將泉湧而出的文思轉換成白紙黑字；「回顧」是「檢查」寫出的內容是否符合原先的目標，並「修改」不足的地方。

教師注重指導學生如何「計畫」寫作，他們通常和學生分析如何審題，討論寫作大綱，有時要求學生在寫作前蒐集相關作文題目的資料和安排分組活動，幫助他們取得靈感，爲學生好好準備作文。學生然後進行「轉譯」的工作，完成寫作後，便呈交作文給教師評改。教師通常鼓勵學生在呈交作文之前自行「回顧」所寫的文章，但卻較少教師指導他們怎樣「回顧」，修訂作品。

其實「回顧」在整個寫作過程中扮演著極爲重要的角色。如果學生完成作文後，能給同儕閱讀，讓同儕作出評價和給予建議，學生得到同儕的意見，然後「回顧」自己所寫的文章並作修改，相信能幫助他們優化作文，提升寫作能力。這是活化作文的一個重要的方向。

但很可惜研究員根據多年任教香港在職教師培訓課程各類中文寫作教學課題的經驗，眞切感受到教師較忽略給予學生「回顧」自己和同儕的作品的機會。本研究是針對這方面教學的缺失，提出學生同儕互評活動的理念，並將理念活化並應用在小學的中文科寫作課堂。

二 研究目的與問題

研究員和兩位小學教師，分別爲兩所小學六年級學生設計中文科寫作的同儕互評活動。研究目的是探討教師在兩所小學爲學生設計和活化同儕互評活動的經驗，教師和學生對這次試行的意見。研究問題包括：

1. 學生在這次試行，寫作成績有沒有進步？
2. 教師對這次試行有什麼意見？
3. 學生對這次試行有什麼意見？

本研究具實踐意義，是從教師和學生的角度探討他們對學生同儕互評活動試行的想法，使一個沿用已久傳統寫作評估方式（教師評改學生的作文），學生沒有機會參與評估的過程，注入新的元素，拓展新的局面，從而提升語文的學習的水平。教師可以參考本研究的成果，瞭解學生同儕互評活動的成效，學生的意見，希望藉此能提升互評活動的質素。

肆 研究方法

研究員和兩位教師討論如何在中文寫作課設計同儕互評活動。兩位教師來自兩所不同的小學，在試行期間研究員向試行學校收取數據，方法有二：一是採用定向（質性）研究調查方法（Qualitative Approach），邀請兩位試行的教師（下文以T1和T2爲代號）作深入的訪談，目的是瞭解教師對這次試行的看法。同時教師需要收取學生的作文，在互評活動前，教師收取學生作文，然後給分並作記錄，學生不知道自己的分數。互評活動後，教師再作評分。

同時研究員亦會在兩所學校，分別邀請三位學生作訪問，訪問對象是由每校教師推介的三位不同學習程度的學生（分別是低、中、高程度），合共六位（下文以S1、S2、S3、S4、S5和S6爲代號）。

二是採用定量（量化）研究調查方法（Quantitative Approach），教師在學生同儕互評活動後派發問卷給學生填寫，目的是要瞭解他們對這次試行的意見。問卷分兩部分：甲部是十題選擇題和量表；乙部是意見欄，學生可填寫對同儕互評活動的意見。這次試行在兩所學校共派發了一百五十份問卷，收回一百四十七份，回收率達98%。

伍 學生同儕寫作互評活動的試行

一 學校試行背景

研究是在香港兩所小學的六年級進行，一所位於九龍（下稱學校甲），另一所位於新界（下稱學校乙）。學校甲學生程度較佳；學校乙學生程度只是一般，中文水平的個別差異則較大。研究在2013年3至5月期間在中文寫作課試行學生同儕互評活動。學校甲共有四班試行，每班約28至30人，共116人；學校乙則有一班34名學生試行，兩校參與的學生人數共150人。他們每週有七節中文課，每節四十分鐘，其中有兩節課是作文或謄文課，通常每隔一星期設有兩節作文課。

二 實施設計

學校甲的寫作課要求學生寫「一件糗事」，教師要求學生記述一件事情和說出感受。學校乙要求學生寫一篇說明文，題目是「電子遊戲是近年流行的玩意。請你寫一篇文章，說明玩電子遊戲對青少年的影響。」

本研究的設計是根據Brown等（1998）提出有效的同儕互評活動的原則（見文獻回顧部分）。研究員和兩位試行教師討論後，釐訂了同儕寫作互評活動的流程可分爲三個階段（見表1）。值得注意是，教師須給予學生有機會明白評估準則和出示具體的例子（學生樣本）是活化同儕互評活動不容忽視的步驟。有了明確的評估準則和示例，學生才明白如何從中評估，從中學習。

表1　學生同儕寫作互評活動的階段

互評活動的階段	程　序
(一)準備階段	顯示評估目標，明確指導學生如何實踐同儕互評活動
	製訂寫作評分，表格和評審準則
	評審範文示例／樣本 （寫作評分樣本，讓學生試改，給予學生實踐如何應用評估準則）
(二)實行階段	閱讀同儕的作文
	學生填寫互評估表及講評
	學生根據同儕意見，重新修訂作文
(三)跟進階段	教師評改
	教師總結學生的表現，尤其是學生在互評活動中的表現

(一) 準備階段

教師必須向學生解釋互評活動的目的，是希望加強他們修改文章的動力，並能提供他們更多合作機會，學生根據同儕的意見，修訂文章，提升他們的寫作能力。教師也必須指出同儕互評是不計分數，並指出是次作文，閱讀他們作文的，並不只是教師，而且還有他們的同儕，鼓勵他們要認眞作文。學生爲了要在同學面前保住面子，便不敢隨意抄襲和敷衍了（鼓莉芳，2011）。接著教師還要向學生解釋互評活動的流程和他們擔當的角色。

在進行同儕互評活動前，學生必先掌握評審準則。例如，學校甲的評審項目（見附件）主要分爲內容、結構、文句、用字、標點符號五大項目。教師首先和學生討論和解釋評審準則，同時教師要出示範文例子，讓學生試改，目的是讓學生從示例中明白如何評改作文。

(二) 實行階段

學生完成作文後，便進行二人一組的同儕互評，他們會根據評審準則，填寫評分表格。除了評分表格的書面評語外，教師還要求學生對同儕作口頭評語。學生根據同儕意見，重新修訂自己的文章。

教師根據學生修訂的作文來評分，派發批改了的作文，然後總結學生的作文表現和學生在同儕互評活動中的表現。

陸 結果與討論

研究發現大部分教師和學生對這次試行的反應是不錯的。現將他們的意見析論如下：

一 學生作文的成績

學生的作文成績是有進步的。學校甲的學生在互評活動前的作文平均分是71.5，在互評活動後的作文平均分是78，T值是5.91，$p<0.01$，在統計學上是有明顯的差別。學校乙的學生在互評活動前的作文平均分是64，在互評活動後的作文平均分是75，T值是4.99，$p<0.01$，顯示在統計學上是有明顯的差異，學生在互評前和互評後的作文平均得分是有明顯的進步。

學生作文的成績在哪方面有進步呢？表2詳細列明學生寫作的各項得分。

表2　兩校學生作文各項的平均得分

平均分（所占百分比）	內容（30%）	結構（20%）	文句（30%）	標點符號（10%）	用詞（10%）
互評前的得分	17	18	19	7	7
互評後的得分	21	19	19	9	8

學生在內容和運用標點符號方面有進步。內容方面由17分提升至21分；標點符號的運用也不錯，由7分提升至9分。至於結構和用詞方面也略爲進步（結構的得分由18分提升至19分，用詞方面得分由7分提升至8分）。以下的一個示例正好具體說明學生在互評前後的作文表現。

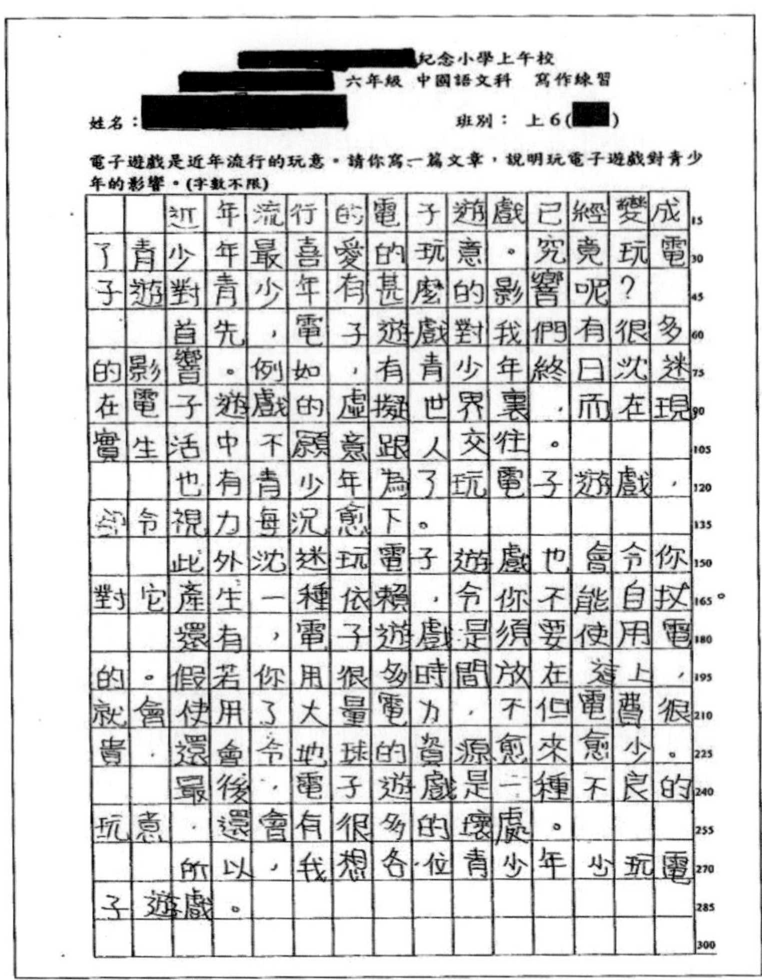
紀念小學上午校
六年級 中國語文科 寫作練習

姓名：　　　　班別：上6(　)

電子遊戲是近年流行的玩意。請你寫一篇文章，說明玩電子遊戲對青少年的影響。(字數不限)

近年流行的電子遊戲已經變成了青少年最喜愛的玩意。究竟玩電子遊對青少年有甚麼的影響呢？

首先，電子遊戲對我們有很多的影響。例如，有青少年終日沈迷在電子遊戲的虛擬世界裏，而在現實生活中不願意跟人交往。

也有青少年為了玩電子遊戲，[illegible]令視力每況愈下。

此外沈迷玩電子遊戲也會令你對它產生一種依賴，令你不能自拔。

還有，電子遊戲是須要使用電的。假若你用很多時間放在這上，就會使用了大量電力，不但電費很貴，還會令地球的資源愈來愈少。

最後，電子遊戲是一種不良的玩意，還會有很多的壞處。

所以，我想各位青少年少玩電子遊戲。

圖1　同儕互評活動前的作文

雖然圖1和圖2的兩篇作文還未經教師評改，仍有修改的地方，例如，學生寫了錯別字，但是比較兩篇作文，這位學生在同儕互評活動後修訂的作文（見圖2）是有所改善。同儕欣賞這位學生的作文是「字體漂亮，文句通順，準確地使用標點符號」，但希望他留意第五段（圖1）用電力對地球的影響，但並不是對青少年的影響。很明顯，經修訂的文章（圖2），學生刪去原本用電的內容，加了玩電子遊戲機對青少年的眼睛有損害的一段，內容較貼題。同儕又建議他多用反問和諺

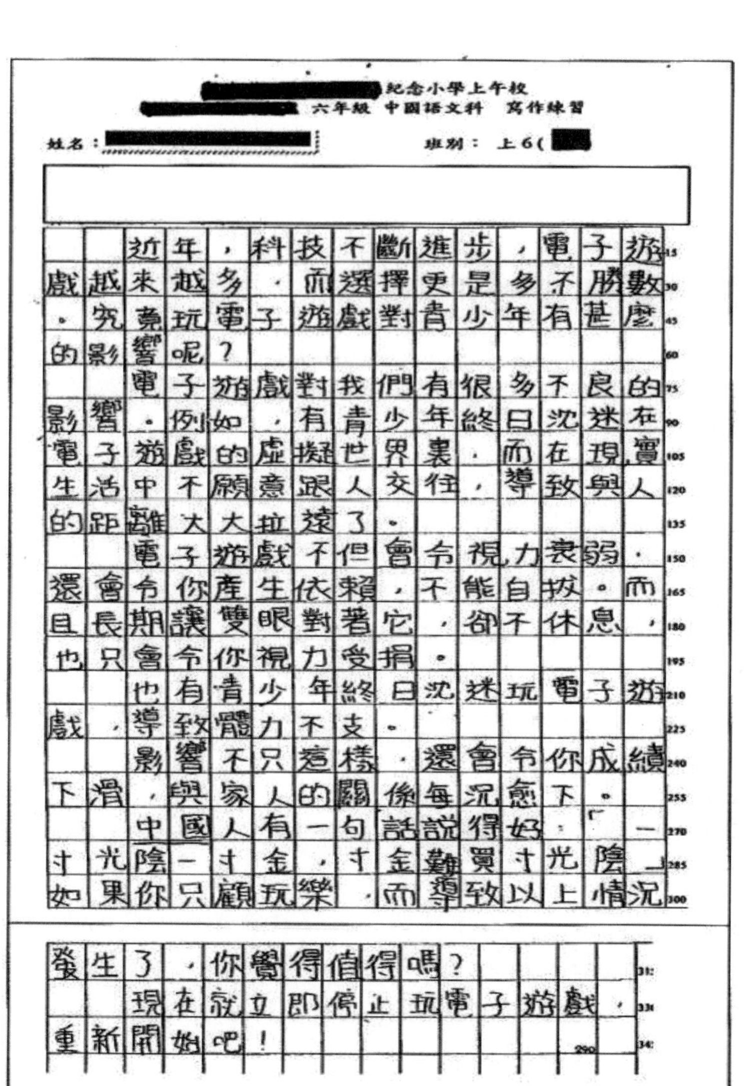
紀念小學上午校
六年級　中國語文科　寫作練習

姓名：　　　　班別：上6(

近年，科技不斷進步，電子遊戲越来越多，而選擇更是多不勝數。究竟玩電子遊戲對青少年有甚麼的影響呢？

電子遊戲對我們有很多不良的影響。例如，有青少年終日沈迷在電子遊戲的虛擬世界裏，而在現實生活中不願意跟人交往，導致與人的距離大大拉遠了。

電子遊戲不但會令視力衰弱，還會令你產生依賴，不能自拔。而且長期讓雙眼對著它，卻不休息，也只會令你視力受捐。

也有青少年終日沈迷玩電子遊戲，導致體力不支。

影響不只這樣，還會令你成績下滑，與家人的關係每況愈下。

中國人有一句話說得好：「一寸光陰一寸金，寸金難買寸光陰」如果你只顧玩樂，而導致以上情況發生了，你覺得值得嗎？

現在就立即停止玩電子遊戲，重新開始吧！

圖2　同儕互評活動後修訂的作文

語，事實上他修訂作文後（見圖2），內容方面是較充實和具說服力的。

一 教師的意見

(一) 加強學生對作文的積極性

有受訪教師表示適宜在學生作文前，提醒他們作文後有同儕互評活動，這樣的做法，有助學生積極地作文。

> 「他們（學生）知道是次作文的讀者並不只有教師，他們的文章會給同儕評鑑，他們也提起精神作文。」（T2）

這正好說明彭莉芳（2011）所指學生爲了在同儕面前保住尊嚴和面子，既然文章會給同儕評鑑，作文也就不敢敷衍了事。同儕互評活動能提高學生對寫作的積極性，這引證一些學者（段志群，2008；閔愛梅，2008；周玉紅，2008）的說法。兩位受訪教師均表明進行學生同儕互評活動準備階段是非常重要的。準備階段包括爲學生製訂寫作評分標準，出示寫作評分樣本，和學生一起進行試改和討論。有了這些準備，學生能明白如何評估同儕的作文，加強他們對作文的積極性。

> 「當他們（學生）清楚明白寫作評分要求，他們便會更明白一篇好文章會有什麼準則，他們會積極和努力作文。他們（學生）也很樂意評改同儕的作品，因爲他們懂得如何評改，心理上得到支援，心理上明白如何評分。」（T1）

這位教師正說出學生積極作文和評改同儕的作文的原因是教師在準備工作上所花的心思，製訂寫作評分標準和出示寫作學生評分樣本，這有助對學生在心理上作出支援。若是學生沒有具體認識互評活動評分的準則，也沒有學生樣本示例作參考，他們又沒有機會參與討論如何評改，那麼他們在互評活動中便會胡亂評改了。

Mok（2011）的研究雖然有提及學生同儕互評中要提供足夠的心理準備給學生，但卻欠缺乏詳細解說和實證。所謂「心理準備」是指學生的心理由依靠教師評改轉變爲學生可獨立評改和修訂文章。本研究的發現正好補充和證明教師能出示具體的評分準則和學生樣本，和他們一起商討如何評估，是給予學生心理上的準備和支援的重要元素。

(二) 互評活動有助學生寫作

兩位受訪教師都認爲互評活動能幫助學生寫作，原因有二：一是學生獲得同儕的回饋，修訂自己的作文。

> 「這是因爲我（教師）給予學生檢視同儕作品的機會，學生吸取同儕給予的意見，然後修訂文章，他們（學生）的作文或多或少都會有改善。」（T1）

這種做法與一般傳統的做法不同：傳統做法是學生呈交作文前，根本沒有機會給學生檢視同儕文章；互評活動是能給予學生一個改進機制，學生在呈交作文前，有機會得到同儕的意見，明白如何修訂和優化自己的文章，然後才呈交給教師評分。

二是學生從教師出示的示例中與同學討論如何評改，這是學習的重要過程。以下是其中一位教師的解說：

> 「學生有示例（寫作評分樣本和準則）可跟從，他們作文時，鮮有出現離題的情況，這是他們有所改善的地方。」（T1）

這種「以評促學」的過程，學生明白評估準則，對自己日後的作文有一定的幫助。當他們知道離題是不獲評分，他們在寫作時便會特別注意審題。

(三) 互評活動能培養學生評改文章的能力

兩位受訪教師都認爲在進行學生同儕互評活動前製訂寫作評分標準，能令學生明白評改作文的要求。教師出示寫作評分樣本，讓學生試改，令學生有效地掌握評分準則，培養學生評改文章的能力。兩位教師都認爲：

「我認爲給予學生評分示例是很重要的，學生可根據評分標準，讓學生試改，在試改的過程中，讓學生能具體明白要求，思考如何評定「徒弟、小師傅、師傅、大師傅」（見附件），評審時，將抽象的分數化爲有趣的名目，學生評審活動變得有趣。」（T1）

「和學生討論示例，有助他們準確掌握評分標準，他們能指出同儕的作文優點和可以改善的地方，培養評改能力。」（T2）

學生能根據評分準則批改，他們也能寫出評語，同儕作文的優點和可以改善的地方。以下是一個例子：

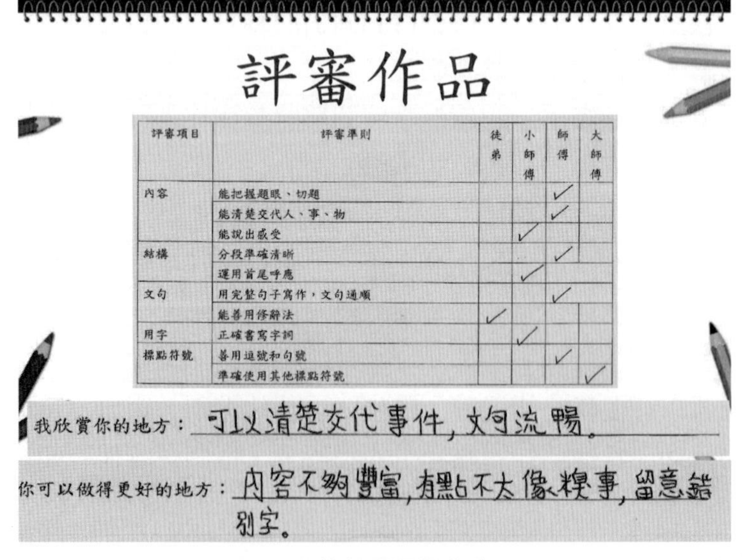

評審作品

評審項目	評審準則	徒弟	小師傅	師傅	大師傅
內容	能把握題眼、切題			✓	
	能清楚交代人、事、物			✓	
	能說出感受		✓		
結構	分段準確清晰			✓	
	運用首尾呼應		✓		
文句	用完整句子寫作，文句通順			✓	
	能善用修辭法	✓			
用字	正確書寫字詞		✓		
標點符號	善用逗號和句號			✓	
	準確使用其他標點符號				✓

我欣賞你的地方：可以清楚交代事件，文句流暢。

你可以做得更好的地方：內容不夠豐富，有點不太像糗事，留意錯別字。

圖3　學生給予同儕的意見

兩位教師指出大部分學生能寫出優點和可以做得更好的地方，正好說明這活動能培養學生評改文章的能力。

(四) 教師評改的工作量減輕

兩位教師都認爲學生互評活動能減輕教師評改的工作量。有教師表示：

> 「起初我很擔心學生沒有能力評改，但我發現絕大部分學生都能就標點符號和內容指出同學的不是，有些成績優異的學生甚至在內容和文句方面也能批改，這的確可減輕評改的工作量。」（T2）

學生修訂後的作品，教師是較容易評改的，間接有助減輕教師評改的工作量，但是教師在學生同儕互評活動前的準備工作卻不輕。

(五) 教師遇到的困難

1. 準備工作頗繁重

雖然兩位受訪教師認爲同儕互評活動的準備工作是頗繁重的。本研究的兩位教師都是第一次試行學生同儕互評活動，要做很多準備工作，有教師說：

> 「尋找示例樣本和製訂評分標準是困難的。由於是第一次試行學生同儕互評活動，所以未能蒐集去年學生樣本，我只好就經驗自己製訂示例。」（T1）

> 「另外，我雖然花了很多時間製訂詳細的評分標準，但他們（學生）似乎未能掌握所有的評分標準。要製訂學生能明白和掌握的評分標準並不容易。」（T2）

這說明教師面對兩項繁重工作的問題：一是教師未能蒐集學生樣本，所以本研究的教師是自己設計樣本和示例，是頗花時間和心思。二是教師製訂評分標準有困難。標準要釐訂得詳細，但釐訂得太複雜，學生便很難掌握要求，有受訪教師曾提出評分準則是否太多項目。教師認爲設計評分項目和準則是頗繁重的工作，但假以時日，教師已蒐集足夠學生不同程度作文的樣本和評分標準，那時便可減輕教師的準備工作。

2. 時間不足

教師認爲這次試行是頗花時間，雖然預計用三課節的時間，結果用了四堂，教師運用很多時間用來解說示例和評分準則，加上學生與同儕討論時有爭拗，教師要花時間調解他們的紛爭，教師所花的時間比預期的多。教師在學生互評活動後的跟進不足。有教師說：

> 「我花了那麼多的時間在互評活動，我很擔心在考試前不能完成教學進度，在互評活動後的總結，我本來想告訴個別學生他們在互評活動中的表現，因爲時間的不足，我只好做簡單地在全班學生的表現作總結。」（T2）

現時的中國語文科課程內容是很緊密的，學生同儕互評活動是頗花時間的，教師擔心教學進度會追不上，因此不敢花太多時間在活動後的跟進上。

三 學生的意見

(一) 大部分學生很喜歡進行同儕互評活動

學生（86.1%）喜愛同儕互評的活動。他們喜歡獲得同學的意見（28%），修訂自己的作品（25%），評估同學的作品（24%），教師提供示例（15%），老師解說評分表（12%）等。與問卷調查數據相若，大部分受訪者（5位）學生都表示喜歡同儕互評的活動。以下是三位受訪學生的意見：

> 「這個活動使作文課和謄文課都輕鬆了。從老師和學生討論的示例中，大家可多些認識作文的準則。」（S2）

「我學習到評審作文時，要以內容、結構、文句、用字及標點符號等範疇去評審文章的優點與缺點，以及運用一些評審準則來寫自己的文章。」（S6）

「我能應用評分標準，很開心。我像小老師批改文章。在示例中我認識怎樣才是好的作品，有助寫作。」（S4）

歸納上述學生的看法，他們喜歡同儕互評活動的原因有二：

一是課堂學習氣氛輕鬆了，學生作文和謄文課一向是沒有很多的學習活動，學習是較呆板的，但同儕互評活動能有師生（教師和學生）的互動和學生之間的互動，令課堂學習的氣氛輕鬆活潑起來，確能達到活化的效果。問卷其中一欄請學生寫上感受，有三分之一學生表示同儕互評是很開心的活動，有受訪學生表示同儕互評的課堂好像玩遊戲那麼好玩，確能達到活化課堂的效果。

二是學生根據教師已準備的評分標準和示例，批改同儕的作品，像個小老師，他們很有成功感。這種成功感能增加他們的學習興趣，有了興趣，他們自然不會討厭作文和謄文課，有受訪學生表示希望教師可以多進行這些活動。學生對活動的肯定，正說明了Pond與ul-Haq（1998）所指同儕互評活動能加強學生的學習（Pond & ul-Haq, 1998）。本研究又顯示大部分學生很喜歡這種學習的模式，正與Fredricks等（2004）的研究結果相若。

(二) 從互動中學習

學生認為能從這次互評活動中互相學習。絕大部分（91%）學生認為同儕互評活動能夠從中學習。一方面是他們能在別人的身上學習，大部分學生喜歡替別人的作品評分（90%）和被別人評分（82%），這種互評活動對即時修訂文章和日後的寫作有一定的幫助。聽了同儕給予的意見，有助他們即時修訂文章，有受訪學生說：

「在欣賞、評鑑同學文章的同時，取長補短……而且我們（學生）可以學習到如何寫評語、（寫作上）有什麼評分標準。當閱讀同學的作文時，可以學到（文中）的佳詞、佳句。我可以多閱讀一些同學精彩的文章，令自己的寫作能力更上一層樓。」（S5）

值得注意是，學生懂得欣賞同儕作品的同時，他們可以認識同儕所寫的佳詞、佳句和寫作技巧，可能會應用在日後的寫作上。這種參考別人的優點，改正自己作文缺點的做法，正是給予學生在活動中學習的好時機。在欣賞和評鑑同學的作品的互動過程中，從同學的作品中能取長補短，對自己日後的寫作也有幫助。

(三) 提升說話表達能力

在問卷中的一欄請學生寫上意見，有36.7%學生表示同儕互評活動能提升說話能力。以下是其中一位受訪學生轉述在評論同儕作文的說話內容：

「內容方面是貼題。人、事、物方面，每一件事都能清楚寫出。有關感受表達方面，每一件事都有說出感受，能注意選詞，用「面紅耳赤」和「難爲情」這兩個詞很不錯；分段方面，十分清晰，每一段都列明你想表達的意思；文章有首尾呼應，做得不錯；至於文句方面，整篇文章都十分流暢，文句通順；修辭手法則較貧乏，可以說是根本沒有用過，例如，你說「睡過頭、匆匆忙忙地跑出門」，可以用「如像一枝箭般的跑出門」，加深別人對你這篇文章的印象。」（S1）

這位學生根據評分標準的項目，娓娓道出同儕的表現。這位受訪學生認爲自己的說話很有條理，說話能力也進步了。有受訪教師也認爲學生在互評活動中多了練習說話的機會。問卷中的一欄請學生寫上意見，亦有六名學生寫上互評活動可以增加同學的說話能力和交談機會。這方面的發現，是中文科同儕互評活動的論文沒有提及的。

(四) 提升與人合作的能力

同儕互評活動可以增加同學的合作性。有三位受訪學生認爲同儕評論他們的作品，有時會遇上彼此有爭論的地方，但也會靜心聆聽和提出疑問，最後請老師作決定。亦有位受訪學生則認爲：

> 「同儕互評活動可以增加同學之間的感情，從她的作文中多認識她的個性和想法，同時她給我的建議也很好，我們要互相合作。」（S6）

學生能在同儕互評活動中，互相交談對方的作文，所謂「文如其人」，對同學增加瞭解，從而增進彼此感情。同儕互評活動又能提供學生更多與人相處的機會，增加學生彼此的感情和合作性。本研究的對象雖然是小學生，但在互評活動中，有學生表現得很成熟地說：

> 「想想如何給予同學回饋，我（學生）也會顧及別人的感受。」（S1）

這種顧及別人的想法是值得稱讚。中國語文科其中一個重要目標是培養學生的情意態度。情意教育的培養，學生不是單靠書本的知識獲得，而是在與人相處中學習，同儕互評活動確能給予學生這種實踐機會，學習與人合作和相處的態度。

(五) 學生遇到的困難

1. 有學生不習慣

研究發現大多數學生（86.1%）很喜歡同儕互評活動，但卻有少數學生（13.9%）不喜歡這活動。以下是一位受訪學生的解釋：

> 「我不習慣別人看我的文章，我的作文只想給老師看，不想給同學看。我作文不好，我不願意要給同學看，感覺不好！」（S2）

問卷中有一欄是請學生寫上意見，有四位學生寫上「因爲很麻煩」、「不知怎樣評他」和「很不習慣」等意見。這發現配合了Falchikov（1998）所說在同儕互評活動中，必定有些學生是不習慣這種學習模式不喜歡被同儕評估。其實學生的不習慣是可以理解的，原因是一向作文都是由教師評改，同儕互評活動要求學生做「小老師」批改同學的作文，這種改變是需要給予學生時間適應的。寫作能力差的學生，不喜歡給別人看自己的文章，是出於自卑心理，教師宜對這類學生多加鼓勵並與他們說明同儕互評活動的目的。

2. 有學生主觀地評改

在訪問中有兩位學生表示他們對同學的評改是沒有信心的，他們喜歡由教師評改作文，他們覺得教師給予的意見很有建設性，同儕的評改則較遜色。有學生表示：

> 「希望同學不要胡亂評改，有些同學評改很馬虎，若是和他交情好的，便給予較寬鬆的要求。」（S5）

這正好說明雖然教師已給學生解說了評分準則和示例，但是仍有學生互評時是很馬虎，正如Neukom（2000）所說學生的評分是主觀的。因此教師可以製訂一些獎賞制度，獎勵一些能善用評分準則學生。至於表現馬虎的學生，教師須特別關注和從旁指導。

柒 總結與建議

教師和學生對這次實行學生同儕互評活動感到滿意。現將研究成果總結如表3：

表3　教師和學生的意見

學生同儕互評活動	教師意見	學生意見
準備階段 製訂寫作評分標準寫作評分樣本，讓學生試改	‧*加強學生作文的積極性* 令學生明白要求。 有示例，學生能具體明白作文要求。	‧*喜歡同儕互評活動* 認識怎樣才是好的作品，有助寫作。
進行階段 同儕互評，彼此給予回饋 學生自行修訂作文	‧*有助學生作文* 學生獲得同儕的回饋，修訂自己的作文。 以評促學。 ‧*培養學生評改文章的能力* 學生為同儕寫出評語，包括文章的優點和改善的地方。	‧*從互動中學習* 互評活動對即時修訂文章和日後的寫作有一定的幫助。從同儕作品中取長補短。 ‧*提升說話能力* 有條理道出同儕的表現，提升說話能力。 ‧*加強人與人合作的能力* 給予同儕回饋，顧及別人的感受。
跟進的階段 教師評分	‧*教師評改的工作量減* 學生修訂作品後，教師評改的工作量減輕。	
遇到的困難	‧*準備工作頗多* 例如，製訂示例樣本和評分標準是困難的。 ‧*時間的不足*	‧*有學生不習慣* 學生的作文只想給老師看，不想給同儕看。 ‧*有學生主觀地評改*

大部分教師都認同同儕寫作互評活動有助改善他們的寫作能力。這種「以評促學」的寫作互評活動是值得推薦的。同儕互評活動能給予學生認識怎樣寫好文章和修改文章。進行程序有二：一是在學生作文前，給予他們示例，從中學習評分準則，幫助他們明白作文的要求，幫助他們寫作；二是在學生呈交作文前，有機會得到同儕的意見，他們要修改自己的文章，才呈交給教師評分。同儕互評活動給予學生學習改進機制，有助他們優化自己的寫作。

大部分學生很喜歡這次同儕寫作互評活動。他們認為這活動能提升說話的表達能力和與人合作的能力。但是，教師遇到的困難是面對繁重的準備工作和時間不足，有些學生並不習慣互評活動。以下是一些建議：

一 教師必須重視互評後的跟進，多獎賞和鼓勵學生

有教師指出由於時間限制，學生在互評活動之後，他們引導學生進行互評的回饋以及做互評後的跟進和總結都是時間不足。其實這是很重要，因爲跟進和總結工作應針對不同的程度學生，給予他們獨特的回饋等。

教師給予學生的回饋可分爲兩個層次：一是指出學生在作文方面的表現，即是學生獲得同儕的意見而修訂作文的表現；二是指出學生在互評活動中的表現。一般教師只會注重學生的寫作表現，其實很多寫作程度普通或較差的學生在互評活動中表現很積極，這是值得表揚的。

正如Gielen等（2012）所說，有效的互評活動是教師能獎賞學生在互評活動的表現。有了表揚，他們會更樂意學習評改同儕的作文，一些不習慣給同儕閱讀自己文章的學生也會有所改變。一些在評改過程中表現馬虎的學生，有了足夠的提點，他們也會有所改善。

本研究證明教師能出示具體的評分準則和學生樣本，與他們一起討論和試改，給予學生心理上的準備和支援，能有效實行同儕互評活動，改善學生評改文章的能力。但是對於一些不習慣同儕互評活動的學生來說，這些心理支援仍不足夠，所以研究建議教師可多給予學生獨特的亮點和回饋，有了教師的鼓勵和支持，他們對互評的信心也增加了。

二 減輕教師的工作

研究發現教師在互評活動中的準備工作頗爲繁重，香港教育局和各大學可對教師提供支援，支援包括網上資源的分享和提供校本培訓。教育局可邀請參與互評活動學校的教師提供他們已準備的資料，例如，把評分準則和學生寫作樣本示例在網上與教師分享。有了這些資源，教師可根據自己學校學生能力作出修訂，準備工作便可減輕。同時香港教育

局可提供校本培訓，給教師多認識學生互評活動，幫助他們進行準備工作。

另外，研究指出有教師曾反思設計的評分準則太多，令學生難以消化。Brown與Dove（1991）的論文亦曾批評教師對學生同儕互評活動的要求實在太高。教師可考慮將互評工作循序漸進地進行。先讓學生進行重點式的評改。如果重點與讀文教學重點相同則更佳，學生較容易理解。當學生熟習後才加上另一項評分準則，這不但可減輕教師準備的工作量，而且可幫助學生理解評分準則。

三 研究的限制和展望

這次試行證明學生同儕互評活動適合在中文寫作課進行，有助培養學生評改文章的能力；更重要的是，幫助他們檢視、修訂和優化自己的寫作。學生同儕互評活動設計是一種有效的學習活動，能活化和優化學生的寫作過程。筆者期望藉著此研究能啓發教師對活化學生同儕互評活動的認識。

但本研究也有其侷限性，研究對象只針對六年級的學生，其實同儕互評活動擴展到小學低年級和中學生，研究員希望在來年的行動研究，在這方面進行詳細的探討。同時，本研究是針對學生在寫作課的互評活動，研究員希望在中文科的說話範疇也可嘗試加入學生同儕互評活動，探討活動能否加強學生的說話能力。

一、中文部分

王瑀（2004）。以同儕互評與討論提升小六學童之寫作表現——以行動學習輔具教室為例（碩士論文）。國立中央大學，臺北市。

周玉紅（2008）。如何指導學生互評作文。新課程（教育學術版），**12**，91。

段志群（2008）。談教師指導學生互評互改作文。吉林教育，**23**，50。

馬緒紅（2011）。也說作文與講評。小學教學，**10**，17。

張麗華（2008）。互批互改作文法的新嘗試。黑河教育，**3**，23。

彭莉芳（2011）。如何通過學生互評手段促進高中語文寫作教學。中國科教創新導刊，**32**，124。

閔愛梅（2008）。構建平臺快樂起航：在互評互改中提高學生的作文能力。考試周刊，**40**，60。

陳映云、嚴彩君（2010）。自我評估，同輩評估與提高護理學基礎積極性的關係。衛生職業教育，**28**(14)，105-106。

董衛娜（2011）。小學語文習作教學心得體會。教育教學論壇，**31**，70。

廖佩莉（2012）。香港小學中文科教師對學生同儕互評目的的認識與意見調查。教育曙光，**60**(1)，61-69。

樓荷英（2005）。自我評估同輩評估與培養自主學習能力之間的關係。外語教學，**26**(4)，60-63。

歐陽書琴（2011）。互批互評：提升習作興趣的橋樑。生活教育，**18**，77。

二、外文部分

Berg, I., Admiral, W., & Pilot, A. (2006). Peer assessment in university teaching: Evaluating seven course designs, *Assessment & Evaluation in Higher Education, 31,* and 19-23.

Boud, D. (1988). *Developing student autonomy in learning*, Kogan Page: London & New York.

Brew, C., Riley, P., & Walta, C. (2009). Education students and their teachers: comparing views on participative assessment practice, *Assessment & Evaluation in Higher Education, 36*(6), 641-657

Brown, S. & Dove, P. (eds.) (1991). *Self and Peer Assessment*, Birmingham, SCED Paper 63.

Brown, S., Sambell, K., & McDowell, L. (1998). What do students think about peer assessment? In Brown, S. (Eds.), *Peer Assessment in practice* (pp. 107-112). Birmingham, Staff and Educational Development Association.

Bryant, D. A., & Carless, D. R. (2010). Peer assessment in a test-dominated setting: empowering, boring or facilitating examination preparation? (Available on 6-6-2012)

Careless, D. (2005). Prospects for implementation of assessment for learning. *Assessment in Education, 12*(1), 39-54.

Deakin-Crick, R., Saba, J., Harlan, W., Yu, G., & Lawson, H. (2005). *Systematic review of research evidence of the impact on students of self-peer assessment.* London: EPPI Centre social Science Research Unit Institute of Education University of London.

Falchikov, N. (1991). Group Process Analysis. In Brown, S., & Dove, P. (Eds.), *Self and Peer Assessment,* Birmingham: SCED Paper 63.

Falchikov, N. (1998). Involving students in feedback and assessment: A report from the Assessment Strategies in Scottish Higher Education (ASSHE) project. In Brown, S. (Eds.). *Peer Assessment in practice (*pp. 9-23). Birmingham, Staff and Educational Development Association.

Gielen, S., Dochy, F., & Onghena, P. (2011). An inventory of peer assessment diversity, *Assessment & Evaluation in Higher Education, 36*(2), 137-155.

Hole, H. (1981). *Autonomy and Foreign Language Learning*, Oxford: Pergamon.

Fredricks, J. A., Blumenfeld, P. C., & Paris, A. H. (2004). School engagement: Potential of the concept, state of evidence. *Review of Educational Research, 74(*1), 59-109.

Habeshaw, S., Gibbs, G., & Habeshaw, T. (1993). *53 Interesting Ways to Assess your Students*. Melksharn: The Cromwell Press.

Pond, K., & ul-Haq, R. (1998). Assessing using peer review. In Brown, S. (Eds.), *Peer Assessment in practice* (pp. 23-44), Birmingham, Staff and Educational Development Association.

Lauf, L., & Dole, S. (2010). *Assessment for Learning Tasks and the Peer Assessment* Process. Mathematics Education research Group of Australasia. Paper presented at the Annual Meeting of the Mathematics Education Research Group of Australasia (33 rd Freemantle, Western Australia, July 3-7, 2010).

Li, L., Liu, X., & Steckelberg, A.L. (2010). Assessor or assesses: How student learning improves by giving and receiving peer feedback, *British Journal of Educational Technology, 40*(3), 525-536.

Mok, J. (2011). A case study of students' perceptions of peer assessment in Hong Kong, *ELT Journal, 65*(3), 230-239.

Neukom, J. R. (2000). *Alternative assessment, rubric— Students' self-assessment process* (Unpublished master's thesis). Pacific Lutheran University, Tacoma, WA.

Sluijsmans, D., & Prins, F. (2006). A conceptual framework for integrating peer assessment in teacher education. *Studies in Educational Evaluation, 29*, 23-42.

Topping, K. J. (1998). Peer Assessments between Colleges and Universities, *Review of Educational Research, 68*, 249-276.

Topping, K. J. (2009). Peer Assessment, *Theory and Practice*, *48*(1), 20-27.

Van den Berg, I., Admiral, W., & Pilot, A. (2006). Peer assessment in university teaching: Evaluating seven course designs, *Assessment & Evaluation in Higher Education, 31,* and 19-23.

Van Zundert, M., Sluijsmans, D., & Van Merrienboer, J. (2010). Effective peer assessment processes: Research findings and future direction, *Learning and Instruction, 20*,. 270-279.

Vickeman, P. (2009). Student perspectives on formative peer assessment: an attempt to deepen learning? *Assessment and Evaluation in Higher Education, 34*(2), 221.

附　件

學校甲中國語文科寫作同儕互評表

班別：＿＿＿＿＿＿＿＿＿＿ 姓名：＿＿＿＿＿＿＿＿

日期：＿＿＿＿＿＿＿＿＿＿

作文題目：＿＿＿＿＿＿＿＿

給予評語的同學：＿＿＿＿＿＿

完成創作後，與你鄰座的同學互相交換看文章，找出他們值得欣賞和需要改善的地方。請用心評核，在適當的□內打✓。

評審項目	評審準則	徒弟	小師傅	師傅	大師傅
內容	能把握題眼、切題				
	能清楚交代人、事、物				
	能說出感受				
結構	分段準確清晰				
	運用首尾呼應				
文句	用完整句子寫作，文句通順				
	能善用修辭法				
用字	正確書寫字詞				
標點符號	善用逗號和句號				
	準確使用其他標點符號				

我欣賞你的地方：＿＿＿＿＿＿＿＿＿＿＿＿＿＿＿＿＿＿

你可以做得更好的地方：＿＿＿＿＿＿＿＿＿＿＿＿＿＿＿＿

評審準則：

項目	評審準則	徒弟	小師傅	師傅	大師傅
內容	能把握題眼、切題	離題，內容不完整。	切題，內容完整和一般。	切題，內容充實。	切題，內容豐富和特別。
	能清楚交代時、地、人、事物	很混亂交代其中兩項。	完整交代時、地、人、事物。	完整交代時、地、人、事物。能詳寫和略寫。	完整交代時、地、人、事物。詳寫和略寫均寫得出色。
	說出有所感	沒有交代作者所感。	只是略交代作者有所感。	能配合所遇到的事說出所感。	能說出有所感，並寫得出色。
結構	分段準確清晰	沒有段落。	自然段空兩格，有劃分段落。	按內容重點來分段。	按內容重點來分段，條理分明。
	運用首尾呼應	沒有首尾呼應。	有首尾呼應，但寫得一般。	有首尾互相呼應，而且寫得非常出色。	
文句	用完整句子寫作，文句通順	大部分句子不完整，文句欠通順。	大部分句子完整，文句也算通順。	用完整句子寫作，文句通順。	
	能善用修辭法	沒有善用修辭法。	有用修辭法。	有用修辭法，並運用得當。	有用修辭法，並運用得當，寫得出色。
用字	正確書寫字詞	很多錯別字。	偶有（二至三個）錯別字。	只有一個錯別字。	完全沒有錯別字。
標點符號	善用逗號和句號	沒有善用標點符號，一逗到底。	善用逗號和句號。	善用逗號和句號，並能使用其他標點符號。	善用逗號和句號，準確使用其他標點符號。

高中國文曼陀羅寫作教學法之建構與流程設計

謝文英
國立雲林科技大學技術及職業教育研究所教授
賴瑩蓉
國立嘉義高工教師

壹 前言

根據中央研究院調查研究專題中心（2007）之臺灣教育長期追蹤資料庫第四波資料顯示，在受調查總人數爲13,553人之高中職學生中，對寫作從小學四年級開始便感到困難的有13.6%，但進入高中二年級後，對作文感到頭痛的比率更提高爲22.9%（此題未作答人數比例爲22.1%），可見學生對作文的掌控能力，並未隨心智成熟度增加，反倒日益感到艱困，但作文能力卻隨著學習階段而益顯其重要性，而其寫作問題反而更令教育者憂心，實在值得教育工作者重視。

根據近三年（100-102學年度）大學入學考試中心學科能力測驗（簡稱學測）考試資料（大學入學考試中心，2013），國文非選擇題第三大題（三年皆爲引導式寫作）去除缺考人數後之統計數據顯示，低分比率逐年遞增；得到0分的人分別爲1.29%、1.84%與1.27%，在滿分27分之中，得到低分（不到9分）者分別占19.49%、11.56%及13.04%；由此可知，每年在約15萬的準大學生之中，有近萬人的寫作能力不只低落，甚至呈現完全放棄的狀態，可見莘莘學子寫作困難之問題已非常嚴重。

不只是國文教師早認知母語能力的重要（歐陽汝穎、湯浩堅、梁慧霞，2003），在國民基本教育之中，師生皆能普遍認同國文寫作的重要性（鄒秀惠，2008），也認同寫作是情感，思想，願望和書面計畫的表達（Akkaya & Kırmızı, 2010），並視寫作爲一門特定、跨學科的技能，有利於學習，能夠促進專業發展（Helstad & Lund, 2012），在高等教育方面可謂以寫作能力爲關鍵（Klimova, 2013），可見寫作能力對人的生涯發展不可謂不大，而近來教育部委託大考中心、大學招聯會研究大學招生、考試改革方案，初擬三種方案都建議把目前學測、指考的國文，及英文寫作，挑出來單獨施測，可知有關國人寫作能力的議題已受到重視，在教學現場第一線的教師更當深思如何加強高中生的寫作能力與自信心，因之，本研究旨在建構有效提升高中生國文寫作表現之寫作教學法及其流程設計。

貳 提升寫作能力的相關因素

有關寫作理論指出提升學生寫作能力之道，Vygotsky（1962）指出讀寫能力對抽象思考有深遠的影響。薛光祖（1979）表示寫作課程要培養閱讀與寫作能力，在Bloom分類中屬於「綜合」階層，在Anderson分類中屬於「創作」層次。由此可知，若要進行成熟的寫作，需要「綜合」、「創作」的抽象思考能力。

能否在寫作文章時得心應手，Bereiter與Scardamalia（1986）認爲生手採用的是「知識陳述模式」（knowledge-telling model），能手採用的是「知識轉化模式」（knowledge-transforming model）。Bereiter與Scardamalia（1987）認爲寫作生手（novice writer）與寫作能手（skilled writer）具有不同的寫作風格與思考策略，因此提出兩種不同的寫作模式來描述寫作能手與生手不同的心理歷程。寫作生手運用記憶提取相關訊息，想到什麼就寫什麼，因此難以將文章架構成熟寫出或是轉換運用，更別說是整合、評鑑及創造；反之，寫作能手在寫作過程能

將所思考到的內容重新建構，創造出新的想法呈現，寫作方面成爲生手，原因來自缺乏自身寫作思考策略，而缺乏寫作思考策略表示其創發能力不足，創發能力不足來自缺乏思考能力，由此可知寫作基礎其實是思考能力，教師應該設法讓學生在寫作時能靈活呈現其想法，將所思有程序、架構的寫出外，更能將材料加以重新思索，「創造」更高層次的價值。

陳東陞（1995）認爲寫作是一種透過寫作語言的思維表達方式。張春興（1996）也認爲思維是一種內在認知活動歷程。周慶華（1999）指出思維是人自覺且規律的心理活動歷程，由此可知寫作是個人運用其儲存在長期記憶中的訊息，以獲得事物新的理解與意義，「寫作」與「思維」兩者休戚相關，訓練寫作即是訓練思維，訓練思維即可藉由寫作之方式，寫作不只是書面表達的重要方式之一，而背後呈現之思維方法更是不可或缺的重要能力。

知識分爲陳敘性知識與程序性知識，陳敘性知識相當於事實知識與概念知識，程序性知識則相當於程序知識與後設知識，是寫作教學時特別需要加強的（Hillocks, 1987）。寫作同時需要「陳敘性知識」（knowing that）與「程序性知識」（knowing how）（張新仁，1992），尤其是需要大量理性思維時，必須以後設認知進一步支配知識，並解決問題（張春興，1999），所以，從訊息處理的觀點看，學習「程序性知識」時，須將「陳敘性知識」記憶予以系統地統合。

張春興（2010）指出，思維是個人運用貯存在長期記憶中的訊息，必須將材料重新組織整合。溫光華（2007）則認爲寫作是一項綜合能力的展現，從審題、立意、取材、布局、措辭等過程，乃至觀察、聯想、想像等思維，可用以鑑別學生分析、闡釋、表述、評析等更高層次的思維能力，因此，我們可說在Bloom分類法的知識向度中，由於寫作需要程序性知識中的統整調和能力與後設認知中之解決問題能力，而在認知歷程向度的「記憶、瞭解、應用、分析、評鑑、創作」的六個向度中，由於前者是後者的先決條件，寫作屬於創作，所以不論是從知識向度或是認知歷程向度來說，寫作皆屬於Anderson分類法中高層次之教育目標，也是現今高中生必須積極培養的能力。

寫作相關研究探討

有關寫作研究文獻，本文分國內與國外四部分探討之，國內有關寫作教學的論文大致分爲三方面：

一、國科會專題研究與寫作相關的研究。

二、臺灣碩博士論文加值系統與寫作相關研究。

三、國內近年來寫作相關研究專書；國外文獻則以資料庫搜尋近年相關研究論文進行分析之。

一　國科會專題研究與寫作相關的研究

有鑑於提升高中生寫作能力之需求，本研究就有關文獻發掘能影響高中生寫作成就的理論或教學方法，並將之分爲三個主題：(1)將國內所有寫作相關研究進行後設分析：如寫作教學成效之研究（黃寶園，2012）。(2)以不同增進寫作能力之策略爲主題者：如重視思考歷程者有三篇，張新仁（2006）、蔡銘津（2003）、陳鳳如（2009），重視寫作方法的研究也有三篇，如陳鳳如（2006）、黃永和（2009）、陳鳳如（2010）。(3)不同研究對象的寫作研究成果有兩篇：如陳美芳（2007）與陳美芳（2008）。

在這9篇國科會的研究之中，只有黃寶園（2012）與陳鳳如（2010）分別採用描述性統計方法與因素分析，其餘7篇都採用準實驗研究法，而且除了陳美芳（2008）是將研究主題放在班級環境與課程建構，其他8篇都是著重學生寫作構思的思考歷程，或許有的研究主題以寫作方法爲主，但追根究柢，寫作方法都須從學生的寫作思考能力訓練起，在這樣的前提下，進行寫作方法方能有效。此外，黃永和（2009）認爲就圖形組織的功能作用而言，學生對圖形組織在支持記憶、釐清思考與清晰表達等功能的運作表現上，具有正向肯定的學習經驗。由此可知，在寫作過程中，學生須不斷進行自我寫作監控，思考自己寫作方法，瞭解自己寫作材料有哪些，並加以設計，以形成文章架構，因此，學生在寫作時須瞭解自己，將自己擁有的寫作材料進行段落編排與設計，以形成全文，此點足以作爲曼陀羅寫作教學法之啓示。

二 臺灣碩博士論文加值系統與寫作相關研究

(一) 高中職寫作相關碩博士論文

臺灣博碩士論文知識加值系統（2013）中，以「作文」或「寫作」爲論文名稱，並以不同學齡階段論文研究數目顯示，國小共有397筆，國中共有93筆，其中高中階段與國文寫作有關共有23筆，可見其研究稀少，因此有必要對高中（職）學生之寫作能力進行研究。關於高中（職）的23篇寫作研究中，以實驗法最多有9篇，其他則是個案研究、文獻分析或觀察法，其研究主題雖然多元，但可歸納爲四大研究主題：寫作材料、策略、形式，以及調查對寫作表現的影響因素與因應之道。1.以寫作材料爲主題者：如古文（江如玲，2006；陳小明，2013；歐雅淳，2011）、寫作章法（馬皖婉，2008）、現代詩（張玉明，2007）或範文（李英品，2004）。2.著重寫作策略，如認知策略（謝秀圓，2003）、自我調整策略發展（SRSD）模式（吳美瑠，2006；張琬珮，2010）、啓發式寫作（莊蕙瑄，2011）、多元智能教學（劉英偉，2011；歐慧敏2002）或混合學習融入情境作文（顏秀玲，2010）。3.研究表達形式，如以引導式作文（黃奇秀，2006）、網路（伍喜喬，2008；陳勇祥，2011；謝孟寬，2009）、日記（蔡淑瑋，2010）、即席演說（陳鈺玟，2009），以及同儕回饋（李榮哲，2009；謝孟寬，2009）爲媒介。4.爲研究寫作表現相關因素及因應（王小萍，2010；林宮如，2006）。

在研究內容中，陳勇祥（2011）認爲應培養學生建立獨立思考的習慣，並嘗試更多不同類型的平臺融入寫作教學使用，同時提供鷹架學習；王小萍（2010）發現「流暢」與「變通」等二項寫作創意指標，可共同有效預測高中生寫作表現。張琬珮（2010）發現SRSD教學介入後，同儕支持有助於受試者學習各種寫作策略並改善寫作自我效能。陳鈺玟（2009）發現經過即席演說教學之後，實驗組學生的「作文整體表現」、「篇章組織能力」和「構思選材能力」顯著優於控制組學生，這套即席演說訓練方式可提升高中學生作文能力；李榮哲（2009）接受回饋與給予回饋組之整體作文表現的提升顯著優於範文寫作組。吳美瑠（2006）發現學生經由SRSD教導記敘文寫作策略與自我調整歷程後，改善了各方面的寫作表現，包括：文章的長度、寫作的品質、應用寫作策略的後設認知情形及寫作自我效能。魏碧芳（2005）將思維力分爲形象思維、邏輯思維、綜合思維三類，進行寫作教學之設計與實作，成果較以往進步。李英品（2004）篩選高中範文增進學生謀篇布局、組織文章之能力。由上述可知：

1. 寫作可藉由各種平臺進行；
2. 教師應提供學生鷹架學習；
3. 「流暢」與「變通」對寫作表現十分重要；
4. SRSD教學及即席演說皆是訓練學生的思維能力，最有助其文章架構組織；範文及同儕皆是一種回饋、鷹架，都能有助於文章寫作，而同儕給予或接受回饋寫作之進步情形更高於單純範文回饋。

由此研究發現，可作爲曼陀羅寫作教學法理論之支持，並融入所建構之設計內容中。

(二) 寫作相關博士論文

由於上述高中職寫作教學論文文獻只有一筆是博士論文，其他是碩士論文，本研究除瞭解有關高中生國文寫作研究外，更希望能取法與寫作相關的博士論文，因此於全國博碩士論文網中（2013）尋找以「寫作教學」爲論文名稱關鍵字的博士論文（包含國中小），共有42筆，在刪去英文寫作、科學寫作與建構寫作電腦評分系統的論文後，實際與國文寫作教學有關的博士論文只餘12筆。

在以上12筆寫作教學相關方法研究中，可發現多爲準實驗研究法（7筆），若是針對障礙學生，則採用個案研究法或是觀察研究法，眞正在建構寫作教學模式的博士論文只有1筆，在研究對象方面，多爲研究國小學童（7筆），國中與高中（職）生部分各有2筆，師專生與寫作教學初學者各有1筆的部分有兩筆，內容多爲對寫作能力進行文獻分析，並以建立的教學法進行準實驗研究。其中內容多與增進教師之教學

知能有關，此探討發現：

1. 寫作自我調整學習策略的使用呈現多樣貌成長軌跡類別；
2. 寫作知識、寫作態度與寫作表現有顯著正相關；
3. 網路寫作課程能擴大寫作主題取材範圍，同時培養批判思考與說理能力及情意技能，使學生專注於更高層次的思考能力；
4. 閱讀與寫作之間具有高度相關；
5. 寫作的歷程是兼顧認知、動機、情感與環境互動的自我調整歷程；
6. 寫作要重視對自己寫作歷程方面的認知；
7. 改作文可從注意文法、修辭、語意、段落組織、主題及結構的開展，進步到同時考慮各種狀況，做精緻的、特殊目的批改；
8. 儘管與寫作相關的主題研究包羅萬象，但若想找到一個可供國文寫作教學者參考的高中生寫作教學法，卻十分稀少。

上述這些發現都有助於國文曼陀羅寫作教學法的建構。此外，從研究主題可知，圖形在寫作上的運用很多，在國中、國小的論文中亦能證明其效用，尤其是心智圖法及概念構圖在閱讀理解方面之功能，但是本研究著重可供高中生進行寫作測驗時須顧慮時間之有限性，因此不選擇複雜的圖形進行寫作訓練，而以較爲簡便之曼陀羅圖形之九宮格發揮，查閱曼陀羅在寫作上的運用，僅有一篇是針對國小三年級的記敘文研究（陳小蘋，2012），本研究即依據上述研究的發現與不足，建構高中生國文曼陀羅寫作教學法。

三 國內近年來寫作相關研究專書

國內有關提升寫作能力的專書紛陳，大致針對寫作分數的提升來擬訂寫作方法，或針對考生寫作遇到的障礙加以說明，適用國內各類型的考試，十分實用，且多能涵蓋寫作的環節，只是缺乏發展的理論基礎。近五年來的暢銷寫作專書，如林繼生（2012）以校長觀點針對整體國文考試，提出32個關鍵解題方法，除了寫作方面的審題、立意及範文解析之外，也包含選擇題的部分。洪美雀、李作珩（2012）則在講解閱卷規準外，主要以優秀作品學寫作，並著重解題與寫出有效材料的重要性。林馨（2009）由審題、切入材料、大綱布局、段落敘寫、頭尾效果、連貫方式、修辭美化方面進行寫作說明，並整理常出錯誤的五十組詞彙。高詩佳（2013）從審題、構思來介紹各種短篇寫作及各種文體的寫作方法。陳啓鵬（2013）則針對提出審題立意、選擇材料、結構組織、遣詞造句與開頭、段落、結尾方式之舉例和修辭之美來說明寫作題型與技巧。楊國蘭（2011）針對寫作時可能產生的弊病加以提供模擬題目之練習，除了文字、詞句、段落、架構之外，也加上各種短篇寫作的練習。施翔程（2011）以心智圖法爲架構，示範各種不同主題的文章，並在文後附上可做練習的題目相關詞彙與成語。呂珮榮（2010）根據各種文體說明寫法，並以範文舉例與練習，更提出對於審題、立意、取材、剪裁、文體、布局、大綱、段落、寫作法、用字遣詞、修辭、標點擬定了「50要」。潘麗珠（2007）從寫作不能犯的五十個錯誤著筆，並舉出實例加以說明分析，避免扣分。林立中（2012）從五方面提出寫作建議：字形音義、修辭技巧、成語典故、結構內容、想像創造，這些都可以立即提升各種類型考試的成績，非常實用。

從表1可知，坊間寫作專書特別著重於審題立意與材料修辭（10筆），其次爲範文練習（9筆）、大綱布局（8筆）、段落銜接（6筆）、頭尾效果（4筆）、字詞訓練（4筆）、短篇寫作（3筆）、文體分列（2筆），這些專書都是從謀求考試高分的目標敘寫。可見，從切合考試用途的角度來說，審題立意、材料修辭都是最重要的考量，而若要在這方面謀求高分，光是填鴨式的訓練也成效不彰，因爲最重要的仍是文章中心思想是否具有深度、合宜性、甚至獨創性。其次的大鋼、段落銜接則是需要思考的流暢性，至於頭尾效果則需要思考的精密性，而這些特性，皆可融入曼陀羅寫作設計之中。

四　國外寫作相關研究

從前述國內寫作相關論文研究，可知寫作能力的進步，可從章法鋪陳、思維策略或寫作練習，而由網路、日記或演說等不同寫作平臺對寫作能力皆可相輔相成，這種對寫作能力可藉由不同形式訓練的研究，和國外Fortunati與Vincent（2014）的結果一樣，認爲寫作能力正改變人們使用文字的技術，且筆墨和電子書寫方式是互補，不相互排斥的。在寫作工具方面的研究。Hewett（2006）以電子白板作爲寫作研究的平臺，發現由學生或教師在網上或通過共享的互動，能擁有寫作高度合作的效果，而這類偏向單點式研究，只能指出某種教學策略、寫作材料或表達形式對寫作之幫助，不能眞正形塑針對高中職寫作的實用教學方法。

表1　近五年寫作專書教學策略檢核表

作者／出版年	短篇寫作	文體分列	審題立意	材料修辭	大綱布局	頭尾效果	段落銜接	範文練習	字詞訓練
高詩佳（2013）	◎	◎	◎	◎				◎	
陳啓鵬（2013）			◎	◎	◎	◎	◎	◎	
林繼生（2012）			◎	◎	◎			◎	
林立中（2012）			◎	◎	◎	◎	◎	◎	
洪美雀、李作珩（2012）			◎	◎				◎	
楊國蘭（2011）	◎		◎	◎	◎		◎	◎	◎
施翔程（2011）			◎	◎	◎			◎	◎
呂珮榮（2010）	◎	◎	◎	◎	◎	◎	◎	◎	
林馨（2009）			◎	◎	◎	◎	◎	◎	◎
潘麗珠（2007）			◎	◎	◎		◎		◎
總計	3	2	10	10	8	4	6	9	4

國外關於寫作模式或方法的建構部分，Miner與Miner（2005）針對學術論文提供寫作模式。Mertens（2010）認爲以多種寫作模式與多種書寫工具進行關於社會文化的寫作內容，等於同時運用多種寫作教學策略、工具和技術，能有效提升寫作能力。Olthouse（2012）針對八位學生研究，以建立寫作模式的方式幫助學生持續寫作。甚至也有綜合評估寫作模式的文章，如David（2012）評估三套寫作發展理論的文章並提

供縮小其限制的方法。可見國外在寫作模式的部分比國內更加進步，也十分重視，並提供了多種語言寫作模式（EFL或ESL），也對不同寫作模式進行比較與研究，發現不同寫作模式、工具、策略、技術皆能有效提升寫作能力，這些研究都證明寫作領域值得我們更加投入。

若不侷限於寫作方法的建構，國外關於寫作教學的研究頗多，對電腦自動評分作文系統也十分重視，並且進入研究各種寫作主題的改良階段，也對特殊學生進行寫作程式設計，克服其肢體障礙（Brizee, Sousa, & Driscoll, 2012），反觀國內卻仍在發展階段，目前連一個可使用的系統都沒有。如Lam（2013）以個案研究法，以半結構式方式針對大學生的寫作能力與文字改善的看法和反饋進行研究，發現建立檔案的方式有助其在學習寫作時進行自我調節。Kristen（2013）發現學習不同語言的寫作也能比只學本國語言的寫作能力更佳。針對現今盛行的電腦自動評分作文系統AES進行結構分析的論文更多，如Andrew、Norbert、Perry、Oleksandr及Kamal（2013），Chaitanya（2013），Chaitanya與Weigle（2013），Deane（2013），Sara（2013）與Condon（2013），以及Stevenson與Phakiti（2014）。這些論文有的針對不同研究對象或甚至以第二語言對此系統進行評估，讀者可藉此更加瞭解電腦自動評分作文系統並歸結得到高分的寫作方式，也知道建立學習檔案或不同語言的刺激皆能有助於寫作。此外，也得知國外關於寫作的研究更多、更廣，進行研究的對象多為寫作已經發展成熟的大學生，不像國內多侷限於中小學，可見國內的研究質量皆有進步空間。

由上述將有關國內外寫作與教學相關文獻彙整後，發現國內期刊論文可觀者都由碩博士論文改寫而成，專書則多為教學者在教學現場經驗的累積。反之，國外電腦自動評分作文系統已進入研究各種寫作主題的改良階段，且進行研究的對象都為寫作能力已發展成熟的大學生，不像國內都侷限於中小學，這應與國內進修者都為中小學教師有關，此點可供曼陀羅寫作教學法之研究對象之啓示。另從國科會的研究報告可知，寫作能力須從學生的思考能力訓練起，在此前提下，進行寫作方法之訓練方能有效。在寫作過程中，學生須不斷進行自我寫作監控，思考自己寫作方法，瞭解個人的寫作材料有哪些，並加以設計，以形成文章

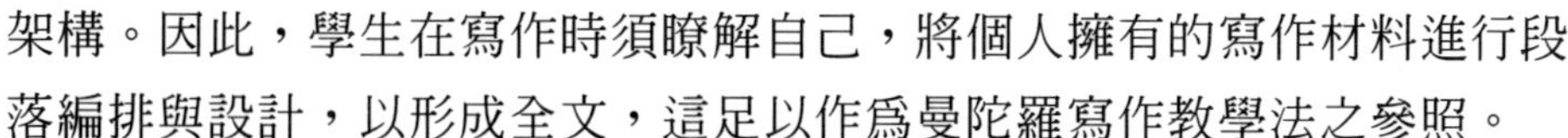

架構。因此，學生在寫作時須瞭解自己，將個人擁有的寫作材料進行段落編排與設計，以形成全文，這足以作爲曼陀羅寫作教學法之參照。

此外，近五年的寫作專書著重審題立意與材料修辭，考量的是考試用途，若只是填鴨式的訓練對寫作能力來說成效不彰，因最重要的乃是文章中心思想是否具有深度、合宜性、甚至獨創性。其次的大綱、段落銜接則是需要思考的流暢性，至於頭尾效果則需要思考的精密性，而這些特性皆可融入曼陀羅寫作設計中，作爲建構高中生國文寫作教學法之依據。

肆 曼陀羅寫作教學法之理論基礎

寫作方法理論、寫作歷程理論基礎及創造思考技法是建構本研究寫作方法的三大重要環節。寫作模式之理論基礎爲建立寫作模式不可或缺的重要因素，本研究包括鷹架學習理論、自我調整策略發展模式、正負偏離理論、重複寫作及回饋理論，以及非指導性教學理論；而寫作歷程模式理論的發展則由直線寫作階段模式、認知歷程模式到社會互動模式，這些歷程模式在其他歷程模式出現後仍各自擷取對方優點後有所發展；至於能幫助寫作進行擴散性思考的創造思考技法之內容主要以曼陀羅法進行，輔以六H、SWOTS、六項思考帽、六覺等創造思考技法探討之。

一 寫作方法理論

(一) 鷹架學習理論

Vygotsky主張教師必須在孩子的最近發展區（zone proximal development）扮演支持的角色，藉著社會互動爲孩子提供支援，互動過程中以孩子實際參與教學活動給予回饋，爲學生搭起鷹架（scaffolding），給予其協助（張春興，2010）。

在教學中運用各種過程式協助（procedural facilitation），與鷹架概念有相符之處，可幫助學生改善其寫作表現並提高完成寫作任務的可能性（Dray, 2001; Simmons, 1993），在學習過程中，教師規劃之鷹架可提供之支持內容包含：1.內容的鷹架；2.任務的鷹架；3.材料的鷹架；4.人員的鷹架。在本研究之寫作教學方法中，教師將與學生適度互動，提供其寫作上之幫助作爲其支持鷹架。

(二) 自我調整策略發展模式

社會認知的教學方法可提高學生寫作的質與量（Chandrasegaran, 2013），SRSD（the Self-Regulated Strategy Development model）自我管理策略發展模式係由De La Paz與Graham兩位學者於2002年所進行的研究，目的在教導學生自我設定目標、監控、教學，強調「計畫、修訂、自我管理」的重要性，爲減少學生的認知負荷，必須用系統的方式幫助學生學習，1970年代認知學派崛起後，學習重視的不只是結果，也更重視認知的過程。Mason、Kubina等人（2013）以實證性研究發現SRSD寫作方法可有效使學生寫得又快又好，並且進步神速。Nicolaidou（2012）的研究也支持學生在目標設定的反思，自我評價和反饋對學生的寫作自我效能感產生積極的影響。

因之，若進行國文寫作教學時，能採行SRSD模式之中心概念與自我監控寫作過程，不斷在寫作過程中審視自己所寫的文章，進行各個概念的連結，同時修飾、修改句子，並在各個寫作階段找尋材料亮點，反覆進出，則符合寫作歷程理論中的認知理論模式。

(三) 偏離理論

陳滿銘（2007）提出偏離理論在作文教學之應用，認爲「正偏離」之經典範文或同儕優秀作品可提供楷模，而「負偏離」之作品則能透過教師之評點，使學生得到「試誤學習」之效。林照蘭（2009）也提出深耕範文之重要性，因此我們可知良窳作品之觀摩實爲寫作進步的管道之一。國外Wette（2014）也認同教師提出有缺陷文字產品進行分析和討論，透過展示和討論，可以建立認知過程與特定文章範本，並藉此促進全班合作學習。若能以從正、反範文出發，透過教材與閱讀、賞析，進一步揣摩寫作的內涵及方法，可提升語感及寫作思考分析能力。

(四) 重複寫作及回饋理論（Rewriting & Feedback Theory）

根據Lauer及Hendrix（2009）之研究，學生經由反覆寫作之練習與討論可增強其寫作能力，郭世德（2005）也發現二次書寫批閱有助於學生寫作的品質，但卻會減低學生的寫作興趣；此外，有許多研究都認同教學者直接回饋的重要性（Duijnhouwer, Prins, et al., 2012; Farid & Samad, 2012; Lam, 2013; Peterson & McClay, 2010）。Parr與Timperley（2010）及Wang和Wang（2012）則發現以評分方式書面回饋能提高受試者的寫作質量。Moussaoui（2012）重視同儕回饋的積極影響；Bayraktar（2012）則同時重視師生間的對話回饋。Wingate（2012）認爲藉由論證的回饋過程可有效提升寫作能力。Chandler（2003）則發現直接糾正學生的錯誤，比僅只標示出來讓學生自行修正的回饋方式更爲有效。Diab（2011）發現同儕共同編輯修正文章比自行修正的方式佳。DelleBovi（2012）之研究則發現，書面反饋能導致寫作評估和指導更加有效；從上述研究可知，重視反覆練習與不同回饋方式的重要性，將重複寫作與回饋作法的優點整合，令學生每週練習同樣寫作技法，並且在教學中進行討論，結合辯論與回饋，並在課後進行評閱，這是實證性研究皆顯示能有效提升寫作能力之方法。

(五) 非指導性教學法—學生中心（nondirective teaching）

非指導性教學法的理論基礎來自Rogers的當事人需求中心（Joyce, Weil, & Calhoun, 2009），因此教師期許學生的能力能處理自身問題並形成解決之道，如同寫作也須讓學生以自身能力進行，教師只能提供諮詢，引導他們成長及發展，且學生在討論的合作過程中也能有效提升寫作水平（Lin & Maarof, 2013）。若操作非指導性教學法以進行寫作課程時，教師須嘗試以學生觀點看世界，創造同理的溝通氛圍，讓學生能自我指導、培育、發展；在互動時，教師反映學生的思想及感覺；在回應時，教師舉出學生的認知、自我意識與感覺，讓學生更能清楚自己的想法，這加以寫作情境考量的方法，能符合寫作歷程理論的社會互動理論。寫作教學重點在培育學生能力，在教學時需要時時考慮學習者是「人」，因此我們應該在組織教材時將學生的人格及情感置入考量，思考以學生爲中心的寫作學習歷程，故本研究曼陀羅寫作教學法於操作時十分強調師生對話與討論過程。

二 寫作歷程模式

寫作歷程模式理論的發展由直線寫作階段模式、認知歷程模式到社會互動模式，依次介紹如下：

(一) 直線寫作階段模式

早期觀點認爲寫作是直線進行，國內外的學者對寫作階段皆有不同的劃分，每位學者所提之階段儘管不完全一樣，但大抵按照「寫作前」、「寫作中」及「寫作後」三大階段進行，且不論分爲幾個階段，都是以作品完成的順序作爲劃分的基準，並採取線性方式來解釋寫作的歷程（張新仁，2006）。

(二) 認知歷程模式

Flower與Hayes（1980）的寫作歷程模式認爲歷程涉及相當複雜的寫作認知活動，寫作者在寫作歷程的監控過程中，將之劃分爲計畫、轉譯與回顧三個部分，且具有遞迴循環的特性，亦稱遞迴模式（the recursive model）。其中，「計畫」歷程包含想法產生、目標設定和組織想法；「轉譯」模式指正式下筆，將文思轉譯文字的過程；「回顧」模式含對內容不斷的評估及修正，補強或改寫不滿意的地方。該模式說明寫作歷程並非直線進行，在過程中透過提取記憶、題材，經過計畫、思考與修正的循環來完成篇章，而採行這些做法就應能產生較佳的作品，這亦是寫作專家與生手之別（張新仁，2006；Scardamalia & Bereiter, 1987）。

(三) 社會互動模式

在1980年代末期，由於社會建構論的影響，寫作意義被視爲寫作者與讀者間的協商過程而得，研究焦點轉移到寫作任務的情境脈絡與社會互動歷程。Vygosky（1978）認爲人類的心智能力發展是由個體與周遭環境互動後，再內化到個體認知結構之中；Dale（1994）指出社會互動寫作模式重視寫作情境的社群關係，強調社會互動、分享、討論等社會性活動，也就是說，寫作是一種社會脈絡中書面的語文活動，個體藉此擴張自己的知識體系，因此寫作歷程是以眞實情境爲基礎，連結個人經驗，達到溝通的主要目的，也涉及寫作者與讀者的社會溝通歷程（黃永和，1998）。

謝錫金（2000）及謝錫金、張瑞文、劉國昇、余慧賢、薛玉梅（1995）總結學生的寫作思維過程，認爲影響學生寫作思維過程的因素有三大項：環境因素、內在因素，以及操作因素；操作因素其實即是整個寫作思維過程內的每個步驟，而環境因素及內在因素，則在整個寫作思維過程進行期間不斷影響研究者。

寫作歷程模式理論的發展由直線寫作階段模式、認知歷程模式到社會互動模式依次出現，在直線寫作階段模式中，各寫作階段彼此被視爲不同階段逐次發展；而在認知歷程模式中，雖然寫作過程也被分爲不同階段，但各階段在寫作時會不斷交互進行，直至寫作完成；而社會互動模式則將寫作情境的因素考量加入，除了寫作者本身，影響寫作的尚有與讀者之互動與環境影響，讓影響寫作因素及其歷程表述愈趨完整，不過在其他寫作歷程模式出現之後，其他寫作歷程模式並非停滯不前，反而能吸收其他寫作歷程模式的長處而發展，使理論能更趨圓滿，因此本研究在建立寫作方法時參照考量此三種寫作歷程模式，在寫作模式步驟建立時參考直線寫作階段模式，並且加入認知歷程模式的優點，在這些步驟之間建立可逆性，最後，社會互動模式的啓示是寫作情境亦須置入本研究的寫作方法作爲考量。

三　創造思考技法

創造力可有效增進學生的寫作能力（Bayraktar & Okvuran, 2012; Wang, 2012），現今可訓練學生擴散性思考能力的方法繁多，諸如曼陀羅法、心智圖法、概念圖法等，由於曼陀羅法可千變萬化，又較爲有系統，因此寫作法在訓練學生思考能力時，可以曼陀羅法進行，輔以六H、SWOT、六項思考帽、六覺之技法。茲分述如下：

(一) 曼陀羅思考法

曼陀羅藝術源於佛教，最早出現在古印度五世紀，其存在已有數千年歷史，爲聚集諸佛與菩薩聖像於一壇城，將諸尊之本質眞理完整表現出來，原文是梵語「Mandala」，Mandala是由「Manda＋la」兩個字彙所組成，「manda」梵語意思是「本質」、「眞髓」；而「la」意思是「得」、「所有」，因此「Mandala曼陀羅」一詞的意思爲「獲得本質」或「具有本質之物」（陳丁榮，2007；許素甘，2004）。

曼陀羅思考法，係日本人金泉浩晃（1992）以佛教「曼陀羅圖」爲藍本，脫離宗教形式，保留其構造與涵義，成爲活用於生活中的思考方式。「曼陀羅圖」被今泉浩晃先生加以系統化利用後，能讓個體內化的經驗與概念，透過圖像化視窗顯示其動見與智慧，爲一種視覺型圖像思考成爲絕佳的計畫工具及基本圖形，爲一正方形，內含九個小方格，即九宮格造型，可以蓮花法構造圖無限擴展。使用曼陀羅思考時，將主題放在中心，周圍的八個空格，可以發散思考，引發想像力與流暢力。在八個思考之後，能以獨創力與精進力，去蕪存菁，做聚斂式思考。由於記憶的最佳數量爲7-9之間，曼陀羅周圍八個空間的思考，可達到最佳記憶量。曼陀羅具擴散性與聚斂性思考的特質，這些思考方式都需要練習，才能成爲無往不利的技巧（饒見維，2005）。

就其型態來看，曼陀羅思考法共分九個區域，形成能誘發潛能的圖形外，與以往條列式筆記相比較，除可得到更好的視覺效果，更容易讓思想在四面八方發展時使人產生獨特的想法和創意，從九宮格中心出發後，能在任何一個區域（方格）內寫下任何事項，對主題做審視，若參照寫作教學來說，其理論如同以「放射性思考法」、「聚斂性思考」和「螺旋狀思考」三種思考技術來進行學習層次的提升策略。

(二) 其他創造思考技法

常用的創造思考技法可輔曼陀羅法之發想，有六H、六項思考帽、

SWOTS法，以及六覺，介紹如下（陳諭蓁、陳龍安，2005）。

1. 六H

分析事件的六H，包括Who（人員）、What（事件）、When（時間）、Where（地點）、Why（原因）、How（如何）。

2. 六項思考帽

多面向的思考法，包括紅帽（直覺）、黃帽（合乎邏輯的肯定）、藍帽（選擇與控制）、綠帽（新點子與創意）、黑帽（合乎邏輯的否定）、白帽（證據）。

3. SWOTS法

列出優點、缺點、機會點、威脅點與策略，並可列出期望改進的方式，以突破困境。

4. 六覺

以視、聽、嗅、味、觸、心覺體驗生活事物。

由於曼陀羅法可利用其特性，與不同的創造思考技法結合擴散，並應用於寫作教學，因此，將曼陀羅思考法搭配創造思考技法後，可形成許多不同的九宮格思考擴散圖形，若搭配六H法，則可在九宮格的周邊寫上分析事件的六H；若搭配六項思考帽，則可在九宮格的周邊寫上各種直覺、邏輯推論或具有創意的新點子；若搭配SWOTS法，則可在九宮格的周邊寫上優點、缺點、機會點、威脅點、策略；若搭配「六覺」進行寫作，則可在九宮格的周邊寫上視覺、聽覺、嗅覺、味覺、觸覺及心覺，如表2所示。

表2　創造思考技法與曼陀羅思考法之結合應用

主要技法	搭配技法	特　性	說　明	寫作應用舉例
曼陀羅思考法	六H	分析事件的六H	Who（人員）、What（事件）、When（時間）、Where（地點）、Why（原因）、How（如何）	記敘文、應用文。如：校外教學、運動會的一天、日記一則……

（續上表）

主要技法	搭配技法	特　性	說　明	寫作應用舉例
曼陀羅思考法	六項思考帽	多面向的思考法	紅帽（直覺）、黃帽（合乎邏輯的肯定）、藍帽（選擇與控制）、綠帽（新點子與創意）、黑帽（合乎邏輯的否定）、白帽（證據）	記敘文、論說文。如：自我介紹、最喜歡的一本書
	SWOTS法	瞭解優勢、劣勢與改進方向、不能成功之威脅	列出優點、缺點、機會點、威脅點與策略，並可列出期望改進的方式，以突破困境	論說文、應用文。如：一件事的啓示、論節儉
	六覺	以視、聽、嗅、味、觸、心覺體驗生活事物	以感官體驗生活周遭事物後，將這種感受具體描繪出來，以激發學生創作泉源	記敘文、抒情文。如：校園生活、媽媽的手

資料來源：修訂自陳諭蓁、陳龍安（2005）。曼陀羅思考與創意寫作教學。國教天地，160，27

伍 國文曼陀羅寫作教學法之建構與流程設計

曼陀羅寫作教學法之建構，係將寫作歷程模式、寫作方法理論及創造思考技法三者合一，亦即該寫作教學方法即是考量寫作歷程之步驟（直線歷程模式），並且在進行寫作時能不斷進出各寫作步驟（認知歷程模式），更要注意進行寫作時之情境，給予支持（社會互動模式），因此能融合寫作三大歷程模式之優點；在寫作步驟中則融入六大寫作方法理論，在寫作過程中提供協助（鷹架學習理論），讓學生不斷審視自身文章並進行調整（自我調整策略發展模式），提供優秀作品與負面教材（正負偏離理論），並進行文章批閱後之再次寫作（重複寫作及回饋理論），以及重視以學生爲中心的教學方法（非指導性教學理論），加以在寫作過程中結合各種創造思考技法進行思考之發散，方能形成本研究之曼陀羅寫作教學法之建構與教學流程設計。

一 國文曼陀羅寫作教學法之建構

曼陀羅寫作教學法之建構分為總論、內涵、中心思想、寫作步驟與討論進行說明之：

(一) 曼陀羅寫作教學法總論

曼陀羅寫作教學法係結合寫作歷程模式、寫作方法理論及創造思考技法而成，其過程以學生為中心，教師角色為輔導者、諮詢者，在互動良好的氣氛下進行曼陀羅寫作教學法，包含曼陀羅寫作教學法五個內涵、一個中心思想及八個步驟進行寫作。

(二) 曼陀羅寫作教學法之五個內涵

本研究結合寫作理論、寫作歷程模式及創造思考技法，創造「曼陀羅寫作教學法」，其五個歷程內涵說明如下：

1. 曼陀羅寫作教學法結合擴散與聚斂性創造思考技法發想

思考教學是語文教學的核心，寫作必須經歷思維過程，藉由曼陀羅法的訓練，可加強學生擴散與聚斂思考能力，因此寫作方法的建立，就教師而言，引導、激發學生的敏覺力、流暢力、變通力、精進力與獨創力，在寫作方面可以盡情釋放寫作能量，展現擴散思考能力。

2. 自我調整策略發展進行內容檢視

從自我調整策略發展理論可知，要讓學生知道自己寫作狀況，進而能不斷監控、修正自己寫作的內涵。

3. 給予寫作之審題、立意、結構鷹架

教師針對寫作提供諮詢與協助，包含寫作過程之審題、立意、結構，並鼓勵學生，建立其寫作信心。

4. 提供理想正負偏離作品

教師提供優秀與錯誤示範作品，協助學生楷模學習與試誤學習之機會，優秀作品可讓學生仿效學習，錯誤示範作品可讓學生不再重蹈覆轍。

5. 進行重複寫作及回饋之循環

在學生作品經由教師批閱後，針對學生之優缺點進行討論、評分之回饋，並重複寫作以加強學習效果，此五步驟之內涵如表3所示。

表3 國文曼陀羅寫作教學法五內涵與寫作理論及創造思考技法之對照表

曼陀羅寫作教學法五內涵	寫作理論及創造思考技法
1.曼陀羅思考法結合創造思考技法發想	曼陀羅思考法、創造思考技法
2.自我調整策略發展檢視內容	自我調整策略發展
3.給予寫作之審題、立意、結構鷹架	鷹架理論
4.提供理想正負偏離作品	正負偏離理論
5.進行重複寫作及回饋之循環	重複寫作與回饋理論

(三) 一個中心思想

一個中心思想係以題目之審題、立意爲中心，將此中心思想置於曼陀羅寫作教學法的九宮格圖形中央，可常常檢視文章的內容是否離題，並幫助其擴散與聚斂之發想連結。

(四) 八個寫作步驟

由寫作教學策略強調「頭尾效果」可知，文章開始須能吸引人，不管寫景或設問開頭都可用排偶方式呈現，營造寫作步驟一：鳳頭之美感；在寫作步驟二方面，從創造思考技法的六H中，對文章內容進行承接說明，用以解釋題意、交代內容，或加以比喻、論理等方式進一步說明；在寫作步驟三，由寫作專書的教學策略可知，進行內容引用，可在文中製造博學多聞的感受，並分爲人例、事例和名言之引用，讓讀者在文中不至於感到缺乏內涵；在寫作步驟四，比較內容，可呈現正反對比、今昔對比、有無對比，呼應六項思考帽「合乎邏輯的肯定與否定」，而在寫作專書的教學策略亦提到對比的材料鋪陳方式；寫作步驟五則需在文章製造不一樣的高潮，提升層次內容，如六項思考帽中所謂的綠帽：新點子與創意，可以加入奉獻、感恩的內涵或引致更深的層面；寫作步驟六，則可融合SWOTS法，瞭解文章中相關情境的優勢、劣勢、改進方向、威脅，並且提供策略、具體作法與建議內容，評析在此主題下，既已申論，又是否有可供建議，或當下可爲的？寫作步驟呼應SWOTS法，可在瞭解狀況後，提出期望改進的方式與結果，期許如何突破困境，以增加主題的延展性；最後，寫作步驟八，則進行結尾前後呼應，除回應主題，避免離題外，並可再次使用「頭尾效果」之策略，曼陀羅寫作教學法八步驟產生之來源如表4所示。

表4　國文曼陀羅寫作教學法八步驟來源與所參照之寫作相關文獻對照表

文章寫作階段	曼陀羅寫作教學法八步驟	寫作相關文獻
起	1.鳳頭	寫作專書教學策略
承	2.承接內容	六H
	3.引用	寫作專書教學策略
轉	4.比較內容：呈現對比	寫作專書教學策略、六項思考帽
	5.提升層次內容	六項思考帽
	6.具體作法與建議	SWOTS法
合	7.期許內容	SWOTS法
	8.結尾前後呼應	寫作專書教學策略

八個寫作步驟置於曼陀羅教學法九宮格圖形之周圍，從12點鐘方向開始，依順時鐘次序，分別爲：

1. **鳳頭**：文章開始須能吸引人，可用排偶方式呈現寫景或層遞設問開頭，都能有效營造鳳頭美感；
2. **承接內容**：解釋題意、或用比喻、論理方式說明；
3. **引用內容**：分爲人例、事例和名言；
4. **比較內容**：呈現正反對比、今昔對比、有無對比；
5. **提升層次內容**：加入奉獻、感恩的內涵或引致更深的層面；
6. **具體作法與建議內容**：在此主題之下，既已評論、建議，又是否有什麼是當下可爲的？
7. **期許內容**：期許未來如何？增加主題的延展性。

8. **結尾前後呼應**：回應主題，避免離題。

以此五個內涵為「體」，一個中心思想、八個步驟為「用」，九宮格圖形如圖1所示。

結尾：呼應主題	起：鳳頭 排偶美景 層遞問句	承：承接內容 說理、論己 解釋題意
未來期許	題目 審題 立意 中心主旨	引用內容 人、事 （古今外） 名言
合：具體作法	提升層次內容 奉獻、感恩 更深層面	轉：比較內容 正反比較、今昔對比、 有無對比

圖1　國文曼陀羅寫作法內容發想流程圖

(五) 討論

寫作方法理論、寫作歷程模式及創造思考技法是建構本研究寫作方法的三大重要環節。寫作歷程模式理論的出現順序是由直線寫作階段模式、認知歷程模式到社會互動模式，而這些歷程模式在其他歷程模式出現之後仍各自由不同支持學者加以發展，可見其重要性都是不可取代的，甚至可以說，在寫作歷程之中，不論是直線、認知或社會互動，各種思考模式都是必須同時運用的。

寫作模式之理論基礎為建立寫作方法不可或缺的重要因素，囊括了鷹架學習理論、自我調整策略發展模式、正負偏離理論、重複寫作及回饋理論，以及非指導性教學理論，其中鷹架學習理論包含了內容、任務、材料與人員的鷹架，在寫作時，這些都可有效幫助寫作，也因為如此，在有關寫作研究論文中，就可看到許多不同的研究主題，都可有效提升寫作成效；自我調整策略發展模式重視自我調節、自我認知的功能，在寫作這種高層次的創造思考層面，要成為寫作能手必須能重新建

構材料，也就是說須能清晰的監控自己的認知、系統呈現；正負偏離理論提供優劣作品參照，優秀作品可供寫作者仿效，甚至更有能力者，能在此基礎之上創造更佳的變化，較差的作品為對提供者來說是「試誤學習」，能有效使其警醒，對於其他觀摩者來說，則能避免犯下同樣的錯誤，而這方法也是現今許多在教學現場的教師所使用的方式，只是不見得知道其理論名稱；重複寫作及回饋理論是在學生交卷、教師批閱後即刻就同一文章進行修訂寫作，雖然能即時、有效提升寫作成績，但若是以同樣題目進行，往往顯得枯燥乏味，讓學生失去寫作興趣，因此可嘗試運用相似的題目重新寫作，讓學生可以同樣寫作方法來練習不同的寫作主題；非指導性教學理論就是以學生為中心的教學法，適合以引導方式協助學生自主學習與自發性思考，在寫作的過程之中，若能考量學生的心理狀況、環境，在高關懷、高支持感的氛圍下進行寫作，輔以適度的引導，就能有效的提升學生寫作成效。

此外，現今文體鮮少分為記敘、抒情或議論文，在於一篇成功作品須兼用多種寫作方法與技巧，因此本研究考量曼陀羅九宮格圖形，可多面向將多種寫作手法與內容兼容並蓄，如文章「鳳頭」的「排偶美景」，除可呼應詩經「藉景抒情」的寫作手法。在承接內容時，活用赤壁賦「譬喻說理」技巧，引用「人、事例」與「名言」更是再現司馬光訓儉示康與教育部頒布之30篇文言文之經典。接續「多種比較」與「提升層次」則能呈現高中生與國小生在寫作同一主題之內涵差異，並且形成「豬肚」之厚實。最後，則以具體作法與期許呈現「豹尾」之力度。

高中生的寫作已不像國小只偏重一種文體的單純寫作，而須以純熟的方法融合記敘、抒情、議論等文體，再加以修辭、引用等，綜合呈現成熟的寫作全貌，加以實際進行寫作測驗時須考量時間之有限性，因選擇相對簡易的曼陀羅圖形呈現，因此本研究認為能幫助寫作進行擴散性與聚斂性思考的創造思考技法之內容，可以曼陀羅法為主進行，輔以六H、SWOTS、六項思考帽、六覺等創造思考技法。這些創造思考技法能使學生從多重角度審視主題，使學生不至於常常有腸思枯竭、江郎才盡之感。寫作歷程模式、寫作方法理論基礎及創造思考技法三者合一後，方能進行本研究寫作方法之建構。本研究之寫作教學方法即是融合寫作三大歷程模式之優點，並融會六大寫作方法理論基礎，加以在寫作過程中以曼陀羅思考法結合各種創造思考技法進行思考之發散，以形成本研究之曼陀羅寫作教學法。

二 國文曼陀羅寫作教學法之流程設計

本研究教學設計係根據國文曼陀羅寫作教學法進行，時間訂爲9週，每週2堂課100分鐘，教學進度如表5所示，教學流程包含以下六項重要程序：1.訂定教學目標；2.將教學目標轉化爲教學內容；3.教學法及教材的組織運用；4.教學時間及順序的安排，並據以撰寫教學設計；5.執行教學設計；6.視實際需要調整教學設計。

(一) 課程教材

本研究採用教育部審定合格之翰林版高中國文課本、語文寶典寫作卷。

(二) 寫作題目

本研究採用的寫作試題有「引導寫作」：「生命値」、「我的夢」、「論英雄」、「論中國科舉制度的功與過」、「我是……」、「傾聽」、「戲夢人生」、「臺灣味」與「代溝」共9篇。

(三) 實施步驟

整體而言，國文曼陀羅寫作教學法之教學活動是以活化學生思維爲主，輔以題型練習方式，引導進行寫作教學活動與內容，在課堂中鼓勵並提供學生思考並進行自我監控，並提供同儕觀摩的機會，隨後進行成果的評估，強過自我監控的「過程導向」。

表5　國文曼陀羅寫作教學法之教學進度表

週　數	教學進度表
第一週	生命值（前測）
第二週	我的○○夢
第三週	論英雄
第四週	論中國科舉制度的功與過
第五週	我是……
第六週	傾聽
第七週	戲夢人生
第八週	臺灣味
第九週	代溝（後測）

(四) 教學流程

國文曼陀羅寫作教學法之教學活動分爲準備活動、發展活動及綜合活動，茲將其教學流程分別說明如下：

1. **準備活動**

(1) 課前準備：教師準備曼陀羅教學之簡報。

(2) 引起注意：請學生討論如何以曼陀羅背景影片與圖形表現寫作題目之內容聯想。

(3) 告知學習目標（單元名稱及教學目標）。

(4) 先備知識回憶（複習舊經驗）：複習曼陀羅思考法、創造思考技法（六H、六項思考帽、六覺、SWOTS），以及討論上次寫作題目的寫作優缺點。

2. **發展活動**

(1) 呈現刺激材料

介紹曼陀羅思考法與創造思考技法（六H、六項思考帽、六覺、SWOTS）引發表現：示範並練習題目。請學生以曼陀羅圖形結合創造思考技法（六H、六項思考帽、六覺、SWOTS）發想，請同學將剛才依照討論內容及自己獨有的發想，依照曼陀羅寫作教學法八步驟的次序，填入九宮格的外面八格，並將題目填入九宮格中間的格子，進行檢驗。

(2) 提供回饋

①自我回饋：在寫作過程中自我省視是否脫離主題、是否以曼陀羅思考法與創造思考技法開拓寫作內容。

②教師對於同學的表現給予正反面評論與建議。

③提供佳作與錯誤示範之作品，並進行討論。

3. 綜合活動

(1) 歸納整理

以口頭問答方式歸納整理增強學生對於曼陀羅思考法與創造思考技法之理解。

(2) 評量（評估表現）

詢問學生對曼陀羅思考法與創造思考技法寫作方法之瞭解，確定同學們的認知狀態。

(3) 增強

在問答過程中對於能正確回答之學生口頭讚賞並鼓勵其多多練習此寫作方法。

(4) 交代作業（促進保留與遷移）

請同學摘錄模範作品與練習文句，並以同樣題目當作業回家練習。

陸 結語

國文曼陀羅寫作教學法透過文獻分析法及作者教學經驗而成，旨在提供具體寫作內容與方法，供欲在短時間提升寫作成就之高中生進行練習，解決其寫作方面之困擾。該教學法包括五個內涵、一個中心思想及八個寫作步驟，八個步驟之起承轉合分別爲：(1)起：鳳頭；(2)承：承接及引用內容；(3)轉：比較（正反、今昔，以及有無比較）內容及提升層次；(4)合：具體作法、未來期許，以及呼應主題。

國文曼陀羅寫作教學法除提供擴散式思考外，九宮格中間位子也提供聚斂式思考的深意，幫助學生不易離題。寫作雖然在思考的廣度與深

度上可令人驚艷，但也最怕越線之後，變成文不對題的現象，以曼陀羅寫作方法進行寫作議題之思維，可讓思維無限翱翔之時，留著一根繫住風箏的線，時刻提醒學生不可離題。

寫作最怕的就是缺少材料，改進之道在於增加學生內涵、豐富學養與見聞，加強方式可從閱讀合適的名家作品開始，例如，從課本內擷取作品的作家開始，引申所提及之國內外作家名作，關注並省思社會生活事件，以充實寫作素材及內涵，否則部分學生之生活體驗貧瘠，缺乏不同視野，難以刺激其想像力與創造力，必須多閱讀、背誦佳句，並分段練習學生較弱的寫作階段（起、承、轉、合），再進一步練習整體論文寫作，如此則能提升其寫作表現。

參考文獻

一、中文部分

大學入學考試中心（2011.12.26）。學科能力測驗與指定科目考試國文作文分項式評分指標。檢索日期：2012年7月28日。取自：http://www.ceec.edu.tw/AbilityExam/AbilityExamInfo.htm

中央研究院調查研究專題中心（2007）。臺灣教育長期追蹤資料庫：第四波學生資料【公共使用版電子檔】。檢索日期：2012年12月31日，取自：http://srda.sinica.edu.tw/teps。

王小萍（2010）。高中生寫作表現及其創意與相關因素之研究。國立臺灣師範大學創造力發展碩士在職專班碩士論文，未出版，臺北市。

伍喜喬（2008）。高職部落格網路作文教學之研究。屏東科技大學技術及職業教育研究所碩士論文，未出版，屏東縣。

江如玲（2006）。高中文言文教學與作文訓練之研究。國立臺灣師範大學國文學系在職進修碩士班碩士論文，未出版，臺北市。

吳美瑠（2006）。自我調整策略發展（SRSD）模式對高職寫作困難學生寫作能力之分析研究。國立臺南大學特殊教育學系碩士班碩士論文，未出版，臺南市。

呂珮榮（2010）。連國文老師都在學的六堂基礎作文課：4大考試通用版。臺北市：我識。

李英品（2004）。範文教學中養成語文寫作表達能力之研究——以各版高中國文範文為例。國立彰化師範大學國文學系碩士論文，未出版，彰化縣。

李榮哲（2009）。高中生同儕回饋對作文表現的影響。國立政治大學教育研究所碩士論文，未出版，臺北市。

周慶華（1999）。思維與寫作。臺北市：五南。

林立中（2012）。神龍大師之作文趣味寶典。臺北市：博客思。

林宮如（2006）。啓聰學校國高中部學生寫作困難及教師因應方式之研究。國立臺南大學特殊教育學系碩士班碩士論文，未出版，臺南市。

林繼生（2012）。校長觀點：教你如何在大考「國文科」中勝出。臺北市：文字復興。

林馨（2009）。好作文，這樣寫就對了！基測作文六級分。臺北市：高寶。

施翔程（2011）。用心智圖寫作文。臺北市：晨星。

洪美雀、李作珩（2012）。作文滿級分這樣寫：全國作文冠軍訓練祕笈，教你輕鬆應考拿滿分。臺北市：遠流。

馬皖婉（2008）。章法在高中新式寫作教學的應用-以凡目法、正反法、今昔法為例。國立臺灣師範大學國文學系在職進修碩士班碩士論文，未出版，臺北市。

高詩佳（2013）。基測作文應考前總複習：創意及記憶寫法＋應考祕訣。臺北市：文字復興。

張玉明（2007）。高中現代詩寫作教學研究。國立臺灣師範大學國文學系碩士論文，未出版，臺北市。

張春興（2010）。教育心理學——三化取向的理論與實踐。臺北市：東華。

張琬珮（2010）。自我調整策略發展模式結合同儕支持寫作教學對高職學習障礙學生寫作表現效益之研究。慈濟大學教育研究所碩士論文，未出版，花蓮縣。

張新仁（1992）。寫作教學研究：認知心理學取向。高雄市：復文。

張新仁（2006）。寫作的認知歷程研究：跨教育階段別、不同寫作能力的學生在不同寫作文體上的寫作歷程和寫作表現。行政院國家科學委員會專題研究計畫成果報告（NSC93-2413-H-017-014）。國立高雄師範大學教育學系。

莊蕙瑄（2011）。啓發式科學寫作融入高中探究式實驗教學之行動研究。國立彰化師範大學生物學系碩士論文，未出版，彰化縣。

許素甘（2004）。展出你的創意：曼陀羅與心智繪圖的運用與教學。臺北市：心理。

郭世德（2005，11月16日）。作文二次書寫批閱的策略與執行。國語日報，13版。

陳丁榮（2007）。全腦開發一本通。臺北縣：睿騰。

陳小明（2013）。高中古文教學結合作文演練之研究。國立高雄師範大學國文教學碩士班碩士論文，未出版，高雄市。

陳小蘋（2012）。曼陀羅思考法融入國小三年級記敘文寫作教學之行動研究。國立新竹教育大學教育學系碩士論文，未出版，新竹市。

陳東陞（編譯）（1995）。Iris McClellan Tiedt等著。教導學生思考的教學策略。國教月刊，**41**(7)，7-17。

陳勇祥（2011）。高中資優生網路寫作平臺實施成效之研究。國立彰化師範大學特殊教育學系所博士論文，未出版，彰化縣。

陳美芳（2007）。高中優秀學生寫作發展型態與充實學習效果之研究。行政院國家科學委員會專題研究計畫成果報告（NSC95-2413-H-003-015）。國立臺灣師範大學特殊教育學系。

陳美芳（2008）。促進高中優秀學生寫作發展的班級環境與課程建構之研究。行政院國家科學委員會專題研究計畫成果報告（NSC96-2413-H-003-012）。國立臺灣師範大學特殊教育學系。

陳啓鵬（2013）。無題不破！作文強勢取分。臺北縣：采竹。

陳鈺玟（2009）。即席演說教學對高中學生作文能力的影響。國立臺灣師範大學國文學系碩士論文，未出版，臺北市。

陳滿銘（2004）。作文教學指導。臺北市：萬卷樓。

陳鳳如（2006）。不同寫作策略的介入對寫作者之讀者覺察能力的實驗效果研究。行政院國家科學委員會專題研究計畫成果報告（NSC94-2413-H-035-001）。逢甲大學教育學程中心。

陳鳳如（2009）。寫作的自我調整學習模式建構及其教學效果之研究。行政院國家科學委員會專題研究計畫成果報告（NSC96-2413-H-035-001-MY2）。逢甲大學教育學程中心。

陳鳳如（2010）。寫作的課室目標結構對個人目標導向與學習組型影響之研究。行政院國家科學委員會專題研究計畫成果報告（NSC98-2410-H-035-002）。逢甲大學教育學程中心。

陳諭蓁、陳龍安（2005）。曼陀羅思考與創意寫作教學。國教天地，**160**，21-29。

陸怡琮、曾慧禎（2004）。不同寫作表現的國小六年級學童在寫作歷程中的後設認知行爲之比較。國立臺北師範學院學報，**17**(2)，187-212。

黃永和（1998）。電腦網路在教學上的輔助功能與應用——以「臺北市長安國小網路輔助寫作中心」爲例。視聽教育，**41**(2)，17-24。

黃永和（2009）。圖形組織支持的寫作教學成效與互動歷程之研究。行政院國家科學委員會專題研究計畫成果報告（NSC96-2413-H-152-004）。國立臺北教育大學國民教育學系。

黃奇秀（2006）。「引導式作文教學法」運用於高職進修學校學生之研究。淡江大學中國文學系碩士在職專班碩士論文，未出版，臺北市。

黃寶園（2012）。寫作教學成效之研究：後設分析。行政院國家科學委員會專題研究計畫成果報告（NSC100-2410-H-166-005）。中臺科技大學幼兒保育系。

楊國蘭（2011）。高中國文作文指筆輕鬆寫含作文範本。臺北市：臺科大。

溫光華（2007）。凡走過必留下痕跡—96年大學學測非選擇題寫作狀況評析。國文天地，**263**，24-30。

鄒秀惠（2008）。建構外籍配偶第二語言教學模式之研究。國立中正大學成人及繼續教育所博士論文，未出版，嘉義縣。

劉英偉（2011）。多元智能教學方案設計對高職學生寫作態度與成效之研究。明道大學課程與教學研究所碩士論文，未出版，彰化縣。

歐陽汝穎、湯浩堅、梁慧霞（2003）。母語基本能力一香港教育工作者的看法。香港：香港大學。

歐雅淳（2011）。《文心雕龍》創作論運用於高中作文教學之研究——以核心選文三十篇內容布局為主。高雄師範大學國文學系碩士論文，未出版，高雄市。

歐慧敏（2002）。運用多元智慧理論在國小一年級生活課程之教學實驗研究。國立政治大學教育研究所碩士論文，未出版，臺北市。

潘麗珠（2007）。基測作文不能犯的五十個錯誤。臺北市：商周。

蔡淑瑋（2010）。日記在華語寫作上的實踐：一位高中國際交換學生之個案研究。高雄師範大學華語文教學研究所碩士論文，未出版，高雄市。

蔡銘津（2003）。增進學童寫作構思能力之教學實驗研究。行政院國家科學委員會專題研究計畫成果報告（NSC91-2413-H-366-002）。樹德科技大學教育學程中心。

薛光祖（1979）。大學入學考試對高中教學之影響及其改善途徑研究報告。教育學刊，**1**，185-211。

謝秀圓（2003）。寫作的認知策略教學對高職輕度智能障礙學生寫作表現之研究。彰化師範大學特殊教育研究所碩士論文，未出版，彰化縣。

謝孟寬（2009）。網路合作學習以同儕互評建議模式對高中生寫作能力表現之影響。亞洲大學資訊工程學系碩士在職專班碩士論文，未出版，臺中市。

謝錫金（2000）。量表診斷寫作教學法。香港：香港大學教育學院。

謝錫金、張瑞文、劉國昇、余慧賢、薛玉梅（1995）。香港初中學生錯別字研究。教育曙光，**36**，104-107。

顏秀玲（2010）。混合學習融入情境作文對高職學生寫作態度與學習成效之影響。屏東科技大學技術及職業教育研究所碩士論文，未出版，屏東縣。

魏碧芳（2005）。高中寫作教學之理論與實作。國立臺灣師範大學國文學系碩士論文，未出版，臺北市。

饒見維（2005）。創造思考訓練——創造思考的心理策略與技巧。臺北市：五南。

二、外文部分

Akkaya, N. & Kırmızı, F. S. (2010). Relationship between attitudes to reading and time allotted to writing in primary education. *Social and Behavioral Sciences, 2*(2), 4742-4746.

Anderson, V. B., & Smart, D. (1985). *Activation of semantic networks in writing: Teaching students how to do it themselves.* Paper presented at the annual meeting of the American Research Association, Boston.

Andrew, K., Norbert, E., Perry, D., Oleksandr, R., & Kamal, J. (2013). Automated scoring in context: Rapid assessment for placed students. *Assessing Writing, 18*(1), 62-84.

Bayraktar A. (2012). Teaching writing through teacher-student writing conferences. *Social and Behavioral Sciences, 51*, 709-713.

Bayraktar, A. & Okvuran A. (2012). Improving student's writing through creative drama. *Social and Behavioral Sciences, 51*, 662-665.

Bereiter, C., & Scardamalia, M. (1986). Research on written composition. In M. C. Wittrock (Ed.), *Handbook of research on teaching* (pp. 778-803). New York: Macmillan Publishing Company.

Bereiter, C., & Scardamalia, M. (1987). Knowledge telling and knowledge transforming written composition. In S. Rosenberg (Ed.), *Advances in applied psycholinguistics: Vol. 2. Reading, writing, and language processing* (pp.142-175). New York: Cambridge University Press.

Brizee, A., Sousa M., & Driscoll L. D. (2012). Writing centers and students with disabilities: The user-centered approach, participatory design, and empirical research as collaborative methodologies. *Computers and Composition, 29*(4), 341-366.

Chaitanya, R. (2013). Validating automated essay scoring for online writing placement. *Assessing Writing, 18*(1), 40-61.

Chaitanya, R., & David, M. W. (2013). Automated essay scoring: Psychometric guidelines and practices. *Assessing Writing, 18*(1), 25-39.

Chandler J. (2003). The efficacy of various kinds of error feedback for improvement in the accuracy and fluency of L2 student writing. *Journal of Second Language Writing, 12*, 267-296.

Chandrasegaran A. (2013). Teaching writing on stance support moves and topicality in students' expository essays. *Linguistics and Education, 24*(2), 101-111.

Condon, W. (2013). Large-scale assessment, locally-developed measures, and automated scoring of essays: Fishing for red herrings? *Assessing Writing, 18*(1), 100-108.

Dale, H. (1994). Collaborative writing interactions in one ninth frade classroom. *Journal of Educational Research, 87*(6), 334-344.

David, H. S. (2012). Challenges in assessing the development of writing ability: Theories, constructs and methods. *Assessing Writing, 17*(2), 81-91.

De La Paz, S., & Graham, S. (2002). Explicitly teaching strategies, skills, and knowledge: Writing instruction in middle school classrooms. *Journal of Educational Psychology, 94*(4), 687-698.

Deane, P. (2013). On the relation between automated essay scoring and modern views of the writing construct. *Assessing Writing, 18*(1), 7-24.

DelleBovi, B. M. (2012). Literacy instruction: From assignment to assessment. Assessing Writing, 17(4), 271-292.

Diab N. M. (2011). Assessing the relationship between different types of student feedback and the quality of revised writing. *Assessing Writing, 16*(4), 274-292.

Duijnhouwer H., Prins F. J., & Stokking, K. M. (2012). Feedback providing improvement strategies and reflection on feedback use: Effects on students' writing motivation, process, and performance. *Learning and Instruction, 22*(3), 171-184.

Farid S., & Samad A. A. (2012). Effects of different kind of direct feedback on students' writing. *Social and Behavioral Sciences, 66*(7), 232-239.

Flower, L. S., & Hayes, J. R. (1980). The dynamics of composing: Making plans and juggling constrains. In L.W. Gregg & E. R. Steinberg (Eds.), *Cognitive processes in Writing* (pp.31-50). Hillsdale, NJ: Lawrence Erlbaum Associates.

Fortunati L. & Vincent J. (2014). Sociological insights on the comparison of writing/reading on paper with writing/reading digitally. *Telematics and Informatics, 31*, 39-51.

Helstad, K. & Lund A. (2012). Teachers' talk on students' writing: negotiating students' texts in interdisciplinary teacher teams. *Teaching and Teacher Education, 28*(4), 599-608.

Hewett, B. L. (2006). Synchronous online conference-based instruction: A study of whiteboard interactions and student writing. *Computers and Composition, 23*, 4-31.

Hillock, G. (1987). Synthesis of research on teaching writing. *Educational Leadership, 44*(8), 71-82.

Joyce, B., Weil, M., & Calhoun, E. (2009). *Models of teaching*. Boston: Pearson/ Allyn and Bacon Publishers.

Klimova, B. F. (2013). Improving students' scientific writing. *Social and Behavioral Sciences, 83*(4), 130-133.

Krippendorff, K. (2004). *Content analysis: An introducation to its methodology*. Calif: Sage.

Kristen, d. G. (2013). How different are they? A comparison of Generation 1.5 and international L2 learners' writing ability. *Assessing Writing, 18*(2), 154-172.

Lam, R. (2013). Two portfolio systems: EFL students' perceptions of writing ability, text improvement, and feedback. *Assessing Writing, 18*(2), 132-153.

Lauer, T. & Hendrix, J. (2009). A model for quantifying student learning via repeated writing assignments and discussions. *International Journal of Teaching and Learning in Higher Education, 20*(3), 425-437.

Lin, P. O. & Maarof, N. (2013). Collaborative writing in summary writing: Student perceptions and problems. *Social and Behavioral Sciences, 90*(10), 599-606.

Mason, L.H., Kubina R.M., Kostewicz, D. E., Cramer, S. M., & Datchuk S. (2013). Improving quick writing performance of middle-school struggling learners. *Contemporary Educational Psychology, 38*, 236-246.

Mertens, N. L. (2010). *Writing: Processes, tools and techniques. Education in a competitive and globalizing world*. New York: Nova Science Publishers.

Miner, Jeremy T., & Miner, Lynn E. (2005). *Models of proposal planning & writing*. Westport, Conn: Praeger.

Moussaoui S. (2012). An investigation of the effects of peer evaluation in enhancing algerian student's writing autonomy and positive affect. *Social and Behavioral Sciences, 69* (24), 1775-1784.

Nicolaidou, I. (2012). Can process portfolios affect students' writing self-efficacy? *International Journal of Educational Research, 56*, 10-22.

Olthouse, J. M. (2012). Why I write: what talented creative writers need their teachers to know. *Gifted child today, 35*(2), 116-121.

Parr, J. M. & Timperley, H. S. (2010). Feedback to writing, assessment for teaching and learning and student progress. *Assessing Writing, 15*(2), 68-85.

Peterson, S. S. & McClay J. (2010). Assessing and providing feedback for student writing in Canadian classrooms. *Assessing Writing, 15*(2), 86-99

Stevenson, M & Phakiti, A. (2014). The effects of computer-generated feedback on the quality of writing. *Assessing Writing, 19*, 51-65.

Wang, A. Y. (2012). Exploring the relationship of creative thinking to reading and writing. *Thinking Skills and Creativity, 7*(1), 38-47.

Wang, F & Wang, S. (2012). System and teacher grading on students' English writing. *Procedia Engineering, 29*, 993-997

Weigle, S. C. (2013). English language learners and automated scoring of essays: Critical considerations. *Assessing Writing, 18*(1), 85-99.

Wette R. (2014). Teachers' practices in EAP writing instruction: Use of models and modeling. *System, 42*, 60-69.

Wingate, U. (2012). 'Argument!' helping students understand what essay writing is about. *Journal of English for Academic Purposes, 11*(2), 145-154.

多元智能教學模組進行國小英語補救教學之研究

李佩穎
國立東華大學教育研究所研究生
劉唯玉
國立東華大學課程設計與潛能開發學系教授

壹 前言

研究者修讀國小英語教學實習時，曾至花蓮縣某國小協助學校進行英語補救教學課程，發現高年級的孩子對英語持有排斥感，原因在於課堂中程度落差較大，低成就學童可能連26個字母都無法辨識，更不用說進行課堂文章閱讀或單字記憶；研究者於國中就學時期，也曾與英語低成就同學相伴，當時英語科於國小時期尚未成爲正式學科，這些同學從國一開始接觸英語，學習上不斷遇到挫折，找不到學習的成就感，漸漸地他們選擇放棄英語，寧願將讀英語的時間分配給其他學科，也不願意花幾分鐘多學兩個單字。這些所謂對英文的「放棄者」，就是我們主要的研究對象，期望教師能透過不同的教學方式，引導英語低成就學童找到英語的學習興趣，進而在學習英文時有所改變。

美國Gardner教授提出的「多元智能理論」，認爲每個孩子都有多種不同的潛能，只要透過適當的引導，就能發揮所長，這個理念回應了孩子的個別需求。研究者試圖透過設計多元智能教學模組進行國小英語補救教學，試圖解決「學生程度不一」及「學生缺乏上課動機」的問題，探討多元智能教學模組對學童英語學習興趣及學習成就的影響。具體而言，本研究的研究目的如下：

一、探討多元智能教學模組的教學實施歷程。

二、探討以多元智能教學模組進行英語補救教學的課程，對補救教學學童英語學習興趣之影響。

三、探討以多元智能教學模組進行英語補救教學的課程，對補救教學學童英語學習成就之影響。

四、根據研究發現，提供教師應用多元智能教學模組進行教學研究之建議。

貳 文獻探討

一 英語補救教學

本研究主要進行的課程是國小英語的補救教學，並以教學模組的方式進行課程設計。補救教學是一種權宜的教學型態，旨在對中低成就學生，依其個別需求，施予適當的課業輔導，提供更多的學習機會，以彌補正規教學之不足（李咏吟，2001）。實施補救教學的意義，在於協助未達標準之中低成就學生，針對其個別需要，特別設計教學活動，提供額外的學習機會，使其成績能達規定之最低標準，以實現因材施教的教育理念（杜正治，1993）。根據補救教學的意義，實施的對象以中低成就學生爲主，針對學習者個別的需求，設計符合其需求的課業輔導，給予更多的學習機會，協助提升學習成效至規定之最低標準，同時彌補正規教學的缺漏。

補救教學是從瞭解學生的困難後進而進行彌補的教學活動，主要是爲了幫助學生克服困難進行學習，落實補救教學的意義。黃振球（1996）對於補救教學，提出施行補救教學的七大原則：1.需以診斷爲基礎；2.學生個人之價值須予以考慮；3.改正的處理須是個別化的；4.訂定的計畫對學生須有良好動機及鼓勵性；5.教材與練習須細心選擇；6.須考慮學生的全部環境；7.須做繼續的評鑑。補救教學的施行原則著重以學習者爲主體，強調應對學習者的學習狀況進行診斷，衡量學習者的個人價值，針對其個別化進行修正，進而訂定出對學生有良好積極鼓勵性，且考慮學生全部環境的計畫，同時對於學習者後續的評鑑亦應做後續追蹤。

補救教學是一種「評量—教學—再評量」的過程，在課業輔導政策執行上，大都採取額外學習時間的方式，希望藉此加速兒童能力的累積與進展，惟許多研究指出，增加額外的學習時間，固然是解決低成就落後的必要條件，但關鍵仍在於是否提供有效的教學（Fuchs & Fuchs, 1998; Maheady, Towne, Algozzine, Mercer, & Yesseldyke, 1983; 引自陳淑麗，2008）。若欲實施有效的補救教學於英語科，應先瞭解英語教學的實施困境，並針對其教學困境提出解決之道。英語教學的實施困境，研究者歸納出六項，分別爲學生程度不一（李漢文，2003；林于雯，2003；林政逸，2004；鄭楓琳，1999；謝一謙，2002；謝淑娟，2001；潘靖瑛、翁嵐瑜、石美玲，2004）、班級人數過多（鄭楓琳，1999；謝一謙，2002）、上課時數不足（謝淑娟，2001）、學生練習機會不足（謝淑娟，2001）、學生缺乏上課動機（謝淑娟，2001；陳恒毅、薛雅芳，2015）、教學資源不足（李漢文，2003；林于雯，2003；鄭楓琳，1999；謝一謙，2002；謝淑娟，2001）。本研究之多元智能教學模組，即意圖利用多元智能解決「學生程度不一」及「學生缺乏上課動機」的問題，透過多元智能教學模組的活動設計，帶動學童的學習興趣，弭平學生程度的落差，提升學童的學習成就。

二 多元智能教學模組

嘉納對於智能的定義強調解決問題、重視文化背景及創作作品，且判定出人類具備的八種不同特質，每個人都擁有這八種特質，差異在於每個人各個能力發展程度不同，所以會有不同的智能組合及輪廓，這八種智能分別爲語文智能、邏輯數學智能、視覺空間智能、肢體動覺智能、人際智能、內省智能、音樂智能與自然觀察者智能（Gardner, 1983, 1999）。

教學模組的定義，歷來學者對教學模組有眾多不同的解釋方式，李鴻亮（2004）認爲「課程模組化」是針對特定主題所發展出來的學習策略，具備組織式的課程模組，是以統整主軸連結學習物件，其內部納入可替換式的活動選項，因此它也是一個可調整的機制。Goldschmid & Goldschmid（1972）認爲模組爲一個獨立單元，不受到一連串學習目標的支配，被設計用來協助學生完成某種定義明確的目標；而Finch和Crunkilton定義爲：「一套教學套裝（或傳遞系統），它包含一系列有計畫的操作學習設計，提供學生依其學習進度，以達成各種目標與需要。」（引自黃啓彥、鄭竣玄，2003）

進一步探討教學模組的意義，發現可分成以教材爲中心及以學生爲中心兩種。McNeil（1995）、劉祥通（2002）、姚如芬（2001）認爲教學模組是教學者可視實際教學的需求自行組裝教學活動，無需從頭到尾全部實施，即是以教材需求爲中心；李景峰（1993）認爲教學模組是採用模組單元的教學方式，而模組單元是指一個獨立的單元，適合於個人或是團體來進行學習，依自己的學習能力與速度，選擇比較喜歡的單元先進行學習，即是以學生需求爲中心。

兩種教學模組的概念，最大的差別在於以學生需求爲中心的教學模組概念，認爲應是由學生根據喜好選擇學習項目的先後順序；而以教材需求爲中心的教學模組概念，則認爲教學模組是由教學者根據教學需求，對教材進行組裝，雖然理念皆是多種學習活動的選擇，但選擇活動項目的對象及理由卻不相同，若教學者是根據教材內容將教學進行組裝，則是以教材爲中心的教學設計，其著重的要點儘是教材的變化，與學習者的喜好或能力較無關聯。

傳統的教學方式與現代的教學方式，最大的不同點在於現代的教學方式致力於學習者的個別差異（Wu & Alrabah, 2009），故教學應以學生爲中心，但顧及個別差異著重的要點爲學習者個別的能力，與以學習者的喜好爲依據有所不同；因此，本研究結合以教材爲中心及以學生爲中心兩者的核心概念，將教學需求的部分，變換成因應補救教學所著重之個別差異。根據教學模組的定義，各個教學活動可獨立存在，本研究爲了顧及學習者的個別差異，根據多種智能的特性進行課程的設計，讓學

習者挑選適合自己的教學活動進行精熟學習，這樣的教學模組類型，屬自助餐式模組。也就是說，本研究將多元智能教學模組定義為：由多元智能貫穿的一系列教學活動，每個教學活動皆與該多元智能相關且可獨立存在，而教學者可視學生的個別差異，讓學習者自行挑選適合自己的教學活動，無需從頭到尾全部實施。

三 英語補救教學多元智能教學模組

補救教學的目的是藉由給予中低成就學生，適應其個別需求的課業輔導，彌補正規教育中學習成就低落的狀況。補救教學的策略具彈性化，為顧及學習者的個別需求，且要達到英語溝通的能力，合作式的個別化教學為較佳的策略，由於此策略並重合作學習及個別化學習，所以教學的評量，應配合個別的差異，給予學習者多元的評量方式。英語科的教學，是由1994年開始於小學階段實施，至目前所實施的補救教學之相關研究，多為數理科的補救教學，英語科占少數；而將多元智能進行英語教學的相關研究，多是將課程套用至班級整體，對於多元智能活動進行補救教學系統方面，未有確切的相關研究。

首先論及無固定方法的英語補救教學，黃涵鈺（2007）針對國小高年級英語低成就學生補救教學進行行動研究，課程的設計理念是依據文獻，補救教學的教學模式以精熟化學習及個別化學習為主，結果發現英語補救教學對國小高年級英語低成就學生之學業成就、學習動機具有正面的影響。

其次論及固定方法的英語補救教學，陳冠宜（2006）在教學過程中發現英語科低成就學童缺乏字母、字母組合語讀音對應關係的知識，因而在認字與拼字方面產生困難，所以將字母拼讀法進行國小英語科低成就學童補救教學，結果發現字母拼讀法有助於提升國小英語科低成就學童之認字和拼字能力，對低成就學生的學習方法和學習態度亦有正面的影響。研究者發現藉由補救教學可以提升學生的學習動機及學業成就，主要的原因在於補救教學是為了解決受試者的學習困境，因此課程設計也是由這方面進行著手，透過多元智能教學模組的方式進行教學，期望能夠顧及到每一位學生的學習狀況，再加上反覆的練習，使得英語學習成效具正面效果。

根據教學模組的定義，各個教學活動可獨立存在，本研究爲了顧及學習者的個別差異，根據多種智能的特性進行課程的設計，讓學習者挑選適合自己的教學活動進行精熟學習，這樣的教學模組類型，屬自助餐式模組。所謂的自助餐式模組，顧名思義其結構就好像取用自助餐一樣具有彈性，教師可考量各種教學情境增減其內容（李鴻亮，2004）。本研究著重於教學活動像自助餐一樣具有彈性，但並非是教師考量教學情境而將教學活動做增減，而是讓學習者考量自我的能力及興趣，選擇適合自己的活動，進而完成任務，達到學習目標，同時也能夠增進自我的學習興趣及學習成就。

多元智能理論協助教師把現有的課程或單元，轉換成多元模式的學習機會，對於學科的內容，應至少用四種智能來做爲切入點（郭俊賢、陳淑惠譯，1999）。劉唯玉（2007）進一步指出在常態下，一個班級學生幾乎包含各種強勢智慧的學生，若要能觸及到所有學生的不同強勢智能，在教學實務上，教師應在其教室情境中發展多元化的教學策略。以國小英語學科的內容來說，溝通的能力是很重要的，爲著重於英語科的溝通能力，教師應加強師生、同學之間，以及多媒體互動式的英語互動溝通，強調字彙與句型之靈活運用，教材應圖文並茂，主題及題材應多樣化，包括日常交談、社交應對等一般人際溝通之語言，而內容及活動設計力求符合學生之興趣、需求和年齡（戴維揚，1998）。

溝通的能力，應強調字彙與句型的靈活運用，以多元智能的觀點來說，即包含語文智能及邏輯數學智能，語文智能使表達者以適切的言語進行溝通，邏輯數學智能協助表達者理解溝通的內容，而日常交談及社交應對，則爲人際智能，人際智能使表達者順利與他人進行溝通。因此，針對英語科來說，語文爲其核心智能，學習語文的方式可以搭配多種不同的智能，爲顧及溝通能力，研究者以著重人際智能的合作學習爲教學方式，再顧及學習者的個別情況，搭配著重內省智能的個別化教學，也就是說，本研究多元智能理論切入國小英語學科，至少採用語文智能、人際智能及內省智能三種智能爲教學的切入點。

本研究的多元智能教學模組，首先以全班活動引發學習者的動機，接著以直接講述法陳述課程概要，進而透過各種多元智能的活動讓學習者達成任務並精熟學習，最後再以全班活動做課程的總結。與教學模組相關的研究，最大的不同在於本研究的多元智能活動，是由學習者自行選擇適合自己的活動，即自助餐式模組，學習者在特定的規劃中，可選擇適合自己的主餐。本研究的課程並非全程皆是教師主導，期望配合學習者的學習意識，協助學習者進行學習，進而提升學習者的學習興趣及學習成就。

參 研究方法

一 研究對象

本研究對象是新北市開心國小（化名）四年級補救教學的學生，全校四年級班級數為19班，四年級學生為532人，參與本次英語補救教學的學童為7人，即為本研究的研究對象。本研究進行多元智能教學模組的英語補救教學，時間為每週四的早自習時間，持續進行一學期，教學者即為第一研究者。

研究教學方案的設計，由於研究對象前測的結果，顯示出七位學童皆無法拼出單字及閱讀句子，而字母書寫能力則具個別差異，浩浩無法書寫M至Z的字母，宣宣無法書寫S至X的字母，祐祐無法書寫S至T的字母及Y至Z的字母，信信無法書寫T至V的字母，廷廷及柏柏只能完成少數字母書寫，而慧慧則忽略L；綜合多位學童的書寫能力，發現學童對L至Z的字母較不熟悉，故教學內容著重於L至Z的教學，以及單字及句子的重新學習。

學童學習活動的設計，依循學童多元智能輪廓，建構可能較能促進學童的學習活動；而7位學童的智能輪廓的檢核，是根據劉唯玉（2010）的國小多元智能評量活動，評量者為學童原班導師及研究者，評量結果發現七位學童於八大智能的平均得分，分數由高而低依序為人際智能、視覺空間智能、肢體動覺智能、內省智能、自然觀察者智能、邏輯數學智能、語文智能及音樂智能；故學習活動的設計，除了結合人際智能、內省智能及語文智能外，將依序考量其他智能的結合。

表1　個別學童八大智能得分高低排序

	智能得分由高而低排序	備　註
浩浩	內省、人際、邏輯數學、肢體動覺、視覺空間、語文、自然觀察者、音樂	※底線者為兩者分數相同
宣宣	音樂、肢體動覺、人際、語文、邏輯數學、視覺空間、內省、自然觀察者	
慧慧	內省、自然觀察者、視覺空間、語文、邏輯數學、人際、音樂、肢體動覺	
祐祐	人際、內省、邏輯數學、自然觀察者、視覺空間、肢體動覺、語文、音樂	
廷廷	肢體動覺、視覺空間、自然觀察者、人際、邏輯數學、內省、語文、音樂	
柏柏	肢體動覺、人際、自然觀察者、視覺空間、內省、音樂、語文、邏輯數學	
信信	人際、視覺空間、肢體動覺、語文、自然觀察者、內省、邏輯數學、音樂	
總分	人際、視覺空間、肢體動覺、內省、自然觀察者、邏輯數學、語文、音樂	

二　教學方案設計

本研究採用自助餐式教學模組的方式，所謂自助餐式模組，是指模組的結構好像取用自助餐一般的具有彈性，教師可考量各種教學情境，而增減其內容（李鴻亮，2004），故先以學習者爲中心，分析學習者的起點行爲及智能輪廓，根據其學習能力，界定教學目標及評量方式。

由於本研究設定的多元智能核心概念爲語文智能、人際智能及內省智能，所以在每一節課必然會運用到這三種智能，語文智能的運用方式爲英語的學習，人際智能的運用方式爲合作學習，內省智能的運用方式爲思索並選擇適合自己的活動。利用多元智能教學模組的方式，將這三種智能再結合其他的智能活動協助學習者進行學習。由於本研究的研究對象其前測結果，顯示出學習者對L至Z的字母較不熟悉，且無法拼出單字及閱讀句子，故教學內容著重於L至Z的教學，以及單字及句子的重新學習。因此，本研究的教學模組分爲「字母多元智能教學模組」及「單字與句子多元智能教學模組」，兩者的多元智能學習活動皆包含個別學習活動及團體學習活動，學童可於學習活動中個別挑選多元智能學習活動進行學習。

多元智能教學模組有特定的流程，一節課的教學模組，將課程分爲引起動機、發展活動及綜合活動。引起動機的部分，主要是進行前測及藉由遊戲複習前次課程，發展活動的部分則包含講述教學及多元智能學習活動的精熟學習，以直接講述法陳述課程概要，進而透過各種多元智能的活動讓學習者達成任務並精熟學習，最後的綜合活動則是以全班活動做課程總複習及後測。

教學活動共分爲兩個階段的教學方案循環修正歷程，每一階段皆依循計畫、行動、觀察、省思與修正循環步驟進行教學方案設計，建構出兩階段的多元智能教學模組的英語補救教學方案。第一階段爲多元智能字母教學模組，進行四個星期，包含四次循環；第二階段爲多元智能單字與句子教學模組，進行三個星期，包含三次循環。教學的內容包含26個字母大小寫、發音及拼讀練習，以及三年級基本句型、生字，教材爲康軒英語教材（Hello, Darbie!）；階段的分隔主要以教材的內容爲依據，分別是字母及發音、生字及基本句型、綜合練習。方案課程施行時間爲一週一次，一堂課40分鐘，前5分鐘進行前測，接著進行30分鐘的教學活動，後5分鐘爲後測的檢核，每一階段皆有一套教學模組提供學生做選擇，孩子在接受多元智能接學模組課程時，能夠根據自己的強勢智能，選擇適合自己的教學模組進行學習，透過自己的選擇發揮自己的長才進行學習。

教學模組課程內容，是依據學童英語能力檢核測驗的結果，將課程分爲字母教學模組及單字與句子教學模組；將單字與句子做結合，主要原因爲該堂課單字與句子有所關聯，能讓學童交叉練習。本研究先執行字母教學，接著再執行單字及句子教學，單字和句子的內容可互相搭配。學習活動的設計包含個別活動及團體活動，個別活動目的爲個別學習及評量，團體活動目的爲總複習及評量，學童在個別學習時可依據自己的喜好進行學習，雖執行不同的學習活動，但最後皆會有相同的評量方式，至於團體活動則執行多數學童所選擇的活動。

本研究學習活動設計，將語文智能、人際智能及內省智能爲核心，並根據學童的智能輪廓，加上全班總分較高的肢體動覺智能或視覺空間智能進行設計，活動內容詳見附錄一。

三 研究工具

本研究的研究工具包含研究者自編的學生學習英語興趣量表與學生英語能力檢核表，兩者皆於課程開始前進行前測，課程結束後進行後測，比較兩者結果進而探討其影響。

(一) 學生英語學習興趣量表

本研究的學生學習英語興趣量表，參考葉育芳（2004）的「學生學習英語態度量表」中「學習興趣」的部分，及羅慕珊（2006）的「桃園縣○○國民小學學生英語學習興趣調查表」等研究工具，斟酌本研究對象的情況與欲瞭解的問題進行修改自編而成，並請三位研究對象學校裡四年級的小朋友試讀，據以修正試題語意，並請該校兩位資深中年級導師給予參考的意見，另商請國立東華大學美崙校區國民教育研究所具有教育統計專長的李明憲老師及具有英文教學專長的呂正雄老師針對量表的內容，提供修正意見。

本量表填答方式採李克特四點量表（LikertFour-Point Scale），填答向度分別為「非常同意」、「同意」、「不同意」、「非常不同意」，正向敘述的題目共有11題，分別為「我很認真上英語課」、「我喜歡說英語」、「我覺得上英語課很有趣」、「我喜歡學英語」、「我很期待上英語課」、「我很用心做英語作業」、「我覺得上英語課的時間過得特別快，希望能上久一點」、「在生活中，我會注意到和英文有關的事物，如：招牌、標語……」、「上英語課時，我常參與發言」、「我喜歡做英語作業」及「我對閱讀英語書籍有興趣」，依序給予4分、3分、2分、1分；負向敘述的題目共有3題，分別為「上英語課時，我經常不專心」、「如果可以不用上英語課，我會很高興」及「我覺得英語課很無聊」，依序給予1分、2分、3分、4分。

量表經過預試後，將預試完的有效樣本所填答的資料輸入電腦，使用統計套裝軟體SPSS12.0版進行量表內部一致性信度（Cronbach

Alpha）分析，考驗量表內容每一個敘述在測驗結果上一致性的程度。分析結果總量表Cronbach's Alpha值為0.956，各分量表的Cronbach's Alpha值也都超過0.9，可見本量表內部一致性良好，詳細資料如表2。

表2　學生學習英語興趣量表之Cronbach's Alpha係數（N=25）

	題　目	正負向	項目刪除時的 Cronbach's Alpha
1	我很認真上英語課。	+	0.953
2	我喜歡說英語。	+	0.952
3	我覺得上英語課很有趣。	+	0.951
4	我喜歡學英語。	+	0.950
5	我很期待上英語課。	+	0.949
6	上英語課時，我經常不專心。	-	0.955
7	我很用心做英語作業。	+	0.955
8	我覺得上英語課的時間過得特別快，希望能上久一點。	+	0.952
9	生活中，我會注意到和英文有關的事物，如：招牌、標語……。	+	0.957
10	上英語課時，我常參與發言。	+	0.955
11	如果可以不用上英語課，我會很高興。	-	0.951
12	我喜歡做英語作業。	+	0.951
13	我覺得英語課很無聊。	-	0.952
14	我對閱讀英語書籍有興趣。	+	0.955

(二) 學生英語能力檢核表

學生英語能力檢核表試卷核心為教師上課的教材，內容區分為筆試及口試兩種，筆試包含聽、讀、寫的能力測驗，口試則著重於聽及說。其考試題型與評分標準皆相同，考試題型字母的部分為26個字母大寫及小寫的書寫，單字的部分為根據中文意義書寫出英文單字，句子的部分為根據句子英文書寫出中文意義；而評分標準字母部分需正確寫出字母的大寫和小寫，單字部分需於正確位置填上正確字母，句子的部分需完整寫出整句意義，若僅寫出句子中其中一個單字的意義，則以半分計算。

(三) 學生訪談

在整體課程的施行過程中，安排兩次團體訪談，訪談的問題著重於對課程的感受、對學習活動的想法及對自我學習的心得，學生則依照該課程內容、心得、感受或問題，以各種自由選擇的方式做回應。目的爲藉以瞭解學生的學習狀況及想法，幫助學生省思自我，同時根據學生的學習狀況做教學的調整。另外，針對特殊學生進行晤談，包含在興趣量表上反應大爲提升者，或是在學習階段中特別有想法者進行晤談，對學生有疑問時也會適時進行非正式晤談，以避免對學生產生錯誤的解讀。

肆 研究發現與討論

一 教學模組對學童學習成就之影響

研究發現教學模組能提升學童字母書寫、單字唸讀及拼字、句子唸讀及翻譯等能力，表3爲每位學童於各個能力前測及後測正確率的情形。

(一) 提升學童字母書寫能力

針對字母書寫的部分，全部的英語字母爲26個，其中每個字母皆包含大寫及小寫，所以完整的書寫能力應爲能夠寫出26個字母的大寫及小寫，即共有52個字母。

根據前測及後測，可以發現七位學童均有進步，從全班的書寫狀況來看，進行教學模組的課程前，52個字母中，全班能夠正確書寫出的字母平均約爲33個，經過多元智能教學模組後，全班能夠正確書寫出的字母平均約爲45個，在書寫字母的正確率從63%提升至87%。

表3　學童於各個能力前測及後測正確率情形

		字母書寫	單字唸讀	單字拼字	句子唸讀	句子翻譯
浩浩	前測	50%	40%	0%	20%	0%
	後測	100%	100%	85%	50%	100%
宣宣	前測	77%	50%	0%	0%	0%
	後測	100%	80%	13%	20%	40%
祐祐	前測	71%	0%	0%	40%	0%
	後測	100%	60%	7%	60%	50%
慧慧	前測	96%	50%	0%	0%	0%
	後測	100%	80%	24%	40%	40%
廷廷	前測	19%	10%	0%	0%	0%
	後測	50%	80%	25%	40%	30%
柏柏	前測	40%	60%	0%	0%	0%
	後測	54%	80%	5%	50%	15%
信信	前測	82%	40%	0%	0%	0%
	後測	100%	100%	100%	100%	100%
總計	前測	63%	36%	0%	7%	0%
	後測	87%	83%	37%	51%	49%

(二) 提升學童單字唸讀能力

本研究的單字教學內容，全部共有10個英語單字，從全班的唸讀狀況來看，進行教學模組的課程前，10個英語單字中，全班能夠正確唸讀的單字平均約為4個，經過多元智能教學模組後，全班能夠正確唸讀的單字平均約為8個，在唸讀單字的正確率從36%提升至83%。

(三) 提升學童單字拼字能力

單字多元智能教學模組中，學習內容為10個英語單字，總共有55個字母，所以單字拼字的部分總分為55分，學童若於正確位置書寫上正確字母即得一分。從全班的拼字狀況來看，進行教學模組的課程前，10個英語單字所囊括的55個字母中，全班能夠於正確位置書寫出的正確字母平均為0個，經過多元智能教學模組後，全班能夠於正確位置書寫出的正確字母平均為20個，在單字拼字的正確率從0%提升至37%。

(四) 提升學童句子唸讀能力

本研究的句子教學內容，全部共有10個英語句子，一個句子為二至四的單字，研究者將能正確唸讀整個句子者計算為得1分，而正確唸讀一半單字以上但未達整個句子者計算為得0.5分，所以句子唸讀的部分總分為10分。從全班的唸讀狀況來看，進行教學模組的課程前，10個英語句子中，全班能夠正確唸讀的句子平均約為0.9句，經過多元智能教學模組後，全班能夠正確唸讀的單字平均約為5.1句，在唸讀句子的正確率從8.6%提升至51.4%。

(五) 提升學童句子翻譯能力

翻譯的部分，學童必須依據句子的英文，書寫出句子的中文意義，全部共有10個英語句子，研究者將能正確且完整書寫出句子的意義者計算為得1分，而正確書寫出句子部分意義但不完整者計算為得0.5分，所以句子的翻譯部分總分為10分。從全班的書寫句子意義的狀況來看，進行教學模組的課程前，10個英語句子中，全班能夠正確書寫的句子意義平均為0句，經過多元智能教學模組後，全班能夠正確書寫的句子意義平均為4.9句，在翻譯句子的正確率從0%提升至49.3%。

二 教學模組對學童學習興趣之影響

表4呈現七位學童前測及後測分數，結果顯現七位學童的後測分數皆高於前測分數，可見學童在英語學習興趣方面，於課程實施後有提升。

表4　七位學童學習興趣量表前後測平均數分數

項目 N=14	前測	後測
	平均數	平均數
浩浩	3.071	3.153
宣宣	2.428	2.714
祐祐	2.571	2.857
慧慧	1.142	2.500
廷廷	3.142	3.230
柏柏	3.285	3.384
信信	3.071	3.153

施行多元智能教學模組課程前，即對學童英語的學習興趣進行施測，結果發現學生的填答結果，在李克特四點量表中平均達到3分以上者有四位學童，也就是說此四位學童在課程施行前，對於英語學習興趣呈現「同意」的正向態度。僅有宣宣、慧慧及祐祐低於3分。

施行多元智能教學模組課程後，原本對於英語學習興趣即呈現正向態度的四位學童，後測分數略高於前測分數，也就是說多元智能教學模組課程，對於正向態度的學童沒有降低其學習興趣；但宣宣、慧慧及祐祐的後測分數皆高於前測分數，也就是說多元智能教學模組對學習興趣低落的學童，能提升他們的學習興趣。

除了上述量化資料顯示多元智能教學模組提升英語低學習興趣學童的學習興趣，研究者進一步分析質化資料，以瞭解多元智能教學模組對學童的影響，研究發現如下：

(一) 四位學童更喜歡英語

經過多元智能教學模組的課程後，有4位學童表達比過去更加喜歡英語，此四位學童分別爲宣宣、祐祐、慧慧及柏柏，其回饋內容如下：

宣宣：「我喜歡英文，也有比以前更喜歡，因爲我可以自己完成任

務。」（宣宣，2011/01/19）

祐祐：「我有點不喜歡英文，但有比以前喜歡，因爲上課很好玩。」（祐祐，2011/01/19）

慧慧：「我不喜歡英文，可是有比以前喜歡了！」（慧慧，2011/01/19）

柏柏：「我喜歡英文，也有比以前更喜歡因爲我可以用英文交流。」（柏柏，2011/01/19）

(二) 三位學童覺得自己有所進步

經過多元智能教學模組的課程後，有3位學童認爲自己英文能力有所進步，此三位學童分別爲祐祐、柏柏及信信，其回饋內容如下：

祐祐：「我覺得自己有進步，因爲我覺得英文很好玩。」（祐祐，2011/01/19）

柏柏：「我當然有進步啦！因爲老師你用那個跑來跑去的方法讓我們學起來。而且我期中考英文考26，這次考60幾的樣子。」（柏柏，2011/01/19）

信信：「我覺得我有進步，而且字母、單字和句子三個都學得很好！」（信信，2011/01/19）

(三) 四位學童有自己學習英語的方法

在訪談學童的期間，有4位學童表示自己擁有屬於自己的學習方法，此四位兒童分別爲浩浩、祐祐、柏柏及信信，其回饋內容如下：

浩浩：「單字寫30遍就背起來了！」（浩浩，2010/12/08）

祐祐：「我都用類似的國字來學英文。」（祐祐，2011/01/19）

柏柏：「我用諧音！」（柏柏，2011/01/19）

信信：「我的方法就是用諧音啊！」（信信，2011/01/19）

(四)肢體活動及繪畫的學習活動較吸引學童，與智能輪廓相符

對於多元智能教學模組的課程，有5位學童表示跑來跑去的學習活動較吸引他們，也就是【衝鋒陷陣】的學習活動，而另兩位學童表示繪畫的較吸引他們。在學童的智能輪廓中，全班肢體動覺智能及視覺空間智能總分也較高，兩者可互相對應。學童回饋內容如下：

浩浩：「跑來跑去最好玩。」（浩浩，2011/01/19）
祐祐：「跑來跑去我最喜歡。」（祐祐，2011/01/19）
廷廷：「我喜歡跑來跑去，男生都喜歡這個。」（廷廷，2011/01/19）
柏柏：「跑來跑去！」（柏柏，2011/01/19）
信信：「我當然覺得是跑來跑去啊！」（信信，2011/01/19）
宣宣：「我喜歡自己畫畫。」（宣宣，2011/01/19）
慧慧：「畫畫最好玩了！我也喜歡畫黑板喔！」（慧慧，2011/01/19）

不論是量化的學生英語學習興趣量表，或是質化的訪談結果，都顯示學童於英語學習興趣方面有所提升，對於自我的學習也給予肯定。多元智能教學模組，是期望學童能夠依照自己的興趣，選擇方式進行精熟學習。在諸多的學習活動中，也可以發現學童的喜好與智能輪廓能夠相對應，可見教師在學習活動設計時若依照學童的特性進行設計，其活動會較爲吸引學童。

學童的學習，不僅需要求學童習得學習成就，且樂於學習，更重要的是培養學童有帶得走的能力。多元智能教學模組的課程中，不僅能夠協助學童習得學習成就，且同時提升或維持學童學習英語的興趣，也讓學童互相參酌彼此的學習方式，以利於將來的學習。雖然不是每位學童都能接受他人的學習方式，也不是每位學童都擁有自己的學習方式，但在課程實施及與我對談的過程中，經過同儕的分享，對於學習也能參考他人的方式，讓學童不僅能學習英語，更具備自己學習英語的能力。

伍 結論與建議

研究者在每一次教學前，會先根據學童的學習狀況進行課程的修正，對於多元智能教學模組研究結果，提出下列幾點結論：

一 多元智能教學模組能提升學童學習成就

學童進行字母多元智能教學模組後書寫字母能力有所改善，整體學童書寫字母的正確率由63%提升到87%，7位學童於前測時沒有人能夠完整寫出26個字母的大寫及小寫，但在測後有5位學童能夠完整寫出26個字母的大寫及小寫；學童進行單字多元智能教學模組後唸讀及拼字能力有所改善，整體學童單字唸讀的正確率由36%提升到83%，單字拼字的正確率由0%提升到37%，學童進行句子多元智能教學模組後唸讀及翻譯能力有所改善，整體學童句子唸讀的正確率由7%提升到51%，句子翻譯的正確率由0%提升到49%。

二 多元智能教學模組對興趣低落的學童能提升其學習興趣，對具備學習興趣者亦不降低其學習興趣

本研究問卷採用李克特四點量表，在學童英語學習興趣量表的前測中，僅有宣宣、慧慧及祐祐三位學童平均不足3分，但他們的後測分數都大大高於前測分數，也就是說學習興趣低落的學童提升他們的學習興趣。原本對於英語學習興趣即呈現正向態度的四位學童，後測分數也略高於前測分數，也就是說多元智能教學模組課程，對於正向態度的學童沒有降低其學習興趣。

本研究建構的多元智能教學模組，對教師而言施行上沒有造成困難，對學童而言能夠符合其個別差異，且於學習成就及學習興趣方面，也有所改善。研究者將研究具體化為行動，親自執行自己的理念，執行行動研究的歷程及結果，可以做為未來相關研究及教學的參考，以下針對教學者及研究者提出建議：

1. 國小英語補救教學，可採用兼顧學童個別差異的多元智能教學

模組進行教學。

2. 研究與開發更多英語補救教學多元智慧教學模組，並進行相關研究。

一、中文部分

李景峰（1993）。技職教育的新利器——模組化教學。技職雙月刊，**13**，41-46。

李漢文（2003）。臺東縣九年一貫課程英語科教學實施現況與意見調查之研究（未出版碩士論文）。國立臺東師範學院，臺東市。

李咏吟（2001）。教學輔導：學習心理學的應用。臺北市：心理。

李鴻亮（2004）。從系統化教學設計之觀點剖析資訊融入課程中的教學模組。國教之友，**56**(1)，8-16。

杜正治（1993）。補救教學的實施。載於林咏吟（主編）學習輔導：學習心理學的應用（頁425-473）。臺北市：心理。

林于雯（2003）。屏東縣國民小學英語教學實施現況及其遭遇問題之研究（未出版碩士論文）。國立屏東師範學院，屏東縣。

林政逸（2004）。國民小學英語教育政策執行影響因素及實施現況之調查（未出版博士論文）。國立臺中師範學院，臺中市。

姚如芬（2001）。從學校本位教學模組組織發展協助小學數學教師專業成長之研究。載於國立教育大學教育學院主編：2001年海峽兩岸小學教育學術研討會論文集，頁185-208。高雄：復文。

洪清一（1993）。低成就學生之造因與輔導。教育資料文摘，**25**，134-141。

徐靜嫻（2003）。多元智慧的統整與學科領域教學。臺東大學教育學報，**14**(2)，1-35。

常雅珍、吕小芳、蔡孟秦、王淑女（2007）。多元智能理論與教學實務。臺北：華立。

張新仁（2001）。實施補救教學之課程與教學設計。教育學刊，**17**，85-106。

教育部（2003）。臺北縣國民小學一至六年級英語課程綱要及能力指標。臺北市：作

者。教育部網址http://tpctc.tpc.edu.tw/filedown/6141.doc

許天威（1986）。學習障礙者之教育。臺北：五南。

陳文典（2003）。主題式教學活動設計。載於黃茂在（主編）。主題式教學活動設計（頁7-14）。臺北：國立教育研究院籌備處。

陳彥廷、陳于倩（2002）。發展數學教學模組之理論與省思。屏師科學教育，**15**，30-40。

陳恒毅、薛雅芳（2015）。以補救教學觀點探討提升國中學生英語能力之因應管理之道評估之研究。Journal of Crisis Management, 12(1)，45-54。

陳淑麗（2008）。國小弱勢學生課業輔導現況調查之研究。臺東大學教育學報，19(1)，1-32。

曾月紅（2000）。兒童英語文教學。臺北：五南。

黃振球（1996）。由美國的教育改革談拯救我國國中班後段學生。臺灣教育，**546**，8-12。

劉唯玉（2007）。音樂智能搭橋國語學習之協同行動研究。師大學報，**52**(1)，1-24。

劉唯玉（2010）。國小多元智能評量活動。臺北：五南。

劉祥通（2002）。國小數學教學模組的開發。遠哲基金會數學種子教師研習上課講義。

潘靖瑛、翁嵐瑜、石美玲（2004）。花蓮縣國小英語教學現況之調查研究。英語教學，**29**(2)，21-39。

鄭楓琳（1999）。臺南市國小英語教學實施現況與意見調查之研究（未出版碩士論文）。國立臺南師範學院，臺南市。

賴慶三、楊繼正（2001）。國小自然資源教學模組的發展研究。國立臺北師院學報，**14**，673-704。

戴維揚（1998，8月23日）。國小英語教學的師資與教法。自由時報，11版。

謝一謙（2002）。國民小學英語教學實施現況及其遭遇問題之研究－以臺中市為例（未出版碩士論文）。國立臺中師範學院，臺中市。

謝淑娟（2001）。桃園縣國民小學英語教學實施現況之研究（未出版碩士論文）。國立新竹師範學院，新竹市。

二、外文部分

Gardner, H. (1983). *Multiple intelligences: the theory in practice*. New York: Basic Books.

Gardner, H. (Ed.). (2006). *Multiple intelligences*. New York: Basic Books.

McNeil, J. D. (1995). *Curriculum: the teacher's initiative*. New Jersey: Prentice-Hall Inc.

Rusell, J. D. (1974). *Modular instruction: A guide to the design, selection, utilization andevaluation of modular materials*. (ERIC Document Reproductions Service No.089343)

Wu, D., &Alrabah, S. (2009). Across-cultural study of Taiwanese and Kuwaiti EFL students'learning styles and multiple intelligences.*Innovations in education and teaching international*, 46(4), 393-403.

附錄一　多元智能教學模組學習活動

【字母活動—個別學習】

活動名稱	活動流程	評量方式	引導學童運用的智能
圖畫字母	1.給予學生紙張。 2.請學生利用字母的大小寫繪製一張由物品所構成字母形狀的圖畫。 3.與同儕分享自己的成果。 4.拿著自己的字卡，上臺練習字母、發音及所搭配的單字。	1.能繪製屬於自己的字卡。 2.能欣賞同儕作品。 3.能說出正確的字母音、發音及單字。	視覺空間智能
身體變變變	1.請學生思考用人體表達字母的方式。 2.將字母以人體的方式表達出來。 3.與同儕分享自己的成果，並說出該字母的發音及單字。	1.能以肢體呈現字母。 2.能說出正確的字母音、發音及單字。	肢體動覺智能
世界真奇妙	1.給予學生紙張。 2.請學生思考自然環境中，與字母形狀類似的事物。 3.將事物繪製於紙張上。 4.與同儕分享自己的成果，並說出該字母的發音及單字。	1.能觀察生活周遭的事物。 2.能說出正確的字母音、發音及單字。	自然觀察者智能

【字母活動—團體學習】

活動名稱	活動流程	評量方式	引導學童運用的智能
輪番上陣	1.請學童唸讀26個字母 2.請學童輪流依序將26個字母大小寫書寫於黑板。（學童可以肢體或繪圖等方式提示同儕） 3.回應教師隨機詢問的字母發音。	1.能繪製屬於自己的字卡。 2.能欣賞同儕作品。 3.能說出正確的字母音、發音及單字。	肢體動覺智能

（續上表）

活動名稱	活動流程	評量方式	引導學童運用的智能
字母雙胞胎	1.請學童思考26個字母中，大小寫形狀相同的字母。 2.請學童思考26個字母中，形狀相似的字母。	能說出形狀相同的字母。	自然觀察者智能

【單字活動—個別學習】

活動名稱	活動流程	評量方式	引導學童運用的智能
單字家族	1.請學生寫下單字。 2.請學生進行分類。 3.說明單字類別的意義。 4.與同儕分享並唸讀單字。	1.能將單字進行分類。 2.能正確唸讀單字。	邏輯數學智能
圖畫單字	1.發給學生單字卡。 2.請學生根據單字意義繪製圖畫。 3.與同儕分享並唸讀單字。	1.能依照單字意義繪製圖畫。 2.能正確唸讀單字。	視覺空間智能

【單字活動—團體學習】

活動名稱	活動流程	評量方式	引導學童運用的智能
玩命預測	1.將學童依能力進行分組（單字組及字母組）。 2.教師根據單字出題，僅告知是由幾個字母組合而成。 3.字母組：負責書寫字母；單字組：負責猜測字母 4.若猜錯則在黑板畫上人體的部位，猜對可消去；若集結成整個人則遊戲結束。（教師可調整部位的多寡）	1.字母組：能書寫字母 2.單字組：能猜測單字	邏輯數學智能
快狠準	1.請學童一人拿一組字卡。 2.請學童背對背，並挑選一張字卡。 3.教師數1、2、3後，請學童轉身面對面，並唸出對方的字卡。	能正確說出單字	肢體動覺智能

【句型活動—個別學習】

活動名稱	活動流程	評量方式	引導學童運用的智能
句子成龍	1.發給學生已分割的句型條。 2.請學生進行句型重組。 3.請學生搭配單字卡進行句型練習。	1.能排列出正確的句子。 2.能練習句型的用法。	邏輯數學智能
大話句子	1.發給學生句型條。 2.請學生依照句型的意義創造一個短劇。 3.請學生展演情境的內容。	1.能依照單字意義繪製圖畫。 2.能正確唸讀單字。	視覺空間智能

【句型活動—團體學習】

活動名稱	活動流程	評量方式	引導學童運用的智能
衝鋒陷陣	1.將教室依照單字個數做區隔。 2.說明區塊所代表的意義。 3.教師說問句（可以學童複誦）。 4.教師將字卡貼在答句內，學童須跑到該區塊，並說出完整答句。	1.能回應教師問題。 2.能跑到正確區塊。	肢體動覺智能
大搬家	1.將句子拆解成單字。 2.將學童分為字母組和單字組。 3.請字母組上臺，單字組則舉手告知字母組擺放位置。 4.請學生唸出正確的句子。	1.能正確組合出句子。 2.能正確唸讀句子。	邏輯數學智能

13 國際教育融入數學之教學實踐

周玉秀
國立臺北教育大學教育學系教授

壹 前言

在當前的世界，鄉土意識已跨越地理疆域而有著動態的概念與延伸的意涵（Engelhardt & Stollenberg, 2002）。網際網路成爲當代人的文化工具後（周玉秀，2010），透過新媒體，「國際」一詞再也不是抽象名詞，而是滑指可得的世界，是一個零時差的共同體，這個實際籲使我們體認個人乃全球公民的事實，學校需要策略性幫助學生探究國際教育相關議題。即便在百年前，哲學家已認知到全球教育的重要性。十九世紀德國思想家叔本華（Schopenhauer, 1788-1860）於《附錄與補遺》（*Parerga und paralipomena*, 1877）一書中，針對國際教育主張：「兒童對世界的認知應當先於書本知識，倘若兒童缺乏必要的生命觀與世界的體驗，將會產生難以根除的偏見與錯誤認知」。

「文化學習與國際理解」已經在《國民中小學九年一貫課程綱要》列爲一項基本能力（教育部，2000）。學者或著眼全球視野與跨文化態度建構國際教育融入課程之模式（洪雯柔，2012），或採公民行動取向設計全球議題課程，發展「全球視野，在地行動」特質之課程（陳麗華，2011）。儘管不同理論取向之學者分別以國際教育與全球教育行文，游家政（2011），宋珮芬、陳麗華（2008）等學者，梳理國內外相關學術理論，認爲國際教育、全球教育、多元文化教育、跨文化教育之間沒有明確的分野，其所指稱的內涵不僅相互包含更互爲理論基礎。現階段，我們的學校則由全球化、知識經濟、國家競爭力、跨文化等論述基礎規劃課程目標與系統化的課程（教育部，2012；呂淑珍，2011）。

調查研究指出，我國中小學的國際教育多侷限於外語與社會相關領域。期刊文獻所及，論述國際教育融入數學領域者鮮少，只有零星的單元散見於國、高中階段之校本課程（黃承鉚，2011；鄭諺鴻，2012；鄭幸昇，2011）。基於國際教育融入課程的關懷，本研究嘗試於數學科教材教法，將國際素養「認識全球重要議題」（2-1-1）、「國際文化的多樣性」（2-1-2）、「具備學習不同文化的意願與能力」（2-1-3）、「瞭解我國與全球議題之關聯性」（2-2-1）等指標（教育部，2011）統整於數學領域教學。

內容如：數概念、估算、量感、統計圖、幾何都是引導學生提升世界公民素養很好的媒介。融入國際教育的素材可經由網際網絡取得，然而，數學題目要生活化，扣住分年能力指標，設計得有深度，就得仰賴教師平日對於國際議題的留心與選材。好的題材需要花時間設計，融會各領域，如：教育人口、國際地理、社會、自然與生活新科技的情境知識，將其轉化溝通爲數學語言。教師扣緊數學內容、歷程、目的於生活世界中取材布題，放下單一數學科技思維，著眼於國際理解，乃教學專業趨勢。

師資生是未來的教師。課程中邀請跨系所、級別師資生參與國際教育融入數學之教學，一則增進師資生的國際瞭解及關心文化議題，由國小課綱、數學教科書內容轉化知識，二則可有效引發課室學生學習興趣，提升學習成效。做爲實踐的基礎，師資生先理解課綱，比較各國數學教科書之單元，設計數學教案、入班觀課。執行策略採腦力激盪法設計教材，分組討論、與教師對話。課程依照原班級數學進度，設計教案。進入現場試教的師資生，自然地在教學中喚起學生的學習興趣，同時也因著構思、發想，引用資料的歷程，充分增進個人及師資生同儕對

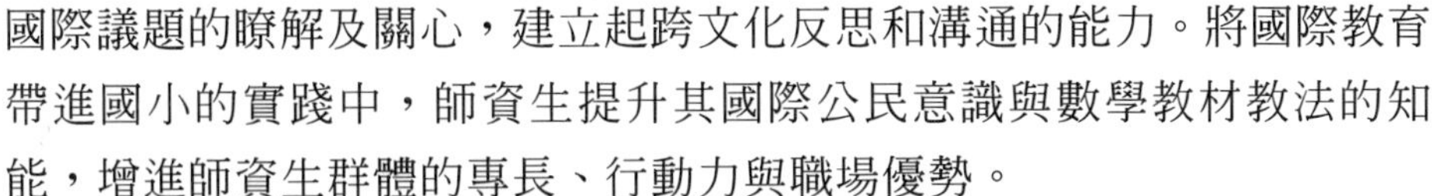

國際議題的瞭解及關心，建立起跨文化反思和溝通的能力。將國際教育帶進國小的實踐中，師資生提升其國際公民意識與數學教材教法的知能，增進師資生群體的專長、行動力與職場優勢。

貳 課程方案──來自臨床的省察

2012年10月研究者得以在北市國小現場，實驗國際教育融入數學之教學。在該校十來位教師同步觀課的場域裡，研究者再次以陌生人的角色進入數學課室內與四年級學童互動、開展例行的教課，解題、習作練習。這個第一節課的體驗行動後，研究者得以和觀課教師就布題、教具、提問的語言、學生能力與小組發表交換見解。之後的教學，不限定在課本給定之活動，我們將教科書擬達成的各項學習目標，轉化為可操作、引發好奇心，貼近學生認知能力的故事問題。

學習「時間」單元時，研究者以網路通訊的情境，設計時差7小時的時刻換算題。我們先以鄰近的韓國為例，瞭解四年級學生對於時差的大致概念。喚起同學們兩地時差一小時的先後基本認知後，開始布題，學生分組解決該班王同學與歐洲小學生即時通訊的最佳時段。課堂上，我們運用到校內的地球儀及世界地圖，解釋由臺灣往東、往西時間上早晚的運算。出乎現場所有觀課師長意料，全班學童都興致盎然（圖1）。這是他們第一次在學校課室體驗到用地球儀學習，而且可以自己去旋轉指認，辨識找出韓國、德國等不同國家。

研究者這一個事實情節的元素，抓住學生心理，將時間量的數學概念鋪陳在簡明的地理國際脈絡，學生運算轉化的歷程中，可體認以下具體時空的事件：我們早上上課時，歐洲人（時差7小時）睡得正甜；我們休息的時候，美國人正是上班時間，所以在國際企業上班的爸爸，晚上還不得閒的跟遠端客戶聯繫。

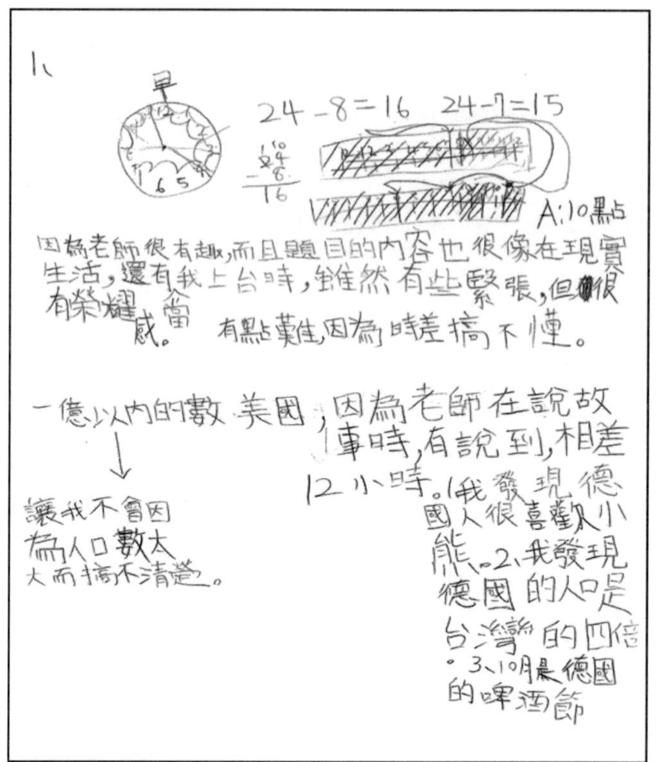

圖1　均均的解題記錄與學習印象

國際奧運是另一個引起體育班五年級學生專注與參與的故事，課堂上加入網路上簡易可得的貨櫃組合屋圖像後，我們開始建構空間幾何的想像能力。

進行「立方公尺教學」的公開課上，研究者擷取網頁上的貨櫃屋爲「體積估算」單元布題，活動一開始讓同學們猜猜長、寬、高的量感教學。學生此起彼落給出一個數字是很容易的，不過問到預測值由何得知時，學生則顯現出不同的解題策略，有人會運用班上現有的工具及其他可比較之事物（身高），精確估量出三維長度計算體積的大小。該議題成功建立國際教育融入數學之案例，教學者簡述2012年倫敦奧運大量開發使用荷蘭的貨櫃屋，加入荷蘭貨櫃屋元素的故事，引起學生極佳動機，架構了學生對於幾百立方公尺大小的眞實量感。從貨櫃屋、實際搬運經驗（幫忙將班級書櫃從三樓教室搬到五樓）、教室大小等公共生活中取材，學生具體在腦中產生空間知覺的正確認知。課程加入國際文化的背景知識（奧運貨櫃屋），學生由一立方公尺的基準量，具體度量教室，感知長度、體積大小，同時瞭解貨櫃屋、展場文化之特色。藉著呈現奧運貨櫃屋、荷蘭風景圖，學生架構出心理圖像，雖不能身歷其境，約20坪大的教室一下也變身成「會飛的教室」，甚有帶著學生觀看世界的感覺，課程（立方公尺）跟故事有效率地緊密結合，達到加乘學習效果。

課後與班級老師及觀課師資生的擴展性對話中，研究者以為在教學現場進行解題活動時，若有機會選擇，加入課本外已發生或正在行進中的情境，當能挑戰學習者對於數學學習的固定思維與能力。在包班制的背景下，我國國小數學老師的優勢在於經驗因素，而不是專業因素（翁秉仁，2003）。第一線教師，秉持著對數學教學的熱忱，加上興趣於國際文化之素養，對國際世事有所關切，當能於數、量、形的數學概念教學時，將國際教育自然統整進課程中。然則，囿於眞實條件，欠缺文本資源與專業對話，此擅場不易成爲常態。受惠於此次教學行動實驗的對話機制，研究者企盼整合現場老師們多年累積的教學經驗智慧，建構一個教育大學與現場的專業社群，傳遞資深老師與師資生雙方分享學習，創價成長的資源。

參 研究策略

「國際教育融入課程資源手冊」國小版已於2012年3月付梓，手冊分理論與實務兩篇，實務篇提供教育現場二十個國際教育融入課程教學之方案。其中「人口數據背後的故事」建議於數學與社會領域實施，這是唯一直指數學學習領域的具體案例。儘管手冊如此具教學指標作用，列出之學習能力卻只有一條，模糊的提及「D-3-01能整理生活中的資料，並製成長條圖、折線圖或圓形圖」（教育部，2012）。顯然，國際教育融入數學領域之課程意象，至今仍有待各方共同形塑。獲得教育部「精進師資素質計畫支持」，研究者嘗試於「國民小學數學教材教法」課堂，與師資生共同體驗課程創新帶出的教學能量。融入「國際教育」於數學教材的歷程中，師生合作開展對話，以專業策略、行動體驗及整合策略三層面進行教學實踐，同時開發出多組實務知識。

一 專業策略

分析國小數學課綱與各年段能力指標爲專業策略之起點。師資生選擇兩個給定之數學概念，比較兩個國家教科書之教材、編排結構，於專業學習中建立國際理解的第一步。歷程中，他（師資生群體、研究者）、我（師資生個人）彼此提問，比較、認識教科書，形塑批判增能之視野。觀摩原班教師教學，討論教學歷程，觀察學生的解題模型，記錄他們的學習行爲，體驗其發表語言，皆成爲師資生設計教材、建立知識的根本。以下簡述專業增能之層次，回溯各環節時，研究者會分別論述國際教育於不同學習作業之增能意義。

(一) 教科書比較

1. 解讀數學課綱年段能力指標

研究者就課綱之指標，具體說明教科書文本承載之教學活動，之後呈現此數學概念內容之另一組國外文本，提供師資生比較分析與詮釋，鼓勵擴散思考。

以一年級的單元活動「認識100以內的數」爲例，我國的文本提示教師可進行的運算活動如下：

> 「桌上有一些餅乾，弟弟吃掉了6塊，還剩下4塊，桌上原有幾塊餅乾？」「8個小朋友打掃教室，5個人掃地，其他的人拖地。有多少個人在拖地？」「牛奶糖一盒要12元，小傑有5元，小傑還需要多少錢才能買一盒牛奶糖？」

研讀國外的教科書文本時，研究者邀請師資生以老師及小學生的角度發表使用者心理。下圖2呈現以圖形爲主的教學文本時（摘自Sintonen等，2006），師資生很容易比較、瞭解，北歐小國（人口數五百多萬）的學校從一年級的數學課中輕鬆自然地進行國際文化知識與理解。教材

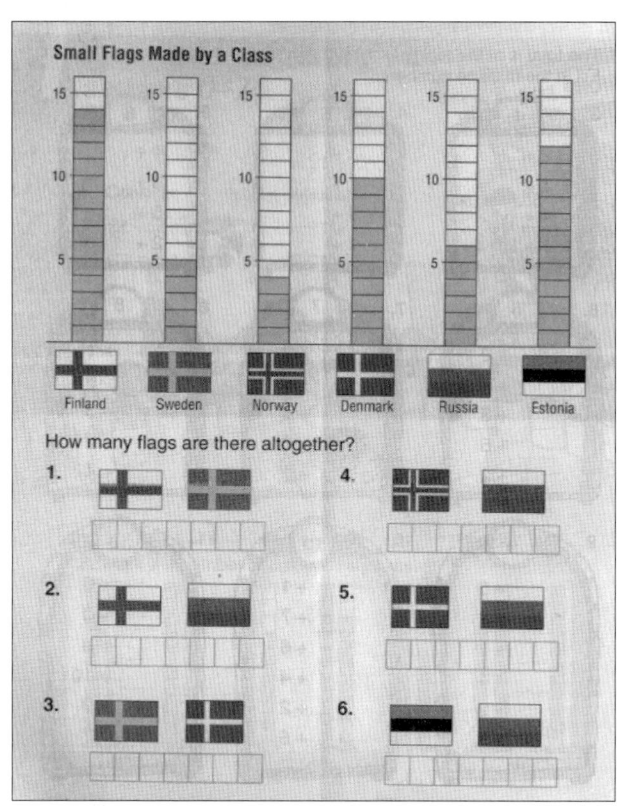

圖2　小一「兩位數加一位數」數學教材可融入有趣的國際元素

內容同爲「二位數」，他們以班級製作各國小國旗爲中介文本，連結了數（100以內的數）、量（數量）與統計圖表布題。小學生學習二位整數加一位整數運算時，同時學會對應、區辨認識幾何圖型（六國國旗辨識）。學習歷程統整了數概念、讀圖表、量、辨識記憶圖形等能力，學習行爲方面也要求學生在數學格式化解題歷程中，依序將數字與數學符號（＋、＝）以橫式清楚記錄在方格中。

「數」教材延伸設計了序列，順數、倒數、跳數的數數遊戲，這些趣味題加入許多巧思與留白，引發師資生討論、思考國內現行課本的有限性。單元章節編排，考慮到班級學生進度不一，額外設計了相關作業題（additional tasks）與回家作業，幫助老師以泊錨（anchor）理論有效指導學習較快的學童（詳附件1）。因著比較研究不同國家教科書，我們察考到教科書的教材編輯典範，期待與師資生共同設計編輯創新課程。

2. 分享比較教科書單元案例

師資生選擇兩個內容主題，於全班分享其小組研究發現。提到德國的課本以「鄰國國旗」爲中介文本詢問學生「國旗中紅、白、黑、黃各種不同顏色各占旗面上全部的幾分之幾？」開展分數概念，學生間起了極大的正面迴響。研究者追問「爲什麼德國數學課本中置入波蘭（Polen）與奧地利，你們瞭解這些國家之間的政治歷史情結嗎？」之後的討論涉及國土疆域、歷史時間、正確年代等，又是一番論述。下文摘錄自然科學教育學系（以下簡稱自然系）師資生研究德國、香港教科書中「分數」單元，分享之重點：

> 比較分析分數單元時，（我們這一組）發現德國的課本以「各國國旗」爲內容教分數，在數學課中先帶入學生熟悉的相鄰兩國波蘭（Polen）與奧地利，在（再）把思想轉到東方國際文化中的陰與陽觀輿文化（圖3）。回頭看臺灣課本，很明顯的由很多雷同題目組成，看到第一題$\frac{1}{4}$就可以推論下去$\frac{2}{4}$，每一題都一樣的算式步驟，雖然可以減輕授課老師很大的負擔，但是……。缺少多元途徑的解題過程，會讓思考單一化，也讓部分還未完全懂的學生（學得比較慢的學生）爲了跟上老師進度，以背題型的方式學數學。

圖3　NUSS KNACKER第四冊

該組自然系師資生於課堂分享德國教科書分數內容概念時，班上同儕們也能從師資生掃描香港教科書的迷宮圖像及迂迴布局的文件中，認知到其知識結構考量不同思維的學習模式，一頁的圖像教材可以延伸討論出具體教學理念問題。師資生歸納出德國和香港的課本題目較諸國內編寫更能突破，比較豐富、多元，對「可憐的小學生來說，也比較不會這麼千篇一律。」（2013.12.09黃同學）

另一組研究臺灣與新加坡統計圖表的師資生，發現我們的教科書內容和以前的相較，明顯多了事實知識與現代議題。課本以職棒冠軍賽觀賞人數爲中介文本引導學生學習如何報讀生活中常用的長條圖、以來臺旅客人數布題，學習報讀生活中常用的折線圖。師資生正面察覺到數學教科書教材布題的知識性，此學習經歷有助於建構其未來教學信念。

(二) 觀摩原班教師教學提升教學覺知

師資生表示其他領域如語文或自然學科教材教法並未試教或入班觀察，僅在課堂裡觀摩影帶，對同儕進行假試教。第一次到社區國小觀摩班級老師的數學教學讓他們看到「實況，瞭解該班學生學習特質，能幫助自己設計符應班上差異化的教學活動。」（2013.10.14，徐同學）

2014年3月，新的兩個教程班級得以繼續在社區國小原四年級與六年級國小班級進行教學見習。這個延續的合作關係，與前一學期兩班師資生的表現有關，他們以國際教育融入數學的教學，創造一種樂在學習的氛圍。這次的觀摩見習，四年級的吳老師也像上學期的師資生般，實施國際教育融入數學的課程創新，其教學驚艷了所有的師資生。下文嘗試摘要記錄當時觀摩之教學歷程。

到社區國小觀摩4、6年級現場教學各乙次，師資生省思時相當自我，「在觀摩時，有時候會發現就算是學校老師教學，還是會有可以改善的教學處。」教學觀摩的教學意涵往往經過對話才能落實，討論吳老師以「2013年集團資產總額」作爲文本爲能力指標（4-n-01）「透過位值概念，延伸整數的認識到大數（含「億」、「兆」之位名）」布題後，師資生開始分析教學目標與歷程之決定，從而意識到教師課程創新的能力，肯定其教學經驗。課堂一開始，教師先提問世界當前人口可能是用幾千萬或是幾億來表示比較正確？等待學生思考解題過程，老師提醒學生要想想看臺灣的人口數，以為答題的依據。第二個提問則是知不知道薪資家庭收入或22K的K代表什麼？研究者對於老師設計之學習材料，印象深刻，特別是要求學生合作學習，對2013年臺灣十大集團資產總值做出排名的作業時，小組確實發揮合作學習的功能，有同學說先看看共有幾位數，有同學說你先從後面往前數4個就畫上「，」，有同學說我看前面的數字哪個比較大，2接著7，2接著5，2接著9，這個要排前面（合庫金控因為他是298359……）。做完這道題後，四年級小朋友儘管可能不知道何謂金控（應該也沒太多大人懂吧！），但是對於臺灣金控與台新金控的規模大小竟也能分辨得一清二楚。下圖為學生小組合作進行之作業。

2013 年集團資產總值

排名	集團名稱	資產(元)
6	台新金控	2720956000000 13
2	富邦	4623104000000 13
3	台灣金控	4419764000000 13
1	霖園	5490260000000 13
10	鴻海	2274698000000 13
4	合庫金控	2983591000000 13
8	潤泰	2599542000000 13
9	新光	2543265000000
5	兆豐金控	2726263000000
7	台塑	2667961000000

圖4　十大集團誰比較大

二 行動策略

數學教材教法已於102級列為師培學程之必修、必考科目，基於提升學習者數學興趣的前提背景下，研究者積極開展系列行動策略，預期師資生能在行動方案中挑戰自我，體驗實作中產生的學術知識（Glenn, 2002）。師資生為學習主體，減少講述式課堂的被動學習行為，他們在課程上多為主動規劃者，其工作能力展現於以下行動：

1. **教學接力**：師資生討論、規劃六週的無縫課程。
2. **小組協作**：師資生分組設計教學材料
   研究者以案例教學法為文本，邀請師資生將國際化議題融入數學課程，設計兩個試教班級教學進度的數學教材。
3. **教學討論**：與班級老師、指導教授和同儕分享、調整各組與各數學概念的教學方法與進度。

以下摘錄一位在課堂上，從來沒口語發表的師資生，他在討論區上繳的期末省思論述到實務知識的成長：

> 「……去國小的七週裡，觀摩原班導師教數學—四年級&六年級體育班的教學，瞭解該班學生學習特質，……出題時發現同學常常結合生活中的事物，印象深刻是山豬肉要他們畫出幾分之幾，……。看他們的課本時會發現一開始都會有個貼近生活的引起動機，再來是觀念及題目的練習，要他們立刻在課堂上演算。再來是教學部分，和同學討論教學流程時發現，除了上課本以外，還補充非常多相關的題目故事給他們做練習，例如，各國摩天輪的起源與輪徑等。」

師資生期末省思的內容多回憶到教學歷程中特別的故事與情境，顯然，聚焦於國際教育融入數學的案例討論，加上連續六週的教學，已能在現場正確演繹出教學實務。

三 整合策略

本策略由「教授臨床教學」經驗出發，組織「學生團隊教學服務」至社區國小乃至偏鄉進行服務學習。教授臨床教學指研究者／本校數學科教材教法教授至小學課堂進行公開課教學活動；「學生團隊教學」指師資生進行「國際化議題融入數學」課程之現場試教。連續六週由同一班級原班教師口頭指導，或以文件回應師資生教學，或由小學生學習行為體驗成效，調整教學。當師資生感受到「學生反應極佳，督促我（師資生）未來在進行數學教案設計時，應該融入更多的國際性知識，結合眞實與有趣，給學生除了數學外，就連布題都是知識性的學習（見圖5）。這些有趣的內容，吸引學生學習，讓數學的學習不再只是計算那枯燥乏味，而是有趣又充滿挑戰性」，時間的付出與課程修正都成為有意義的投資。

圖5　國際教育輕鬆融入「圓餅圖」概念

(一) 教學對話及教材調整

師資生團隊教學服務的歷程中，我們再三對話，與社區小學教師共同協作耕耘。由於：(1)學習對話；(2)案例討論；(3)實際教學，加上持續性調整教材內容，顯得「一學期兩堂課十六週太不敷使用」，師資生認為，「需要學習的太多，兩堂課的節數太少」，所以，學期中每週二下午7、8節課的Office hour就自然成了數學教材教法小組成員與研究者對話創造課程的例行時段。此外，師資生的小組討論社群，電子信件往返及Facebook的社團形式，都匀出「更多時間與全班進行教學與課程的討論，讓不同組別的同學發聲」，溝通理念，促進多元學習。

前文提及研究者於國小臨床「時間」內容教學，以雙方要進行網路通訊爲題，引出要比較、計算德國與臺灣的時差。計算時差的同時，提問引導德國的風土民情，理解了小學生對於德國文化如啤酒節、汽車的先前認知。教學時，我們估算德國和臺灣相對地理位置及國土面積、人口比較。小學三年級的學生已學過24小時制；五年級的學生已在社會課學過時差的概念，在這兩項先備知識的基礎下，教師借用地球儀、世界地圖介紹經度和時間的關聯，有效引導學生探究全球時區、地域時間感、生活次序的概念。（周玉秀，2012）

暑假與師資生一起至地區弱勢偏鄉國小進行教學時，研究者在課堂上呈現出下表的各國假期（表1），還未開始布題，五、六年級小學生馬上眼尖，一起可憐西班牙、義大利學生的特長假期，他們表示放假這麼長多無聊。這個文化理解與都會區學生不一樣，卻也因此足足上了一堂扎實的南歐國際教育，而不僅僅是融入式的時間與長條圖教學歷程。

表1　不同國家學校暑假假期比較

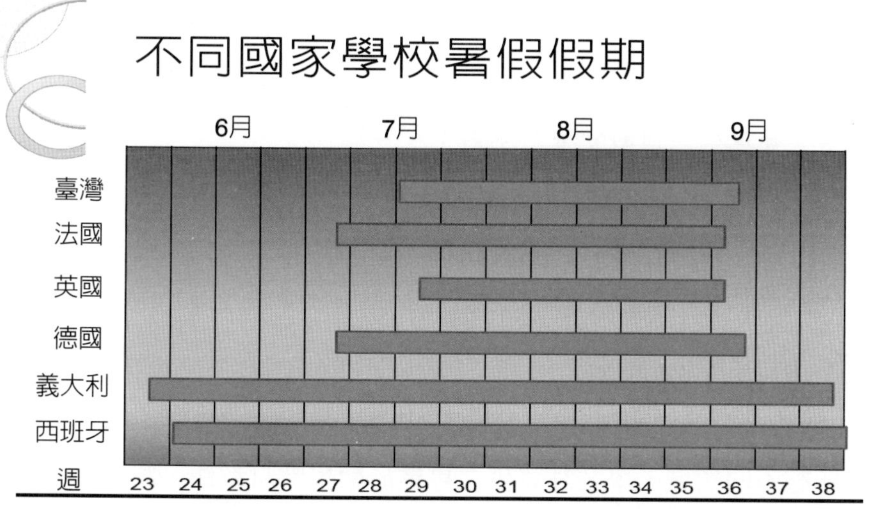

(二) 建置學習檔案

課程中，師資生累積多樣文件，如：教案、教具、評量卷、教學錄影與小學生學習回饋（附件2）。單以教案而言，版本從溝通想法、設計可行的課程，到教學調整前後之活動變更，共修四次，嚴謹者會依教學之後的評課回饋意見再加以修改，可多至六版。此外，學習活動單必需連帶更動，師資生在行動歷程中，體驗學習修正教學。這些個人或小組合作的珍貴經驗皆記錄在國北課程網站上（i-can網），檔案化可用來分析師資生學習經驗與成長的關鍵。期末分享時，師資生分享其第一次在國小教學的挫折反應，卻也知道這學期「因為還有五週，可以根據每次學生表現，做出不同教具。」之後，學習到同學們「時常使用體育時事做情境，發展與課本習題不同的實作課程，讓課堂顯得活潑有趣」。

學期中，有一個參考自PISA數學素養的日本匯率布題（如下），特別值得記錄，以為國際教育局勢註解。由於點子成形，到教案設計、教學結束，以及之後的教學回饋，期間經過四、五個星期，這個日本匯率題目給的數字與學生的常識誤差太大，因此，在班上意外造成討論議題，連變動油價都進來了，這樣的數字運算布題因為中介文本，竟然成為國際局勢變化瞬息的最佳腳本。

來自臺灣的美玲準備前往日本當交換學生3個月。她需要將臺幣兌換為日幣。問題1：匯率

> 發現兩國間的貨幣匯率為：
>
> 1日幣 = 0.276臺幣
>
> 依此匯率中，美玲將5000元的新臺幣兌換為日幣。
>
> 美玲可兌換成多少元的日幣？

肆 累積實務資源

統整不同領域、學系師資生之專業於數學教材教法，將國際議題融

入數學解題設計中，不僅符合數位原生代學生之生活經驗，靈活具開創性的網際學習模式，同時緊扣國際學生評量計畫PISA對於數學素養的定位（將數學知識活用到生活情境的能力）。投入一學年，本研究發展十四件優秀易整合的教學案例，同時於社區國小創新教學。有效連結國際議題和數學的教育公共資源，可活潑課程流程，擴展孩子的視野及學習動機。下文分別簡述此實務資源。

一 開發課程案例

研究者接受北區學校、南區與基隆、宜蘭地區邀請到小學課室進行「國際教育融入國小數學課程」的教學，分別剪輯有影像案例，如：時間量、分數、四邊形、體積、比與比值、列式與等量公理等學習內容，這些連結國際議題的教學案例，剪輯後製成為影像文本，能一再定格討論，於課程中有效建立師資生數學教學知能與教學反思。

教學實踐中，上、下學期各有64位、55位修課師資生共同建構國際教育融入數學之教學案例，以數學科教材教法為載體，帶入國際素材。下表2為102學年度（2013）的師資生依學校課程進度設計，於社區國小班級試教後修改之十四組實務知識。內容架構完整，涵蓋：單元教學目標、能力指標、分年細目、連結議題及十大基本能力。評量方式則重在連結學生生活經驗及學習現況，比如每個提問期待學生能用自己的經驗，回答出合理的答案、列出正確的算式或是推測出合理的答案、採取自由發想方式，在小組同儕間達成共識。

表2　實務知識—建構國際教育融入數學之教學案例

活動主題	數學概念	適用年級	備　註
一：亂碼*1/2*	分數	四年級	與主題八共同入選國民小學職前與在職教師數學教學演示競賽
二：*solar system*太陽系巡禮	直方圖、倍數	五年級	
三：鴨遊世界	距離、小數計算、折扣	五、六年級	
四：超級比一比	量（高度的小數倍計算）	四年級	

（續上表）

活動主題	數學概念	適用年級	備　註
五：美洲大酋長	圓餅圖、百分比	六年級	
六：幾何召喚師	椎體、柱體	五、六年級	
七：哆啦A夢的放大縮小燈	比例尺	六年級	
八：誰最快？	速度	六年級	入選
九：大富翁的挑戰	圖形面積	四年級	
十：各大洲	直方圖、圓餅圖	六年級	
十一：交換學生	數運算	五年級	
十二：聯合國	平行四邊形	五年級	
十三：世界最高塔	統計	四年級	
十四：Line來賴去	概數	四年級	

內容看似簡單的數學題組，如何經由多種情境導入國際議題，又能切合學生的認知與解題能力，需要統整教材後，周延討論與思考。課程成功的基本要件，重點在教材能扣緊數學知識，題型敘述有層次，具故事性。數、量學習納入圖形或是圖表等主題，可加強學生對於文字與圖表的解讀和解析能力。這段教學探索的歷程中，資深老師提供對話常可協助師資生具體調整教學策略。下文爲現場帶班教師對主題二「九大行星」課程，觀課後之扼要講評：

1. 教學過程以介紹九大行星英文名字的方式引入國際觀，因爲九大行星的英文名字有包含很多西方神祇的名字，例如，維納斯是宙斯的女兒，但因學生對於西方神話不是非常瞭解，因此無法很快引起共鳴，在設計教材時瞭解學生的背景是非常重要的。
2. 有些學生在上完課之後，會拿著學習單告訴我他學到了甚麼，學生覺得活動很有趣，對於喜歡天文的學生這種介入是有用的。

帶班教師知道自己學生沒聽說過希臘神話，傳承分享其觀課經驗時，直接就實務面指出「瞭解學生背景」，調整課程才可預期更有效之教學成果；帶班教師以學生反應清楚肯定其欣賞之面向，鼓勵師資生在教育專業生涯上有效求知、加速成長。

主題六「幾何召喚師」以國際間知名建築物爲媒材，融入建築物所在國當地的故事，引發學生踴躍猜測建築年代，課堂極爲活潑。課程設計用陶土捏出建物模型之實作活動，加深柱體、錐體的學習概念，深獲班級學生的迴響，帶班老師給予極正向的回饋：

1. 上錐體柱體的授課老師帶活動的方式設計很活潑，引起動機非常好。他準備的物件可以摸，準備黏土可以做，而且透明的柱體椎體，就像透視圖，學生對於頂點跟側邊的形狀及面積都可以看得非常清楚。經過操作，學生會瞭解椎體和柱體的不同，最後還有一個測驗，測驗的部分用遊戲的部分讓學生更瞭解這個活動。
2. 學生說能夠捏陶土，自己捏製柱體或椎體覺得活動很有趣。

二 培養實務知能

國際教育融入數學解題需要自然、生活化，善於運用數位科技的師資生先行擷取資訊，裝備個人（小組）與國際議題相關之素養，從而討論其構想，符應課綱能力指標，結合題材，精心設計課程文本，師資生感受到小朋友對學習的正向反應。在帶班老師觀課指導傳承下，試教歷程得以即時省思，累積教學經驗與專業能力。

設計「鴨遊世界」引導學生學習公尺與公里內容的師資生「印象最深刻的，便是孩子們對數學學習的渴望。孩子們在上課時相當認眞，對於老師布的困難題反而是興致勃勃的想要算出答案，算出來的開心的歡呼，算不出來的，也會尋求協助。有幾個我教的小孩，因爲他們是5年級，尚未學過「打折」的計算，而因爲6年級會了，於是我就下來教5年級的學生，講解花了許多時間，但是，後來學生能舉一反三給我聽，甚至當天結束及隔天我再去學校時，學生看到我，都再講一次我教了什麼，他會了什麼。我聽得眞是非常感動，因爲孩子不僅記得你教的，還能將之應用。」（2014.01.14欣）

師資生在數學教材教法課程裡探索數學與生活、工作與休閒、社區與社會等脈絡，尋找數學現象，撰寫創意教案，實驗教學，建構個人的教育專業能力。場域的小學生也能在二十多堂有趣、有深度的情境題中，厚植數學能力、興趣與外延知識（周玉秀，2013）。試教歷程中，第六週入班教學的小組負責統整該學期的教學特色，設計教學回饋單。問題中分別以小導遊的煩惱、Line使用者、杜拜塔等關鍵字，幫助學童回憶情境文本與數學內容，此問卷評鑑結果可提供原班級教師、試教師資生及同儕，共同瞭解、分析小學生六週以來的學習經驗。

以社區國小四年級爲例，該班計有24位小朋友，兩學期共上了22堂，師資生試教的國際教育融入數學課程，全部小朋友都覺得學到很多知識！（詳可參考附件2）上、下學期分別有19、17位小朋友同意自己完全學會全部的內容。若分析下學期的課程案例，等值分數、概數、統計圖三個單元中他們特別喜歡前後兩個單元五週的活動設計：等值分數（熊貓）、折線圖、長條圖教學，因爲「等值分數有貓熊」，上「小導遊的煩惱」會知道日本一月溫度是6度（認識溫度折線圖與雨量長條圖）。

全部小朋友，包含六年級的畢業生都更喜歡數學課了（100%），因爲學到跟課本不一樣的知識。其中，四、六年級最多學生勾選表達的原因是「每次的活動都不一樣」，其次是「活動好好玩」與「老師精心準備特殊道具（例如，⊿旗子）」。師資生小組團隊設計的有趣課程，讓學生充滿期待上著每次的數學課。從小學生的回饋中可以發現，只要每次的數學課融入一些和課本不一樣的內容就能讓學生覺得有趣，保持學習動機。

伍 教學省思

國際教育的推動由高等教育而往下扎根至中等學校（教育部，2011；陳怡如，2011）。初等教育階段的國際教育旨在擴展孩子的世界觀，培養孩子具備適當的知識、態度和技能，以爲未來有效參與世界事務之資本。較諸於國外數學教育社群對於國際教育融入數學議題的關切，與小學場域的數學教學實踐（Dolinko, 1996），我國仍有相當大的努力空間。

進行兩年的國際教育融入數學課程實作，研究者與師資生分別面對如下挑戰：

1. 研究者深感密集投入試教小組的教學與對話討論是最具挑戰的任務，以「長度（量）」、小數（數）學習內容為例，開發教材情境並加上實作及實測等活動，研究者需逐一檢核課程內的各個環節，以確保課程成效。
2. 師資生在分組試教中需一再調整、挑戰個人的國際文化觀與數學知識。實踐國際元素融入數學之課程中，既要掌握國際教育內涵，如：世界兒童節，又得正確處理數學概念，如：四年級的時間量，教材常超越師資生的數學素養。再以六年級代數課程為例，內容教到年齡問題，情境為認識各國領導人物年齡關係式，儘管有趣，卻需要課程設計者能具有邏輯，巧妙地將出場人物以整數倍、分數倍（俄國總理普丁是甲的1又1/2倍），搭上未知數設計題組。

作為未來的教師，師資生修習數學教材教法課程時，能經由課程設計學到數學教學的理論及方法，以國際教育融入課程內容的中介文本，結合數學教學跟世界知識，擴散思考探索世界，並瞭解到國際教育融入課程的趨勢，可開闊自我及未來學生的眼界。

由於國小階段國際教育採行課程融入模式，本研究分享具體可行之融入模式與文本，供教學現場工作者取材國際教育，活化傳統的課室學習。

兩年的課程實作體驗，研究者提出以下幾點建議：

1. 教師以數與量、統計圖表內容開始設計有效之課程案例，可以較容易有效融入豐富的國際教育議題。以各種動物布題時，往往能獲致極大成就感（案例十：各大洲），分數是學童們較不常使用的數系統，然而當分數以量為文本現身時，小學生為了清楚知道黑猩猩、鯨魚重量關係（如分布各州動物的重量分別為1/5公噸、50公噸），探索學習時甚為積極投入。數與統計圖表連結時，也可以選擇分數、小數設計世界大小事等教材。

2. 數學符號、位值、圖表或圓周率等與主題相關的數學史題材，對學童的學習相當有吸引力，帶入課程能發揮正面的意義。此外，將體育故事融入小數教學教案設計，如奧林匹克運動會的田徑項目，擲鐵餅、標槍等國際體育議題亦非常吸引小學生參與。

進入國小現場持續六週的教學，加上觀課、評課、閱讀及小組反思，合作建立國際教育融入數學的教學案例，師資生意外地爲其教學生涯與場域帶來數學教學新信念。

參考文獻

一、中文部分

呂淑珍（2011）。國際教育在公立國中——以臺北市爲例。臺北市中等學校校長協會電子報，2，取自http://web.fg.tp.edu.tw/～tispa/blog/epaper/02/page.htm。

黃承鉚（2011）。「國際教育」融入數學科教學數系篇——數系、數列、直線斜率與面積。2012年10月20日。取自http://www.tkgsh.tn.edu.tw/viceprin/education/國際教育融入各科教案。

洪雯柔，郭喬雯（2012）。建構國際教育融入課程的教師專業成長團體規劃模式：三所偏鄉學校策略聯盟的經驗。課程研究，**7**(2)，55-83。

周玉秀（2012）。一個行動課程——國際教育融入數學之臨床實驗。國民教育，**53**(1)，82-92。

陳怡如（2011）。臺灣中等學校國際教育實施現況與未來發展。教育資料集刊，**50**(1)，1-26。

宋佩芬、陳麗華（2008）。全球教育之脈絡分析兼評臺灣的全球教育研究。課程與教學季刊，**11**(2)，1-26。

陳麗華（2011）。公民行動取向全球議題課程設計模式與實踐案例。臺灣民主季刊，**8**(1)，47-82。

游家政（2011）。全球教育融入學校課程的原則與模式。教育研究月刊，**206**，

5-16。

鄭諺鴻（2012年8月26日）。與世界接軌——國際教育融入中小學。臺灣立報。

鄭幸昇（2011）。國際教育融入國二數學——慕尼黑啤酒節中的數學。2013年4月1日，取自http://www.cjsh.ntpc.edu.tw/news/u_news_v2.asp?id=%7B7195C4CA-2985-439E-8CAA-C1B56A014680%7D&newsid=100&PageNo=2&skeyword=

教育部（2011）。中小學國際教育白皮書。臺北市：教育部。

教育部（2012）。國際教育融入課程資源手冊。臺北市：教育部。

二、外文部分

Buhl-Böhnert, T. (2008). *Führen in Dialog mit sich und anderen.* Münsten: expert.

Dean, C. B., Stone, B., Hubbell, E., & Pitler, H. (2012). *Classroom instruction that works: Research-based strategies for increasing student achievement* (2nd ed.). Alexandria, VA: ASCD.

Sintonen, A., & Uus-Leponiemi, M. (2006). *Laskutaito 4A*. Helsinki: WSOY.

Dolinko, L. (1996). Investigating flags: A multicultural approach. *Teaching Children Mathematics*, *3*(4), pp. 186-190.

Schopenhauer, A. (1877). *Parerga und paralipomena: Kleine philosophische schriften.* Brockhaus.

附件1　一年級教材的泊錨活動

Continue the number sequences.

4.

	↓		↓			↓			↓	
	0		4							
→ 0	2	4	6							
	4					14			16	
	6									
→		10								
→ 10										
→ 18			12							

5.

	↓		↓		↓			↓	
	1				9				
→ 1	3	5	7						19
	5		9		13			15	
→									
	9								
								9	
→ 11									
→ 19									1

Additional tasks on page 110 3　9　Homework on page 157 3

附件2　小學生回饋（四年級）

我有話要說

四年一班27號

姓名：葉書妘

✈在上完數學課後，老師想問你們...

1. 學會了哪些，請打勾：

☑一起分蛋糕、王老先生有塊地(等值分數的運算)

☑海綿寶寶用台灣鯛作漢堡(統計圖的認識)

☑小導遊的煩惱(日本溫度折線圖與雨量長條圖的認識)

☑規劃兩天一夜台灣遊(概數的加減運算)

☐其他，請寫出來：＿＿＿＿＿＿＿＿

2. 我更喜歡上數學課了，因為：

☑活動好好玩

☑學到跟課本不一樣的知識

☑每次的活動都不一樣

☑老師精心準備特殊道具(例如：旗子)

☑學習單好有趣

3.我的小老師是念維老師，想對他說：

謝謝您幫我上數學課，
讓我們知道如何看統計圖、
算等值分數和算概數。

4.請畫出印象最深刻的時候：

14 差異化教學在國小數學課室之應用

張宇樑
國立嘉義大學教育行政與政策發展研究所副教授

一 實踐差異化教學理念與策略於國小數學教學中之迫切性

「適才適性發展，發揮自我潛能」是當前教改訴求的核心理念，亦是全人教育的目的，然強調以學習者爲本位的教學現場卻常落爲僅有「口號」的虛名；故在實際教學現場中，因學生差異引起的問題甚多常是不爭的事實（Tomlinson, 1995）。在臺灣，在十二年國教政策的推動下，教師須面對的挑戰就是「如何回應與滿足每位學生的需求」，因此齊頭式的講授教學法已難以適用（吳清山，2012）。

教育工作者多同意相同的教育方法並不能適用於每位孩子，而教育公平與正義的訴求也意味著教師應幫助每位學生在社會、情緒、學業成就與生理成長上皆獲得照顧。因此，以「差異化教學（differentiate instruction）」爲課程與教學執行的前提便因應而生（Tomlinson, 2007）。同時，教育部（2012）在十二年國教宣導手冊中亦明確揭示：「將落實教學正常化，針對學生不同的需求，實施差異化教學」。是故，近年來，爲能使教師之教學內容和方法更能貼近學生個別差異和需求，學者們紛紛倡導教師們實施差異化教學，以實踐以學生爲中心之有意義學習的理念（Cornelius-White, 2007; Tomlinson, 2007）。

在眾多學科領域之中，數學被視爲是一門實用科學，生活在社會中的人都與它有不可分離的關係；是一切科學教育的基礎，亦是一門重視學生批判思考能力的培養，養成理性溝通的習慣，增強學生的邏輯推理，藉由清晰的邏輯思考解決生活中所遭遇的問題，並能理性的與他人溝通，表達想法的學科（Kilpatrick, Swafford, & Findell, 2001）。事實上，數學教育對於整體國家的教育重要性日趨提升（Lofland, 1993）。

由於學習數學成效的良窳，對於學生未來的學習、生涯選擇和專業成就方面，扮演著重要的角色，因此世界各國無不重視數學教育的扎根，臺灣自然也不例外。教育部（2000）於九年一貫數學領域的基本理念中，即指出數學與生活連結密切，而數學的基本素養更是終身學習的利器，以使學生立足於未來。然而，國內、外研究報告卻指出，學生最易有挫敗經驗、最感到學習困難的科目，數學獨占鰲頭（邱上眞、詹士宜、王惠川、吳建志，1995；魏麗敏，1996；黃珊紋，2002；林怡如、何信助、廖年淼，2004；Lerner, 2000），往往在學習路上學生易對數學的學習缺乏信心。

而這樣的現象在日前公布的2011年國際數學與科學教育成就調查（Trends in International Mathematics and Science Study 2011, TIMSS），結果中持續地被證實與揭露，那就是臺灣中小學生在數學領域的學習動機和自信心都相對低落（鄭語謙，2012）。如果學生數學程度和動機低落的現象持續惡化，將對學生個人生涯發展帶來不良的後果，也將有所侷限（Betz, 1978）。是故，如何及早發現學生數學學習問題、改善學生學習狀況，找到方法強化學生數學學習動機，以提升學習成就，奠定未來學習基礎，是教師們的一大挑戰。

事實上，前述的數學教學挑戰，國外之研究者和數學教師借重於差異化教學之理念和策略運用，皆獲致顯著的執行成效。所謂「工欲善其事，必先利其器」，Schneider與Meyer（2012）透過學習型組織協助提升教師數學領域中評估學生學習成效的能力（包含形成性與總結性評估的能力），除發現此專業成長的確有助於正向提升教師之技能外，同時也達到提升學生數學學習成效的目標。Chamberlin與Powers（2010）於

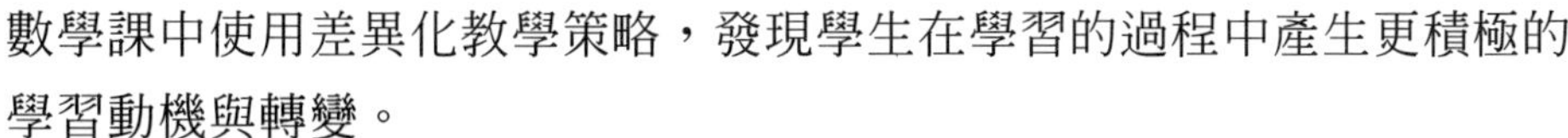

數學課中使用差異化教學策略，發現學生在學習的過程中產生更積極的學習動機與轉變。

同樣地，Strong、Thomas、Perini與Silver（2004）也運用差異化教學於數學領域之教學，他們針對四種不同學習風格的學生設計差異化教學活動，除了使教師能更理解學生的學習優勢所在外，同時也促進了學生在數學學習之成效。此外，Grimes與Stevens（2009）則以小學四年級學生為研究對象，發現教師在運用差異化數學教學後，對於經濟弱勢及資優的學生都有提升其數學學習動機與信心，且有助於提升其數學學習表現。

然而，在臺灣除如前述少有使用差異化教學理念和策略之研究外，對於將差異化教學應用於數學領域更是僅處於起步階段（張宇樑、吳樎椒，2014）。其實，根據黃珊紋（2002）之研究結果發現，目前有15%以上身心健全的學生，由於種種因素，無法受惠於主流數學教學中的教材和教法，導致學生在數學學習的挫敗；實際上，筆者認為這種數學學習上的挫敗和失落感應該更多且更明顯，再加上目前小學教室中的大班教學和常態編班特質、及考試領導教學和學業成績至上的教育氛圍，因此我們應該更認真思考：現今課室中使用的數學教學方法和策略能夠符合學生之多元化差異和需求嗎？這樣的數學教學能激發學生對數學的學習興趣和動機嗎？同時，我們的國小教師擁有執行差異化數學教學之專業知能嗎？如何能協助教師理解並運用差異化教學於數學教學之中呢？

又，在差異化數學教學之實施過程中，教師如何診斷學生的數學學習準備度、學習興趣和需求、及學習問題，藉以再調整其差異化數學教學活動呢？基於上述之問題，筆者首先以文獻評析之方式，歸納與闡述差異化教學理念之發展趨勢、及論述其執行上之潛在問題，以探討學生多樣性對當代中小學教學革新之影響。其次，針對教師如何理解和應用差異化數學教學以協助學生之數學學習，筆者以前述文獻評析之結果為基礎，設計以質化個案研究方法為取向兩項科技部專題研究計畫（張宇樑、吳樎椒，2013，2014），再依據兩項計畫之執行成果，及綜合國外實徵研究之實例後，整合性的提出參考性的基本原則與實務性的範例，以引導教師善用教學與評量設計於數學教學之中。最後，透過對現有國小數學教學之省思，展望未來差異化數學教學之可能發展方向與研究路徑，以期能服膺十二年國教之基本理念，眞正落實差異化教學於國小數學課室之中。

二　差異化教學理念之發展趨勢與執行上之潛在問題

事實上，在現今的課室中，普遍存在著「學術多樣性（academic diversity）」（Darling-Hammond, Wise, &Klein, 1999），甚至是「神經系統多樣性（neurodiversity）」（Armstrong, 2012）的潛在問題。也就是說，在傳統的「排排坐」的教室中，仍然存在著依據「相近（同質）的出生年齡」之迷思編班而成的學生一同學習的情形，但實際上學生們卻可能是擁有各種不同的學習特質和問題存在，包含：學生學習特質和能力的差異、母語（如新住民或原住民）非國語或文化差異之問題、社經地位進而影響學習資源和機會之問題、學習成就不佳和學習動機（意願）低落問題、甚或是多重學習問題等。

這些因學生多樣性而衍生的潛在問題更警醒教育工作者應深切思考：我們有提供高品質的教學活動嗎？每個學生都擁有均等的學習機會嗎？亦即，在一般課室中，教師如何透過理解與分析學生之個別差異和特殊需求，主動調整其在課程與教學上之作爲、及選擇適切評量工具來檢驗學習的有效性，將是回應學生多樣性的可能解決之道（Darling-Hammond et al., 1999; Schoenfeld, 1999）。亦或是提供異質化的教學方式來幫助前述各類型、或學習能力混雜學習者，使他們能夠在擁有不同程度之學習準備度、興趣、和偏好的情形下，獲得最大化的學習和成長機會（Gamoran & Weinstein, 1995; Tomlinson, 2007）。

事實上，在國外，差異化教學的理念原先僅著眼於特殊教育領域中特殊學生的學習需求，然而自美國1990年修訂「Individuals with Disabilities Education Act（IDEA）」法案、及公告「No Child Left Behind」和「Every Child Matters」等法案後，每位孩子能否在「普通教室」中擁有接受高品質教育的權利，就成爲使「差異化教學」自特殊

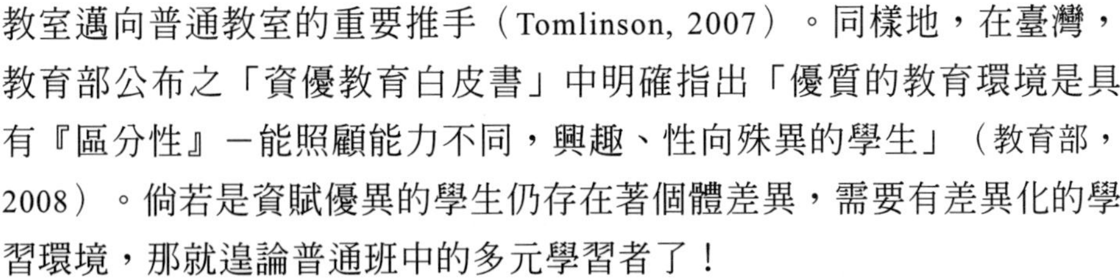

教室邁向普通教室的重要推手（Tomlinson, 2007）。同樣地，在臺灣，教育部公布之「資優教育白皮書」中明確指出「優質的教育環境是具有『區分性』－能照顧能力不同，興趣、性向殊異的學生」（教育部，2008）。倘若是資賦優異的學生仍存在著個體差異，需要有差異化的學習環境，那就遑論普通班中的多元學習者了！

此外，再加上教育思潮屬於回歸主流之融合式教育，以及普遍存在於臺灣教室中的「新移民子女」人數日漸增多等的多元文化影響，現今臺灣國小教室中所呈現的正是所有前述教學（學習）問題的縮影，學生的學習特質和問題皆屬異質性，教室中包括一般學生、新移民子女、原住民、資賦優異學生、學習成就低落學生、學習障礙學生、和隔代教養子女等不同類別，其間的學習落差遽增更將無法言喻。是故，單一化的教學型態早已無法保證教學品質與目標的達成，更難滿足學生於學習上之各種需求。因此，教師該如何因應學生的個別差異，實施差異化教學，使學生能有效提升其學習能力和學習成效，是不容忽視的重要課題（Gregory, 2005; Tomlinson, 2007）。

事實上，差異化教學是一種哲學（philosophy）觀點，重視教與學的思維和原則（Tomlinson & Imbeau, 2010）；而此哲學觀點結合了Dewey、Piaget和Vygotsky等學者的思維，是結合建構主義、大腦發展、學習風格、與經驗主義的一種教學取向（Tomlinson & Allan, 2000）。它主張同年齡的學生在學習準備度、學習風格、與學習經驗上都存在著明顯的差異；因此教師應提供足以「鷹架」其學習的任務或活動，以形成有意義的學習經驗。諸多研究證實差異化教學對落實資優教育扮演著重要角色，並顯示差異化教學有不錯的教學成效（呂翠華，2011；Tomlinson, 2006）。

但Tomlinson（2007）認爲，一般班級（教室）中差異化教學仍是必須且可行的，畢竟教室中存在著許多未經鑑定而擁有不同於一般學生差異能力的學習者，再加上個體間自然存在的能力差異。若基於差異化教學的精神—「針對學生的優勢、偏好和學習風格，設計不同層次、形式的教學內容，並提供或創造符合每位學生的學習過程、成果及環境」（Clark, 2002），在一般教室中執行是最適當不過的，且諸多研究也提供了許多證據來支持這個看法（呂翠華，2011；Huebner, 2010），即差異化教學能有效的解決學生的個別化差異，同時還能提供豐富的課程與多樣化的教學媒介，以豐富學生的視野（Baumgartner, Lipowski & Rush, 2003; Tomlinson & Kalbfleisch, 1998）。

在差異化教學之實施過程中，教師之專業知能是其教學成功與否的關鍵，因教師需於班級中積極回應不同學習者的需求，再根據學生的起點行爲、興趣、學習風格，透過學習內容、過程、環境及成果等面向作全盤的評估規劃，以便能採用最適宜的教學策略，以個人或小組合作的方式進行，創造最適性的學習經驗（Tomlinson, 2001）。同時，教學重點須強調與學生學習經驗結合，教學策略須配合學生的需求，評量亦須是多元、彈性和適切的，且能評估學生「持續」的表現；教學的重點並非設計一個新的課程，而是「現有」課程的調整及修正（Roberts & Inman, 2007）。

再者，教師在實施差異化教學時課程設計及教學方面必須具有豐富且靈活的組織與運用之能力，以給予學生更多的自由與彈性（Lockwood, 2002）。除了教學策略的應用之外，如何評估學生學習成效及進行課程的調整也都考驗著教師的專業素養（鈕文英，2004；Tomlinson, 2005）。據此，教師之教學專業知能影響著其執行差異化教學之成敗與否，因此教師本身的專業背景要夠深、夠廣，才能對某一領域的涉獵與預設的主題，或對不同的層次的學生給予不同的引導（Wheelock, 1992），而此時教師專業成長往往扮演著提升其專業知能之關鍵角色（Brantlinger, 1996）。

然而，在臺灣，教師們現階段實質運用差異化教學之情形並不普遍，若要談及落實於一般課室中仍有一段距離待努力（高振耀，2010）。此外，差異化教學之概念被引入國內後其中文譯名亦不統一，例如，「區別化教學（吳清山、林天佑，2007）」、「分殊性教學（黃政傑、張嘉育，2010）」、「區分性教學（呂翠華，2011；黃家杰、陳美芳、陳長益，2010）」；直到其正式出現在教育部（2012）之十二年國教官方文件及教育學術刊物（如：課程與教學季刊、教育研究月刊等）中，始有較統一之譯名。其次，柯俊吉（2008）調查臺北縣國小教師

進行差異化教學的實施現況亦發現，多數教師雖選擇爲學生作課程調整，但卻未能眞實地滿足學生的學習需求。

究其原因，或許正因教師們對差異化教學之理念與作爲並不熟悉，致使其無法眞正被落實於一般課室之中；而這種課程與教學領域上的可能專業「缺陷（defect）」，就成爲差異化教學在現在與未來執行上的潛在問題。若是教師在數學領域的基本專業知能（如：數學知識、數學教學知識等）亦屬不足，那將更無法保證十二年國教中實踐差異化教學之願景能被實現。綜上所述，除了國小教師在一般教室中運用差異化教學之情形亟需再增加之外，教師們若眞要能夠成功執行差異化教學，除了在國小數學領域之學科專業知能外，其對差異化教學的認知與理解及其在課程與教學領域之專業知能的培養都將是必要的工作。

三 促進教師理解和運用差異化數學教學以協助學生之數學學習

吳榕椒（2014）指出：「每一個孩子都是獨立的個體，教師的任務是爲幫助孩子找到自己的定位，並輔以適合自己的方式與步調盡情學習與探索。」因此，如何透過連續性教學任務的建構以提供擁有不同特質和需求的學生適切的學習經驗，使學生能在動態的差異化學習歷程及擁有適度挑戰的前提下，獲得成功經驗並能在自我水平上獲得最適當的發展，將是回應當前教改核心理念的積極作爲。

基於Wheelock（1992）和Brantlinger（1996）的觀點，差異化教學的教育實現需要教師具備高度的專業素養，方能對於教學主題、策略、及評估學生能力等層面進行適當之運用，因此要能有效實施差異化教學，就必須先提升教師之專業知能。如前述，筆者根據文獻評析及執行兩項科技部計畫的成果，歸納整理出精進教師在差異化數學教學上之專業知能的主要內涵，並分爲學習情境規劃、基本教學原則與流程、及教學與評量設計實例等三部分分別闡述之；同時在各項中提出以實徵研究爲基的實務性範例，以供教師們未來規劃與執行差異化數學教學之參考。

(一) 差異化數學教學之學習情境規劃——「學生希望在什麼學習氣氛下學習數學？」

VanTassel-Baska（2003）認爲差異化教學是一種通稱；它是一種以學生爲中心，且在混合能力的班級中，教師能夠主動關注學生差異、並以策略性的計畫來滿足學生需求的教學取向（Campbell, 2008; Gregory & Chapan, 2007; Roberts & Inman, 2007; Tomlinson, 2001; Tomlinson & Allan, 2000）。Tomlinson和Moon（2013）在整理了與差異化教學的相關文獻資料後，提出了一個整合性的流程圖（flowchart），以清楚說明執行差異化教學的關鍵要素與內涵，如下圖1所示。

她們認爲不能僅將差異化（differentiation）簡化爲一種教學決定（instructional decision making）或教學歷程中的一個分離的元素而已，因這樣的思維將使整個教學歷程被拆解成許多個沒有效率且不連貫的元件。實際上，差異化教學的理念在於將教學視爲一個擁有五大相互依賴元件的系統，它們相互依存、相輔相成：學習環境（learning environment）、課程（curriculum）、評量（assessment）、教學（instruction）、及課室領導與管理（classroom leadership and management）；以下筆者將先特別說明學習環境與課程規劃部分。

首先，Tomlinson和Moon（2013）指出，學習環境包含在教室內關於生理上和情感層面的學習情境，因此教師能否充分掌握並營造友善的學習氣氛，將是學生能否融入教學歷程中的重要關鍵。Tomlinson（2003）提到，通常學生進到教室後會關注下列五大類問題：

1. 我會被這個教室中的人（教師與同學）接受嗎？有人能理解我的想法和行爲嗎？有人會關切我的興趣和夢想嗎？有人願意傾聽我的聲音嗎？我所提的觀點能被尊重及應用嗎？有人能相信我的能力且能有好的學習成果嗎？
2. 我能對在這教室中的所有學習任務作出貢獻嗎？我能提供我自己獨特的關鍵能力來完成學習任務嗎？我能幫助別人或和別人一起完成學習任務嗎？

差異化教學（Differentiation Instruction, DI）

差異化數學教學的執行-是以學生為中心，主動關注學生差異的數學教學取向

執行差異化教學的一般性原則

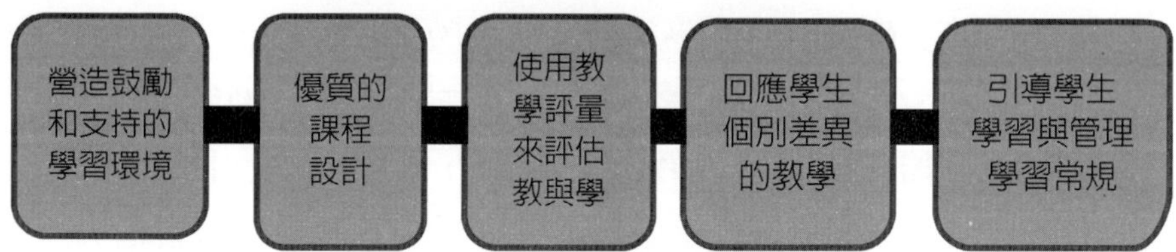

教師執行差異化教學時須重視的內涵

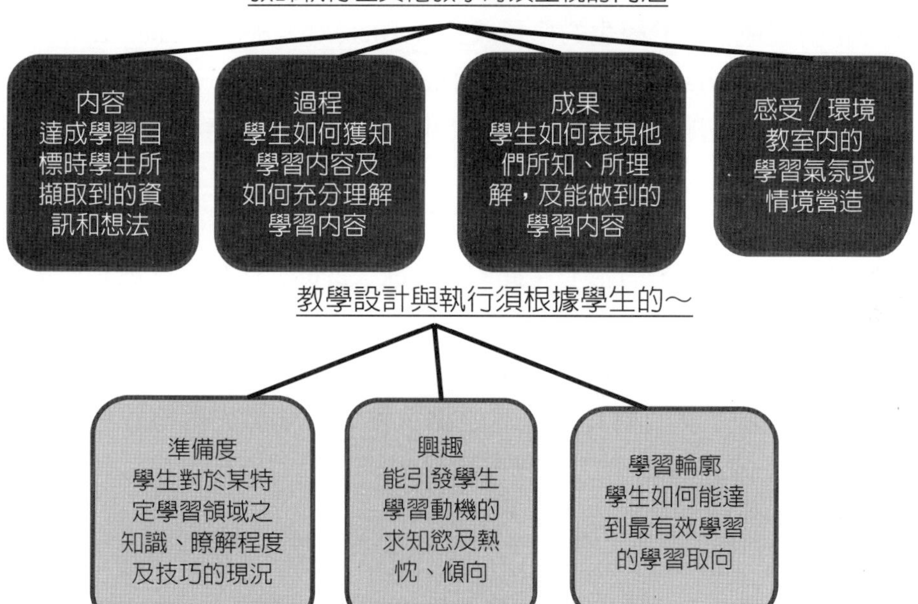

圖1　有效之差異化教學關鍵要素與內涵

（翻譯修改自Tomlinson和Moon, 2013, p. 2）

3. 我在這教室內的學習能對我的現在和未來有助益嗎？我能學會如何決定嗎？在我學習的歷程中有值得信賴的支持與協助嗎？
4. 我能理解與感受到學習的意義與重要性嗎？我所學能真實反映這個世界中的人事物或現象嗎？我能完整地被融入在學習任務

中嗎？

5. 在學習的歷程中我擁有適切的挑戰機會嗎？我會被要求要努力且有智慧的付出嗎？我會逐漸被賦予自我負責於自己學習和成長、且更能對他人的成長有助益嗎？我能有規律地達成在學習之初我自認無法達成的目標嗎？

教師若能認眞針對特定學科領域（如數學）或概念（如分數學習）思考上述問題，將能眞正爲學生準備一個充滿正向鼓勵與積極觀點的數學學習氣氛。如同Ginott（1972）所提及，教師應是一個教室氣氛（情境）營造者（weather-maker），好的教師能激發學生學習潛力、教化人心、且治癒潛在問題。有研究更指出，教師與學生在教室中建立的情感連結明顯地有助於學生的學習成長（Allen, Gregory, Mikami, Hamre, & Pianta, 2012; Hattie, 2009）。其次，Tomlinson和Moon（2013）更統整多位學者的看法，提出六項教師在營造優質學習氣氛時應注意到的學生需求：

1. **信念**（belief）：對學生在努力付出及完整支持的前提下有能力達成學習目標有信心；此即Dweck（2008）所提之「成長所需的心態（growth mindset）」。
2. **邀請**（invitation）：尊重每位學生，渴望理解每個學生以便進行教學；擁有對每位學生之獨特性（含強勢與弱勢智慧）的覺知（awareness）；傾聽並與學生溝通，並告知學生這教室是屬於他們的。
3. **投入**（investment）：努力付出並準備課室內所有活動以回應學生的強勢智慧與弱勢需求；時時思考並適時做出適切的決定以協助學生學習和成長。
4. **機會**（opportunity）：隨時保有對「可能性（possibility）」的敏感性；建立與學生之可信賴的夥伴關係；對學生提出適切的期望並引導其進行高品質學習。
5. **堅持**（persistence）：持續付出以促進學生成長，並深知學習沒有終點；不要對於艱難或無法達成的任務找「藉口（excuse）」以規避責任，永遠都有機會找到另一種方法。

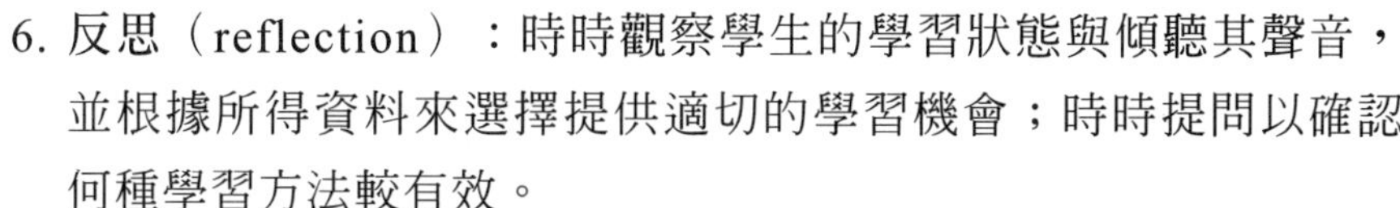

6. 反思（reflection）：時時觀察學生的學習狀態與傾聽其聲音，並根據所得資料來選擇提供適切的學習機會；時時提問以確認何種學習方法較有效。

事實上，因教師是課室中的領導者，對於課室的經營與管理及學習氣氛的營造，上述這些策略的應用其主要目的在於建立課室內的「信任（trust）」感；而要能成功建立信任感，使學生體會到這教室是可以安心學習的場所，除了教師本身須擁有前述的信念與態度外，更需以理解學生的實際學習需求和情況爲基礎，如此才能提供高品質的學習環境。而「課程」就是奠基在前述思維與作爲之上的產物，也就是學生在前述學習環境中所接觸到的內容和教師所計畫的所有教學歷程。

由諸多研究證據可知，好的課程規劃擁有三大基本屬性：擁有明確且適切的目標、學生能夠眞正理解重要學習內容（而非僅止於機械式的記憶）、及能夠眞正是學生充分參與學習的歷程（National Research Council, 2000; Tomlinson & Moon, 2013）。其實，這正是臺灣數學領域學習的主要問題：考試領導數學教學、機械式的練習或獨重標準化的紙筆測驗而非重視理解數學題意和如何解題、及缺乏提供眞實情境的數學學習內容等；針對這樣的亂象，也導致了學生在學習的無趣感、挫折感，同時也循環性地使教師在數學教學上產生無力感、甚至是「無感」。是以，教師實應深切思考與反省，以上述學習環境營造的基本原則爲基石，還給孩子一個優質的數學學習空間與多元學習機會。

如在筆者之研究中（張宇樑、吳樎椒，2014），由於在實際的數學課室中，每個班級中皆有少數發展較佳和學習較落後的學生。因此，教師依據前述學生所關注的問題和學習需求，配合執行對學生起點行爲的分析（如：使用課前評量）及特定數學概念的學習內容（如：幾何），利用教室內的角落設計一個可練習操作幾何教具的學習區，且提供課外補充資料和獨立學習單以供學生課後練習。另配合幾何軟體（如：GeoGebra或Geometer's Sketchpad）設計或選用補充教材內容，以提供學生藉由不同表徵方式（以科技爲工具或透過網路輔助學習）理解所欲學習的數學概念或解決相關數學問題。此外，教師在過程中亦分別設計兩類分組的數學學習活動—「異質性」分組以提供學生合作、互動與討論機會，「同質性」則在兼顧弱勢學習者的需求外，另給予學習發展較快的學生適度的學習挑戰。這樣的整體且多元學習情境規劃，將能使不同需求之學生獲得較適切的學習機會。

(二) 差異化數學教學之基本教學原則與流程——「教師如何規劃數學學習任務？」

Tomlinson和Imbeau（2010）認為，差異化教學是一種哲學觀點所延伸出之教學取向，故不能將之視為僅是技術性的教學方法或策略；事實上，它並沒有特定執行策略或步驟，任何能服膺差異化教學理念的策略與作為，都可被整合運用於其教學計畫與歷程中。Tomlinson（2001）在整合歸納長期與諸多實證研究結果後，整理出差異化教學的參考性基本原則，以設計出適切的差異化教學活動：以學生學習評估作為基礎；提供學習內容、過程和成果的多元選擇；以學生為中心；差異化教學是全班、小組與個別教學的組合；差異化教學是教與學的有機結合。且教師在進行差異化教學時，必須根據學生的準備程度、學習興趣和學習傾向，設計和實施各種形式的內容、過程與成果（亦請參閱圖1）。內容指的是教師教學的內容以及學生如何獲得知識的主體；過程則是學生如何理解課程的核心知識、概念及技能；成果係指學生如何展示自己的學習成果（Tomlinson & Dockterman, 2002）。

差異化教學是以學生為中心且秉持著相信所有學習者都不相同的信念而形成的教學哲學。在差異化教學的教室裡，教學始於學生在何處，而非課程的指引，教師必須為每位學生提供明確的方法，彈性運用教學策略，並且成為學生的夥伴，使學生盡可能快速且深入地學習，而非將單一的學習方式同樣地用在其他學生身上（Tomlinson, 1999）。在教學的過程中，教師如同學習的組織者，目的不在於知識傳授的多寡，而在於學生的瞭解，因此除了靈活使用諸多的教學策略外，課堂裡的活動及教學的流暢性更被視為一大焦點（Kelly, 2007; Tomlinson, 1999, 2000, 2006）。

如下圖2所示，Tomlinson（2001）認為教師一開始應將主題、章節或概念裡關鍵的內容，將其定為學習的目標，幫助學生找到連結後續相關概念的橋樑；允許學生以自身適合學習的方式選擇內容；幫助學生透過分享重新建構概念的內容；在理解學生能力的前提下，教師可分配不同的任務幫助學生進一步與概念產生連結；師生的互動與討論是知識獲得的關鍵，此時應鼓勵學生具備創造性與批判性思維，同時讓課堂內容具吸引學生注意的特性；基於不同的任務，讓學生自由選擇回答的方式與內容；教師鼓勵學生表現所學的成果，並瞭解學生學習興趣所在給予延伸的教學內涵；最後讓學生得以自建學習計畫並設立評估準則。前述要項對於一個具開放性的普通班差異化教學而言，可視為一循環的過程。

據此，若將Tomlinson（2001）所提之執行流程應用於數學教學中，則數學教師們就必須審慎思考數學課程內容中的各種概念與其班上學生之學習輪廓（learning profile）間的關聯性，以便設計適切的課程與教學活動，提供學生選擇適合自己的學習型態和方式，進而透過各種學習任務的執行，習得預訂的數學概念和相關技能。此外，數學教師還需與學生討論並設計適合學生之數學評量方式與準則，以便學生能充分理解和展現其所習得的數學概念和技能，而不至於被單一化的教學方式和紙筆測驗所束縛而無法達成學習目標。

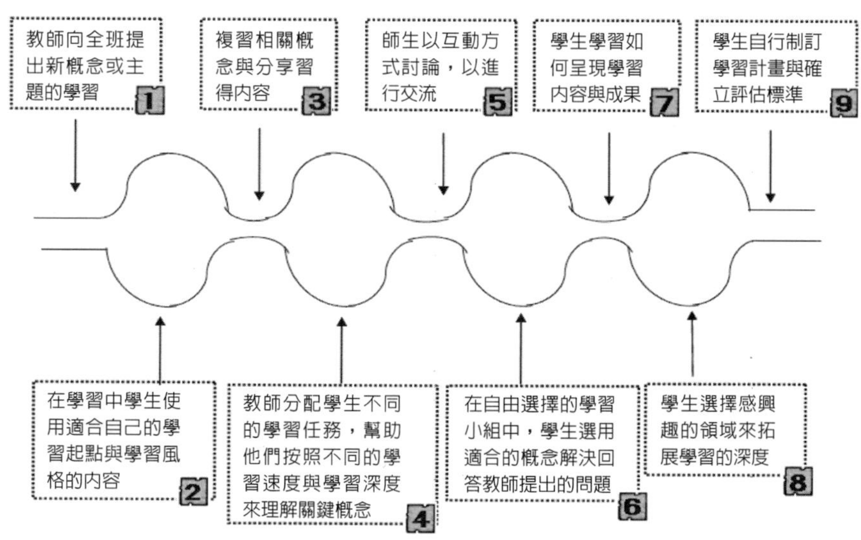

圖2　差異化教學基本教學流程（翻譯自Tomlinson, 2001, p. 6）

任何班級裡學習者對學習相關事物的認知瞭解及技能的準備度總是存在著不同的準備程度，學習者需要教師的引導協助。諸多研究（Brimijoin, Marquissee, & Tomlinson, 2003; Troxclair, 2000）指出，差異化教學首要任務便是掌握學生的起點行爲與學習需求，接著才能準確的執行課程的調整（鈕文英，2004；Affholder, 2003; Tomlinson, 2003）。差異化教學強調教師須能於教學過程中清楚掌握、彈性回應並持續評估學生四大面向：準備度一對於某一特定學習領域其知識、瞭解程度及技巧的結果；興趣一指這些主題或研究對學習者所引起的求知慾及熱忱；學習輪廓一指學生如何能達到最有效的學習，包括學習風格、智能優勢、文化和性別；情感一學生對於自己、自己的任務及對教室的感受（Tomlinson, 2003）。

Kelly（2007）指出教師若能善加運用差異化教學策略進行課程設計，將可使差異化教學得以順利推展。是以，上述四大面向的學生學習評估內涵，亦將適用於數學領域之教學中，教師必須針對學生之數學學習準備度、興趣、情感、和學習輪廓等內涵進行評估工作，以便能進行差異化數學教學設計工作。由於差異化教學策略的運用在教師教學與學生學習過程中扮演著相當重要的角色，因此數學教師若能掌握多元化且經驗證過之差異化數學教學策略，將更有助於其未來之差異化數學教學設計和執行工作。

此外，由於數學課室中的常見問題多在於學生數學學習能力與成就上的差異頗大，特別是進入國小高年級（五、六年級），由於此時的學習內容多在整合前四年所學的數學概念和運算技能，再加上逐漸增加的文字（應用）題型；因此，教師實應完整考量學生的數學準備度和數學學習輪廓，選擇與提供較符合其學習興趣和情感依靠的數學學習活動。以筆者現正執行中的研究計畫爲例（張宇樑、吳樎椒，2014）：教師依據課前評量的結果，將班上學生區分爲兩個層級（tier），即除擁有一般數學學習能力與成就者外，特別針對班上最末端約20%-30%的學生，分析其數學學習準備度與輪廓，並於全班性的整體教學活動中抽至少五分之一的時間設計差異化數學教學活動，以關注與回應其學習需求。另可再針對每個新的數學概念之學習，提供有別於傳統僅依賴教科書或講授和演算方式的教學方式，此部分下節將再提供實例以供參酌。最後，若行有餘力，則可再篩選出班上前段學生（高數學學習能力和成就），另行規劃更具挑戰性的學習機會。

(三) 差異化數學教學之教學與評量設計實例——「如何評估學生數學學習輪廓以調整教學？」

國外已有諸多學者透過差異化數學教學理念的實踐，達到提升數學教師專業知能、提升學生學習成效、及興趣和信心的目標（Chamberlin & Powers, 2010; Schneider & Meyer, 2012; Strong, Thomas, Perini, & Silver, 2004），同時也有應用於小學數學教學之實例（Grimes & Stevens, 2009）。然而，在臺灣除如前述少有使用差異化教學理念和策略之研究外，對於將差異化教學應用於數學領域者更是不足。據此，本節將提供國外在數學教學評量上之應用實例，以及筆者在國內國小數學課室中實際執行的成功案例（張宇樑、吳樎椒，2013，2014），做爲教師未來在其課室中執行差異化數學教學設計的參考依據。

承前所提，差異化數學教學是以學生爲中心、主動關注學生差異的數學教學取向，同時應以掌握學生的數學學習準備度（如：起點行爲）與數學學習需求爲原則。因此，如何能有效地在所有教學歷程中評估（評量）學生的學習狀態，以作爲設計、修正、與調整教學計畫和作爲的依據，這項重擔就落在「教學評量」的任務上。其實，一般教師總認爲評量在數學課室中就是提供測驗或考試，或是依賴原有的習作和坊間的學習評量本，且在時間充裕的前提下，針對學生的問題來提供進一步的協助或指導。然而，眞正的數學教學評量應該不是僅重視「結果」的紙筆測驗而已，它更應強調充分理解學生的數學學習歷程，並在此歷程中利用評量工具將學生的內在思維轉換爲「可見的（visible）」形式，如此，教師始能根據這些具體可見的評量成果來進行差異化數學教學設計與調整。

Tomlinson和Moon（2013）提醒教師要思考評量使用的三要素：何時評量、評量什麼及爲何要使用評量。其中，評量使用時機可簡分爲課前評量（pre-assessment）、過程中或形成性評量（ongoing/

formative assessment）、及總結性評量（summative assessment）。而評量之內涵則應依據整體課程與教學目標之設定，且特別針對學生之學習標的來規劃，且應做爲檢視學生學習準備度和學習輪廓的主要依據。關於爲何使用評量，可從三面向來看：(1)教學的評量（assessment of instruction）：即總結性評量之概念，旨在有效確認學生在學習的精熟程度。(2)爲設計與調整教學而進行之評量（assessment for instruction）：即透過評量蒐集所有學生之學習資料並加以分析，以做爲設計與調整教學計畫與做爲之依據。須注意此類評量不宜直接做爲評分（grading）之主要考量，因學生仍處於衝突和調適新概念的學習過程中，因此透過此類評量同時提供教師與學生回饋才是設計之核心。(3)評量即教學（assessment as instruction）—即視評量爲教學歷程中的重要關鍵元素，用以串聯教與學的任務，同時做爲提供學生覺知其成長與學習目標間關聯性之要素。以下特別將課前評量和形成性評量在數學學習中之應用，分別舉例說明。

首先，在三年級的幾何學習內容中，我們期望學生能夠選擇和使用適合的單位和測量工具，以決定（計算出）多邊形的周長。此時，在課前評量部分，我們可以設計一個課前評量學習單（如下圖3）（Tomlinson & Moon, 2013）：學生需要算出在圖中央多邊形（polygon）的周長（黑色加粗邊框部分）；學生此時不須定義此多邊形之名稱，僅需使用其在周長部分之先備知識與經驗以解決問題；而圖右側之圓形和左下之L型則爲分散注意之干擾物，因它們並非多邊形，因此可間接確認學生是否眞正理解多邊形及其周長的意涵。這樣的課前評量有三個功能：(1)評估學生的數學知識—如數學語言（多邊形、周長）的認知；(2)評量學生對數學概念之整體理解程度；(3)評量其如何解題之數學能力（包含計算過程與解釋其如何執行）。

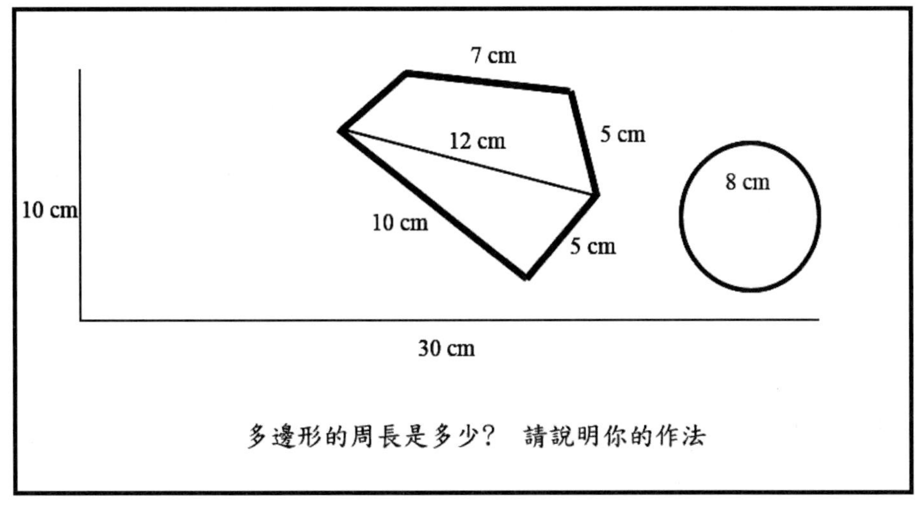

圖3　多邊形周長之課前評量範例

又如，在二年級報讀時間部分，一位美國教師設計了下圖4中的課前評估學習單，希望能達成數學領域中之共同核心標準（common core standard for mathematics），即：學生能報讀與書寫數位／類比時鐘上的時間到5分鐘之刻度、並使用上午和下午來報時。她據此標準來列出其教與學的目標（Tomlinson & Moon, 2013）：(1)知識（knowledge）—關鍵數學語言／字彙（鐘面、數位／類比時鐘、報讀時間、小時、分鐘、秒、上午、下午）；(2)理解（understanding）—報讀和書寫時間的樣式（patterns）；(3)做（do）—使用數位／類比時鐘報讀及書寫時間（小時、半小時、15分鐘、5分鐘）、在報讀和書寫時使用上午和下午、解釋並應用報讀和書寫時間的樣式於不同時間中。在此評量後，教師可以依據學生的回答將其分類，並確認哪些學生尚未達到進行本單元的準備度，即無法準確報讀到5分鐘、無法合理使用上午和下午報時、或無法理解報時樣式。如此，便可繼續規劃或調整正式的教學活動，以促進學生學習。

其實，上述兩項國外實徵研究中使用的課室應用範例，其設計內容不但呼應現有之課程標準，更是教師在課前執行教學活動規劃時的重要參考依據，而這樣的作為通常正是國內國小數學教師常忽略的重要步驟。在前述考試領導教學、教學進度與時間考量、或是教學專業知能不足等負面因素的影響下，教師多是直接進入新數學概念的教學，或過度依賴教科書中的教學編排順序直接進行教學（張宇樑，2012）。因此，教師若能多參酌此類之國外成功案例，或能改善前述直接教學的潛在問題或困境，以設計出具差異化特質的數學教學活動。

報讀與書寫時間	
圖示	解釋
請在左邊格子畫出類比時鐘的時間「6:00」，並於右邊格子解釋對時鐘與時間的想法	

圖4　報讀時間之課前評量範例

在學習的過程中，除了著重評量的使用外，若能搭配其他教學策略的執行，將可使差異化教學之理念更被落實於數學教學之中。事實上，張宇樑、吳樎椒（2013，2014）在帶領國小五六年級教師執行差異化數學教學設計的研究中就發現，教師們能夠充分應用透過專業成長過程中習得的其他教學策略，如：善用同儕教練（peer coaching）、分組合作學習、偵錯式數學學習、數學寫作（日記）等，搭配使用評量來進行差異化教學的數學學習輪廓評估，達成提升學生數學學習成效與興趣的目標。

吳樎椒（2014）就指出，妥善應用團體（全班或分層級）、小組（4至5人一組、或2人一組）、和個人之教學策略，配合同質性和異質性分組策略的應用，將有助於學生於各種學習任務和機會中達成學習目標。再者，前節提到關於依據數學學習輪廓之評估，將學生依數學學習能力和成就簡分爲兩個層級，其目的並非再將學生「分級」，而是期望能在各種不同人數組合的學習團體中，給予適合學生層級的學習活動

（tiered activity），以便回應學生的學習需求。下列之範例則以中、高年級之代數、和數與量等概念爲主，設計對應之形成性評量活動。

1. **情境式數學問題以促進分組合作解題**：設計學習情境讓學生分組（4～5人）討論可能解題方式（如圖5），由各組提出其答案並解釋說明其原因（張宇樑、吳榍椒，2013）。

下面是手工藝店裡一份鏡框 DIY 的材料：

貝殼沙	60 公克
貝殼	12 個
塑膠假花	24 個

陳老闆月底清點存貨，還有 2850 公克貝殼沙、645 個貝殼、1023 個塑膠假花。算算看，陳老闆最多可以再包裝成幾份 DIY 鏡框的材料呢？

(甲)　2850÷60＝47…30

(乙) 645÷12＝53…9
1023÷24＝42…15

一份材料需要貝殼沙 60 公克，貝殼沙的存貨有 2850 公克，可以裝成 47 包。

645 個貝殼，可以分裝成 53 包；或是塑膠假花可以分裝成 42 包。

想一想，要以哪一個答案為準呢？

圖5　情境式數學問題（中年級除法）

2. **階梯式數學學習活動以引導學生理解如何解題**：此問題主要採階梯式教學活動（tiered activity）設計方式（張宇樑、吳榍椒，2013），此評量學習單中包含兩個層級的教學活動（如圖6）；層級一又區分爲三題（A-1～A-3），主要爲引導式的數學問題，適合給班級中數學學習能力和成就較落後之學生，透過循序漸進之方式，逐步理解未來在層級二中之問題（B）。此類階梯式的活動可搭配同儕教練模式，將學生採異質性分組，由組內數學學習能力較佳的同學帶領或協助其他同學學習；亦或是將此層級一之活動做爲班上學習落後學生的個別性評量或作業，以期能達到協助其理解與執行數學解題任務。

題號：A-1

聖誕節到了，小港糖果舖賣大、中、小三種袋裝糖果，大袋裝紅色糖果 5 顆、綠色糖果 4 顆、黃色糖果 3 顆，中袋糖果裝紅色糖果 5 顆、綠色糖果 4 顆，小袋糖果裝紅色糖果 5 顆，今日進貨的糖果數量如下表：

糖果顏色	數量(個)
紅色	49
綠色	45
黃色	37

(1) 若只裝紅色糖果 5 顆的小袋包裝，共可以裝成幾袋？
(2) 若只裝綠色糖果 4 顆的小袋包裝，共可以裝成幾袋？
(3) 若只裝黃色糖果 3 顆的小袋包裝，共可以裝成幾袋？

題號：A-2

聖誕節到了，小港糖果舖賣大、中、小三種袋裝糖果，大袋裝紅色糖果 5 顆、綠色糖果 4 顆、黃色糖果 3 顆，中袋糖果裝紅色糖果 5 顆、綠色糖果 4 顆，小袋糖果裝紅色糖果 5 顆，今日進貨的糖果數量如下表：

糖果顏色	數量(個)
紅色	49
綠色	45
黃色	37

(1) 若裝成紅色糖果 5 顆、綠色糖果 4 顆的中袋包裝，共可以裝成幾袋？
(2) 若裝成綠色糖果 4 顆、黃色糖果 3 顆的中袋包裝，共可以裝成幾袋？
(3) 若裝成紅色糖果 5 顆、黃色糖果 3 顆的中袋包裝，共可以裝成幾袋？

題號：A-3

聖誕節到了，小港糖果舖賣大、中、小三種袋裝糖果，大袋裝紅色糖果 5 顆、綠色糖果 4 顆、黃色糖果 3 顆，中袋糖果裝紅色糖果 5 顆、綠色糖果 4 顆，小袋糖果裝紅色糖果 5 顆，今日進貨的糖果數量如下表：

糖果顏色	數量(個)
紅色	49
綠色	45
黃色	37

(1) 若裝成紅色糖果 5 顆、綠色糖果 4 顆、黃色糖果 3 顆的大袋包裝，共可以裝成幾袋？
(2) 若老闆改限定版包裝為福袋可裝，紅色糖果 8 顆、綠色糖果 7 顆、黃色糖果 6 顆的大袋包裝，共可以裝成幾袋？

題號：B

小港麻糬店生產大、中、小盒的三種麻糬禮盒，大盒裝 8 顆紅豆麻糬、7 顆花生麻糬、6 顆芝麻麻糬，中盒裝 8 顆紅豆麻糬、7 顆花生麻糬，小盒裝 8 顆紅豆麻糬，今日港坪麻糬店生產的麻糬數量如下表：

口味	數量(個)
紅豆	69
花生	49
芝麻	39

(1) 若只裝 8 顆紅豆麻糬的小禮盒，共可以裝成幾盒？
(2) 若只裝 7 顆紅豆麻糬的小禮盒，共可以裝成幾盒？
(3) 若裝成紅豆麻糬 8 顆、花生麻糬 7 顆的中袋包裝，共可以裝成幾袋？
(4) 若只裝 6 顆芝麻麻糬的小禮盒，共可以裝成幾盒？
(5) 若裝成紅豆麻糬 8 顆、花生麻糬 7 顆、芝麻麻糬 6 顆的大袋包裝，共可以裝成幾袋？

圖6　階梯式活動（中年級除法）

3. **透過多元表徵促進解題思考模式**：此範例主要在透過多元表徵之圖式以建立學生解題思考模式（張宇樑、吳榕椒，2014）。在高年級的數學解題中，有時學生會因無法理解題意而未能正確作答、甚至放棄。故教師透過自編學習單的方式調整其原有僅依據教科書中進度來執行數學教學的方式，經與共同參與研究的4位教師腦力激盪後，除嘗試前述透過階梯式活動的方式引導學生學習數學概念外，進而針對學習單內的出題模式上做出調整，亦即採用不同類型之問題呈現方式，如使用多元表徵之各類圖示，來協助學生理解題意，且引導學生先作圖再完成解題任務（如圖7）。

一、下圖是建築物的高度圖，請問。

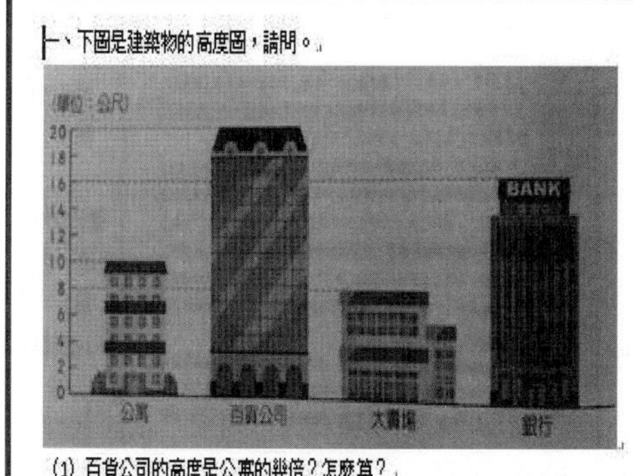

(1) 百貨公司的高度是公寓的幾倍？怎麼算？

桶裡的水量是甲水桶的　　倍。乙水桶和丙水桶裡的水量各是多少公升？

做圖：

解題：

圖7　含多元表徵圖式之問題（高年級代數）

4. **融入迷思概念辨錯與增加不同題意的學習內容**：圖8左方之範例主要在透過呈現迷思概念以讓學生辨錯的歷程，期望學生能釐清其迷思或錯誤概念，進而能成功解題（張宇樑、吳榕椒，2014）。而圖8右方則是希望透過不同但敘述相近之問題，引導學生理解題意而成功解題。配合分組或個別解題之交錯使用，可使學生能在不同情境中完成數學解題的任務。

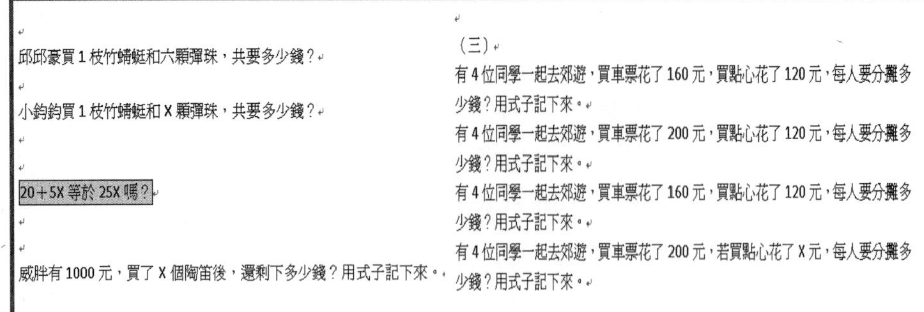
邱邱豪買1枝竹蜻蜓和六顆彈珠，共要多少錢？

小鈞鈞買1枝竹蜻蜓和X顆彈珠，共要多少錢？

20＋5X等於25X嗎？

威胖有1000元，買了X個陶笛後，還剩下多少錢？用式子記下來。

（三）

有4位同學一起去郊遊，買車票花了160元，買點心花了120元，每人要分攤多少錢？用式子記下來。

有4位同學一起去郊遊，買車票花了200元，買點心花了120元，每人要分攤多少錢？用式子記下來。

有4位同學一起去郊遊，買車票花了160元，買點心花了120元，每人要分攤多少錢？用式子記下來。

有4位同學一起去郊遊，買車票花了200元，若買點心花了X元，每人要分攤多少錢？用式子記下來。

圖8　辨錯題型與題意理解（高年級代數）

四　省思現在、放眼未來—落實差異化教學於國小數學學習中

從教育心理學和腦神經科學的觀點看來，毋庸置疑的是每位學生都具有自己獨特的學習特質、模式、和速度，若要讓每位學習者都能有均等學習的機會，教師就必須對學生的個別差異和多元異質性有充分的瞭解，以設計適合學生的課程，才能進行有效教學。從哲學的觀點切入，個體本就包含共同性與獨特性，普遍本就存在於特殊之中，差異化教學所營造的教學環境，正能使學生同時發展社會化互動、並從中滿足個體發展的需要。

因此，差異化教學的最大效能與特點就是能夠解決教學上的兩難「強調全體、重視個體」的一種教學取向，它將可提供教師創造尊重學習者之個別化和獨特性的學習機會。是以，若能將此教學理念和思維實踐於小學數學教學之教學現場中，實爲學生之幸。誠如Dewey（1896）所言：教育即生長；教育即適應；教育即生活。教育爲強調經驗的連續性與互動原則，在學生數學學習的成長路上，若能給予學習者多樣化的學習經驗，將有助於其面對不同的學習挑戰（Roberts & Inman, 2007）。因此，給予學生學習經驗的數學教師們，若僅有一套單一化的數學課程與教學計畫，則將不能滿足多種學習程度和興趣的學生；反觀差異化數學教學，則將能在常態編班的一般教室中，針對需求各異的學生提供不同的數學教學取向和給予多元的學習經驗，以使學生能夠發揮他們最大

的學習能力。

Ausubel（1968）認爲：影響學生學習最重要的因素就是學生所擁有的知識與經驗；因此，教師如何能覺察它、並能據以規劃其課程與教學活動，將會是左右學生學習是否有異議或能否成功的重要指標。我們身爲教育工作者，在此十二年國教的革新任務中，著實扮演著能否眞正帶好每個孩子的重要角色。早如Bruner（1963）所言，教師必須營造其課室學習環境，使其同時能提供高能力和高成就學生更上一層之挑戰機會，且須避免損及其信心。而對於較低能力和低成就的學生，更應提供差異化的學習活動，以期能提升其學習興趣、信心、及成就。

特別在國小數學領域，在目前國內學生之數學學習動機普遍不高的困境中，教師們能否藉由理解區分化教學之理念，並將之有效運用於數學教學之中，實是刻不容緩的重要工作。據此，筆者已與多位數學教育領域學者共同規劃爲期三年的教師專業發展研究，期望能在「師培者（研究者）、教師（在職與職前）、學生」之共同學習理念與架構下，以差異化數學教學爲進路，發展出一套可行的教師專業發展模式與實務性策略。同時，期望能將本文中所提的差異化教學理念，及可應用於國小數學領域之實務性作爲，整理歸納以供國內師培者、研究者、和教學現場實務工作者參酌，共同爲提升國小學生之數學學習成效努力。

參考文獻

一、中文部分

呂翠華（2011）。彈性分組：從學習障礙學生需求的觀點探討區分性教學在普通班的實施策略。特殊教育季刊，**119**，7-14。

吳清山（2012）。差異化教學與學生學習。國家教育研究院電子報，38，2012年12月8日取http://epaper.naer.edu.tw/index.php?edm_no=38&content_no=1011。

吳清山、林天佑（2007）。區別化教學。教育研究月刊，**145**，172。

吳榕椒（2014）。差異化教學在幼兒教育的思與行。課程與教學季刊，**17**(2)，119-140。

林怡如、何信助、廖年淼（2004）。提升數學學習動機的教學策略，師友月刊，**440**，43-47。

邱上眞、詹士宜、王惠川、吳建志（1995）。解題歷程導向教學對國小四年級數學科低成就學生解題表現之成效研究。特殊教育與復健學報，**4**，75-108。

高振耀（2010）。從資優教育的角度探討區分性教學。資優教育季刊，**114**，16-21。

教育部（2000）。90年版之國民中小學課程暫行綱要。臺北：教育部國民及學前教育署。2010年12月1日摘自【國民教育社群網】，http://teach.eje.edu.tw/9CC2/9cc_90.php。

教育部（2008）。資優教育白皮書。臺北市：教育部。

教育部（2012）。「十二年國民基本教育——開啓孩子的無限可能」宣導手冊。臺北：教育部國民及學前教育署。

張宇樑（2012）。國小數學教科書研究之回顧與前瞻。教育研究月刊，**217**，74-87。

張宇樑、吳榕椒（2013）。師培者與高年級教師共組學習型組織——教師使用數學教學評量以調整其數學教學之覺知研究。行政院國家科學委員會專題研究計畫成果報告，計畫編號：NSC 101-2511-S-415-002。臺北：行政院國家科學委員會。

張宇樑、吳榕椒（2014）。國小教師理解與運用區分化數學教學之覺知與專業發展研究（1/2）。行政院科技部專題研究計畫期中成果報告，計畫編號：NSC 102-2511-S-415-003-MY2。臺北：行政院科技部。

鈕文英（2004）。融合情境中課程與教學調整的理念與做法。載於中華民國特殊教育學會（主編），中華民國特殊教育教育學會年刊－特殊教育的績效與評鑑（頁77-310）。臺北：中華民國特殊教育學會。

黃政傑、張嘉育（2010）。讓學生成功學習：適性課程與教學之理念與策略。課程與教學季刊，**13**(3)，1-22。

黃珊紋（2002）。國小學生數學學習動機現況之分析。國民教育研究集刊，**8**，337-361。

魏麗敏（1996）。國小學生學習動機、數學焦慮與數學成就之研究。國民教育研究集刊，**4**，133-155。

鄭語謙（2012）。臺灣學生成績好，卻缺信心、興趣。2012年12月12日，取自【聯合新聞網】http://mag.udn.com/mag/campus/storypage.jsp?f_ART_ID=429511。

二、外文部分

Affholder, L.P. (2003). *Differentiated instruction in inclusive elementary classrooms.* (Unpublished doctoral dissertation). University of Kansas, KA.

Armstrong, T. (2012). *Neurodiversity in the classroom: Strength-based strategies to help students with special needs succeed in school and life*. Alexandria, VA: ASCD.

Ausubel, D. (1968). *Educational psychology: A cognitive view*. New York: Holt, Rinehart & Winston.

Brantlinger, J. H. (1996). Influence of pre-service teachers' beliefs about pupil achievement on attitudes toward inclusion. *Teacher Education and Special Education, 19*(1), 17-33.

Brimijoin, K., Marquissee, E., & Tomlinson, C. A. (2003). Using data to differentiate instruction. *Educational Leadership, 60*(5), 70-74.

Bruner, J. (1963). The act of discovery. *Harvard Educational Review*, *31*, 21-32.

Campbell, B. (2008). *Handbook of differentiated instruction using the multiple intelligences: Lesson plans and more.* Boston, MA: Allyn and Bacon.

Chamberlin, M., & Powers, R. (2010). The promise of differentiated instruction for enhancing the mathematical understandings of college students. *Teaching Mathematics and Its Applications: An International Journal of the IMA, 29*(3), 113-139.

Clark, P. G. (2002). Evaluating an interdisciplinary team training institute in geriatrics: Implications for teaching teamwork theory and practice. *Educational Gerontology, 28*(6), 11-28.

Cornelius-White, J. (2007). Learner-centered teacher student relationships are effective: A meta-analysis. *Review of Educational Research, 77*(1), 113-143.

Darling-Hammond, L., Wise, A. E. & Klein, S. P. (1999). *A license to teach: Raising standards for teaching.* San Francisco, CA: Jossey-Bass Publishers.

Dewey, J. (1896). *My pedagogic creed. John Dewey, the early works (1882-1898), vol.5*. Chicago, IL: The Southern Illinois University Press.

Dweck, C. (2008). *Mindset: The new psychology of success*. New York: Ballantine.

Gamoran, A., & Weinstein, M. (1995). *Differentiation and opportunity in restructured schools*. Madison, WI: Center on Organiza.

Ginott, H. (1972). *Teacher and child: A book for parents and teachers*. New York: Macmillan.

Gregory, G. H. (2005). *Differentiating instruction with style: Aligning teacher and learner intelligences for maximum achievement.* Thousand Oaks, CA: Corwin.

Grimes, K. J., & Stevens, D. D. (2009). Glass, Bug, Mud. *Phi Delta Kappan, 90*(9), 677-680.

Hattie, J. (2009). *Visible learning: A synthesis of over 800 meta-analyses relating to achievement*. New York: Routledge.

Huebner, A. (2010). Cognitive diagnostic computer adaptive assessments. *Journal of Educational Measurement, 46*(3), 293-313.

Kelly, M. A. (2007). Differentiating instruction to include all students. *Preventing School Failure, 51*(3), 49.

Kilpatrick, J., Swafford, J., & Findell, B. (2001). *Adding it up: Helping children learn mathematics.* Washington, DC: National Academy Press.

Lerner, J. W. (2000). *Learning disability: Theories, diagnosis, and teaching strategies.* Boston, MA: Houghton Mifflin Company.

Lockwood, A. T. (2002). Book review of tracking: Conflicts and resolutions. *Roeper Review, 24*(3), 128.

Lofland, V. T. (1993). Mathematics and gender: An analysis of student attitudes toward mathematics at the University of Hawaii, Manoa Campus. *Dissertation Abstracts International, 53(*5).

National Research Council (2000). *How people learn: Brain, mind, experience, and school. Washington*. DC: National Academy Press.

Roberts, J. L., & Inman, T. F. (2007). *Strategies for differentiating instruction: Best practices for the classroom.* Waco, TX: Prufrock.

Schneider, C. & M., Meyer, J. P. (2012). Investigating the efficacy of a professional development program in formative classroom assessment in middle school English language arts and mathematics. *Journal of Multidisciplinary Evaluation, 8(17),* 1-24.

Schoenfeld, A. (1999). Looking toward the 21st century: Challenges of educational theory and practice. *Educational Researcher, 28*(7), 4-14.

Strong, R., Thomas, E., Perini, M., & Silver, H. (2004). Creating a differentiated mathematics classroom. *Educational Leadership, 61*(5), 73-78.

Tomlinson, C. A. (1995). *How to differentiate instruction in mixed-ability classrooms*. Alexandria, VA: ASCD.

Tomlinson, C. A. (1999). Mapping a route toward differentiated instruction. *Educational*

Leadership, 57(1), 12-16.

Tomlinson, C.A. (2001). *How to differentiate instruction in mixed ability classroom.* (2nd ed.). Alexandria, VA: ASCD.

Tomlinson, C.A. (2003). *Fulfilling the promise of the differentiated classroom: Strategies and tools for responsive teaching*. Alexandria, VA: ASCD.

Tomlinson, C. (2005). Grading and differentiation: Paradox or good practice? *Theory into Practice*, *44* (3), 262-269.

Tomlinson, C. A. (2006). An alternative to ability grouping. *Principle Leadership, 6*(8), 31-32.

Tomlinson, C. A. (2007). Differentiated instruction. In National Association for Gifted Children (Ed.), *Critical issues and practices in gifted education: What the research says* (pp. 167). Waco, TX: Prufrock Press.

Tomlinson, C. A., & Allan, S. D. (2000). *Leadership for differentiating schools & classrooms*. Alexandria, VA: ASCD.

Tomlinson, C., & Docterman, D. (2002). Different learners, different lessons. *Instructor. 112* (2), 21-25.

Tomlinson, C. A., & Imbeau, M. B. (2010). *Leading and managing a differentiating classroom*. Alexandria, VA: ASCD.

Tomlinson, C. A. & Kalbfleisch, M L. (1998). Teach me, teach my brain: A call for differentiated classrooms. *Educational Leadership, 56*(3), 52-55.

Tomlinson, C. A., & Moon, T. R. (2013). *Assessment and student success in a differentiating classroom*. Alexandria, VA: ASCD.

Troxclair, D. A. (2000). Differentiating instruction for gifted students in regular education social studies classes. *Roeper Review, 22*(3), 195-198.

VanTassel-Baska, J. (2003). Content-based curriculum for high ability learner: An introduction. In J. VanTassel-Baska & C. A. Little (Eds.), *Content-based curriculum for high ability learners* (pp. 1-20). Waco, TX: Prufrock.

Wheelock, A. (1992). *Crossing the tracks: How "untracking America's schools"*. New York: The New.

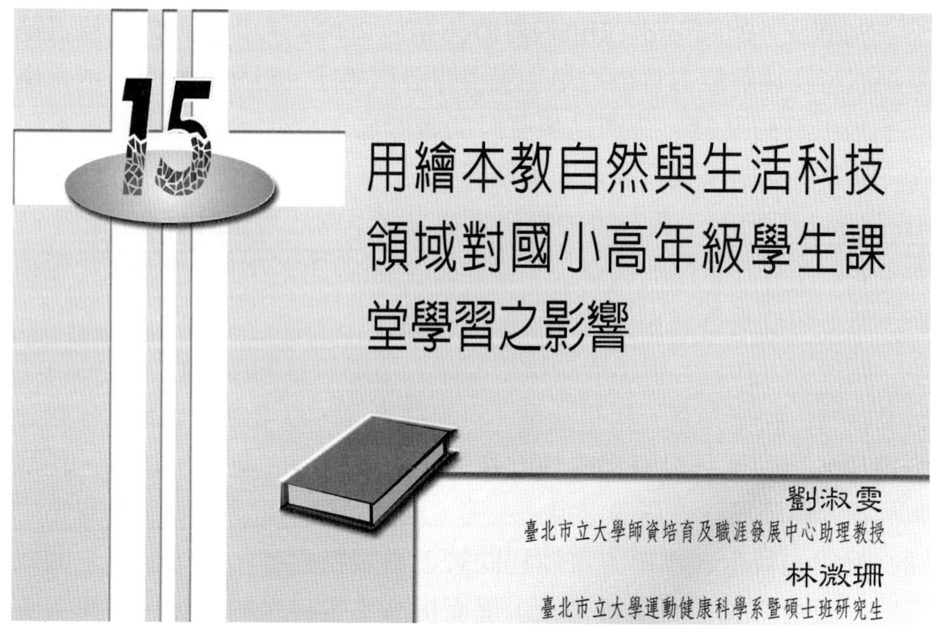

用繪本教自然與生活科技領域對國小高年級學生課堂學習之影響

劉淑雯
臺北市立大學師資培育及職涯發展中心助理教授
林激珊
臺北市立大學運動健康科學系暨碩士班研究生

壹 用繪本教自然與生活科技領域的緣起

教育部（2008）在國民中小學九年一貫課程綱要「自然與生活科技學習領域」的基本理念：「學習科學，讓我們學會如何去進行探究活動。」學習者大都喜歡操作或互動式的學習，然而臺灣多數的課堂教學往往因教學進度掌控的關係，而採用教學者講述與問答的方式進行，學生經由上課聽講來學習知識，這種「先教後學」的講述方式雖然簡單方便，但相對地也造成學生學習意願和學習成效低落，教學者辛苦傳授的知識內容很快地就被學生們遺忘。近年來國際教育議題熱烈討論與交流，教學型態不再以教學者單向式的講授爲中心，而是以「學生」的學習爲主體，教學者退居幕後，並依據學生喜歡的學習方式來決定教學者教學的方法，例如，透過課堂中活動操作、分組合作、邊做邊學等學習形式，讓學生們由被動學習轉變爲主動學習，彌補了傳統教學中單調的「聽講」學習型態，引發學生對學習科目的興趣。

Waiker、Bradford、Huber與Richard（2002）指出目前的教科書總是讓閱讀及理解能力有限的學生覺得艱澀和無趣。科學教科書可能會讓許多學生感到壓迫，特別是那些有閱讀問題的學生，因爲書裡常常包含一些不熟悉的字彙及涵蓋大範圍的主題（Casteel & Isom, 1994; Short & Armstrong, 1993）。教科書的編輯表徵方式不夠活潑生動有趣，教學時數不足動手操作實驗的機會少，或照著實驗流程做卻缺乏思考探究和創新，這些可能是自然領域教學現場的問題。

賴慶三（2012）指出所謂科學閱讀乃透過科學閱讀材料，包括科學普及讀物、科學文章、科學童書、科學故事等，以增進科學學習。教師應選擇多種類型且具有趣味性的科學讀物，例如，新聞、繪本、科學家故事、科學雜誌、科學漫畫……等，並帶領學生認識各種科學讀物中圖文配置的特色，讓學生可順利閱讀各種讀物內容，以拓展學生閱讀視野，吸引學生主動閱讀書籍，進而提高學習科學的興致。科學素養是指要能瞭解科學概念，可用這些科學概念來理解身旁所發生的事物（Miller, 1983）。

Mcdiarmid、Ball與Anderson（1989）強調學科教學知識的內涵應著重學科知識的表徵（例如，好的比喻、活動、模型、問題等方式）使學生易於理解。科學素養的向度主要有形成科學議題、解釋科學現象和科學舉證。科學知識包含物理、化學、生物學、地球科學、太空科學和科技。具備對科學探究的支持、對科學學習的信心、對科學學習的興趣和對環境與資源責任的自覺等科學態度。科學素養所具備的各項能力必須經由科學探討活動，並以學生爲學習中心的教學方式，才有可能在教導的過程中達到培養科學素養之教學目標，另一方面提供優良的科學讀物，也強調科學閱讀帶給學生對科學更多的瞭解與知識，並從當中發現樂趣（秦雅珮，2012；鍾昌宏，2013）。

配合學校課程內容選擇科學讀物，能有效增進對自然科學習興趣。因學生於閱讀科學文本時常缺乏解釋文本的適當科學知識，教師若從教學的目標與教材著手，配合學童背景經驗以及學校課程內容之教學方式，對學生之學習興趣與成效有所影響（徐錦美，2005）。

繪本除可運用在幼教、國小教育、特殊教育等領域，也可融入於各

學科的教學中，而融入繪本的教學活動可以促進學生社會化、提升認知能力、發展語言能力、增加生活經驗、學習參與及提升入學技能等（Sackes, Trundle, & Flevares, 2009; Wells & Zeece, 2007）。當繪本、教科書、科學知識和眞實的生活經驗相互整合使用時，更有助於學生們從這些資源中產生邏輯性的思考（Gwekwerere & Buley, 2011）並且繪本有趣易懂的故事線和單純使用教科書相比，更能幫助學生去理解和記憶書中隱含的科學知識。因此繪本可同時達成兩個目的，一爲呈現故事；二爲提供科學事實（Morgan & Ansberry, 2013）。同時繪本中的圖畫，更能幫助學生去理解抽象的科學概念（Butzow, 2000），但科學概念常常隱藏在故事中，需要教師將科學概念明確的教導給學生，才能有效達到教學效果（Morgan & Ansberry, 2013）。

眾多的研究成果中發現，繪本在教育上的運用十分廣泛，不僅是教學活動設計的優良素材，對於教師專業發展與專業知能的提升亦有相當的助益（劉淑雯，2004）。在自然課程中，適當的使用繪本，可以提供支持、豐富及擴展課程內容（Morgan & Ansberry, 2013）。有鑒於此，結合多文本閱讀的方式啓發探究應用所學是相當重要。而課堂中有許多影響學習專注度的因素，例如，教材教法、師生互動、同儕等。Wolfe與Gitomer（2001）將不專注定義爲「在課堂中，學生沒有將專注力放在教師認爲與課程相關或重要的事情上。」因此在教學中如何提升學生專注力也是重要的。

因此本研究目的爲採用繪本結合自然與生活科技領域的學習方式，探究對國小高年級學生學習自然科學之專注度。

貳　研究方法

一　研究設計

本案使用行動研究法。在不斷的循環中檢證，與自然科教師專業社群具有互動的過程及達到即時溝通的效果，其過程是動態且具彈性的，透過錄音、錄影、訪談、文件的蒐集、教師日誌等方式，以瞭解繪本應用在自然教學活動進行的過程，以探究學生在課堂專注度之問題，包括下列步驟：1.分析情境及研究問題；2.文獻蒐集研讀、討論及評估；3.進行首次行動；4.評鑑及修正前次行動，再度進行行動。每次行動結束反覆進行討論、觀察、蒐集資料加以分析與詮釋、反省及評鑑的過程，直到完成成熟的行動方案（陳向明，2002；王文科，2003）。本研究共進行兩輪行動。

(一) 第一輪行動

起因於自然科教師想組成專業社群，增進自我教學專業知識並進一步提升學生對科學閱讀的興趣。因此本研究團隊和國小自然學習領域任教教師及其他對自然教學感興趣的師長組成「繪本與科學工作坊」，本研究團隊在每學期共有六次領域時間輔佐教師們錄音、錄影，透過每次記錄與觀察轉述為文字檔，作為下次領域時間的參考資料，此外，在每學期領域時間其中一次則為研究者分享國內外繪本相關資源並提供給教師們，讓教師們有更多想法幫助學生提升專注力以及培養學生對繪本的理解力與興趣。研究者帶領老師共同閱讀《你也可以這樣教科學-100個容易上手的活動》、《用繪本教兒童科學》及“*Even more picture-perfect science lessons, K-5: using children's books to guide inquiry*”。

以教科書單元主題進行，挑選合適的繪本融入其單元主題，採用繪本和思考操作融入課堂的策略，教師群們運用共同的領域時間進行教學演示，教學者與教學對象則為自然領域教師們，將自然領域教材知識與繪本內容加以分析整合後，選定康軒版五年級自然學習領域上學期的單元，結合國外「用繪本教兒童科學」工具書中小種子單元，教師寫完教案後會進行第一次試教，屬於共同備課討論，試教完後於領域時間進行討論並留下教學討論資料，根據專家建議修正調整教學後，楊老師於四個班級進行教學。教師們透過繪本瞭解內容，進而到操作活動，活動中分別加入教科書原有的實驗活動，教師們透過教案活動設計，體驗其中的操作活動在教學上更助於學生們學習能力提升，發現學生對此教學方式也非常有興趣。因此我們可以認定繪本和操作活動融入教學之中是有助於學生學習專注度的，也促使繪本與科學工作坊的團隊積極規劃下一

輪行動。

(二) 第二輪行動

第二輪進行研究時，參與對象爲工作坊的師長和成員及新加入的三位老師，授課時數也有增加（表1）並且加入更多的繪本單元以配合教科書的教材，繪本單元包含可可冰、卡夫卡變蟲記及六隻鳥之歌，分別與教科書中水的三態、動物型態及音量、音色與音調相結合（表2）。因配合課程及教學時數將延伸活動刪除，保留講述繪本及操作活動，第一輪有教課過的教師會嘗試不同的單元來做教學，觀察的方式與第一輪行動相同。

表1　老師授課節數表

繪本名稱	授課教師	節×班	總授課時數（節）	教學日期	入班觀課時間
小種子	楊　○	2×4	8	11.13, 11.26, 11.28	2013.11.26
	楊○○	2×2	4	02.17, 02.18	無
可可冰	洪○○	2×1	2	04.16, 04.17	2014.04.17
	楊○○	2×2	4	03.24, 03.25	無
卡夫卡變蟲記	楊　○	2×3	6	03.11, 03.13	2014.03.11
	江○○	2×1	2	04.23	2014.04.23
	楊○○	2×1	2	06.03	2014.06.03
六隻鳥之歌	楊　○	2×1	2	05.22	2014.05.22
	江○○	2×5	10	05.20, 05.21, 05.23	2014.05.23

表2　繪本教案介紹

教學主題		小種籽	可可冰	卡夫卡變蟲記	六隻鳥之歌
教學對象		五年級	六年級	五年級	五年級
教學目標		察覺植物根、莖、葉、花、果、種子各具功能。照光、溫度、溼度、土壤影響植物的生活，不同棲息地適應下來的植物也各不相同。發現植物繁殖的方法有許多種。	物質可以以不同的形態存在——固態、液態和氣態。一些常見的物質，諸如水，可以透過加熱或冷卻，從某一型態轉換至另一型態。	觀察動物型態及運動方式之特殊性及共通性。觀察動物如何保持體溫、覓食、生殖、傳遞訊息、從事社會性的行為及棲息地調適生活等生態。	藉製作樂器瞭解影響聲音高低的因素、音量大小、音色好壞等，知道樂音和噪音的不同。
教學活動流程	準備（引起動機）	準備一個注滿水的杯子，將種子放入水中。問學生種子會在水中生長嗎？植物的成長需要些什麼？	討論書名《可可冰》，並詢問學生：「你們知道什麼是可可嗎？」	每一組1隻甲蟲盒，讓學生用放大鏡觀察，並請學生找出甲蟲的特徵，或牠在做什麼事。	
	發展	故事分享→種籽搬家（設置四個「種籽闖關站」）。	故事分享→找出乾燥的咖啡色可可和冰冷的白色冰塊間的關係→利用材料製造出屬於自己的可可冰。	故事分享→讓學生們比較活動單及卡夫卡變蟲記中的昆蟲照片，指出兩者相似和不同之處→做一隻蟲。	故事分享→尋找聲音（優酪乳空瓶內分別裝入米、圖釘、硬幣、小礫、豆子及長尾夾）→唱歌的貓頭鷹（運用免洗杯、弦線、迴紋針、膠帶及貓頭鷹紙模型製作）→吸管笛子→聲音的高低。
	總結	小書製作（每組2-3本植物圖鑑，讓學生查出符合類型的植物名稱並設計出新的分法）→小種籽的研究（鼓勵學生蒐集生活周遭所找的到的果實／種子）→探討果實與種子的差異、辨別的方法。	在黑板上以表格整理出巧克力牛奶「結冰前」和「結冰後」的異同。	動物世界面面觀→認識步行蟲→師生共同討論步行蟲如何、覓食、適應環境以及求生存的策略。	觀念歸納（空氣柱愈長，音調愈低；空氣柱愈短，音調愈高）。

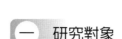

一 研究對象

臺北市某國小五、六年級學生，共13個班級，每班約30人。

(一) 資料分析

1. 課堂觀課及教學錄影

針對不同單元的教學入班進行觀課，團隊事前先與授課教師聯繫進行並拿取教案瞭解教學流程以及學生座位拍攝學生上課時的專注力，教學過程全程錄影。藉由教學錄影的方式，記錄學生上課的專注度於教室觀察紀錄表中，來觀察教師教學過程中孩子的專注程度如何，用「A」代表學生積極參與；「P」代表消極參與；「O」代表明顯沒有參與；「T」代表閒聊。將積極參與和消極參與的部分加總，除以總觀察次數，得到專注程度的情形，會分成講述繪本與操作活動兩個部分做紀錄，專注度計算範例如下，假設某位學生在講述繪本中的專注度如表，積極參與（A）加上消極參與（P）次數爲三次，總觀察次數爲五次，因此將積極參與和消極參與的部分加總（三次），除以總觀察次數（五次）得到專注度係數爲0.6。

表3　教室觀察紀錄表範例

講述繪本
1.P 2.P 3.T 4.A 5.O

2. 師生訪談

課後與教學者及學生進行訪談，將老師及學生設計代稱（表4），針對教學以及課前準備等問題詢問教師，針對課程內容劃分三大塊詢問學生，分別爲教師講解繪本內容、操作活動、延伸活動，學生最喜歡哪一部分進行排序，將訪談記錄轉述爲文字檔作爲紀錄，以利於記錄學生

表4 名詞代稱

名詞	代稱
楊 ○	W
洪○○	H
江○○	L
楊○○	J
個別學生	s
專注型	C
不專注型	UC
老師訪談紀錄	T

的學習成效、學習成長及教師的專業成長。專注型爲在課堂中專注度高的學生，不專注型爲在課堂中專注度低的學生。

參 結果

使用繪本教自然科學的方式，對大部分的學生都是可以提升學習興趣的，並加上動手操作的部分，使課堂進行方式變得更爲多元，教師也認爲使用此種方式上課，確實能夠提高學生的專注度、提升自我專業知識及促進自我專業成長。

一 學生專注度

學生專注程度，以下分別從課堂觀察與師生訪談結果加以整理。

(一) 課堂觀察

從本研究可得知，學生每堂課的專注度係數平均大多數皆高於0.8（表5），表示利用繪本融入自然科教學的確有助於學生的上課專注度並且達到高度專注。特別是在繪本講述的部分，專注度係數平均大多數皆高於0.85以上，表示繪本內容對於學生來說是相當具有吸引力的。

表5　學生專注度

繪本名稱	授課教師	講述繪本	操作活動	延伸活動	備　註
小種子	楊　○	0.85	0.82	0.83	
可可冰	洪○○	0.94	0.89製冰		
		0.88	0.81隔溫盒		
卡夫卡變蟲記	楊○○	0.94	0.90		
	江○○	N/A	N/A		當天主要拍攝為教學者的教學過程，故學生的專注拍攝無法全程拍攝，因此無法精準計算出學生專注係數。
	楊○○	0.82	0.81		
六隻鳥之歌	楊　○	0.57	0.53		
	江○○	0.93	0.96		

(二) 師生訪談結果

從師生訪談結果發現，用繪本教科學，學生皆專注投入在課堂中且課堂反應熱烈。

1. 繪本講述

用繪本的確可以提升課堂的專注度，用故事帶出自然科學的原理會讓學生覺得有趣「這樣的方式會增加我們的興趣，然後我們就會專注在上面」（Cs2，20140423）。讓學生可以主動投入在繪本情境中，探索裡面的科學概念，把所學的科學概念轉化爲自己的。「學生反應很不錯，上課反應也比以往熱烈。專注度也比以往好，看他們的表情和眼神就知道他們今天玩得很開心。」（WT，20140311）

2. 操作活動

大部分學生皆覺得課程變有趣了，並且跟以往的教學方式不一樣，多了操作活動，可以使用自己的想法來做作品，使人更印象深刻。「這樣上課能夠幫助專心，因爲比較多（實驗）活動就會想學更多。」（Cs4，20131126），並且加上了操作課程，每個學生都有需要完成的目標，因此也都會積極投入在課程當中並完成任務。「讓學生主動去做一些活動，而非一直聽課時，他們就會變得專心投入，老師也就比較不用花力氣去管秩序」（WT，20140311）。「大家都忙著在那邊操作，因爲當時是兩人一組，所以大家都有操作的時間，他們都沒有其他的額外的時間做其他的事」（HT，20140417）。分組討論或操作活動時，每個學生的專注程度還是有落差，所以吸收到的內容可能也會有所差距，可以再思考還有什麼樣方式，可以再把學生專注度提升。「我想應該是正面的學習，只是說每個孩子的專注程度不同，他們的吸收也會有些落差」（HT，20140418）。

二 課堂中學習效果

以下將繪本故事融入教科書及操作實驗兩個部分說明。

(一)學習動機及興趣

普遍來說，學生們都覺得用繪本故事融入教科書的知識和操作實驗豐富了課程，用一些日常生活可見的物品，例如，食物、瓶子中裝入豆子、吸管等物品，融合教科書上的實驗，容易引發學習動機並進一步增加了上課專注度，學生都表示希望接下來還有機會上這樣的課（圖1）。「我很喜歡今天上課方式，以前來自然教室上課我常常聽不懂，今天就比較聽得懂，而且還可以做小書」（UCs2，20131126）。「今天多了很多活動，而且還可以自己設計」（UCs5，20131126）。「以前比較少做這種活動，上課就是唸唸課本、畫畫重點，然後做一點課本上的實驗，比較乏味一點點，今天這樣有一些小故事，然後作東西，感覺就比較有趣一點點，感覺班上同學比較有秩序」（Cs，20140311）。

圖1 操作活動

本研究的教學者也認爲繪本的內容易與學生過去的經驗相連結，因此較容易引起學生的動機，操作活動也是另一個誘因。「文學性的材料涵蓋的範圍比較廣，繪本比較容易和日常生活的經驗產生連結，也有助於整合科學知識，最主要是操作活動的部分這部分是最吸引人的，尤其在自然科裡面，親手操作體驗是個很重要的部分」（WT，20140311）。「他們對於這項活動是很期待的，這種用繪本教科學，除了可以聽故事，又可以做DIY，手動操作會提高他們的學習欲望，對於可以動手做他們比較感興趣」（LT，20140418）。

(二) 課程理解

操作課程也易於學生記得老師所要教的知識，而不再是死背教科書上的知識，也進一步增加同學間相互討論課程的內容，而達到相互學習成長的效果（圖2）。「印象比較深刻的就是做昆蟲的部分，在做好填學習單時，和同學討論昆蟲的什麼部分用了哪些材料」（UCs，20140311）。「如果時間及材料允許的話，其實這種課程可以引起他們的興趣，幾乎課本的內容都不需要去帶，他們其實都把它學進去了」（LT，20140423）。

圖2　小組討論活動

教學的方式變有趣了，學生自然而然的就融入在教學情境中，透過操作活動的設計，不僅發現學生的創造力無限，也可以瞭解學生在哪一個教學環節中發生了問題或是有什麼迷思，都可以使教師及時發現，立刻改正錯誤的知識，建立正確的觀念。「最滿意的地方是透過這種開放式的操作活動，可以看到學生們不同的想像力和創意。學生常常設計出不同的作品，也有助於釐清他們生活中錯誤的科學概念或迷思」（WT，20140311）。

(三) 學生學習成長

用繪本先導入主題，使課程多了點趣味，像是在看故事書，不再是教科書中較艱深的字詞，容易讓學生吸收，學習成效也就自然提高了，課堂中學生的反應熱烈（圖3），也可提高學生的求知慾，並藉由操作的過程中，師生一起激盪出更多的創意，讓知識更是深深的印在學生腦海中，不易忘記。「今天操作活動的遊戲（娛樂）成分比較高，所以學生也比較投入，也玩得很開心，一開始用繪本引導進入主題，然後學生藉由操作體驗和學習，最後再做知識的統整，加深他們的學習，對於他們的學習是比較有幫助的」（WT，20140311）。

圖3　老師講述繪本

在小組討論中澄清自己的想法或是用課堂中所理解的概念來作出作品及完成老師指定的任務，對學生來說有很大的鼓舞作用，對於未來要在學習科學概念就不會有排斥感。「自己動手做特別的食物會有很大的成就感（Cs17，20140423）。」「可以動腦，可以用自己的方式去做」（Cs36，20140423）。

三　教師專業成長

以下將分爲新舊教學備課上的差異、新舊教學上的差異、使用此教學方式對教師之幫助及精進教學四個部分討論。

(一) 新舊教學備課上的差異

課前有些教師需要較多時間準備，有些老師則認爲不需要花太多時間準備，因爲可以與教科書中的教具做結合。「我們儘量用自然教室有的或是家裡有的材料，事實上不累，滿容易的」（WT，20140407）。因此還是要配合不同的課程內容來準備所需的教具，所花費的時間也就大不相同，但教師普遍認爲可以看到學生的笑容及認眞的神情就很有成就感，這樣的教學非常値得。「快樂是用錢買不到的，如果能花一點點的成本讓孩子感到學習的快樂，是多麼値得的一件事呀。」（WT，20140305）

(二) 新舊教學上的差異

使用繪本與以往的教學模式不同，內容可深可淺，不僅可以教導科學的知識，並且也融入其他的元素，但教學時間就要由老師自己掌控，在繪本內容講述與課本知識之間抓到平衡點，才能做到有效的教學。「繪本的話，它不只是科學的元素而已，它還有些文化的、生物的、生態的，它裡面東西很多，就看老師願意講到甚麼程度，我聽另一位老師講說，昨天第一個班級她講繪本就講了一節課，她想烘托一些繪本的情境，所以就講了比較久，這部分就看老師怎麼去選擇那些材料」（WT，20140407）。

在教學上可以使用不同媒體教材，打破以往的教學模式，設計出有別以往的教學形式。「我本身的教學方式本來是比較少運用其他多媒體器材，例如，媒體或單槍投影機，像這次爲了播放繪本簡報檔而使用這類的器材」（WT，20140311）。

(三) 使用此教學方式對教師之幫助

用繪本使教師更容易掌握教學的節奏，也是使自己更加精進的一種方式。「我覺得我對於掌握教學的脈動，像是幾個大的轉折處，或是大的活動概念上是更清楚了，更能掌握到。」（WT，20140407）促使教學者增進教學知識及自我專業，學習在不同的教學課程中使用多媒體，豐富了教學活動。「用繪本教科學的專題提供了師長一個主動學習、增進自我專業的機會。這樣的教學方式不僅能增加老師教課的精采度，也對學生的學習更有幫助，學生的學習意願都變得熱烈。」（WT，20140311）

在教學的過程中，也提醒老師思考自己的教學過程，要如何精進充實自我，或是從中發現缺點，自我修正，使教師們的教學變得更完整。「我想，在認眞地教到第五次時，我有信心能呈現順暢的教學節奏、精扼的教學提問與完全掌控的師生互動。或許，那會是一堂看起來似乎是揮灑自如的教學風采了。而這個好的樣子，完完全全是來自多次的重複練習所帶給我的信心（教學日誌，20140305）！講繪本

故事時，我覺得我需要增加自己的敘事能力，將故事說得更生動。」（WT，20140311）

(四) 精進教學

用繪本教科學在臺灣來說可算是一個新的概念，因此很少有教師運用繪本來教科學，也提供了教學上更多的想法。「我覺得用繪本故事結合科學是一項很好的idea，其實有很多老師不知道可用繪本去教科學，可以讓課程變得這麼豐富又有趣，如果我們每個單元都可以用這麼遊樂且具有故事性的方式去做引導的話，學生應該會很喜歡上這門課。」（LT，20140423）

要如何把教材更精緻化，跳脫以往的窠臼，這也是教師們值得深思的問題，國內外學者都有提出不同的教學模式，教師可依據本身的教學經驗來做選擇，以提升教學的品質。「因爲這樣的教學模式讓課程變得比較豐富，也對學生比較有吸引力，也能增進師生之間的互動和情感（WT，20140311）。」用繪本教學學生的反應已經很不錯了，五一教學法更能將教學做到精緻化，我認爲更能聚焦在如何提升教學效果上面。」（WT，20140407）

肆 討論與結論

一 討論

以下將分爲繪本教自然科學可不可行、教材教法及教師專業成長三個部分討論。

(一) 繪本教自然科學，多文本可行

教育部自民國93年開始提出了一系列的全民閱讀推動教育計畫，這些計畫包含了「焦點三百─國小兒童閱讀計畫」、「偏遠地區國民中小學閱讀推廣計畫」、「悅讀101─教育部國民中小學閱讀提升計畫」及「閱讀植根與空間改善：98至101年圖書館創新服務發展計畫」。在

政府近年來大力提倡下，國內繪本數量逐年增加，使用繪本進行閱讀教學逐漸發展成一種趨勢。本研究使用繪本融入教科書主題並且加入動手實驗操作的部分，讓學生上課專注度皆有提升，並在課堂中享受到不同的趣味也證實繪本的確可以成爲教學的一個部分。因此繪本教科學的確是一個可行的方式，從本研究可得知，老師講述繪本時，學生皆能專注地聽，並針對老師的發問，踴躍發言，是一個主動參與課堂的態度；在操作活動中，透過分組，小組內同學可互相討論，找出問題的答案，這也是老師所樂見的。

(二) 精進教材教法

過去教材中，多半以文字爲主附加一些插圖，不足以吸引學生注意，很難引起學習動機和興趣。Kralina（1993）提到繪本擁有充滿樂趣的故事情節，比學生閱讀只呈現須記住的科學事實的教科書時，更能幫助學生理解及記憶概念（Butzow & Butzow, 2000）此結論與本研究結果相符，透過繪本與實際動手操作的活動，使學生更易於瞭解課本的內容，藉由實習操作的經驗引起學生動機進一步搭起師生間的溝通橋樑。學生不應該只是被動地接受知識，而要參與建構知識的過程。透過課堂中的討論增加了教師對每一個學生及其學習現況的瞭解，也可讓學生複習課程內容，引發更深入的討論（趙上瑩，2013）。Karen Ansberry和Emily Morgan（2007）也提到繪本融入教學中是極具成效的，因爲繪本比教科書更爲生動，而且繪本和生活經驗是有連結性的，學生可以透過想像、搭配精美的圖畫及自已的生活經驗，和繪本中的角色一起去冒險和探索，並藉由文字去理解書中所提供的情境，同時建構自己的知識，留下美好的閱讀經驗。

教師於科學閱讀活動討論或自然科教學課程中，若能時常引導學生回想舊經驗或已有的先備知識，將新知識與舊經驗密切結合後，會使學生對學習單元的知識脈絡更加清晰與牢固，除了學生可迅速地進入閱讀內容情境中，也能有效增進對自然科的學習興趣（秦雅珮，2012）。在本研究結果中，教師先帶領學生閱讀繪本內容，透過問題連結學生過去經驗，而學生確實較喜歡繪本所帶來的生動故事，使上課不再感到枯燥

乏味，並結合教科書中的知識，加入了與繪本相關的科學活動，讓上課不再只是畫課本的重點。

從本研究得知可融合教科書及相關資源，例如，繪本、科學雜誌等資料，說明學生在課堂所學到的知識與實驗活動或課外作業之間的相關性爲何，並且教學者需要分析學生的上課狀況及掌握學習者需求，以利提供學生多元化的學習，進一步提升其學習興趣，有助學習者提升在課堂中之專注度。

作者Gwekwerere與Buley（2011）也提出使用繪本科學的困擾是教師缺乏選書的訊息與指導，且沒有時間爲特定學習領域選書，所以需要教師專業知識，透過網路或書籍介紹羅列，但這些訊息缺乏選擇理由及適合領域。國內的繪本教學資源，書本形式上大約分成兩種，一種是以型錄的方式；另一種則是以繪本教學工具書的方式呈現，大多數的繪本仍未被翻譯成中文，這可能導致教師的選擇有限，因此如何推動繪本教學的這個部分，也是所有教學者可以思考的一個課題。選擇繪本時可以先詢問資深的自然科學教師，確認這些書適合延伸學習、適合你想學習的讀書策略（Morgan & Ansberry, 2013），也需要考慮教師使用這本書的目的、是否能達成教學目標、老師對於繪本有沒有熱情，才能帶給學生正向的效果（Costello & Kolodziej, 2006）。

國內外的教學方式有很多種，目前美國教學方式則是推崇5E模式，此模式由美國生物課程研究會（BSCS）所研發，是一個以建構主義取向爲基礎的學習週期，5E模式提供了一個計畫完善，以學生學習經驗爲主導的序列性說明，鼓勵他們去探索、創建屬於自己的科學理解，並與自己原有的概念進行銜接。5E模式的階段分別爲：參與（engage），探究（explore），解釋（explain），加深學習（elaborate），以及評估評量（evaluate）（Ansberry & Morgan, 2010）。或許臺灣的教學者也可使用此模式，使教學更趨完善，或提供一個新的教學模式。

(三) 促進教師專業成長

本研究中擔任教學者的老師則提到，在上課中可以結合不同的媒材來上課、增進自己的專業知識及主動學習的機會這也都是一種成長，雖然有時準備教材可能會比以往使用教科書上課來的更花時間，但卻可以讓學生更期待來上這堂課這就是非常值得的一件事；另一方面是輔助學生學習的一個角色，進而引導學生正確的學習方向，使學生有學習動機，願意參與並且專注投入，讓學生在課堂中充分發揮學生的主體作用，進一步使學生享受此課程，收穫滿滿的回家。

二 結論

學生對於某學科深感好奇，以愉快的心情來學習，進而提升對某些課程的盼望與期待，就是學習興趣的一種展現（Bame 1993）。在自然教學中，選擇一本自己喜歡的繪本而不是教科書時，繪本有獨特的優勢，讓學生能主動參與課堂內容（Morgan & Ansberry, 2013）。使用繪本融入自然科技教學的確有效提升學生學習專注度及學習興趣，因爲繪本可以抓住學生的注意力，讓學生使用閱讀策略去理解課程內容並讓學生在自然課中參與一個探究科學的循環，可把此種教學方式作爲一個模型，讓學生在整個課堂中維持專注力（Morgan & Ansberry, 2013）；另一方面也增加了教師專業成長。

透過繪本結合實際操作活動的探究方式，學生們可以自我發現並改正其曾經誤解的錯誤科學概念（Miller, 1996），並讓學生能夠產生動機，從閱讀、聽講及操作中，去找出問題的答案（Morgan & Ansberry, 2013）。期望未來能夠有更多的教學者能夠使用繪本來融入教學，並且增加繪本的使用量，使課程多元化。在教材教法的部分，希冀討論教學模式及實作，例如，5E模式，來提升教學的完整性。期望在下一輪的行動當中可以加入5E模式，來充實教學的架構。

參考文獻

一、中文部分

王文科（2003）。行動研究法。臺北市：學富文化。

徐錦美（2005）。實施科學故事課對學生「對科學的態度」的影響（未出版之碩士論文）。國立高雄師範大學，高雄市。

林文達（2002）。社會科學質的研究。臺北市：五南。

賴慶三（2012）。國小科學閱讀教學模組之研究。崑山科技大學人文暨社會科學學報，4，27-42。

劉淑雯（2004）。繪本運用於國小社會學習領域的教學探究（未出版博士論文）。國立臺灣師範大學，臺北市。

秦雅珮（2012）。運用科學閱讀教學融入自然與生活科技對六年級學童學習（未出版之碩士論文）。臺北市立教育大學，臺北市。

趙上瑩（2013）。繪本教學對學前與國小學生學習成效影響之後設分析（未出版之碩士論文）。國立臺灣師範大學，臺北市。

鍾昌宏（2013，11月）。翻滾吧！教室：透過教學設計讓孩子體會主動學習的快樂，並培養自主學習的習慣！科學人雜誌，**141**，92-95。

二、外文部分

Ansberry, K., & Morgan, E. R. (2010). *Picture-perfect science lessons: Using children's books to guide inquiry*. Virginia: NSTA Press.

Bame, E. A. (1993). Pupils' attitude toward technolog-PATT-USA. *Journal of Technology Studeies, 19* (1), 40-48.

Butzow, J., and C. Butzow. (2000). *Science through children's literature: An integrated approach.* Portsmouth, NH: Teacher Ideas Press.

Casteel, C. P., & Isom, B. A. (1994). Reciprocal processes in science and literacy learning. *The Reading Teacher, 47*, 538-545.

Gwekwerere, Y., & Buley, J. (2011). Making the Invisible Visible: Engaging Elementary Preservice Teachers in Science and Literacy Connections. *Teaching Science, 57* (2), 36-41.

Karen Ansberry, & Emily Morgan. (2007). *More Picture-Perfect Science Lessons: Using*

Children's Books to Guide Inquiry, K-4. Virginia: NSTA Press.

Mcdiarmid, C.W., Ball, D.L., & Anderson, C.W. (1989). Why staying one chapter ahead doesn't really work:Subject-specific pedagogy. In M. C. Reynolds (Ed.), *Knowledge base for the beginning teacher* (pp.185-192). Oxfard: Pergamon.

Miller, J. D. (1983). Scientific literacy: A conceptual and empirical review. *Daedalus*, 29-48.

Miller, K. W. (1996). Strategies for science learning. *Science and Children, 33* (6), 24-27.

Morrow, L. M., Pressley, M., Smith, J. K., & Smith, M. (1997). The effect of a literature-based program integrated into literacy and science instruction with children from diverse backgrounds. *Reading Research Quarterly, 32*, 54-76.

Morgan, E., & Ansberry, k. (2013). *Even More Picture-Perfect Science Lessons. Arlington,* Virginia: NSTA Press, National Science Teachers Association

Sackes, M., Trundle, K., & Flevares, L. (2009). Using Children's Literature to Teach Standard-Based Science Concepts in Early Years. *Early Childhood Education Journal, 36* (5), 415-422. doi:10.1007/s10643-009-0304-5.

Short, K. G., & J. Armstrong (1993). Moving toward inquiry: Integrating literature into the science curriculum. *New Advocate 6* (3): 183-200.

Waiker. B., & Huber, R. A. (2002). Helping students read science textbooks. *Science Scope*, September 2002, 39-40.

Wells, Rachael, Zeece, & Pauline Davey (2007). My Place in My World: Literature for Place-Based Environmental Education. *Early Childhood Education Journal, 35* (3), 285-291.

Wolfe, E. W. & Gitomer, D. H. (2001). The influence of changes in assessment design on the psychometric quality of scores. *Applied Measurement in Education, 14 (*1), 91-107.

16 審議式教學運用於國中民主教育課程

胡淑華
彰化縣立二水國民中學教師
董秀蘭
國立臺灣師範大學公民教育與活動領導學系副教授

壹 前言

臺灣不斷邁向多元民主社會發展，帶動了校園民主風潮，喚醒了學生爲教育主體的意識（溫明麗，2010）。十二年國民基本教育課程理念明白揭示，學生爲學習主體，期待培育兼具「自主行動」、「溝通互動」及「社會參與」三大核心素養的未來公民（國家教育研究院，2014；蔡清田、陳延興、吳明烈、盧美貴、方德隆、陳聖謨、林永豐，2011）；第八次全國教育會議第一個中心議題更開宗明義指出，教育應以人爲主體，培養具備「溝通思辨能力」與「主動參與能力」等突顯行動導向的民主公民素養（教育部，2010）。從其上述，如何在學校教育裡，有效涵養學生成爲「有自主能力解決問題」、「能與人溝通互動」及「關心公共議題，樂於參與社會行動」爲當前課程教學關注的議題所在。

然而，國中教育階段始終深受升學主義的束縛，課程教學仍侷限於知識灌輸，傾向於教師獨白式地講述（陳延興，2010），全然漠視學生參與民主討論的能力培養（劉美慧、董秀蘭，2009）。學校民主教育不僅缺乏明確可供依循的參與模式與執行策略之課程建構，學生更無直接參與公共議題討論的機會，使得學生在校所學無法與現實生活有效連結，更遑論未來能以公民的角度進行「民主對話」與「社會參與」。如此一來，教育現場所展現的眞實樣貌與其寄望的理想本質，則出現了無法跨越的鴻溝。教育所欲培養學生在民主生活裡扮演好民主公民角色的目標，實就難以達成。基此，教師如何活化課程教學，落實教育目標的實踐，爲課程革新的重要關鍵。

審議式教學（Deliberative teaching）爲國外教育單位用以促進學生民主參與能力的創新教學方法（Fonseca & Bujanda, 2011; Lefrançois & Éthier, 2010）。近年來，教育部亦積極鼓勵高中職教師應用審議民主理念設計教學活動（教育部，2008），期望透過審議式教學突破傳統教學法的限制，讓校園成爲學生實習公民角色的基地，賦予學生參與民主討論的經驗，並與多元個體共同合力解決問題；讓課室成爲多元觀點相互激盪的場域，使學生從中體認彼此間的差異，進而願意看見不同觀點的價值（Doherty, 2012）。

雖然審議式教學深具民主教育的價值，但在教學實務層面卻面臨亟待克服的困境，包括學生缺乏參與審議討論的知能、教師權威角色的干擾與有限的授課時數等問題，皆是阻礙著審議式教學的實施（胡淑華，2012；簡乃欣，2008）。

有鑑於此，研究者乃運用審議式教學於國中民主教育課程，針對二年級學生進行爲期六堂的課程教學，以瞭解學生的學習經驗與教師的教學反思，藉以彌補審議式教學在國中階段課程的教學設計與實踐、學生學習經驗與效益等實徵研究的空缺，並做爲教師未來教學實踐之參考。

貳 文獻探討

一 審議式教學的意義

審議民主爲強調受決策影響者皆能透過平等對話、共同制定決策的民主參與途徑，其不僅有助於化解多元歧見，趨使個別偏好得以轉向集體共善，處理爭議衝突，實現「民主」眞義（Benhabib, 1996; Bohman, 1997; Cohen, 1996），更含括民主教育的功能（Gutmann & Thompson, 2004; Reich, 2007）。

審議式教學構築於審議民主理論的基本原則，視教學場域爲一民主共同體的建立，所有師生即爲共同體成員，學生則被視爲具主體地位與自由意識的個體，不同於傳統教室，師生之間呈現不對等的互動關係。在互爲主體的教學情境裡，學生得以自主地參與對話情境，體現平等互動關係，且不論個體存在何等差異，其觀點均能被接納與包容，獲得等同地對待。在此預設條件之下，教導學生對學校或社區的公共議題進行探究，並與教師、家長或社區人士（即與議題相關人員）共同審議，理性協商，進而採取行動，解決共同生活中的困境（Reich, 2007）。藉此協助學生使用民主的方法解決問題，賦權其參與決策的能力，以培養這些未來公民們其參與公共事務的能力與提升公民責任感。是以，審議式教學被認爲是幫助學生實踐民主生活的一種教學策略（Doherty, 2012; Fonseca & Bujanda, 2011; Lefrançois & Éthier, 2010; Roth, 2006）。

總體而言，審議式教學讓學生能夠將其所學之知能具體轉化於眞實情境，展現知行合一的教育目標。在歷經多元差異觀點並陳、相互溝通交流之中，反省自我觀點的侷限，擴充自我認知，形塑有意義的學習成果，而如此之經歷，既是審議也是教育的歷程。

二 審議式教學的內涵

審議式教學主要具有以下六項內涵（McCoy & Scully, 2002; Study Circles Resource Center, 2001）：

(一) 確保參與平等

審議式教學強調每位參與學生都能立基於平等參與的基礎，透過擴充發聲形式，諸如，肯認個人感受與情緒抒發的表述方式等，而非僅限於特定的理性論證的溝通型態，藉由接受多樣的自我表達方法，以求多元差異的個體均能有效地呈現己見，確保每個人的想法都能夠被充分理解。此外，在審議式教學裡，教師將改變傳統教學的角色，從「知識傳遞者」演變成為學生的「學習促進者」，因此，教師應注意與降低自我身分對學生產生的壓迫感，以及對於討論情境的操控與負面影響。

(二) 連結個人經驗

審議式教學的議題設定需以學生所關心的公共事務為主軸。藉由選擇貼近學生先備知識與實際生活經驗為議題內容，始能將公共議題與學生個體產生緊密連結，形成休戚與共的關係，並能提升學生的參與動機。除此之外，在參與成員間多次的對話交流裡，有助於建立彼此深厚的情感基礎，以及集體認同感與歸屬感，而此共同的認同價值，將是最後共識得以涵容公共善的重要因素。

(三) 安全對話環境

審議的環境若無法使人安心抒發己見，公開檢視自己的意見和價值觀，則遑論能夠真心瞭解他人的觀點，達到有效的溝通與審議目的。因此，審議式教學著重建立學生彼此間的信任關係，以及願意共同合作、分享資源與解決問題的觀念。教師必須營造支持與安全的對話環境，教導學生尊重和寬容，積極傾聽他人的論點，讓個體的意見得以自由、充分開展於對談環境，藉以確保主體意識可以平等展現，並有助於建立學生之間深層的信任關係。

(四) 激發理性論證

審議式教學不僅止於相互間的意見溝通與想法傳達，更需包含深層地公共議題理解與評斷，並啟動後續的改變行動。是以，教師應該引導學生針對議題的本質作一探究，以瞭解問題的根源與其造成的影響等，進而蒐集更多相關資料，使得學生得以提出合理論證、審視論據和分析訊息，甚至勇於挑戰權威或傳統觀點，以突破舊思維的綑綁。

(五) 凝聚相似共識

審議式教學其主要目的之一在於協助學生學習於多元社會裡，如何與持有不同意見者共同分享觀點，並思索與察覺不同面向的公共問題，再一起判斷分析，以努力達成共識（非全然一致），或至少達成臨時協議。最終發展可行的行動策略，以化解衝突危機，產生改變的可能。

(六) 形成共識行動

審議式教學關注改變行動的產生。因此，學生產生的共識結論若能發展爲最終具體行動，不論是積極的改變作爲，抑或消極的意見傳遞，都有助於成爲後續持續行動的根基，間接也會增加學生繼續參與改變行動的自我效能感。

簡言之，審議式教學需確實保證參與的學生具備同等的發聲權利，並鼓勵其投入參與；藉由將討論議題連結個人經驗，帶動學生積極表述自我的觀點，提升參與動能；透過建立安全的言談氛圍，觸動學生間自由表述的可能；深入探究議題，彼此相互辨證論理。最後，凝聚多元意見，形成最終共識行動，並付諸實踐。

三 審議式教學的實施步驟

審議式教學依照不同的教育層級有不同的關注面向，本研究參酌美國「學習圈資源中心」（Study Circles Resource Center，簡稱SCRC）其執行步驟，包含：確認公共議題、研擬行動方案、評估行動策略、執行行動計畫與發展後續行動（SCRC, 2001），以及「國家議題論壇」（National Issue Forum，簡稱NIF）四個討論階段，包含：介紹議題、訂定討論規則、小組討論與形成共識（Gastil & Dillard, 1999）。上述兩種執行模式皆透過審議式教學實踐青少年的民主公民教育，指導學生彼此合作爲學校、社區或社會問題尋求解套之行動。以下將歸納兩種模式爲三個實施步驟：

(一) 審議知能培訓階段

本階段的教學重點在於讓學生瞭解審議民主理念與精神，說明審議式教學的學習流程，教導學生如何進行審議溝通的技巧，建立具有審議規範的議事規則，以及體察周遭爭議的公共議題。

(二) 審議溝通階段

1. 第一部分：溝通導向

此階段目的在於讓學生習於與人溝通對話，激盪多元觀點，形塑共同願景。於討論前，班級進行分組，一組約五到六人。每組設一桌長，負責引導組員討論，以化解教師參與討論的壓力問題。此外，教師需針對討論目標作一說明，並界定議題。首先，各組針對議題構思願景爲何？再者，組員換桌參與另一桌次的主題討論，進行另一回合的觀點分享。在此桌長無需變動桌次，僅需向新組員介紹前一組組員討論內容，以延續與拓展議題討論。最後，各桌長分享該桌次的討論結果，再彙整全班意見，形成班級願景。

2. 第二部分：審議導向

本階段目的在於依據班級願景形構行動方案。首先，各小組針對班級願景廣泛蒐集相關資料，以研擬行動方案，並透過其他小組共同提問、分析該組方案的可行性，並進行多次修正，以及協商、統整各組的意見後。最終成爲班級具體的改變行動。

(三) 反思檢討階段

教師針對學生討論出的願景行動進行觀點澄清，以及補充學生可能疏忽的重要問題。再者，除鼓勵學生彼此間感謝回饋外，並針對整體活動進行檢討反省與學習心得分享。

四　審議式教學的相關研究

Lefrançois與Éthier（2010）表示，審議民主觀落實於教育層面，藉由課程教學，讓學生體驗審議與溝通的互動方式。在信任和諧的民主氛圍裡，依循審議規範進行討論，學生可望於其中習得相互尊重、傾聽同理、欣賞多元等審議民主的價值取向（Reich, 2007），以及提升自我意見表述和人與人之間的溝通技能（Burkhalter, Gastil, & Kelshaw, 2002）。

針對中等學校運用審議式教學的相關研究而言，在國內研究部分，胡淑華（2012）以國二學生為研究對象，於公民課程實施審議式教學，進行10節課的課程教授。該研究發現，學生自陳審議式教學有助於其提升理性慎思能力、與人溝通互動的方式，並學會尊重與欣賞不同意見。此外，審議式教學不僅運用於一般學科課程，亦有將此教學法應用於班會課，藉以探究審議式教學實施於班會，對參與學生其民主實踐能力的增進情形。諸如黃莉宜（2008）以一所完全中學的國三學生為研究對象，進行20節的課程教學，研究指出，審議式教學運用於班會課，確實有助於提升學生其表達溝通能力、以理性化解衝突的能力，以及願意尊重與包容不同意見等民主參與能力的展現。張倢妤（2007）則將審議式教學運用於高中階段的班會課，進行為期12週的準實驗研究，其研究結果亦發現，如此的學習歷程確實有助於增進學生的溝通能力，以及對民主行為的展現具有正面影響。但在學生參與能力部分，則無顯著之影響。

在國外研究部分，Sundberg（2008）以763位高中生為研究對象，進行問卷調查，藉以探討高中生參與審議教育的課程經驗對其於審議能力、公民傾向與政治效能的影響。Sundberg表示，學生具有審議學習的經驗有助於其學習如何與人討論問題，提升對議題的覺知，以及成為良好公民的傾向。Borgida、Worth、Lippmann、Ergun與Farr（2008）藉由分層隨機抽樣的方式，抽取1456名高中生為研究對象，以探究學生參與審議與行動的學習計畫，對其公民參與態度與技能的改變情形。研究結果指出，擔任審議討論領導者的學生其規範的審議信念高於其他學生，而審議信念能夠有效預測公民技能，以及是否樂於參與公共事務的態度偏向。由此可知，審議式的學習經驗不僅對於參與學生其外在行為得以產生具體改變外，對其內在認知信念亦能發揮影響的效能。

從上述國內外相關研究顯示，審議式教學對於學生的學習具有多方面的效能。在認知方面，有助於學生瞭解所欲處理的議題知識、發展獨立思辨的能力，以及增進審議的規範信念；在情意方面，協助學生察覺個體間的差異，展現願意尊重，甚至能夠欣賞不同意見的存在價值。此外，對於公共事務亦能表示關心與樂於參與的積極態度；在技能方面，除了對學生的基本口語表達技能有所助益，使其能夠有效地發表自我主張，並與持有不同意見者共同進行討論外，亦能習得社會參與的技能。換言之，本研究以審議式教學進行國中民主教育課程，以瞭解學生的學習經驗與成效，具有實徵研究的支持。

 國中民主教育課程審議式教學的實例

本研究採質性研究取徑，以八年級42位學生爲研究參與者。資料蒐集途徑包括學生反思日誌與教師省思札記，並將日期、學生代碼與身分別加以編碼，如（1011008/25-L）即表示於101年10月8日，學生代碼25的桌長其反思日誌，若代碼爲M，即身分別爲組員。在教師省思札記部分，則以札表示。以下將分別介紹本研究之教學策略的原則與教學活動設計（如表1）。

表1　教學活動設計表

階　段	活動說明
審議知能培訓階段	
	1. 介紹審議民主概念 2. 建立議事規則 3. 發掘校園公共議題
審議溝通階段	
1.溝通導向階段	1. 說明執行流程、各角色職責（桌長／組員） 2. 界定討論議題 3. 各組討論，換桌再討論 4. 各組分享討論結果，彙整班級願景
2.審議導向階段	1. 各組構思願景行動方案 2. 各組發表、評析與回應 3. 形塑班級願景行動方案
反思檢討階段	
	1. 學習心得分享 2. 課程檢討與回饋

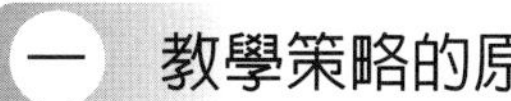

一　教學策略的原則

(一) 課前培訓，提升基本的審議能力

為彌補學生參與審議的知識與能力，本研究乃配合二年級社會領域公民科第三冊民主政治課程進行教學，於審議式教學進行前，除了擴充學生對於民主概念的認知外，並建構學生基本的參與能力，包含「理解審議民主的基本概念」、「熟悉審議式教學活動的執行流程」與「練習審議溝通及其桌長與組員應有行為」等，以構築學生參與審議民主討論的知能。

(二) 連結生活，提供實作練習的機會

課程活動結合學生的實際生活經驗，透過生活中的爭議事件為教學素材，議題的設定則以學生關注的公共議題為討論範疇，藉以引發學生構思問題解決方案，並進行溝通和審議，讓事件相關者彼此都能有表達意見的機會，誠實地相互分享、傾聽對方、建立信任關係與共同化解危機。從一連串的學習歷程裡，試圖連結學生多方面的知識領域與自身的經驗，使其能將學校課程所學的知識與能力實踐於現實生活中的問題解決。

(三) 經驗反思，加深所學知能

學生於每次學習活動後，必須書寫其心得或感想，並於課程結束後繳交。內容包含下列三部分：

1. What？討論過程中，發生什麼事？
2. So What？我對這件事情有什麼想法？我學到什麼？
3. Now What？經過此次事件後，對我產生哪些改變？

藉此讓學生能於教學活動後，自行進行反省思考，並以文字記錄自我的學習與成長。

二 教學活動設計

本教學活動分為三個階段，共計六節課（每節45分鐘，共270分鐘），包含，以提升學生基本審議能力為目標的審議知能培訓階段（一節）；以提供學生實作練習機會為目標的審議溝通階段，其中分為溝通導向階段（二節）與審議導向階段（二節）的實務討論課程；以加深學生所學知能為目標的反思檢討階段（一節）。

(一) 審議知能培訓階段

本研究以天下文化出版的「聆聽火山的聲音」一書為課程教材，藉此引發學生思索民主與非民主的溝通差異，以釐清學生對於民主概念的迷失。再者，教導審議民主概念，諸如，「討論過程需確保所有參與者能自由發言」、「共識結果需所有參與者都能接受且為其利益」等，讓學生對於審議民主其規範價值有基本的認識。最後，引導學生共同討論書中人物如何進行民主溝通，思索哪些言行舉止是民主溝通「該有」與「不該有」的表現，並加以彙整，以成為後續討論的議事規則。

課後，撰寫反思日誌，思考「何謂民主？」、「民主校園應該如何？」，以及「我最在意的校園公共議題？」等題目，藉以瞭解學生對於審議民主的認知情形，並且獲知學生關心的校園公共議題趨向，作為日後討論主題的參考依據。

(二) 審議溝通階段

1. 溝通導向階段

首先，介紹溝通導向階段的執行流程，以及說明桌長與組員應有的職責。繼之，針對「校園之我要的幸福—基本需求滿足沒？」進行議題的界定與說明後，隨即由各桌長帶領小組進行願景討論。各組分別針對校園的基本需求關於生理、安全、愛與歸屬、自尊與自我實現五大範疇的副主題，構思公共問題所在。學生需仔細體察校園內各類需求缺乏的問題，並分享彼此觀點，進而將校園公共議題與個人經驗互相連結，以建立共同願景。討論15分鐘後，組員將依順時針方式換組，以參與另

一個副主題討論。歷程中，研究者將輪流觀察各組討論，目的在於瞭解桌長如何帶領討論和學生參與討論情況。最後，各桌長報告其副主題願景內容，再融合全班意見，形塑班級願景。課後，學生撰寫反思日誌。

2. 審議導向階段

教師說明審議導向階段的執行流程。各組分別依據班級所形塑的五項副主題之願景，構思願景行動方案。各桌長帶領小組進行討論，並評估解決方案的可行性與合宜性。討論15分鐘後，組員依指定方式換組，再參與其他副主題的討論。再者，桌長統合組員的意見，並發表行動方案的討論結果，再由全班學生進行提問、修正等歷程，以形塑班級願景行動方案。最後，撰寫並分享學習反思。

(三) 反思檢討階段

教師針對班級願景行動方案的內容進行講評，並補充說明學生可能忽略的問題。最後，進行課程回顧與學習心得分享，鼓勵學生彼此回饋，以及針對整體活動檢討與反省。

肆 審議式教學的成效

一 學生的學習經驗

(一) 改變學生參與討論的習性

1. 提升主體意識，積極表述己見

審議式教學讓每個學生都有機會表達自己的意見。過程中，學生獲得了發言的自信心（1011027/02-M），學到如何表達自己的意見與瞭解別人想法的方法（1011027/08-M），以及如何與別人討論問題的技巧（1011027/18-L）等。如此一來，不僅有助於達成溝通的目的，更可藉由彼此相互間的對話與理解，開拓自我思維範疇，學生表示：

「能聽見不同的觀點和想法，而改變自己不完整的地方。」（1011008/22-M）

「別人可能提供更多更好的意見給我，讓我有新的想法，再繼續發言出來。」（1011008/04-M）

學生深知必須透過口語表述來伸張自我觀點，才能使其主張得以被理解與接受。因而願意積極投入溝通互動的歷程，使其不論溝通的對象爲何，都認爲應適時地說出自我的意見。

「（最重要的是）勇於表達，讓人瞭解。因爲如果不去表達自己的意見，那樣別人就不能更瞭解自己心中的想法，所以我認爲這一點很重要。」（1020105/02-M）

在審議式教學的學習過程中，對於學生原本參與討論的慣常行爲產生了質變，間接也讓學生表現出不同以往被動參與的態度，反而能有主動且積極地表現。

2. 體認差異的價值，而願意傾聽他者的觀點

透過教導審議民主的概念，促發學生體認個殊差異存在的事實與價值，使得學生不僅願意接受多元社會下差異觀點乃必然的結果，甚至肯認與期待如此差異帶來的利益。

「不管他人說什麼意見，我們得尊重他，畢竟他也有發言的權利，也有他自己的想法想要表達。」（1011027/18-L）

「要尊重每個人的意見，……，不要人家說什麼就反對什麼，因爲每個人都有發表權利。」（1011027/02-M）

「不管做什麼事都要尊重別人的意見，如果有人提出一些意見，不要嘲笑他人，也不要堅持自己的意見最好，不止只有自己

的意見最好，應該去參考他人的意見再做決定。」（1011003/01-M）

由上可知，學生不僅關注於自身主體意見的表達，對於他人的意見亦能保持著包容的態度，使得審議的規範認知能夠轉化為實踐審議行動的能力，進而引發學生尊重他人不同言論的態度。

「聽到別人的想法時，我會想一想他的優點，往好的方面想，如果別人的想法和我不一樣時，我不會去否認他的想法，反而會去尊重他，當別人發表想法時，我會用專心的態度去聆聽。」（1020105/15-M）

「不論說話者是否為自己所喜歡的人，如果其提出的意見具其可行性，也會給予支持。」（1020105/12-L）

當學生聽到與自己不同觀點的時候，以往常有較為負面的情緒產生，而使得意見溝通產生阻礙。Doherty（2012）認為，在審議學習的歷程裡，透過強調個體間平等價值與審議的規範約束，使得學生獲得不同於以往的溝通經驗，以及對於差異觀點有著不同的處理方式，進而能抱持著開放的態度，廣納不同的觀點，開拓自我的視野，而不過度堅持己見。由於看見差異帶來的正向價值，而感受其無可取代性，進而加強學生感知對於平等參與的審議規範的認同。

3. 桌長習得帶領討論的技巧

桌長於審議式教學裡扮演著關鍵性的角色。對談之初，桌長需針對討論議題進行說明，以及要求組員遵守審議規範，進而引導該組組員逐一發表個人觀點，並確認其意見內涵，以利最後共識彙整與呈現。

桌長為確實促進組員之間的溝通互動，除需要有敏銳的覺察能力以瞭解組員間的發言情形外，更需善用鼓勵的技巧，帶動組員的參與動機，以有效控制對話場域的平等參與現象。在歷經多次帶領討論後，擔任桌長的學生逐漸能掌握其擔負的角色與職責，包含「能夠清楚解釋議題，讓人可以更深入瞭解」（1020105/22-M），「明確地說出每一項討論的重點」（1020105/16-M），「瞭解如何引導小組討論的技巧，使得安靜的組員願意開口發表自我主張，讓大家的想法都能被理解」（1011027/25-L），以及「接納包容每個人的意見」（1020105/16-M）。「因爲有經驗，所以帶得比較順利吧。」（1010105/20-L）

由此可知，實務帶領經驗的累積有助於國中學生具備引領同儕討論議題的可能，使其擁有導引討論的基本技巧，例如，鼓勵組員發言、維持個體平等參與機會、澄清發言，以及議程秩序控制等桌長帶領能力。

4. 喜於透過民主討論的方式共同解決問題

審議式教學不同於以往課堂討論，其藉由小組討論的方式，激發集體智慧，降低學生於公眾發言的壓力，經由彼此共同合作商議，使得獲致觀點不僅較爲多元，亦能兼顧不同立場的需求。

> 「這樣大家就比較不會害羞不敢發言，讓大家都有發言的機會，也讓比較不敢說話內向的人，能夠踴躍發表自己的意見。」（1020105/30-M）

此外，審議式教學讓學生體驗不同於獨自處理問題的情況，使其瞭解合作帶來的效益，從中也改變了學生對於討論的看法，進而樂於透過審議溝通的方式來解決爭議。

> 「我覺得和別人討論是一件很有趣的事情，因爲可以知道別人的想法，也可以一起處理問題。」（1011119/16-M）

> 「小組討論讓大家都能勇於表達自己心中的想法，不同的意見能透過討論的方式，找出每個事情最好的。」（1020105/24-L）

本研究結果發現，即學生經過審議式教學後，由於歷經與差異個體合作與互動的良善感受，體會共同討論解決問題的價值，進而能產生讓

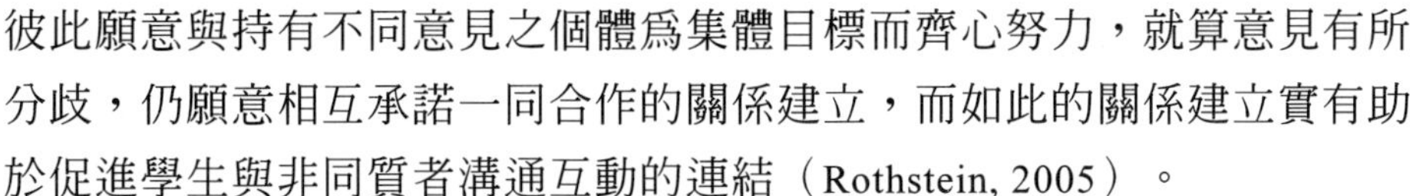

彼此願意與持有不同意見之個體爲集體目標而齊心努力，就算意見有所分歧，仍願意相互承諾一同合作的關係建立，而如此的關係建立實有助於促進學生與非同質者溝通互動的連結（Rothstein, 2005）。

(二) 提升學生自主行動的效能感

審議式教學開啓學生的主體意識，使得學生開始關注與其自身學習權益相關的議題。學生認爲學校應該重視他們的意見，對於政策決定和其密切相關的事務「應該需要給學生討論與表決，學校不能擅自做決定」（1011003/01-M）。「雖然爲學生身分，但應該有參與決策討論的權利」（1011003/09-M），尤其於民主時代，學校應以民主的方式處理學生事務，以聽見學生的聲音與需求。

> 「我們青少年應該要適時的表達自己的想法，而不是大人說一就一，說二就不能是三。只要我們提出的意見是正面可行的，學校或家長的意見都應該試著接納我們所提出的意見，並不是全部提出的意見都應該被採納，但是也並不是我們全部的意見都不被接受。」（1011008/18-L）

基於對審議民主特質的瞭解，學生認爲「唯有運用審議的討論方式，才能獲得與師長平等對談的討論機會」（1011008/02-M），並且「不會有任何的爭吵」（1020105/15-M）。「如此，不僅可以降低與老師們溝通的壓迫感受，也比較能夠讓學生的需求確實被瞭解」（1011004/15-M）。因此，深切表現出對於審議溝通的期待，希望藉此達到雙贏的目的。學生於反思日誌中提到：

> 「對於一些事情，可經由老師和同學討論，提出意見與看法，這樣就不會造成老師及學生的不滿，就不會引起衝突。」（1011008/21-M）

在審議式教學裡，學生不僅於歷程中感知審議民主的價值，甚或期待能以審議的方式，讓師生藉由共同討論將可有效化解彼此誤會，以解決日常生活中的衝突事件。從國內外實徵研究發現，審議學習的經驗對學生參與效能有正向影響（張麗萍，2007；Borgida et al., 2008），有助於學生日後參與審議討論解決爭議問題，以及瞭解如何透過審議，理性表達訴求，有效爭取自我權益。

二 教師的教學反思

(一) 學生帶領討論可能產生的問題

審議式教學爲了化解教師引導討論對學生所形成的壓迫感，阻礙開放言談，因此，設置桌長一職，藉由學生擔任各組對談引導者，以減少學生發言的限制。是以，教師在選取桌長時，則須避免領導作風過於「威權」或「強勢」的學生。

本研究發現，桌長角色的設置，在不同的階段有其不同的效果呈現。在溝通導向階段，桌長角色的存在確實有助於引導組員發表個人意見，降低學生發言壓力。但在審議導向階段，由於對意見表述的要求有所提高，即學生所提之論點必須有其理據，所以，部分對議題資料未充分準備者，抑或是對自我判斷能力不具信心者，則仰賴桌長提供相關資料，以及針對議題方案進行分析、評估最佳選項，而桌長爲了回應組員的期待，亦習於「主動」蒐集資料與提供論證理由。如此一來，無形之中塑造桌長具有專家的角色，賦予意見領導者的身分，導致擔任桌長的學生間接成爲知識控制、篩選資訊傳遞的關鍵，失去原有「引導」組員發聲的功能，間接也弱化學生個體成爲被動接收有限訊息的狀態，對於多元意見的流通反而出現阻礙，而此並非課程設計所期待桌長應有的角色職能。

因此，教師在審議導向階段時，除須再次提醒學生桌長的角色功能外，亦應教導學生資料蒐集管道或提供較多元的資料，並「強調小組成員每個人都必須要分工有事做，才不會都是由組長負責……」（札1010105）。藉以協助學生能夠在審議前熟知議題內容再參與討論。

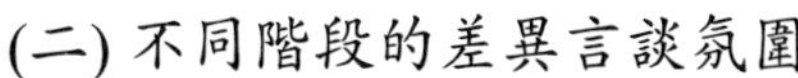

(二) 不同階段的差異言談氛圍

良好的對談氛圍，開啓了學生主動投入的態度與行爲表現。當組員間彼此都能夠在輕鬆、自在的氣氛裡，熱烈地激盪分享自我觀點，實有助於相互之間的溝通與理解。因此，審議式教學活動能否保持愉悅、相互尊重與信任的對談環境，將影響學生能否進入實質的審議歷程，實現審議式教學的目的（Doherty, 2012）。

本研究發現，學生參與討論的行爲確實易受當時小組言談氣氛所影響。於溝通導向階段，由於不涉及言論對錯好壞，僅在於個人意見分享，過程中，個體言論不會遭受質疑，或是需要自我辯護，言談氣氛可說是一片祥和。在彼此論調都可以被尊重與包容的情境中，學生自然敢大方表述自我經驗與感受。然而，於審議導向階段，即呈現截然不同的樣貌。學生表示：

> 「說自己的意見時，都會被別人反駁，雖然有不同的意見很好，但我不太喜歡他們的說話方式，而溝通導向階段的討論方式較和平。」（1020105/15-M）

此乃因爲學生不熟悉以「論證」的方式進行溝通，當別人對於自我意見提出質疑時，則立即起動自我防衛機制，而有所反擊。如此緊張的對談關係將會逐漸蔓延，再加上如果雙方彼此信任關係不足，則相互聆聽、互相尊重的基本溝通態度，將不復存在（陳東升，2006）。

對此，教師應教導學生於辯證時的口語表達方式，例如，「我認爲這個方案的優點是……，這個方案實施起來可能有……的問題，需要……的改善」，藉由正反意見並陳的方式，並提供改善建議，以減少讓對方有遭受「批評」的感受。此外，於審議導向階段，教師可設計讓各組間構思意見融合的可能，協助學生看見差異觀點間相容之處，如此的教學設計有助於轉化彼此相互對立的氛圍。

伍 結語

學校教育無法培養「知行合一」的民主公民，爲長久以來難以根除的弊病。Dewey（1915）主張學校的學習活動必須與實際生活相連結，易言之，學生的學習與實際經驗差異過大時，則難有學習遷移的表現。傳統的教學方式對於學生自我意見的表述與審議溝通能力的培養並不關注，因此，學生不但不會運用討論的方式處理日常爭議問題，更無感於主張自我主體意識的重要性。國中生缺乏自我作主的機會，一旦面對必須處理自我權益問題時，將容易演變爲形式上的民主，消極舉手表態，甚或期待「強者」帶領等，甘願別人替自己來做主。如此的教學方式實爲一種「失聲」與「缺主」的教育，如何從中培養未來民主公民實在令人擔憂。

審議式教學帶給學生不同於以往的學習經驗，給予學生體驗「審議式」的參與行動，從中實際經歷如何與人溝通與審議，一同構思行動，處理公共議題。在小組中，經由桌長引導發言，協助其自我意識的覺察，透過傾聽與探問他人主張，逐步完善集體共識意見，終於感受自我主體價值的彰顯與體會他者價值的存在，而願意齊同努力合作。透過實際的參與過程，學生對於審議民主的價值有較深入地感受與體會，對於審議民主的認知，將不再僅限於規範層次的理解，而能獲得較爲深層的精神意涵。

本研究透過實施審議式教學法進行國中民主課程教學，研究結果發現，審議式教學有助於改善學生參與討論的習性，包含能夠提升學生的主體意識，使其積極參與意見表述，讓學生體會差異價值，並且願意傾聽他者觀點，以及樂於藉由民主討論的方式處理公共議題，至於擔任桌長的學生也能習得基本帶領討論的技巧。此外，對於參與學生的自主行動的效能感亦有所助益。然而，桌長角色易成爲意見領導者，進而干擾多元意見的形成，此時，教師需透過強調桌長自我角色定位，以及教導學生資料蒐集或提供議題資料等方法加以化解，使能促進其知情討論。學生於審議導向階段，其對談情境易因論辯而產生對立感，對此則需培養學生辯證時的口語表達方式加以解決。最後，教師在進行審議式教學前，務必瞭解學生於審議民主素養的先備知能，以彌補審議民主認知缺乏的問題，並加強學生參與審議溝通的能力。

民主參與能力絕非與生俱來，亦無法透過紙上談兵的方式加以培養，而需要讓學生在日常生活中不斷演練而習得。學校本身即是微型社會的實際展現，教師的課程設計必須以學生爲主體，從其原有經驗爲考量基礎，實踐之教學活動也須根基於眞實情境，如此才能讓學生將課程所學運用於生活之中。藉由審議式教學於國中民主教育課程，讓學生透過眞實議題的探究，刺激其主動參與學習，承擔自我學習責任，使其在學習歷程中持續試驗、反思、建構，最終獲致學習意義，如此才能涵養其民主知能，實現民主共同體的理想生活樣貌。

參考文獻

一、中文部分

胡淑華（2012）。國中實施審議式教學學習成效之初探研究。中等教育，**63**(2)，143-156。

國家教育研究院（2014）。十二年國民基本教育課程綱要總綱（草案）。臺北市：國家教育研究院。

張倢妤（2007）。審議式班會對學生民主行為能力之影響評估（未出版之碩士論文）。世新大學，臺北市。

張麗萍（2007）。審議民主學習圈模式應用於高中生公共參與學習之個案分析（未出版之碩士論文）。國立臺灣大學，臺北市。

教育部（2008）。普通高級中學必修科目公民與社會課程綱要。臺北市：教育部。

教育部（2010）。第8次全國教育會議實錄。取自：http://www.edu.tw/pages/detail.aspx?Node=1052&Page=10320&Index=3&WID=45a6f039-fcaf-44fe-830e-50882aab1121

陳延興（2010）。爲了誰的教育？學生作爲教育主體之探討。教育資料與研究雙月刊，**96**，71-94。

陳東升（2006）。審議民主的限制：臺灣公民會議的經驗。臺灣民主季刊，**3**，77-104。

黃莉宜（2008）。審議式班會增進國中生民主實踐能力之行動研究——以基隆市九年級班級個案為例（未出版之碩士論文）。國立臺灣海洋大學，基隆市。

溫明麗（2010）。臺灣教育道德主體性的重建——我們可以創造未來。教育資料與研究雙月刊，**96**，1-26。

劉美慧、董秀蘭（2009）。我國公民教育革新之反思——國際公民教育與素養調查計畫之研究與啟示。教育資料與研究，**87**，145-162。

蔡清田、陳延興、吳明烈、盧美貴、陳聖謨、方德隆、林永豐（2011）。K-12中小學課程綱要的核心素養與各領域之連貫體系研究。國家教育研究院研究報告。臺北市：國家教育研究院。

簡乃欣（2008）。高中職種子教師對審議民主融入課程的觀點研究（未出版之碩士論文）。國立臺灣師範大學，臺北市。

二、外文部分

Benhabib, S. (1996). *Democracy and difference: Contesting the boundaries of the political.* Princeton, NJ: Princeton University Press.

Bohman, J. (1997). Deliberative democracy and effective social freedom: capabilities, resources and opportunities. In J. Bohman, & W. Rehg (Eds.), *Deliberative Democracy: Essays on reason and politics* (pp. 321-348). Cambridge, MA: MIT Press.

Borgida, E., Worth, K. A., Lippmann, B., Ergun, D., & Farr, J. (2008). Beliefs about deliberation: Personal and normative dimensions. *Journal of Social Issues*, *64*(3), 551-569.

Burkhalter, S., Gastil, J., & Kelshaw, T. (2002). A conceptual definition and theoretical model of public deliberation in small face-to-face groups. *Communication Theory*, *12*, 398-422.

Cohen, J. (1996). Procedure and substance in deliberative democracy. In S. Benhabib (Ed.), *Democracy and difference: Contesting the boundaries of the political* (pp.95-119). Princeton: Princeton University Press.

Dewey, J. (1915). The School and Society. Chicago: The University of Chicago Press.

Doherty, J. (2012). Deliberative Pedagogy: An Education that Matters. *Connections*, 24-27.

Fonseca, C., & Bujanda, M. E. (2011). Promoting children's capacities for active and deliberative citizenship with digital technologies: The CADE Project in Costa Rica. *The ANNALS of the American Academy of Political and Social Science, 633*(1), 243-262.

Gastil, J., & Dillard, J. P. (1999). The aims, methods, and effects of deliberative civic education through the National Issues Forums. *Communication Education*, *48*, 179-192.

Gutmann, A., & Thompson, D. (2004). *Why deliberative democracy?*. Princeton, NJ: Princeton University Press.

Lefrançois, D., & Éthier, M. -A. (2010). Translating the ideal of deliberative democracy into democratic education: Pure utopia?. *Educational Philosophy and Theory*, *42*(3), 271-292.

McCoy, M. L., & Scully, P. L. (2002). Deliberative Dialogue to Expand Civic Engagement: What Kind of Talk Does Democracy Need?. *National Civic Review*, *91*(2), 117-135.

Reich, W. (2007). Deliberative democracy in the classroom: A sociological view. *Educational Theory, 57*(2), 187-197.

Roth, K. (2006). Deliberation in national and post-national education. *Journal of Curriculum Studies, 38*(5), 569-589.

Rothstein, B. (2005). *Social traps and the problem of trust.* Cambridge: Cambridge University Press.

Study Circles Resource Center (2001). Organizing Community-wide Dialogue for Action and Change: A Step-by-step Guide. Retrieved from http://nationalsave.org/wp-content/uploads/2014/01/Organizing-Community-wide-Dialogue-for-Action-and-Change.pdf

Sundberg, E. (2008). *Deliberative civic education and student civic engagement.* (Unpublished doctoral dissertation). Hofstra University, NY.

國家圖書館出版品預行編目資料

中小學教學改革／張新仁主編／歐用生等著. — 初版. — 臺北市：五南，2015.08
面；　公分.
ISBN 978-957-11-8316-9（平裝）

1.中小學教育 2.教學研究 3.文集

523.307　　104017535

4658

中小學教學改革

策　　劃 — 中華民國課程與教學學會
主　　編 — 張新仁(217.1)
作　　者 — 歐用生　楊智穎　張芬芬　陳美玲　黃永和　薛雅慈　高博銓　王金國　許中頤　呂億如　田耐青　黃繼仁　廖佩莉　謝文英　賴瑩蓉　李佩穎　劉唯玉　張宇樑　劉淑雯　林微珊　周玉秀　胡淑華　董秀蘭
發 行 人 — 楊榮川
總 編 輯 — 王翠華
主　　編 — 陳念祖
責任編輯 — 曹瀞方　李敏華
封面設計 — 童安安
出 版 者 — 五南圖書出版股份有限公司
地　　址：106台北市大安區和平東路二段339號4樓
電　　話：(02)2705-5066　　傳　　真：(02)2706-6100
網　　址：http://www.wunan.com.tw
電子郵件：wunan@wunan.com.tw
劃撥帳號：01068953
戶　　名：五南圖書出版股份有限公司
法律顧問　林勝安律師事務所　林勝安律師
出版日期　2015年8月初版一刷
定　　價　新臺幣650元